普通高等教育土建类规划教材

道路建筑材料

主　编　王修山　董晓明
副主编　车　法　南爱强　施萍萍
参　编　陈　肯　王锋宪　李宝银
　　　　侯　毅　梅中梁
主　审　郝培文

机 械 工 业 出 版 社

本书主要阐述道路工程及其附属结构物中常用材料的技术性能和质量要求、性能影响因素及其评价方法、混合料的组成设计方法及其工程应用的综合知识，从整体上反映当代土木工程材料的新成果、新技术。本书主要介绍了砂石材料、无机胶凝材料、混凝土和砂浆、沥青材料、沥青混合料、工程高聚物材料、建筑钢材和木材、道路标线材料、其他道路交通工程设施材料等。附录为道路建筑材料试验，对常规砂石沥青材料及沥青混合料等材料的性能测试方法进行了介绍。

本书采用最新国家标准或行业标准，可作为高等院校土建类专业教学用书，也可作为从事土木勘察、设计、施工、科研和管理工作的专业人员的参考书。

图书在版编目(CIP)数据

道路建筑材料/王修山，董晓明主编. —北京：机械工业出版社，2016.1
普通高等教育土建类规划教材
ISBN 978-7-111-52557-8

Ⅰ.①道…　Ⅱ.①王…②董…　Ⅲ.①道路工程—建筑材料—高等学校—教材　Ⅳ.①U414

中国版本图书馆 CIP 数据核字（2015）第 308071 号

机械工业出版社(北京市百万庄大街22号　邮政编码100037)
策划编辑：马军平　责任编辑：马军平　于伟蓉　林　辉
版式设计：霍永明　责任校对：张晓蓉
责任印制：李　洋
北京圣夫亚美印刷有限公司印刷
2016年3月第1版第1次印刷
184mm×260mm · 21.25印张 · 526千字
标准书号：ISBN 978-7-111-52557-8
定价：43.00元

凡购本书，如有缺页、倒页、脱页，由本社发行部调换
电话服务　　　　　　　　　网络服务
服务咨询热线：010-88379833　机 工 官 网：www.cmpbook.com
读者购书热线：010-88379649　机 工 官 博：weibo.com/cmp1952
教育服务网：www.cmpedu.com
封面无防伪标均为盗版　　金 书 网：www.golden-book.com

前　言

我国现阶段正经历着大规模的交通设施建设，道路建筑材料种类大幅度增加，性能明显提高，各类新技术、新工艺更是层出不穷。如作为道路建筑材料主体之一的水泥基材料，尤其是混凝土，其理论和技术正在发生着革命性的变化，并已经迅速、广泛地应用到各类重要工程中。本书根据新世纪土木工程和现代交通类专业对道路建筑材料基本知识和基本技能的教学需要，以及社会对应用型人才的需求，并结合编者多年的教学经验编写而成。本书采用了最新国家标准和行业规范，内容充实，知识精炼，行文深入浅出，阐述重点突出。本书注重与工程实践相结合和对学生技能的培养，体现了加强实际应用、服务专业教学的宗旨，符合相关专业教学对学生能力的要求。

本书主要介绍了砂石材料、无机胶凝材料、混凝土和砂浆、沥青及沥青混合料、工程高聚物材料、建筑钢材和木材、道路标线材料及其他道路交通工程设施材料的基本组成、性能、技术标准及应用。附录为道路建筑材料试验，主要包括砂石材料试验、水泥和石灰试验、混凝土试验沥青及沥青混合料试验、建筑钢材性能试验等内容。通过对本书的学习，学生能够掌握道路建筑材料的基本知识，并能正确认识、合理选择常用材料。

本书由王修山和董晓明担任主编，由车法、南爱强和施萍萍担任副主编；由王修山统稿，承长安大学郝培文教授主审。本书具体编写分工是：第1~3章由浙江理工大学王修山、施萍萍编写；第4、5章由鲁东大学董晓明、侯毅编写；第6、7章由云南交通职业技术学院南爱强、王锋宪编写；第8、9章由陕西中霖集团工程设计研究有限公司李宝银编写；附录A~H由浙江沪杭甬高速公路股份有限公司试验检测中心陈肯编写；附录I~N由山东省淄博市公路管理局车法和滨州市公路管理局梅中梁编写。

在本书编写过程中，编者参考了有关专家、学者的论著、文献和教材，吸取了一些最新的研究成果，在此表示衷心的感谢！

限于编者水平，书中难免存在不足之处和尚待探讨的问题，恳请有关专家、学者和广大读者批评指正。

编　者

目　录

绪　论

一、道路建筑材料学习的内容

道路建筑材料是道路桥梁工程建筑的物质基础，其性能对建筑结构的使用性能、耐久性能起着至关重要的作用。路桥工程中许多技术问题的解决往往与材料有关，新材料的出现又推动了建筑结构设计及施工技术的革新。道路建筑材料与工程总造价密不可分，其费用在建筑工程总造价中占40%～70%。因此合理地选择和使用材料，充分发挥材料的性能，延长材料的使用期限，同时确保经济合理，具有重要的实用意义。

道路建筑材料课程是一门技术基础课程，课程设置的目的在于配合专业课程，为专业设计和施工管理提供合理选择以及使用材料的基础知识。

1. 主要道路建筑材料种类

道路建筑材料是道路与桥隧工程中所用各种建筑材料的总称，主要包括以下几大类：

（1）砂石材料　砂石材料主要包括人工开采的岩石或轧制的碎石、天然砂砾石及各种性能稳定的工业冶金矿渣等。这类材料是道路桥隧工程中使用最多的一类材料。尺寸较大的块状石料经加工后，可用于砌筑道路、桥隧工程结构及其附属构造物等。性能稳定的松散岩石集料可应用于生产沥青混合料或水泥混凝土，用于铺筑沥青路面或水泥路面，或直接应用于铺筑道路基层、垫层等。一些具有活性的矿质材料或工业废渣，如粒化高炉矿渣、粉煤灰等，经加工后可作为水泥原料，同时也可作为沥青混合料和水泥混凝土的外掺料、混合料使用。

（2）结合料类　水泥、石灰和沥青等是道路建筑材料中常用的结合料，它们用于将松散的集料颗粒胶结成具有一定强度和稳定性的整体材料。

（3）水泥混凝土和砂浆　水泥混凝土是由水泥和砂石材料组成的复合材料，是道路桥隧工程结构中使用最多的材料，它具有较高的强度和刚度，能够承受较繁重的车辆荷载作用，因此主要用于桥隧结构及高等级道路面层结构。水泥砂浆主要由水泥和细集料组成，主要应用于砌筑和抹面结构物中。

（4）沥青混合料　沥青混合料是以砂石材料和沥青材料组成的复合材料，如沥青混凝土、沥青碎石等。沥青混合料具有较高的强度、柔韧性和耐久性，所铺筑的沥青路面连续、平整、具有弹性，非常适合车辆的高速行驶，因此是高等级道路面层要结构及桥梁结构铺装层的重要材料。

（5）工程聚合物材料　工程聚合物材料主要指常用于道路与桥隧工程结构中的塑料（合成树脂）、橡胶和纤维等。这些材料可用作为胶结料、填料缝、土工格栅，也可用于改善道路建筑材料的技术性能，如聚合物水泥混凝土、改性沥青等。

（6）钢材与木材　钢材主要应用于桥梁工程结构及钢筋混凝土结构或预应力钢筋混凝土结构中。木材在工程中主要作为模板或拱架使用。

（7）道路标线材料　道路标线材料主要是指道路标线涂料、道钉、预成型标线带等，其中道路标线涂料是最重要的组成部分。道路标线材料在道路与桥隧工程结构中的应用起到醒示作用。

2. 道路建筑材料研究的内容

（1）道路建筑材料的基本组成与结构　材料的基本特性在一定程度上取决于材料的组成或化学成分（矿物成分）及其内部组成结构，如石料的矿物组成、水泥的矿物组成、沥青的化学组分等，它们对材料的技术指标有着显著的影响。充分地了解和认识材料的基本组成结构及其与材料性能的关系，是合理选择材料、正确使用材料及改善研发新材料的基础。现代测试技术手段的发展为深入了解材料组成结构与性能之间的关系起到了积极的推动作用。

（2）道路建筑材料的基本技术性质　道路建筑材料的基本技术性质主要包括物理性质、力学性质、耐久性和工艺性等。因此只有全面了解和掌握这些基本性质才能合理地选择和使用材料，这也是保证工程结构中所用材料的综合力学强度和稳定性能够满足设计、施工和使用要求的关键。

1）基本物理性质。道路建筑材料常用的物理性能指标为物理常数（密度、空隙率、孔隙率）及吸水率等。材料的物理常数可用于材料用量的计算、混合料的配合比设计等。材料的物理常数能反映材料的基本组成及构造，它与材料吸水性、抗冻性等有关，同时又与材料力学性质及耐久性有密切的关系。

2）基本力学性质。在行车荷载作用下，道路材料将承受较大的竖向力、水平力、冲击力及车轮的磨耗作用。道路建筑材料课程将针对材料的强度、刚度、变形特征及柔韧性等力学性能，以及这些性能的影响因素及评价方法和指标进行研究，并进一步考虑这些力学性能指标随温度和时间的变化规律。

3）耐久性。裸露在自然环境中的道路桥梁工程结构物，将受到各种自然因素的侵蚀，如温度变化、冻融循环、氧化作用、酸碱腐蚀等。道路建筑材料课程中将根据材料所处的结构部位和环境条件，同时综合考虑引起材料性质衰变的外界条件和材料自身的内在原因，使读者能够全面地了解材料抵抗破坏的能力，以保证材料的使用性能。

4）工艺性。工艺性是指材料适合于按一定工艺要求加工的性能。工程应用中选择材料和确定设计参数时必须考虑的因素是：所选择的材料能否在现行的施工条件下，通过必要的操作工序，使材料的技术性能达到预期的目标，并满足使用要求。

（3）混合料的组成设计方法　混合料的组成设计主要是原材料的选择及其用量比例的确定。通过混合料的组成设计，从质量和数量两个方面保证混合料满足工程应用所需要的体积特征、力学性质和稳定性，从而满足结构的使用要求。

二、道路建筑材料的性能检测

道路建筑材料的基本技术性质往往通过适当的检测手段来确定。材料性能的检测方法应能够反映实际结构中材料的受力状态，这些方法包括实验室内原材料的性能检测、实验室内模拟结构物的性能检测和现场修筑试验性结构物的性能检测等。在道路建筑材料课程中仅介绍实验室内对原材料的性能检测。

由材料试验得到的数据和技术参数能够表达材料的特性，决定材料的适用范围，因此，在进行材料性能检测时应当按照当前技术标准中规定的程序进行，以保证试验结果的科学性、公正性以及权威性。

三、道路建筑材料的技术标准

道路建筑材料的技术标准是有关部门根据材料固有特性，结合研究条件和工程特点，对材料的规格、质量标准、技术指标及相关的试验方法所作出的详尽而明确的规定。从事科研、设计和施工的单位，在进行道路建筑材料的性能研究、生产、设计和施工的过程中应严格按照这些标准进行。

目前我国的技术标准等级根据发布单位和适用范围分为国家标准、行业标准、地方标准和企业标准四级。

国家标准是由国家标准主管部门委托有关部门起草，或有关部委提出报批，经国家技术监督局会同各有关部委审批，并由国家技术监督局发布的全国性指导技术文件，简称“国标”，代号 GB。

行业标准是由中央部委标准机构制定，有关研究院所、大专院校、工厂等单位提出或联合提出，报请中央部委主管部门审批后发布，并报国家技术监督局备案的全国性的某行业范围的技术标准。在公布国家标准之后，该行业标准即行作废。行业标准的代号没有统一，往往按各部门名称而定，如建材标准为 JC、建工标准为 JG、交通标准为 JT。

地方标准是地方主管部门发布的地方性指导技术文件，代号 DB。企业标准仅适用于本企业，凡企业生产的产品没有国家标准和行业标准的，均应制定企业标准以作为组织生产的依据。企业标准代号 QB。

建筑材料技术标准按其特性分为基础标准、方法标准、原材料标准、能源标准、包装标准和产品标准等。国际上有影响的技术标准包括：国际标准 ISO、美国材料与试验学会标准 ASTM、日本工业标准 JIS 和英国标准 BS、德国标准 DIN 等。

随着材料检测手段和检测设备功能的不断提高，基础理论研究和试验工作的深入，工程实践和应用技术的成熟，人们对各种道路建筑材料的认识将不断完善，各种技术标准中的具体条款和技术参数将会被不断地修订和补充。

第一章　砂石材料

通常将石料和集料（亦称“骨料”）统称为“砂石材料”，它们是道路与桥隧工程中使用量最大的一种材料。准确认识、合理选择以及正确使用石料和集料，对于保证建筑结构工程质量有着不可忽视的重要意义。

第一节　石　料

在建筑结构工程中，所使用的石料通常指由天然岩石经机械加工制成的，或者由直接开采得到的具有一定形状和尺寸的石料制品。

一、石料岩石学特性

不同造岩矿物和成岩条件使得各类天然岩石具有不同的结构和构造特征。石料的物理力学性能在很大程度上取决于天然岩石的矿物成分及其在岩石中的构造分布。在工程实践中，为了更好地选用天然石料，需要了解和掌握关于石料岩石学特性的一些基本知识。

1. 造岩矿物

岩石是组成地壳的基本物质，是由造岩矿物在地质作用下按一定的规律聚集而成的自然体。造岩矿物是指具有一定化学成分和结构特征的天然化合物或单质，简称“矿物”。主要的造岩矿物有石英、长石、云母、角闪石、方解石、白云石、黄铁矿、石膏、菱镁矿、磁铁矿和赤铁矿等。岩石可由单种矿物组成，如纯质的大理石是方解石组成的；大多数岩石则是由两种以上的矿物组成，如花岗岩主要由石英、长石和云母等组成。

各种矿物由于化学成分和结构特征不同，具有各不相同的特性。石英为结晶的二氧化硅，常见的颜色有白色、乳白色和浅灰色，是最坚硬稳定的矿物之一。长石为结晶的铝硅酸盐，颜色为白、浅灰、桃红、红、青和暗灰色，其强度和稳定性较石英略低，且易风化成高岭土。云母为结晶的、片状的含水铝硅酸盐，颜色呈无色透明至黑色。白云母的耐久性较黑云母好。云母易于分裂成薄片，当岩石中含有大量云母时，会降低岩石的耐久性和强度。角闪石、辉石、橄榄石均为结晶的铁、镁硅酸盐，颜色为暗绿、棕色或黑色，又称为“暗色矿物”，这几种造岩矿物强度高、坚固、耐久、韧性大。方解石为结晶碳酸钙，呈白色，强度中等，易被酸类物质分解，微溶于水，易溶于富含二氧化碳的水。白云石是结晶碳酸钙镁复盐，呈白色或黑色，物理性质与方解石相近，强度略高。黄铁矿是结晶的二硫化铁，呈金黄色，遇水及氧化作用后生成游离的硫酸，污染并破坏岩石，在结构工程中属于有害杂质。

各种矿物所具有的特定化学组成与特有结构构造，对石料的物理力学特性有着不同的影响。如石英与长石是比较坚硬的矿物，抗磨光性能好，含石英或长石的花岗岩和砂岩具有优良的抗磨光性能，而方解石、白云石等软质矿物含量较高的石灰岩则很容易被磨光。

2. 岩石的分类

岩石的性能除决定于岩石所含矿物成分外，还取决于成岩条件。按岩石的形成条件可将岩石分为岩浆岩、沉积岩、变质岩三大类，它们具有显著不同的矿物结构与构造。

(1) 岩浆岩　岩浆岩是岩浆冷凝而形成的岩石。根据冷却条件不同又分为深成岩、喷出岩及火山岩三类。

1) 深成岩。深成岩是岩浆在地表深处受上部覆盖层的压力作用缓慢冷却而形成的岩石。深成岩大多形成粗颗粒的结晶和块状构造，构造致密，在近地表处，由于冷却较快，晶粒较细。深成岩的共同特性是密度大、抗压强度高、吸水性弱和抗冻性好。工程上常用的深成岩有花岗岩、正长岩、辉长岩等。

2) 喷出岩。喷出岩是岩浆喷出地表时，在压力急剧降低和迅速冷却条件下形成的岩石，多呈隐晶质或玻璃质结构。当喷出岩形成较厚的岩层时，其矿物结构与构造接近深成岩。当形成较薄的岩层时，常呈多孔构造，接近火山岩。工程上常用的喷出岩有玄武岩、安山岩、辉绿岩等。

3) 火山岩。火山岩是火山爆发时，岩浆被喷到空中急速冷却后形成的岩石，如火山灰、火山砂、浮石等，为玻璃体结构且呈多孔构造。火山灰、火山砂可作为混合材料，浮石可作为轻混凝土集料。火山灰、火山砂在覆盖层压力作用下胶结而成的岩石，称为“火山凝灰岩”。火山凝灰岩多孔、质轻、易于加工，可作为保温建筑材料，磨细后可作为水泥的混合材料。

(2) 沉积岩　沉积岩是由母岩（岩浆岩、变质岩和早已形成的沉积岩）在地表经风化剥蚀而产生的物质，经过搬运、沉积和硬结成岩作用而形成的岩石，因其多数是经水流搬运、沉积而成，又称“水成石”。沉积岩由颗粒物质和胶结物质组成。颗粒物质是指不同形状及大小的岩屑及某些矿物，胶结物质的主要成分为碳酸钙、氧化硅、氧化铁及黏土等。沉积岩的物理力学性质不仅与矿物和岩屑的成分有关，而且与胶结物质的性能有很大的关系，以碳酸钙、氧化硅胶结的沉积岩强度较大，而以黏土胶结的沉积岩强度较小。

与岩浆岩相比，沉积岩的成岩过程压力不大，温度不高，大都呈层理构造。沉积岩各层的成分、结构、颜色和厚度都有差异，这就使得沉积岩沿不同方向表现出不同的力学性能。与深成岩相比，沉积岩的密度小，孔隙率和吸水率大，强度较低，耐久性略差。常见沉积岩有石灰岩、页岩、砂岩、砾岩、石膏、白垩和硅藻土等，散粒状的有黏土、砂和卵石等。

(3) 变质岩　变质岩是原生的岩浆岩或沉积岩经过地质上的变质作用而形成的岩石。变质作用是指在地壳内部高温、高压、炽热气体和渗入岩石的水溶液的综合作用下，岩石矿物重新再结晶的过程，有时还可能生成新矿物，使原生岩石的矿物成分和构造发生显著变化而成为一种新的岩石。变质岩在矿物成分与结构构造上既有变质过程中所产生的特征，也会残留部分原岩的某些特点，因此，变质岩的物理力学性能不仅与原岩的性质有关，而且与变质作用条件及变质程度有关。

在变质过程中受到高压和重结晶的作用，由沉积岩得到的变质岩更为紧密，如由石灰岩或白云岩变质而成的大理石岩，由砂岩变质而成的石英岩，它们均较原来的岩石坚固耐久。而原为深成岩的岩石，经过变质作用后，常因产生了片状构造，使岩石的性能变差，如由花岗岩变质而成的片麻岩，较原花岗岩易于分层剥落，耐久性降低。

3. 常用岩石类型

(1) 花岗岩 花岗岩是岩浆岩中分布最广的一种岩石，其主要矿物成分为石英、长石、少量暗色矿物和云母。花岗岩的颜色由造岩矿物决定，通常有深青、浅灰、黄和紫红等。优质花岗岩晶粒细，构造密实，没有风化迹象。花岗岩的技术特性是：密度大（1.5 ~ 2.8g/cm^3），抗压强度高（120 ~ 250MPa），孔隙率小，吸水率低，耐磨性强，耐久性好。

(2) 玄武岩 玄武岩属于喷出岩，主要造岩矿物是暗色矿物，呈玻璃质或隐晶质斑状结构，气孔状或杏仁状构造。玄武岩的抗压强度随其结构和构造的不同而变化较大（100 ~ 500MPa），表观密度为2.9 ~ 3.5g/cm^3，硬度高，脆性大，耐久性好。

(3) 辉长岩 辉长岩的主要矿物为斜长石、辉石及少量橄榄石，为等粒结晶质结构和块状构造，常呈墨绿色。辉长岩表观密度大（2.9 ~ 3.3g/cm^3），抗压强度高（200 ~ 350MPa），韧性及抗风化性好，易于琢磨抛光，既可用作承重材料，也可用作饰面材料。

(4) 石灰岩 石灰岩的主要矿物组成为方解石，常含有少量黏土、白云石、氧化铁、氧化硅、碳酸镁及有机物质等。石灰岩的颜色随所含杂质的不同而不同，含黏土或氧化铁等杂质的石灰岩呈灰色、浅黄或浅红色，当有机质含量多时呈深灰或黑色。

石灰岩的构造有散粒、多孔和致密等类型。松散土状的称为“白垩”，其组成几乎完全是碳酸钙，是制造玻璃、石灰、水泥的原料。多孔构造的如贝壳石灰岩可作为保温建筑的墙体。致密构造的为普通石灰岩，各种致密石灰岩表观密度为2.0 ~ 2.6g/cm^3，抗压强度为20 ~ 120MPa，质地细密、坚硬、抗风化能力较强。硅质石灰岩强度高、硬度大、耐久性好。当石灰岩中黏土等杂质的含量超过3% ~ 4%时，石灰岩的抗冻性和耐水性显著降低。当杂质含量高时，则成为其他岩石，如黏土含量为25% ~ 60%的称为“泥灰岩”，碳酸镁含量为40% ~ 60%时称为“白云岩”。

石灰岩分布极广，开采加工容易，常作为地方材料，广泛用于基础、墙体、桥墩、台阶及一般砌石工程。石灰岩加工成碎石，可用作水泥混凝土、沥青混合料集料或道路基层用集料。由于方解石易被溶解侵蚀，因此石灰岩不能用于酸性或含游离二氧化碳较多的水中。

(5) 砂岩 砂岩属于沉积岩，为碎屑结构，层状构造，主要矿物为石英、少量长石、方解石、白云石及云母等。根据胶结物的不同，砂岩可分为由氧化硅胶结而成的硅质砂岩，常呈淡灰色；由碳酸钙胶结而成的钙质砂岩，呈白色或灰色；由氧化铁胶结而成的铁质砂岩，常呈红色；由黏土胶结而成的黏土质砂岩，呈灰黄色。

砂岩的性能与其中的胶结物种类及胶结的密实程度有关。硅质砂岩密实，坚硬耐久，耐酸，性能接近于花岗岩；钙质砂岩有一定的强度，容易加工，是砂岩中最常用的一种，但质地较软，不耐酸；铁质砂岩的性能稍差，其中密实铁质砂岩仍可用于一般建筑工程；黏土质砂岩的性能较差，易风化，长期受水作用会软化，甚至松散，在建筑工程中一般不用。

由于砂岩的胶结物和构造的不同，其性能波动很大，即使是同一产地的砂岩，性能也有很大差异。砂岩的抗压强度为5 ~ 200MPa，表观密度为1.5 ~ 2.2 g/cm^3。

(6) 石英岩 石英岩由硅质砂岩变质而成，结构均匀致密，矿物成分主要是结晶氧化硅。在几种主要岩石中，石英岩的强度较高（250 ~ 400MPa），十分耐久，但由于硬度较大，加工困难。

（7）片麻岩 片麻岩是由花岗岩变质而成的，其矿物成分与花岗岩类似。片麻岩结晶大多是等粒或斑状的，外表美观。片麻岩因呈片状构造，各向性质不同，垂直于片理方向的抗压强度大（120~250MPa），沿片麻岩的片理易于开采加工，但在冻融循环作用下，易成层剥落。片麻岩通常制成碎石、片石及料石等，用于地方性的一般建筑工程。

4. 矿物的主要化学组成

石料的化学组成通常用氧化物表示，见表1-1，其主要化学成分为氧化硅、氧化钙、氧化铁、氧化铝、氧化镁，以及少量的氧化锰、三氧化硫等。

表1-1 三种岩石的化学成分含量 （单位:%）

岩石名称	氧化硅 SiO_2	氧化钙 CaO	氧化铁 Fe_2O_3	氧化铝 Al_2O_3	氧化镁 MgO	氧化锰 MnO	三氧化硫 SO_3	磷酸酐 P_2O_5
石灰石	1.01	56.27	0.27	0.27	0.057	0.0065	0.009	痕量
花岗石	69.62	1.81	2.60	15.69	0.022	0.022	0.14	0.02
石英石	98.43	0.21	1.23	0.09	痕量	0.006	0.21	0

在大多数情况下，这些氧化物的化学稳定性较好，所以石料就本身来说是一种惰性材料。然而，当与水接触时，石料的化学成分比例将直接影响集料的亲水性以及集料与沥青的黏附性。在道路工程中，通常按照氧化硅含量大于65%、52%~65%和小于52%将石料分为酸性集料（硅质石料）、中性集料和碱性集料（钙质石料）。大部分硅质石料，如花岗岩、石英岩等水中带负电荷，亲水性较大，而石灰岩等钙质石料在水中带正电荷，亲水性较弱（见表1-2）。由于石料对水的亲和力大于对沥青结合料的亲和力，水可能将集料上的沥青膜剥落，导致沥青混合料强度的降低。石料的亲水系数越大，水对沥青混合料水稳定性的影响就越大。

表1-2 不同岩石的化学组成比例与亲水系数

岩石名称	氧化硅含量范围（%）	亲水系数
石英岩	80~100	1.06
花岗岩	64~80	0.98
石灰岩	0~50	0.79

此外，人们在道路路面和机场道面工程实践中发现，当石料以集料的形式应用于水泥混凝土中时，某些含有活性二氧化硅或活性碳酸盐成分的集料会与水泥中的碱性氧化物发生化学反应，这对混凝土结构强度和稳定性产生非常不利的影响。

二、石料的物理性质

1. 物理常数

石料最常用的物理常数是密度和孔隙率。这些物理常数与石料的物理、力学性质有着密切的关系，在选用石料、进行混凝土配合比计算时，这些物理常数也是重要的设计参数。

石料的物理常数是反映材料矿物组成、结构状态和特征的参数。虽然石料中不同矿物以不同的排列方式形成各种结构，但从质量和体积上说，组成其结构的主要是矿物质实体和空隙（包括与外界连通的开口空隙和内部的闭口空隙），如图1-1所示。

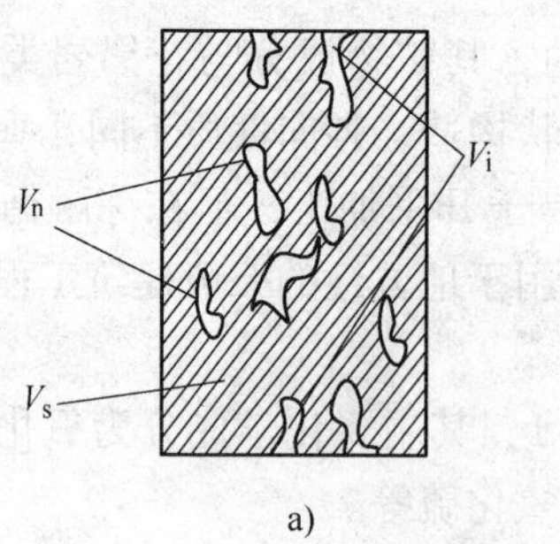

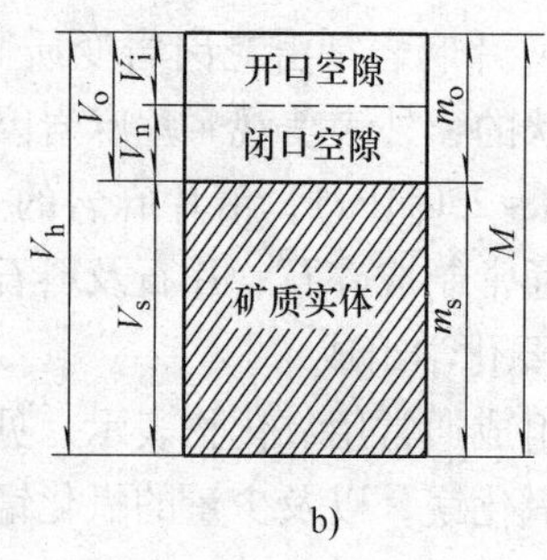

图 1-1 石料组成部分的质量与体积关系示意图
a）石料结构剖面 b）石料的体积与质量的关系

（1）密度 密度是指在规定条件下，石料矿质实体单位体积的质量。根据体积定义的不同，石料的密度包括真实密度、表观密度和毛体积密度等。

1）真实密度。真实密度是指在规定条件下，烘干的石料矿质实体单位真实体积的质量，按照式（1-1）计算。计算石料的真实密度，需要测定石料矿质实体的真实体积。试验时，将已知质量的干燥石料磨成细粉，全部通过 0.25mm 筛孔后，用比重瓶法或李氏密度瓶法测定其真实体积 V_s。

$$\rho_t = \frac{m_s}{V_s} \tag{1-1}$$

式中 ρ_t——石料的真实密度，g/cm^3；
m_s——石料矿质实体的质量，g；
V_s——石料矿质实体的体积，cm^3。

2）表观密度。表观密度是指在规定条件下，烘干石料矿质实体包括闭口孔隙在内的单位表观体积的质量，由式（1-2）计算。测定石料表观体积时，需将已知质量的干燥石料浸水，使其开口孔隙吸饱水，然后称出饱水后石料在水中的质量，两者之差除以水的密度（通常取水的密度为 $1g/cm^3$）即为石料的包括闭口孔隙在内的石料表观体积（$V_s + V_n$）。

$$\rho_a = \frac{m_s}{V_s + V_n} \tag{1-2}$$

式中 ρ_a——石料的表观密度，g/cm^3；
m_s——石料矿质实体的质量，g；
V_s——石料矿质实体的体积，cm^3；
V_n——石料矿质实体中闭口孔隙的体积，cm^3。

3）毛体积密度。毛体积密度是指在规定条件下，烘干石料矿质实体包括孔隙（闭口和开口孔隙）在内的单位毛体积的质量，由式（1-3）计算。砂石材料毛体积密度的测定方法是将已知质量的干燥试样，经饱水后，将试样表面擦干求得饱和面干质量，再用排水法求得试样在水中的质量，两者之差除以水的密度即为试样的毛体积 V_h（$V_s + V_n + V_i$）。

$$\rho_h = \frac{m_s}{V_s + V_n + V_i} \tag{1-3}$$

式中 ρ_h——石料的毛体积密度，g/cm^3；
m_s——石料矿质实体的质量，g；

V_s——石料矿质实体的体积，cm^3；

V_n——石料矿质实体中闭口孔隙的体积，cm^3；

V_i——石料矿质实体中开口孔隙的体积，cm^3。

（2）孔隙率　孔隙率是指石料孔隙体积占石料总体积（包括闭口孔隙体积和开口孔隙体积）的百分率，由式（1-4）计算。

$$n = \frac{V_n + V_i}{V_h} \times 100\% \tag{1-4}$$

式中　n——石料的孔隙率；

V_n——石料矿质实体中闭口孔隙的体积，cm^3；

V_i——石料矿质实体中开口孔隙的体积，cm^3；

V_h——石料的毛体积（含矿质实体、开口孔隙和闭口孔隙体积），cm^3。

将式（1-1）和式（1-3）代入式（1-4）得式（1-5），即采用石料的真实密度和毛体积密度计算的孔隙率。

$$n = \left(1 - \frac{\rho_h}{\rho_t}\right) \times 100\% \tag{1-5}$$

式中　n——石料的孔隙率；

ρ_h——石料的毛体积密度，g/cm^3；

ρ_t——石料的真实密度，g/cm^3。

石料技术性能不仅受孔隙率总量的影响，还取决于孔隙的构造。孔隙构造有连通与封闭两种类型，前者彼此贯通且与外界相通，后者相互独立且与外界隔绝。孔隙按尺寸大小又分为极细微孔隙、细小孔隙和较粗大孔隙。在孔隙率相同的条件下，连通较粗大的孔隙对石料性能影响显著。

2. 吸水性

石料吸入水分的能力称为“吸水性”，其大小可以用吸水率或饱水率来表示。吸收率是石料在常温常压条件下最大吸收质量占干燥试样质量的百分率。吸水率或饱水率按式(1-6)计算。

$$w_x = \frac{m_2 - m_1}{m_1} \times 100\% \tag{1-6}$$

式中　w_x——石料试样的吸水率或饱水率；

m_1——烘至恒重时的试样质量，g；

m_2——吸水（或饱水）至恒重时的试样质量，g。

石料吸水性与其孔隙率及孔隙构造特征有关。石料内部独立且封闭的孔隙是不吸水的，只有开口且以毛细管连通的孔隙才能吸水。孔隙构造相同的石料，孔隙越大，吸水率越大。表观密度大的石料，孔隙率小，吸水率也小，如花岗岩石料的吸水率通常小于0.5%，而多孔贝类石灰岩石料的吸水率可高达15%。表1-3为几种岩石的密度和吸水率的测试值。石料的吸水性能够有效反映岩石裂隙的发育程度，并用于判断岩石的抗冻性和抗风化能力。

表 1-3 常用岩石密度和吸水率

岩石名称		密度/(g/cm³)	吸水率(%)	岩石名称		密度/(g/cm³)	吸水率(%)
岩浆岩	花岗岩	2.30~2.80	0.10~4.0	沉积岩	砂岩	2.20~2.71	0.20~12.19
	辉长岩	2.55~2.98	—		石灰岩	2.30~2.77	0.10~4.55
	辉绿岩	2.53~2.97	0.22~5.00	变质岩	片麻岩	2.30~3.05	0.10~3.15
	安山岩	2.30~2.70	0.3~4.5		石英岩	2.40~2.80	0.10~1.45
	玄武岩	2.50~3.10	0.30~2.69				

3. 抗冻性

抗冻性是指石料在饱水状态下，能够经受反复冻结和融化而不破坏，并不严重降低强度的能力。石料抗冻能力的室内测定方法有直接冻融法和硫酸钠坚固性试验。两种方法均需要将石料制成直径和高均为 50mm 的圆柱体试件，或边长为 50mm 的立方体试件，在（105±5）℃的烘箱中烘至恒重，并称其质量。

（1）直接冻融法　直接冻融法是测定石料在饱水状态下，抵抗反复冻融性能的直接方法。试验时首先使试件吸水达到饱和状态，然后置于 -15℃的烘箱中，冻结 4h 后取出试件，再放入（20±5）℃的水中融解 4h，此为一个冻融循环过程。经历规定的冻融循环次数（如 10 次、15 次、25 次及 50 次）后，详细检查石料试件有无剥落、裂隙、分层及掉角现象，并记录检查情况。将冻融试验后的试件再烘干至恒重，称其质量，然后测量石料的抗压强度，并按式（1-7）和式（1-8）分别计算石料的冻融质量损失率和耐冻系数。

$$Q_d = \frac{m_2 - m_1}{m_1} \times 100\% \tag{1-7}$$

$$K = \frac{R_2}{R_1} \times 100\% \tag{1-8}$$

式中　Q_d、K——石料的质量损失率和冻融系数；

m_1——试验前烘干石料试件的质量，g；

m_2——经历程若干次冻融循环作用后，烘干石料试件的质量，g；

R_1——试验前石料试件的饱水抗压强度，MPa；

R_2——经历若干次冻融循环作用后，石料试件的饱水抗压强度，MPa。

（2）坚固性试验　坚固性试验是评定石料试样经饱和硫酸钠溶液多次浸泡与烘干循环后，不发生显著破坏或强度降低的性能。由于硫酸钠结晶后体积膨胀，产生与水结冰相似的效果，使石料孔隙壁受到压力，因此硫酸钠坚固性试验也是测定石料抗冻性的方法。试验时将烘干石料试件置入饱和硫酸钠溶液中浸泡 20h，然后将试件取出置于（105±5）℃的烘箱中烘烤 4h，至此完成第 1 个循环。待试样冷却至 20~25℃后，即开始第 2 个循环。从第 2 个循环起，浸泡和烘烤时间均为 4h。完成 5 次循环后，仔细观察试件有无破坏现象，将试件洗净烘至恒重，准确称出其质量，按式（1-7）计算坚固性试验质量损失率。

当水在石料孔隙内结冰时，体积膨胀约 9%。如果孔隙处于吸水饱和状态下，水的结冰就给孔隙壁以很大的内压力，严重时导致石料的边角崩裂。石料的抗冻性与其孔隙构造、吸水性密切相关，当石料的吸水率大于 0.5% 时，其抗冻性通常较差。

三、石料的力学性质

在结构工程中，石料应具备一定的抗压、抗剪、抗弯拉强度，以及抵抗荷载冲击、剪切和摩擦作用。本节中主要介绍石料的抗压强度和磨耗率这两项用于评价石料技术等级的指标。

1. 石料的抗压强度

（1）测试方法　我国现行《公路工程岩石试验规程》（JTG E41—2005）中，采用单轴加荷的方法对规则形状的石料试样进行抗压强度试验。试件为边长（50 ±0.5）mm 的立方体或直径与高均为（50 ±0.5）mm 的圆柱体。按标准方法对试件进行饱水处理后，施加荷载直至破坏，石料的抗压强度按式（1-9）计算。

$$R=\frac{P}{A} \tag{1-9}$$

式中　R——石料的抗压强度，MPa；

P——试验时石料试件破坏时的极限荷载，N；

A——石料试件的受力截面积，mm^2。

（2）影响抗压强度的因素　石料抗压强度主要取决于其矿物组成、结构及其孔隙构造。结构疏松及孔隙率较大的石料，其质点间的联系较弱，有效面积小，故强度值较低。

石料试件的尺寸和形状对抗压强度试验结果有显著影响。当试件尺寸较小时，由于高度小，承压板与试件端面之间的摩擦力较大，使得试件内应力分布极不均匀，试验结果的真实性受到影响。为了取得真实稳定的抗压强度测试值，应避免承压板附近局部应力集中的影响，试件的尺寸直径应不小于 10 倍的岩石矿物及岩屑颗粒直径，且不小于 5cm。为了减少试件端面的摩擦造成的影响，试件上下端面应平整光滑，并与承压板严格平行，以保证受力均匀。

石料的吸水率对其强度有很大影响，特别是当岩石的裂隙孔隙较大、含较多亲水矿物或较多可溶矿物时，影响更为显著。表 1-4 为几种岩石石料在饱水状态强度 R_w 与干燥状态强度 R_d 的比值 K_R。

表 1-4　常用岩石吸水前后强度比值

岩石名称		$K_R=R_w/R_d$	岩石名称		$K_R=R_w/R_d$
岩浆岩	花岗岩	0.72 ~ 0.97	沉积岩	砂岩	0.65 ~ 0.97
	辉绿岩	0.33 ~ 0.90		石灰岩	0.70 ~ 0.94
	安山岩	0.81 ~ 0.91	变质岩	片麻岩	0.75 ~ 0.97
	玄武岩	0.30 ~ 0.95		石英岩	0.94 ~ 0.96

2. 磨耗率

砂石材料磨耗率是指其抵抗撞击、边缘剪切和摩擦联合作用的能力。石料的磨耗率可采用洛杉矶磨耗试验进行测定。

洛杉矶磨耗试验又称“隔板试验”。试验时，将一定质量且有一定级配的石料试样和钢球置于隔板式试验机中，以 30 ~ 33r/min 的转速转动至要求次数后停止，取出试样过筛并称量，石料的磨耗率 Q_m 采用式(1-10)计算。在磨耗试验中用于水泥混凝土的石料与用于沥青混合料的石料对试样的级配和质量要求有所不同。

$$Q_m = \frac{m_1 - m_2}{m_1} \times 100\% \qquad (1\text{-}10)$$

式中 Q_m——石料的磨耗率；

m_1——装入试验机圆筒中的石料试样质量，g；

m_2——试验后洗净烘干的筛上试样质量，g。

四、石料的化学性质

在道路与桥梁建筑中，各种矿质集料是与结合料（水泥或沥青）组成混合料而使用于结构中，石料的化学性质对其路用性能影响较大，通常按 SiO_2 的含量将石料进行分类，见表 1-5。

表 1-5 石料的化学性质分类

类 型	SiO_2 的含量	备 注
酸性石料	大于 65%	如花岗岩、石英岩
中性石料	52% ~65%	如闪长岩、辉绿岩
碱性石料	小于 52%	如石灰岩、玄武岩

随着 SiO_2 含量的增加，岩石与沥青的黏结性降低。所以在选择与沥青结合的岩石时，应考虑岩石的酸碱性对沥青与岩石黏结性的影响，优先采用碱性石料，否则可掺加各种抗剥落剂，以提高沥青与石料的黏结性。

第二节 集 料

集料是由不同粒径矿质颗粒组成的混合料，它包括各种天然砂、机制砂、卵石和碎石，以及各类工业冶金矿渣。

天然砂是指经自然风化、水流搬运和分选、堆积形成的粒径小于 4.75mm 的岩石颗粒，包括河砂、湖砂、山砂和淡化海砂等，但不包括软质岩石、风化岩石的颗粒。

机制砂是指经除土处理，由机械破碎、筛分制成的粒径小于 4.75mm 的岩石、矿山尾矿或工业废渣颗粒，但不包括软质、风化的颗粒，俗称“人工砂”。

卵石是由自然风化、水流搬运和分选、堆积形成的粒径大于 4.75mm 的岩石颗粒。

碎石是将天然岩石或卵石经机械破碎、筛分制成的粒径大于 4.75mm 的岩石颗粒。

工业冶金矿渣一般指金属冶炼过程中排出的非金属溶渣，常指高炉矿渣和钢渣等，为具有独特性能的一类人造石料。

集料按其粒径范围分为粗集料和细集料。在水泥混凝土中粗细集料的分界尺寸为 4.75mm，但在沥青混合料中，分界尺寸通常为 2.36mm。粗、细集料在混合料中分别起骨架和填充作用，由于所起的作用不同，对它们的技术要求也有所不同。

一、集料的物理性质

1. 物理常数

（1）密度 集料是矿质颗粒的散状混合物，其体积组成除了包括矿物及矿物间孔隙外

（包括与外界连通的开口孔隙和内部的闭口孔隙），还包括矿质颗粒之间的空间（称为“空隙”）。图 1-2 为集料的体积与质量关系示意图。在工程中，常用的集料密度包括表观密度、毛体积密度、表干密度及装填密度等。

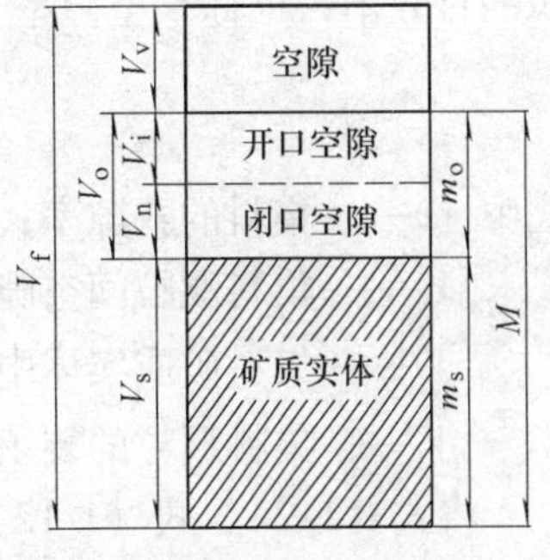

图 1-2　集料的质量与体积关系示意图

1）表观密度、毛体积密度、表干密度。集料颗粒的表观密度、毛体积密度定义与石料相同，此处不再赘述。由于石料与集料在尺寸和形状上的差异，测试方法有所不同。集料的表干密度又称为“饱和面干密度”，其计算体积与毛体积密度相同，但计算质量为集料颗粒的表干质量（饱和面干状态，包括了吸入开口孔隙中的水），由式（1-11）计算。测试集料表干质量时，需要将干燥集料试样饱水后，将试样表面自由水擦干，但保留吸入的开口孔隙中的水，在空气中称量饱和面干试样的，即为集料的表干质量。

$$\rho_s = \frac{m_a}{V_s + V_n + V_i} \tag{1-11}$$

式中　ρ_s——集料的表干密度，g/cm^3；

m_a——集料颗粒的表干质量（矿质实体质量与吸入开口孔隙水的质量之和），g；

V_s——集料颗粒矿质实体的体积，cm^3；

V_n——集料颗粒矿质实体中闭口孔隙的体积，cm^3；

V_i——集料颗粒矿质实体中开口孔隙的体积，cm^3。

2）装填密度。集料是没有固定形状的混合物，其体积和形状取决于装填容器。装填密度是指烘干集料颗粒矿质实体的单位装填体积（包括集料颗粒间空隙体积，集料矿质实体体积，以及其开口、闭口孔隙体积）的质量，按式（1-12）计算。

$$\rho = \frac{m_s}{V_s + V_n + V_i + V_v} \tag{1-12}$$

式中　ρ——矿质集料的装填密度，g/cm^3；

m_s——集料颗粒矿质实体的质量，g；

V_s——集料颗粒矿质实体的体积，cm^3；

V_n——集料颗粒矿质实体中闭口孔隙的体积，cm^3；

V_i——集料颗粒矿质实体中开口孔隙的体积，cm^3；

V_v——集料颗粒间的空隙体积，cm^3。

集料的装填体积 V_f（V_s、V_n、V_i、V_v 之和）是将干燥的散粒集料试样装入规定尺寸的容器测定得出的，装填密度的大小取决于颗粒排列的松紧程度，即装样方式。根据装样方法的不同，集料的装填密度分为堆积密度、振实密度和捣实密度。堆积密度是指以自由落入方式装填集料，所测密度又称“松装密度”；振实密度是将集料分三层装入容器筒中，在容器筒底部放置一根直径 25mm 的钢筋，每装一层集料后，将容器筒左右交替颠击地面 25 次；捣实密度是将集料分三层装入容器中，每层用捣棒捣实 25 次。振实密度和捣实密度统称为“紧装密度”。

（2）孔隙率 孔隙率是指集料在某种装填状态下的孔隙体积（含开口孔隙）占装填体积的百分率，也称“空隙率”，按式（1－13）计算。

$$n=\frac{V_v+V_i}{V_f}\times 100\% \tag{1-13}$$

式中 n——集料的孔隙率；

V_v——集料颗粒间空隙的体积，cm^3；

V_i——集料矿质实体中开口空隙的体积，cm^3；

V_f——集料颗粒的装填体积（V_s、V_n、V_i、V_v 之和），cm^3。

将式（1-2）、式（1-12）代入式（1-13）得孔隙率的计算公式：

$$n=\left(1-\frac{\rho}{\rho_a}\right)\times 100\% \tag{1-14}$$

式中 n——集料的孔隙率；

ρ——集料的装填密度，g/cm^3；

ρ_a——集料的表观密度，g/cm^3。

孔隙率反映了集料的颗粒间相互填充的致密程度。试验结果表明，在松装和紧装状态下，粗集料的孔隙率范围分别为 43%～48% 和 37%～42%，细集料孔隙率范围分别为 35%～50% 和 30%～40%。

（3）粗集料骨架间隙率 粗集料骨架间隙率通常指 4.75mm 以上集料颗粒间孔隙体积的百分含量，由式（1-15）计算。粗集料骨架间隙率的大小用于确定混合料中细集料和结合料的数量及评价集料的骨架结构。

$$VCA=\left(1-\frac{\rho_c}{\rho_b}\right)\times 100\% \tag{1-15}$$

式中 VCA——粗集料骨架间隙率；

ρ_c——粗集料的装填密度，对于水泥混凝土为粗集料的振实密度，对于沥青混合料为粗集料的捣实密度，g/cm^3；

ρ_b——粗集料的表观密度或毛体积密度，g/cm^3。

（4）细集料的棱角性 细集料的棱角性由在一定条件下测定的孔隙率表征，按式(1-16)计算。天然砂、机制砂和细屑等细集料的棱角性对沥青混合料的内摩擦角和抗流动变形能力、对水泥混凝土的和易性有显著影响。孔隙率较大时，意味着集料有较大的内摩擦角。

$$U=\left(1-\frac{\rho_c}{\rho_s}\right)\times 100\% \tag{1-16}$$

式中 U——细集料的孔隙率；

ρ_c——细集料的堆积密度，g/cm^3；

ρ_s——细集料的毛体积密度，g/cm^3。

2. 集料的级配

级配是指集料中各种粒径颗粒的搭配比例和分布情况。级配对水泥混凝土及沥青混合料的强度、稳定性及施工和易性有着显著的影响，级配设计也是水泥混凝土和沥青混合料配合比设计的重要组成部分。关于集料的级配分析、级配理论和级配设计方法将在本书后续章节中介绍。

3. 集料的颗粒形状与表面特征

集料特别是粗集料的颗粒形状和表面特征对集料颗粒间的内摩擦力、集料颗粒与结合料黏结性及吸附性有着显著的影响。

（1）颗粒形状　从实用角度出发，集料中的颗粒形状可按表1-6分为四种类型，比较理想的形状是接近球体或立方体。当集料中扁平、薄片、细长状的颗粒含量较高时，会使集料的孔隙率增加，不仅有损于集料的施工和易性，而且不同程度地削弱混凝土的强度。在现行规范《公路工程集料试验规程》（JTG E42—2005）中定义集料的针片状颗粒为颗粒的最小厚度（或直径）与最大长度（或宽度）的尺寸之比小于1∶3的颗粒。

表1-6　集料颗粒形状的基本类型

类　型	颗粒形状的特点	集料品种
蛋圆形	具有较光滑的表面，无明显棱角，颗粒浑圆	天然砂及各种砾石、陶粒
棱角形	具有粗糙的表面和明显的棱边	碎石、石屑、破碎矿渣
针状	长度方向尺寸远大于其他方向尺寸而呈细条形	砾石、碎石中均存在
片状	厚度方向尺寸远小于其他方向尺寸而呈薄片形	砾石、碎石中均存在

（2）表面特征　集料的表面特征主要是指集料表面的粗糙程度和孔隙特征等，它与集料的材质、岩石结构、矿物组成及其所受的冲刷、腐蚀程度有关。一般来说，集料的表面特征主要影响集料与结合料之间的黏结性能，从而影响到混合料的强度，尤其是抗折强度。在外力作用下，表面粗糙的集料颗粒间产生相对位移比较困难，其摩阻力较表面光滑、无棱角的颗粒大些，但是会影响集料的施工和易性。此外，表面粗糙、具有吸收水泥浆或沥青中轻质组分孔隙特征的集料，具有较强的与结合料黏结的能力，而表面光滑的集料与结合料的黏结能力一般较差。

4. 含泥量和泥块含量

存在于集料中或包裹在集料颗粒表面的泥土会降低水泥的水化反应速度，还会妨碍集料与水泥（或沥青）间的黏结能力，显著影响混合料的整体强度与耐久性，因此应对其含量加以限制。

（1）含泥量与石粉含量　含泥量是指集料中粒径小于0. 075mm的颗粒含量，石粉含量是指机制砂中小于0. 075mm的颗粒含量，两者均按照式（1-17）计算。

$$Q_a = \frac{m_1 - m_2}{m_1} \times 100\% \tag{1-17}$$

式中　Q_a——集料的含泥量和石粉含量；

m_1——试验前烘干集料试样的质量，g；

m_2——经筛洗后，0. 075mm筛上烘干试样的质量，g。

严格地讲，含泥量应是集料中的泥土含量，而采用筛洗法得到的粒径小于0. 075mm的颗粒中实际上包含了矿粉、细砂与黏土成分，而筛洗法很难将这些成分加以区别。将通过0. 075mm颗粒部分全都当作“泥土”的做法欠妥，因此，在《公路沥青路面施工技术规范》（JTG F40—2004）中，以“砂当量”代替含泥量指标，将筛洗法测定的结果称为小于0. 075mm颗粒含量；在《建设用砂》（GB/T 14684—2011）中，增加了亚甲蓝*MB*值指标。

1）砂当量 SE。砂当量用于测定细集料中黏性土和杂质的含量，判定集料的洁净程度，对集料中小于 0.075mm 的矿粉、细砂与“泥土”加以区别。砂当量值越大表明在小于 0.075mm 部分集料中所含的矿粉和细砂比例越高。在《公路工程集料试验规程》（JTG E42—2005）中规定了砂当量的测试方法（T0334—2005）。

2）亚甲蓝 MB 值。亚甲蓝 MB 值用于判别机制砂中小于 0.075mm 颗粒含量主要是泥土还是与被加工母岩化学成分相同的石粉。按照《建设用砂》（GB/T 14684—2011）的方法，亚甲蓝 MB 值的测定是将不大于 2.36mm 的机制砂试样 200g 与 500mL 水持续搅拌形成悬浮液，在悬浮液中加入 5mL 亚甲蓝溶液，搅拌 1min 后，用玻璃棒蘸取一滴悬浮液，滴于滤纸上，观察沉淀物周围是否出现色晕，重复这个过程，直至沉淀物周围出现约 1mm 直径的稳定浅蓝色色晕，然后继续进行搅拌和沾染试验，至色晕可以持续 5min。亚甲蓝 MB 值按式（1-18）计算，精确至 0.1。亚甲蓝 MB 值较小时表明粒径不大于 0.075mm 颗粒主要是与母岩化学成分相同的石粉。

$$MB = \frac{V}{G} \times 10 \tag{1-18}$$

式中 MB——亚甲蓝值，g/kg，表示每千克粒径不大于 2.36mm 机制砂试样所消耗的亚甲蓝质量；

G——试样质量，g；

V——所加入的亚甲蓝溶液的总量，mL；

10——用于每千克试样消耗的亚甲蓝溶液体积换算成亚甲蓝质量。

为了缩短试验时间，可以采用亚甲蓝快速试验。在悬浮液中一次加入 30mL 亚甲蓝溶液后持续搅拌 8min，用玻璃棒蘸取一滴悬浮液，滴于滤纸上，观察沉淀物周围是否出现明显色晕。若沉淀物周围出现明显色晕，则判定亚甲蓝快速试验为合格；若沉淀物周围未出现明显色晕，则判定亚甲蓝快速试验为不合格。

（2）泥块含量　泥块含量是指粗集料中原尺寸大于 4.75mm（对于细集料为 1.18mm），但经水浸洗、手捏后小于 2.36mm（对于细集料为 0.6mm）的颗粒含量，按照式（1-19）计算。集料中的泥块以三种类型存在；由纯泥组成的团块；由砂、石屑与泥组成的团块；包裹在集料颗粒表面的泥。

$$Q_{\mathrm{b}} = \frac{G_1 - G_2}{G_2} \times 100\% \tag{1-19}$$

式中 Q_{b}——集料的泥块含量；

G_1——粗集料为 4.75mm（细集料为 1.18mm）筛上试样的质量，g；

G_2——粗集料为 4.75mm（细集料为 1.18mm）筛上试样经水洗后，粗集料为 2.36mm（细集料为 0.6mm）筛上烘干试样的质量，g。

二、粗集料的力学性质

在结构层或混合料中，粗集料起骨架作用，应具备一定的强度、耐磨、抗磨耗和抗冲击性能等，这些性能用压碎值、磨光值、磨耗值和冲击值等指标表示。

1. 压碎值

压碎值是指按规定的方法测得的石料抵抗压碎的能力，也是集料强度的相对指标，用以鉴定集料品质。我国现行规范《公路工程集料试验规程》(JTG E42—2005)中规定了压碎值的测试方法。压碎值是对石料的标准试样在标准条件下进行加荷,测得的石料被压碎后标准筛上筛余质量的百分率。

压碎值 Q_a 按式(1-20)计算。

$$Q_a' = \frac{m_2}{m_1} \times 100\% \tag{1-20}$$

式中 Q_a'——压碎值;

m_1——试验前试样的质量,g;

m_2——试验后通过 2.36mm 筛孔的细料质量,g。

2. 磨光值

磨光值是反映石料抵抗轮胎磨光作用能力的指标,它是采用加速磨光机磨光石料,并用摆式摩擦系数测定仪测得的磨光后集料的摩擦系数。用高磨光值的石料来铺筑道路路面表层,可以提高路表面的抗滑能力,保障车辆的安全行驶。

磨光值试验的基本方法是将 9.5 ~ 13.2mm 干净石料颗粒单层紧密地排列在试模之中,并用环氧树脂砂浆固定,制成试件,经养护后拆模。同种石料制备四个试件,顺序安装在道路轮上,先用 30 号金刚砂对试件磨蚀 3h,再用 280 号金刚砂磨蚀 3h,然后停机,取出试件,用摆式摩擦系数测定仪测定试件的磨光值,以 *PSV* 表示。

磨光值 *PSV* 按式(1-21)计算:

$$PSV = PSV_{ra} + 49 - PSV_{bra} \tag{1-21}$$

式中 *PSV*——磨光值;

PSV_{ra}——两次平行试验的试样磨光值读数平均值;

PSV_{bra}——两次平行试验的标准试件磨光值读数平均值。

3. 冲击值

冲击值反映石料抵抗冲击荷载的能力。由于路表集料直接承受车轮荷载的冲击作用,这一指标对道路表层用集料非常重要。

按现行规范《公路工程集料试验规程》(JTG E42—2005)中规定的试验方法,集料的冲击值试验采用尺寸为 9.5 ~ 13.2mm 的干燥集料颗粒,按标准方法分三层装入量筒中,称取集料试样质量,将称好质量的集料装入圆形钢筒后置于冲击试验仪上,用捣实杆单独捣实 25 次;调整锤击高度,让锤从(380 ±5)mm 处自由落下,连续锤击集料 15 次,每次间隔不少于 1s;将击实试验后的集料用 2.36mm 筛筛分,称取通过 2.36mm 筛的石屑质量。集料冲击值按式(1-22)计算:

$$AIV = \frac{m_2}{m_1} \times 100\% \tag{1-22}$$

式中 *AIV*——集料的冲击值;

m_1——试样的总质量,g;

m_2——冲击试验后通过 2.36mm 筛孔的石屑质量,g。

4. 磨耗值

磨耗值用于确定石料抵抗表面磨损的能力,适用于对路面抗滑表层抵抗车轮磨耗能力的评定。

按我国现行《公路工程集料试验规程》(JTG E42—2005)，采用道瑞磨耗试验机测试石料的磨耗值。试验时将9.5～13.2mm的石料颗粒以单层紧密排列在试模中，石料颗粒不得少于24粒，用环氧树脂砂浆填模成型，经养护后脱模制成试件；同种石料2个试件为一组；试件用金属托盘固定于道瑞机的圆平板上，按28～30r/min转速旋转100转，旋转的同时连续不断地向磨盘上均匀地撒布规定细度的石英砂；停机后取下试件，观察有无异常现象，然后按相同方法再磨400转；可分为4个100转重复4次磨完，也可连续1次磨完，停机后，称取试件质量。集料的磨耗值按式(1-23)计算。

$$AAV = \frac{3(m_1 - m_2)}{\rho_s} \times 100\% \tag{1-23}$$

式中 AAV——集料道瑞磨耗率；

m_1——磨耗前试样的质量，g；

m_2——磨耗后试样的质量，g；

ρ_s——集料的表干密度，g/cm^3。

三、岩石集料的技术要求

1. 粗集料的技术要求

根据《建筑用卵石、碎石》(GB/T 14685—2011)，将卵石和碎石等粗集料按技术要求分为Ⅰ、Ⅱ和Ⅲ类，见表1-7。

表1-7 碎石和卵石技术要求(GB/T 14685—2011)

技术指标		技术要求		
		Ⅰ级	Ⅱ级	Ⅲ级
碎石压碎指标(%)	≤	10	20	30
卵石压碎指标(%)	≤	12	14	16
针片状颗粒含量(%)	≤	5	10	15
含泥量(%)	≤	0.5	1.0	1.5
泥块含量(%)	≤	0	0.2	0.5
有机物含量		合格	合格	合格
硫化物及硫酸盐含量(按SO_3质量计)(%)	≤	0.5	1.0	1.0
坚固性(质量损失)(%)	≤	5	8	12
岩石抗压强度		在饱水状态下，火成岩应不小于80MPa；变质岩应不小于60MPa；水成岩应不小于30MPa		
密度		表观密度大于2600kg/m³		
空隙率(%)	≤	43	45	47
吸水率(%)	≤	1.0	2.0	2.0
碱集料反应		经碱集料反应试验后，由卵石、碎石、碎卵石配置的试件无裂缝、酥裂、胶体外溢等现象，在规定试验龄期的膨胀率应小于0.10%		

2. 细集料的技术要求

根据我国标准《建筑用砂》（GB/T 14684—2011），按照表 1-8 的技术要求将砂分成Ⅰ、Ⅱ和Ⅲ类。

表 1-8　细集料技术要求（GB/T 14684—2011）

	项　　目				技术要求		
					Ⅰ级	Ⅱ级	Ⅲ级
机制砂	单级最大压碎值指标（%）			≤	20	25	30
	亚甲蓝试验	*MB* 值 < 1.4 或合格	*MB* 值	≤	0.5	1.0	1.4 或合格
			石粉含量（%）	≤	10.0	10.0	10.0
			泥块含量（%）	≤	0	1.0	2.0
		MB 值 ≥1.4 或不合格	石粉含量（%）	≤	1.0	3.0	5.0
			泥块含量（%）	≤	0	1.0	2.0
天然砂	含泥量（%）			≤	1.0	3.0	5.0
	泥块含量（%）			≤	0	1.0	2.0
机制砂、天然砂	有害杂质含量（%）	氯化物含量（按氯离子质量计）		≤	0.01	0.02	0.06
		云母含量		≤	1.0	2.0	2.0
	有机物含量（比色法）（%）				合格	合格	合格
	硫化物及硫酸盐（按 SO_3 质量计）			≤	0.5	0.5	0.5
	轻物质含量			≤	1.0	1.0	1.0
	坚固性（%）			≤	8	8	10
	密度和空隙率				表观密度大于 $2500kg/m^3$；松散堆积密度大于 $1400kg/m^3$；空隙率小于 44%		

四、工业冶金矿渣集料的技术特性

工业冶金矿渣一般是指炼铁或炼钢过程中得到的高炉矿渣或钢渣。高炉炼铁时形成的熔渣称为“高炉矿渣”，是在炼钢过程中得到的氧化物。高炉渣及钢渣经自然冷却或经一定工艺处理，可用于修筑道路基层，也可作为水泥混凝土或沥青混凝土路面用的集料，其中粒化高炉矿渣还可以用作水泥混合材料。高炉矿渣或钢渣与天然岩石集料的主要不同之处，在于这类材料含有较多的活性矿物，且质量不够稳定。在使用这类集料时，为了保证结构物的质量和耐久性，必须了解它们的技术特性。

1. 矿渣的主要化学成分及活性

高炉矿渣中的主要化学成分有：酸性氧化物 SiO_2、Fe_2O_3、P_2O_5、TiO_2；碱性氧化物 CaO、MgO、MnO、BaO；中性氧化物 Al_2O_3；硫化物 CaS、MnS、FeS 等。酸、碱氧化物含量比例对矿渣的性能影响较大。

矿渣的活性是指其与水、或与某些碱性溶液、或与硫酸盐溶液发生化学反应的性质。通常采用式（1-24）及式（1-25）计算的碱性系数 M_o 及质量系数 K 反映高炉渣的活性。碱性系数 M_o 或质量系数 K 的数值越大，矿渣的活性越高。

$$M_o = \frac{w(CaO) + w(MgO)}{w(SiO_2) + w(Al_2O_3)} \tag{1-24}$$

$$K = \frac{w(CaO) + w(MgO) + w(Al_2O_3)}{w(SiO_2) + w(MnO) + w(TiO_2)} \tag{1-25}$$

式中 M_o——矿渣的碱性系数；

K——矿渣的质量系数；

$w(CaO)$——矿渣中 CaO 的质量分数；

$w(MgO)$——矿渣中 MgO 的质量分数；

$w(SiO_2)$——矿渣中 SiO_2 的质量分数；

$w(Al_2O_3)$——矿渣中 Al_2O_3 的质量分数；

$w(MnO)$——矿渣中 MnO 的质量分数；

$w(TiO_2)$——矿渣中 TiO_2 的质量分数。

矿渣的活性取决于其化学成分和处理工艺。一般来说，当矿渣中的 CaO、Al_2O_3 含量高而 SiO_2 含量低时，矿渣活性较高。采用自然冷却得到的高炉矿渣稳定性较好，而采用水淬处理的粒化高炉矿渣的活性较高。通常活性高的矿渣适宜于作为水泥混合材料，而在混凝土结构或道路结构中应使用低活性的矿渣。

钢渣与高炉渣虽然都是冶金矿渣，但它们的化学成分及矿物组成有着明显的区别，所以采用不同的方式判断它们的活性。钢渣的活性可用式（1-26）计算的碱度 M 反映。碱度大的钢渣活性大，宜作为水泥原料。

$$M = \frac{w(CaO)}{w(SiO_2) + w(P_2O_5)} \tag{1-26}$$

式中 M——钢渣的碱度；

$w(CaO)$——钢渣中 CaO 的质量分数；

$w(SiO_2)$——钢渣中 SiO_2 的质量分数；

$w(P_2O_5)$——钢渣中 P_2O_5 的质量分数。

2. 矿渣集料的技术特性

（1）物理力学特性　由于热熔矿渣的冷却加工方式的不同，矿渣集料的矿物成分和组织的致密程度有着很大的差别，其物理力学性能变化范围和分散性较大。如高炉矿渣集料中密实体的抗压强度可达 120 ~ 250MPa，孔隙率为 7% ~ 16%；而多孔体的抗压强度仅为 10 ~ 20MPa，孔隙率高达 50% 以上。由于矿渣集料含铁量较高，其密度一般高于石料。

（2）化学稳定性　在自然条件下，工业冶金矿渣中的某些成分会与水产生化学反应，发生体积变化。

1）游离氧化钙消解。矿渣中的游离氧化钙遇水后发生化学反应，生成氢氧化钙 $Ca(OH)_2$，体积将增大 1 ~ 2 倍，在矿渣颗粒中产生内应力，导致矿渣的崩裂破坏。这种破坏现象在道路结构中较为多见。

2）铁和锰分解。矿渣中硫化物，如硫化亚铁 FeS 和硫化亚锰 MnS 可以与水生成氢氧化亚铁 $Fe(OH)_2$ 及氢氧化锰 $Mn(OH)_2$，体积分别增加 38% 和 24%，引起矿渣体积安定性不良，这种现象称为“铁或锰分解”。

矿渣集料用于制作混凝土或路面基层材料时，必须具备良好的化学稳定性，否则就会由于某些化合物的分解、膨胀而破坏混凝土结构或路面结构。要使这类集料稳定的关键是降低活性成分含量，一般游离氧化钙含量小于3%的矿渣集料方可用于路面结构中。对于游离氧化钙含量较高的矿渣，应该通过水解消化处理，如堆存渣场使其自然消化，有条件时可采用浇水消化、利用余热分解等方法使游离氧化钙分解。

第三节 矿质混合料的组成设计

在水泥混凝土或沥青混合料中，所用集料颗粒的粒径尺寸范围较大，而天然或人工轧制的集料往往仅由几种粒径尺寸的颗粒组成，难以满足工程对某一混合料的目标设计级配范围的要求，因此需要将两种或两种以上的集料配合使用，构成所谓的“矿质混合料”，简称“矿料”。矿质混合料组成设计的目的就是根据目标级配范围要求，确定各种集料在矿质混合料中的合理比例。进行矿质混合料组成设计，必须首先明确目标级配范围，为此首先应掌握级配组成对矿料技术性能的影响。

一、矿质混合料的级配

1. 集料级配的表示方法

（1）筛分试验　矿质集料的级配采用筛分试验确定。其方法是取一定数量的集料试样，在标准筛上进行筛分试验（标准筛是指形状和尺寸规格符合要求的系列样品筛）。集料颗粒的尺寸用粒径表示，也称为“粒度”。通常集料的粒径以方孔筛为准，标准筛尺寸依次为70mm、63mm、37.5mm、31.5mm、26.5mm、19mm、16mm、13.2mm、9.5mm、4.75mm、2.36mm、1.18mm、0.6mm、0.3mm、0.15mm 和0.075mm。

（2）级配参数　在筛分试验中，分别称量集料试样存留在各筛上的筛余质量，然后计算出反映该集料试样级配的有关参数；分计筛余百分率 a_i、累计筛余百分率 A_i 和通过百分率 p_i。

1）分计筛余百分率 a_i 是指某号筛上的筛余质量占试样总质量百分率，按式（1-27）计算。

$$a_i = \frac{m_i}{M} \times 100\% \tag{1-27}$$

式中　m_i——存留在某号筛上的试样质量，g；

M——集料风干试样的总质量，g。

2）累计筛余百分率 A_i 是指某号筛的分计筛余百分率和大于该号筛的各筛分计筛余百分率之总和，可按式（1-28）求得。

$$A_i = a_1 + a_2 + \cdots + a_i \tag{1-28}$$

式中　a_1、$a_2 \cdots a_i$——各筛的分计筛余百分率。

3）通过百分率 p_i 是指通过某号筛的试样质量占试样总质量的百分率，即100与某号筛累计筛余百分率之差，按式（1-29）求得。

$$p_i = 100 - A_i \tag{1-29}$$

式中　A_i——某号筛累计筛余百分率。

由于粗、细集料的粒径范围不同，筛分试验中采用的标准套筛尺寸范围及试样质量有所不同。

（3）细集料的细度模数　细度模数是用于评价细集料粗细程度的指标，为细集料筛分试验中各号筛上的累计筛余百分率之和，按式（1-30）计算。

$$M_f = \frac{(A_{2.36} + A_{1.18} + A_{0.60} + A_{0.30} + A_{0.15}) - 5A_{4.75}}{100 - A_{4.75}} \quad (1\text{-}30)$$

式中　M_f——砂的细度模数；

$A_{4.75}$，$A_{2.36}$，…，$A_{0.15}$——4.75mm，2.36mm，…，0.15mm 各筛的累计筛余百分率。

细度模数越大，表示细集料越粗。砂按细度模数分为粗、中、细三种规格，相应的细度模数分别为：粗砂，$M_f = 3.7 \sim 3.1$；中砂，$M_f = 3.0 \sim 2.3$；细砂，$M_f = 2.2 \sim 1.6$。

【例 1-1】 分析某细集料的级配组成并计算其细度模数

【解】 取集料试样 500g，进行筛分试验，各号筛上的筛余质量见表 1-9。

按照式（1-27）~式(1-29）分别计算该集料的分计筛余百分率、累计筛余百分率和通过百分率，将结果列入表 1-9。

将 0.15 ~ 4.75mm 筛的累计筛余百分率代入式（1-30）得该集料的细度模数为

$$M_f = \frac{(15.6 + 35.4 + 56.4 + 79.4 + 94.4) - 5 \times 3}{100 - 3} = 2.74$$

因此该细集料属于中砂。

表 1-9　某细集料筛分试验的计算实例

筛孔尺寸/mm	9.5	4.75	2.36	1.18	0.6	0.3	0.15	0.075	筛底	总计
筛余质量 m_i/g	0	15	63	99	105	115	75	22	6	500
分计筛余百分率 a_i（%）	0	3	12.6	19.8	21	23	15	4.4	1.2	100
累计筛余百分率 A_i（%）	0	3	15.6	35.4	56.4	79.4	94.4	98.8	100	—
通过百分率 p_i（%）	100	97	84.4	64.6	43.6	20.6	5.6	1.2	0	—

（4）集料的级配曲线

1）级配曲线的配置。集料的筛分试验结果不仅可以用表 1-9 的形式表示，还可以用级配曲线反映。在级配曲线图中，通常用纵坐标表示通过百分率 P（或累计筛余百分率），横坐标表示某筛的筛孔尺寸 d，D 为集料最大粒径。根据富勒理论最大密度曲线方程可表示为 $P^2 = kd$（k 为统计参数），当计算任何一级粒径通过量时可采用 $P = 100\sqrt{d/D}$ 计算。如图 1-3所示。

在标准套筛中，筛孔尺寸由大到小大致呈 1/2 倍递减，如果级配曲线的纵、横坐标均以常数坐标表示，横坐标上的筛孔尺寸位置将前密后疏（见图 1-3a）。为了便于绘制和查阅，横坐标通常采用对数坐标，这样可使大部分筛孔尺寸在横坐标上以等距排列（如图 1-3b）。绘制级配曲线时，首先在横坐标上标明筛孔尺寸的对数坐标位置，在纵坐标上标出通过百分率（或累计筛余百分率）的常数坐标位置，然后将筛分试验计算结果点绘于坐标图上，最后将各点连成级配曲线。在同一张图中可以同时绘制 2 条以上级配曲线，但需注明每条曲线所代表的集料品种。

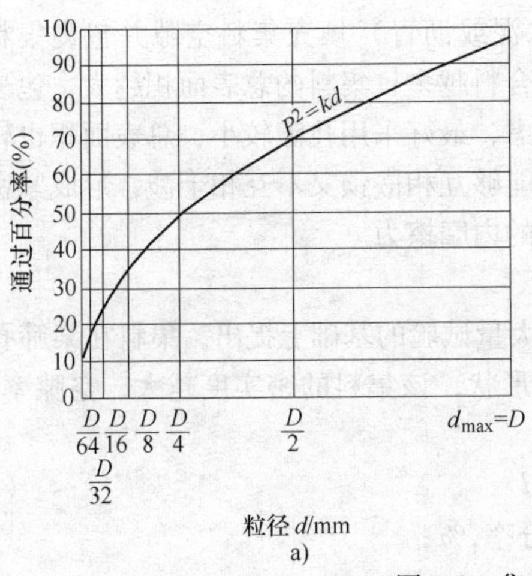

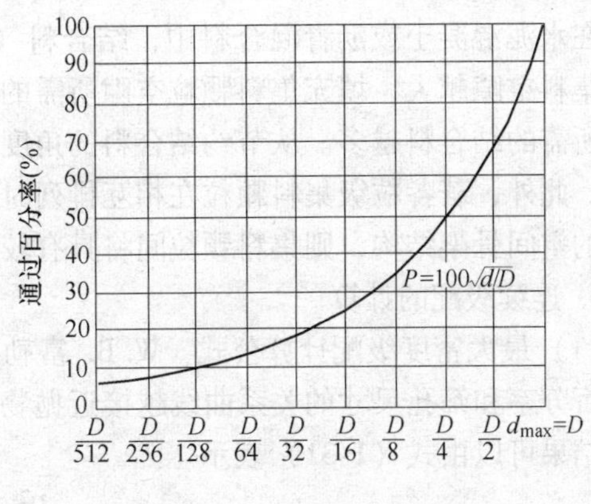

图 1-3 集料级配曲线示意图

a）常数坐标 b）半对数坐标

2）级配曲线类型。根据矿质集料级配曲线的形状，将其划分为连续级配和间断级配。在连续级配类型的集料中，由大到小各级颗粒按照一定的比例搭配，绘制出的级配曲线平顺圆滑不间断，如图 1-4 中曲线 A。在间断级配集料中，缺少一级或几个粒级的颗粒，级配曲线是非连续的、中间间断的曲线，如图 1-4 中曲线 B。通常，连续级配曲线的孔隙率随着粗集料的增加而显著增加；间断级配集料能较好地起粗集料的骨架作用，但在施工过程中容易离析。

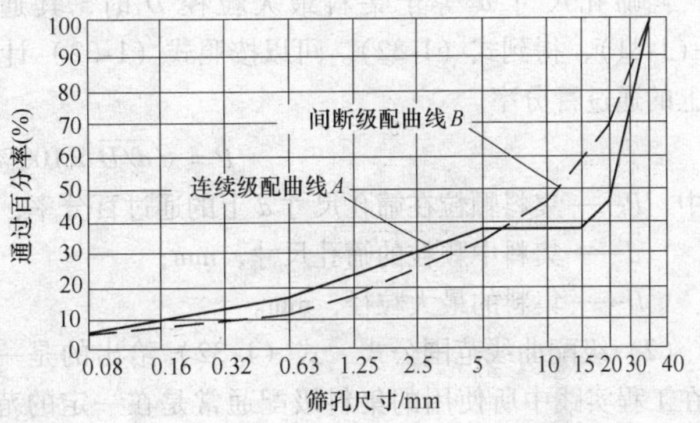

图 1-4 连续级配与间断级配曲线示意图

2. 级配组成对矿料性能的影响

矿质混合料的级配组成与其密实度及颗粒间的内摩擦力关系密切，因此对水泥混凝土或沥青混合料的强度、耐久性及施工和易性有着显著的影响。表 1-10 为某种细集料的级配组成与空隙率的关系。由表 1-10 可见，当级配组成变化时，在松装状态下空隙率的变化范围是 37.4% ~42.0% 。

表 1-10 某种细集料不同级配的空隙率 （单位:%）

级配编号 \ 筛孔尺寸/mm	<0.075	0.075 ~0.15	0.15 ~0.3	0.3 ~0.6	0.6 ~1.18	1.18 ~2.36	2.36 ~4.75
1	6.7	14.7	12.0	15.6	20	31.1	38.7
2	7.9	10.5	13.2	15.8	23.7	28.9	39.4
3	3.1	6.5	9.7	25.8	22.6	32.3	42.0
4	9.8	17.1	22	19.5	17.1	14.6	37.4
5	7.3	16.1	13.2	17.1	22.0	24.4	39.0
6	4.9	7.3	9.8	14.6	24.4	39.0	41.5

在水泥混凝土或沥青混合料中，结合料（水泥或沥青）填充集料空隙并包裹集料。所以，集料空隙越大，填充集料颗粒空隙所需的结合料越多；集料的总表面积越大，包裹集料颗粒所需的结合料越多。从节约结合料的角度考虑，最好采用孔隙较小，总表面积也较小的集料。此外，若各粒级集料颗粒在相互排列时，能够互相嵌锁又不互相干涉，形成紧密多级嵌挤的空间骨架结构，则集料颗粒间将具有较大的内摩擦力。

3. 连续级配的计算

（1）最大密度级配计算公式　W. B. 富勒在大量试验的基础上提出，集料在某筛孔上的通过百分率和筛孔尺寸的关系曲线越接近抛物线形状，该集料的密实度越大，空隙率越小，这个结果可以由式（1-31）表示。

$$P^2 = kd \tag{1-31}$$

式中　P——集料颗粒在筛孔尺寸 d 上的通过百分率，%；

d——集料中颗粒的筛孔尺寸，mm；

k——统计参数。

当筛孔尺寸 d 等于集料最大粒径 D 时，其通过百分率为 100%，将此关系代入式（1-31），得到式（1-32）。可以按照式（1-32）计算连续级配集料的颗粒在任何一级筛孔上的通过百分率。

$$P = \sqrt{d/D} \times 100\% \tag{1-32}$$

式中　P——集料颗粒在筛孔尺寸 d 上的通过百分率；

d——集料中颗粒的筛孔尺寸，mm；

D——集料的最大粒径，mm。

（2）级配曲线范围公式　式（1-32）给出的是一种理想的、密实度最大的级配曲线，而在工程实践中所使用的集料级配通常是在一定的范围中波动的，为此，A. N. 泰波在式（1-32）的基础上进行了修正，给出了级配曲线范围的计算公式（1-33）。当级配指数 n = 0.5 时，公式（1-33）就是式（1-32）。

$$P = (d/D)^n \times 100\% \tag{1-33}$$

式中　P——集料颗粒在筛孔尺寸 d 上的通过百分率；

d——集料中颗粒的筛孔尺寸，mm；

D——集料的最大粒径，mm；

n——级配指数。

在工程实践中，集料的最大理论密度曲线为级配指数 n = 0.45 的级配曲线，如图 1-5 中曲线 A。常用矿质混合料的级配指数一般为 0.3 ~ 0.7，将级配指数 0.3 和 0.7 代入式（1-33）计算，可绘制相应的级配曲线，如图 1-5中的曲线范围 B。

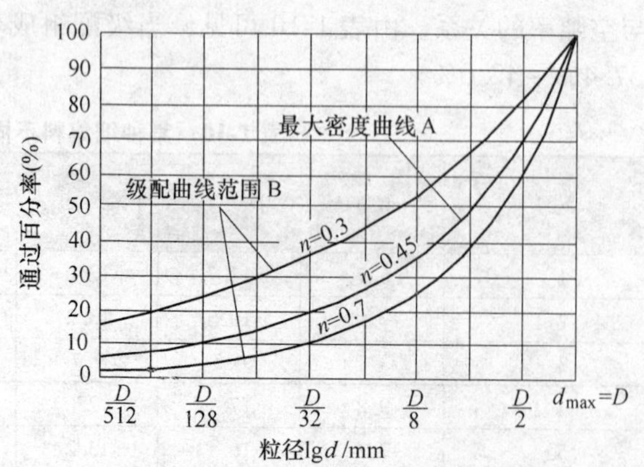

图 1-5　级配指数与级配曲线的关系图

4. 多级嵌挤密级配的分析法

多级嵌挤密级配最初由美国伊利诺伊州交通局的贝雷（Robert Bailey）

提出，后来经由 Bill Varik 与 Bill Pine 等人修正完善，成为多级嵌挤密级配沥青混合料级配设计的主要方法之一，简称“贝雷级配分析法”。贝雷级配分析法考虑了粗、细集料的分界尺寸、集料的装填特性等。

（1）集料的分界尺寸

1）粗、细集料的分界尺寸 d_k。在贝雷法中，将粗集料和细集料作为一个相对的概念，用式（1-34）计算集料的控制粒径尺寸 d_k，它是集料公称最大粒径的函数，是形成嵌挤结构的第一级分界点，并定义大于控制粒径 d_k 的集料为粗集料，小于 d_k 的集料为细集料。

$$d_k = d_n \times 0.22 \approx d_n/4 \tag{1-34}$$

式中 d_k——集料的控制粒径尺寸，mm；

d_n——集料的公称最大粒径尺寸，mm。

2）细集料的分界尺寸 d_1 和 d_2。在集料中，小于控制粒径 d_k 的细集料颗粒主要起填隙作用，为更好的控制细集料的组成，对细集料再进行两次尺寸划分，分别由式（1-35）和式（1-36）定义。

$$d_1 = d_k \times 0.22 \approx d_n/16 \tag{1-35}$$

$$d_2 = d_1 \times 0.22 \approx d_n/64 \tag{1-36}$$

式中 d_1——细集料的第一分界尺寸，mm；

d_2——细集料的第二分界尺寸，mm；

d_k——集料的控制粒径尺寸，mm；

d_n——集料的公称最大粒径尺寸，mm。

以上分界尺寸的位置如图 1-6 所示。

（2）粗、细集料的装填特性　集料颗粒间的嵌锁力取决于装填密度和压实功，装填密度达到松装密度的 95% ~ 105% 是获得嵌锁力的下限，达到紧装密度状态是获得嵌锁力的上限，相当于 110% 的松装密度。随着设计装填密度的提高，所需要的压实功也在增加，越是靠近紧装密度，达到一定密实度所需要的压实功也越大。

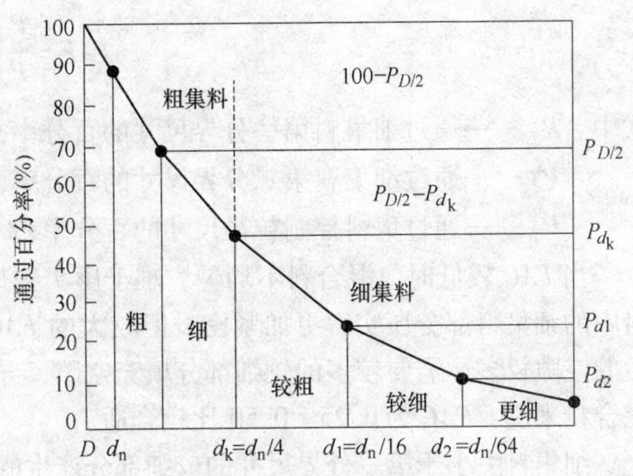

图 1-6　贝雷法集料尺寸定义示意图

粗集料骨架的孔隙由细集料填充，为了不对粗集料的嵌锁力产生干涉，细集料体积不应超过粗集料骨架的孔隙。当粗集料达到最大嵌锁力时，其孔隙中细集料达到紧装密度状态时可以使整个混合料获得最大的稳定性。细集料能否达到紧装密度状态取决于压实功的大小。通过这样的选择，加上结合料对集料颗粒的润滑作用，粗、细集料会压密得更加紧密。

（3）多级嵌挤级配的评价

1）粗集料比 *CA*。贝雷法以粒径尺寸 *D*/2 将大于控制粒径 d_k 的粗集料进一步划分为较细部分与较粗部分（见图1-6），并采用这两部分集料的质量比值，即粗集料比评价粗集料的装填特性，并且分析其空隙结构。粗集料比由式（1-37）计算。

$$CA=\frac{P_{D/2}-P_{d_k}}{100-P_{D/2}} \tag{1-37}$$

式中 D——集料的最大粒径，mm；

$P_{D/2}$——集料在筛孔尺寸 $D/2$ 上的通过百分率,%；

P_{d_k}——集料在控制粒径筛孔 d_k 上的通过百分率,%。

改变粗集料中较细部分与较粗部分的比例，能够改变集料的空隙率，从而影响粗集料的骨架结构。当粗集料比 CA 值较小，即粗集料中的较细部分（$P_{D/2}-P_{d_k}$）较少时，集料容易产生离析。随着 CA 的增加，粗集料中的较细部分将较粗部分的骨架推开，产生干涉作用，此时混合料虽不易离析，但是难于压实，在压路机作用下有移动的趋势。通常 CA 较高的级配曲线呈S形。根据工程实践，密级配混合料的粗集料比 CA 为0.4～0.8比较合适。

2）细集料比 FAC 和 FAF。根据细集料的分界尺寸，将细集料看成由粗颗粒与细颗粒组成的一种混合料，其中的细颗粒用来填充粗颗粒形成的空隙，所以细颗粒的体积不能超过粗颗粒骨架形成的空隙，否则会干涉粗颗粒的骨架特性。

分别由式（1-38）和式（1-39）计算细集料比 FAC 和 FAF，前者用以评价细集料中较粗部分对较细部分集料的装填特性，后者用于评价小于控制粒径 d_k 的细集料的装填特性。

$$FAC=\frac{P_{d_1}}{P_{d_k}} \tag{1-38}$$

$$FAF=\frac{P_{d_2}}{P_{d_1}} \tag{1-39}$$

式中 P_{d_1}——通过细集料第一分界尺寸的百分率,%；

P_{d_2}——通过细集料第二分界尺寸的百分率,%；

P_{d_k}——通过集料控制粒径尺寸的百分率,%。

当 FAC 较低时，混合料不均匀，难于压实到规定密实程度。随着 FAC 增加，整个混合料中的细集料部分压实得更加紧密。但较大的 FAC 意味着细集料过细，细集料较粗部分产生的空隙较多，需要较多的较细部分填充空隙，导致混合料稳定性不足。对于大多数密级配混合料来说，FAC 为0.25～0.50比较合适。

细集料中小于第一分界尺寸的较细部分产生的空隙应该被更细的集料所填充，但是更细部分集料的体积不能超过较细部分产生的空隙，否则较细部分会干涉较粗部分集料形成的骨架，随着 FAF 的增加，混合料的空隙将逐步减少，但较高的 FAF 在级配曲线上可能表现出“驼峰状”。对于大多数密级配混合料来说，FAF 为0.25～0.50比较合适。

将按照多级嵌挤级配原则所定义的集料控制粒径、分界尺寸、粗集料比、细集料比与集料公称最大尺寸的关系，以及对粗集料比、细集料比的建议范围汇总于表1-11。

表 1-11 集料控制粒径、分界尺寸及粗细集料比的汇总

最大尺寸 D/mm	31.0	25.0	19.0	16.0	12.5	建议范围
公称最大尺寸 d_n/mm	25.0	19.0	16.0	12.5	9.5	
控制粒径尺寸 d_k/mm	4.75	4.75	4.75	2.36	2.36	
$D/2$/mm	15.5	12.5	9.5	9.5	4.75	
粗集料比 CA	$\frac{P_{12.5}-P_{4.75}}{100-P_{12.5}}$	$\frac{P_{9.5}-P_{4.75}}{100-P_{9.5}}$	$\frac{P_{9.5}-P_{4.75}}{100-P_{9.5}}$	$\frac{P_{4.75}-P_{2.36}}{100-P_{4.75}}$	$\frac{P_{4.75}-P_{2.36}}{100-P_{4.75}}$	0.4～0.8
细集料第一分界尺寸 d_1/mm	1.18	1.18	1.18	0.6	0.6	
细集料比 FAC	$\frac{P_{1.18}}{P_{4.75}}$	$\frac{P_{1.18}}{P_{4.75}}$	$\frac{P_{1.18}}{P_{4.75}}$	$\frac{P_{0.6}}{P_{2.36}}$	$\frac{P_{0.6}}{P_{2.36}}$	0.25～0.50
细集料第二分界尺寸 d_2/mm	0.3	0.3	0.3	0.15	0.15	
细集料比 FAF	$\frac{P_{0.3}}{P_{1.18}}$	$\frac{P_{0.3}}{P_{1.18}}$	$\frac{P_{0.3}}{P_{1.18}}$	$\frac{P_{0.15}}{P_{0.6}}$	$\frac{P_{0.15}}{P_{0.6}}$	0.25～0.50

二、矿质混合料的配合比设计方法

矿质混合料的配合比设计方法有数解法和图解法两大类，两类设计方法均需要在两个已知条件的基础上进行：第一个条件是各种集料的级配参数；第二个条件是根据设计要求、技术规范或理论计算，确定矿质混合料目标级配范围。本节介绍数解法中的试算法、规划求解法，以及图解法中的修正平衡面积法。

1. 数解法

数解法的基本原理是将几种已知级配的集料 j 配制成满足目标级配要求的矿质混合料 M，混合料 M 在某一筛孔 i 上的颗粒是由这几种集料提供的。混合料的级配参数由式（1-40）或式（1-41）确定。

$$a_{M(i)} = \sum a_{j(i)} \times X_{j(i)} \tag{1-40}$$

$$P_{M(i)} = \sum P_{j(i)} \times X_{j(i)} \tag{1-41}$$

式中 $a_{M(i)}$——矿质混合料在筛孔 i 上的分计筛余百分率，%；

$a_{j(i)}$——某一集料 j 在筛孔 i 上的分计筛余百分率，%；

$P_{M(i)}$——矿质混合料在筛孔 i 上的通过百分率，%；

$P_{j(i)}$——某一集料 j 在筛孔 i 上的通过百分率，%；

$X_{j(i)}$——某一集料 j 在矿质混合料中的质量百分率，%。

将已知集料的级配参数和矿质混合料的目标级配参数代入式（1-40）或式（1-41），可以建立数个方程，方程的个数等于标准筛的个数，然后可以用正则方程法求解，也可以用试算法或规划求解法确定各个集料的用量。

（1）试算法设计步骤 采用试算法求解，需要已知各个集料和矿质混合料的分计筛余百分率。以三种集料为例，介绍试算法的求解步骤。

1）计算方程的建立。设有 A、B、C 的三种集料在某一筛孔 i 上的分计筛余百分率分别为 $a_{A(i)}$、$a_{B(i)}$、$a_{C(i)}$，欲配制成矿质混合料 M，混合料 M 中在相应筛孔 i 的分计筛余百分率设计值为 $a_{M(i)}$。假设 A、B、C 三种集料在混合料中的比例分别为 X、Y、Z，由此得

式（1-42）和式（1-43）：

$$X + Y + Z = 100\% \tag{1-42}$$

$$X \times a_{A(i)} + Y \times a_{B(i)} + Z \times a_{C(i)} = a_{M(i)} \tag{1-43}$$

2）基本假定。在矿质混合料中，某一粒径的颗粒是由一种集料提供的，在其他集料中不含这一粒径的颗粒。在具体计算时，所选择的粒径应在该集料中占有较大的优势。将这一假定作为补充条件，可以简化式（1-43），从而求出 A、B、C 三种集料在矿质混合料中的用量。

3）计算各个集料在矿质混合料中的用量。首先确定在某种集料中占优势含量的某一粒径，忽略其他集料在此粒径的含量。

例如，若在集料 A 中所选择的粒径为 i，该粒径的分计筛余为 $a_{A(i)}$，并令集料 B、集料 C 在此粒径的含量 $a_{B(i)}$、$a_{C(i)}$ 均等于零，代入式（1-43），计算出集料 A 在混合料中用量 X。

同理，在计算集料 C 或集料 B 的用量时，先确定这种集料中占优势的某一粒径，而忽略另两种集料中同一粒径的含量，根据上述相同方法，计算集料 C 或集料 B 的用量。可以根据集料的级配情况，选择先求解集料 B 的用量，还是先求解集料 C 的用量。

当集料超过三种时，方程（1-43）中的未知将增加，可按照上述原理重复进行计算。

4）合成级配的计算、校核和调整。由于试算法中各种集料用量比例是根据几个筛孔确定的，不能控制所有筛孔，所以应对合成级配进行校核。先按照式（1-40）或式（1-41）计算矿质混合料的合成级配 $a_{M(i)}$ 或 $P_{M(i)}$。矿质混合料的合成级配应在设计要求级配范围内，并尽可能接近设计级配范围的中间值。当合成级配不满足要求时，应调整各集料的比例。调整配合比后还应重新进行校核，直至符合要求。如经计算后确不能满足级配要求时，可掺加单粒级集料或调换其他集料。

试算法的具体计算步骤见例 1-2。

（2）规划求解法设计步骤　规划求解法采用 Microsoft Office 软件 Excel 电子表格中的规划求解分析工具进行，通过设置规划求解中的约束条件，较为准确地计算出各种集料的用量。采用规划求解法确定矿质混合料配合比的具体步骤见例 1-3。

2. 图解法设计步骤

通常采用修正平衡面积法确定矿质混合料的合成级配。在修正平衡面积法中，将设计要求的级配中值曲线绘制成一条直线，纵坐标和横坐标分别代表通过百分率和筛孔尺寸，这样，当纵坐标仍为算术坐标时，横坐标的位置将由设计级配中值所确定。

（1）绘制级配曲线坐标图　如图 1-7 所示，按照一定的尺寸绘制矩形图框，连接对角线作为设计级配中值曲线。按常数标尺在纵坐标上标出通过量百分率位置，然后将设计级配中值（见表 1-12）

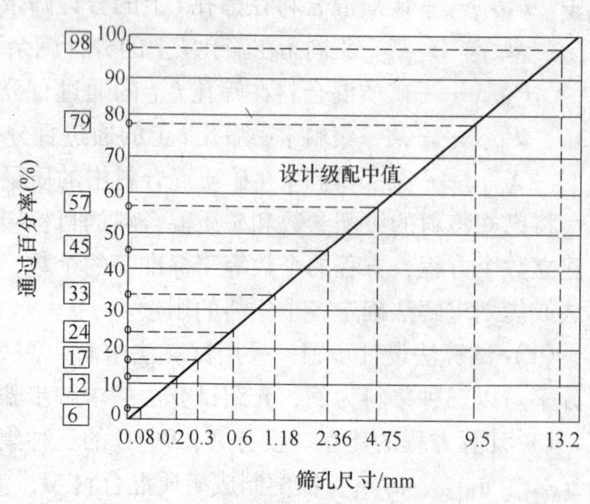

图 1-7　设计级配范围中值曲线

要求的各筛孔通过百分率，标于纵坐标上，并从纵坐标引水平线与对角线相交，再从交点作垂线与横坐标相交，该交点即为各相应筛孔尺寸的位置。

表 1-12　AC-131 沥青混合料用矿料级配范围

筛孔尺寸/mm		16	13.2	9.5	4.75	1.36	1.18	0.6	0.3	0.15	0.075
通过百分率（%）	级配范围	100	95～100	70～88	48～68	36～53	24～41	18～30	12～22	8～16	4～8
	级配中值	100	98	79	57	45	33	24	17	12	6

（2）确定各种集料用量　以图 1-7 为基础，将各种集料的级配曲线绘制于图上，结果如图 1-8 所示，然后根据两条级配曲线之间的关系确定各种集料的用量。由图 1-8 可见，任意两条相邻集料级配曲线之间的关系只可能是下列三种情况之一。

1）曲线重叠。两条相邻级配曲线相互重叠，在图 1-8 中表现为集料 A 的级配曲线下部与集料 B 的级配曲线上部搭接。此时，在两级配两线之间引一根垂线 AA'，使其与集料 A、B 的级配曲线截距相等，即 $a = a'$。垂线 AA' 与对角线 OO' 交于点 M，通过 M 作一水平线与纵坐标交于 P 点，OP 即为集料 A 的用量。

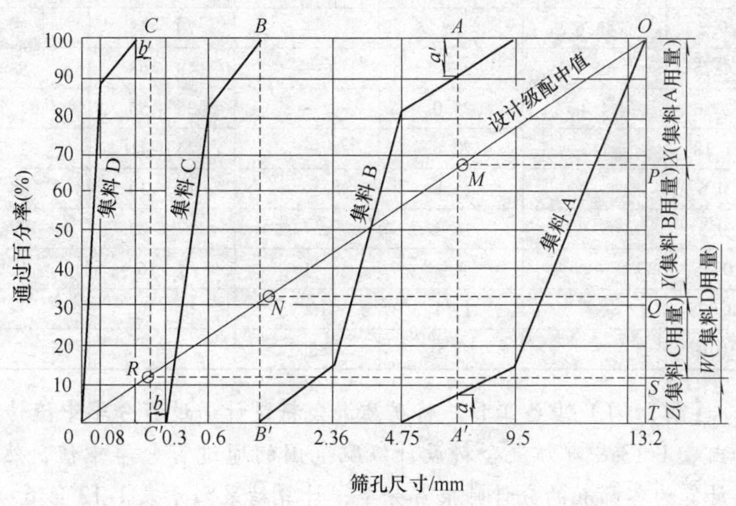

图 1-8　图解法示意图

2）曲线相接。两条相邻级配曲线相接，在图 1-8 中表现为集料 B 的级配曲线末端与集料 C 的级配曲线首端正好在同一垂直线上。对于这种情况仅需将集料 B 的级配曲线末端与集料 C 的级配曲线首端直接相连，得垂线 BB'。BB' 与对角线 OO' 交于点 N，过点 N 作一水平线与纵坐标交于 Q 点，PQ 即为集料 B 的用量。

3）曲线相离。两相邻级配曲线相离，表现为集料 C 的级配曲线末端与集料 D 的级配曲线首端在水平方向彼此分离。此时，作一条垂线 CC' 平分这段水平距离，使 $b = b'$，得垂线 CC'。CC' 与对角线 OO' 交于点 R，通过 R 作一水平线与纵坐标交于 S 点，QS 即为集料 C 的用量，剩余 ST 即为集料 D 的用量。

（3）合成级配的计算与校核　与试算法相同，在图解法求解过程中，各种集料用量比例也是根据部分筛孔确定的，所以需要对矿质混合料的合成级配进行校核，当超出级配范围时，应调整各集料的用量。合成级配的计算与校核方法与试算法相同。

图解法确定矿质混合料配合比的具体步骤见本教材第三章例 3-1。

三、矿质混合料配合比设计例题

【例 1-2】采用试算法计算某矿质混合料的配合比。

1）已知条件：碎石、石屑和矿粉的筛分试验结果列于表1-13中第2~4列；设计级配范围列于表1-13中第5列。

2）计算要求：按试算法确定碎石、石屑和矿粉在矿质混合料中所占的比例；校核矿质混合料合成级配计算结果是否符合规范要求的级配范围。

表1-13 例1-2中集料的分计筛余和矿质混合料规定的级配范围

筛孔尺寸/mm	原材料筛分析试验结果			设计级配范围及中值			
	碎石分计筛余 $a_{A(i)}$(%)	石屑分计筛余 $a_{B(i)}$(%)	矿粉分计筛余 $a_{C(i)}$(%)	通过百分率范围 $P_{(i)}$(%)	通过百分率中值 $P_{M(i)}$(%)	累计筛余中值 $A_{M(i)}$(%)	分计筛余中值 $a_{M(i)}$(%)
(1)	(2)	(3)	(4)	(5)	(6)	(7)	(8)
13.2	0.8	—	—	95 ~100	97.5	2.5	2.5
9.5	43.6	—	—	70 ~88	79	21	18.5
4.75	49.9	—	—	48 ~68	58	42	21
2.36	4.4	25.0	—	36 ~53	44.5	55.5	13.5
1.18	1.3	22.6	—	24 ~41	32.5	67.5	12
0.6	—	15.8	—	18 ~30	24	76	8.5
0.3	—	16.1	—	17 ~22	19.5	80.5	4.5
0.15	—	8.9	4	8~16	12	88	7.5
0.075	—	11.1	10.7	4~8	6	94	6
<0.075	—	0.5	85.3	—	0	100	6

【解】（1）准备工作　将矿质混合料设计通过百分率中值转换为分计筛余中值。首先计算出表1-13中矿质混合料设计级配范围的通过百分率中值，然后转换为累计筛余百分率，再计算为各筛孔的分计筛余百分率，计算结果列于表1-13第6~8列。

（2）计算碎石在矿质混合料中用量X　由表1-13可知，碎石中占优势含量粒径为4.75mm，故计算碎石用量时，假设混合料中4.75mm粒径全部由碎石组成，即$a_{B(4.75)}$和$a_{C(4.75)}$均等于零。将$a_{B(4.75)}=0$，$a_{C(4.75)}=0$，$A_{M(4.75)}=21.0\%$，$a_{A(4.75)}=49.9\%$代入式（1-43）可得

$$X=\frac{a_{M(4.75)}}{a_{A(4.75)}}\times100\%=\frac{21.0}{49.9}\times100\%=42.1\%$$

（3）计算矿粉在矿质混合料中的用量Z　根据表1-13，矿粉中粒径<0.075mm的颗粒占优势，此时，假设$a_{A(<0.075)}$和$a_{B(<0.075)}$均等于零，将$a_{M(<0.075)}=6.0\%$，$a_{C(<0.075)}=85.3\%$，代入式（1-43）得

$$Z=\frac{a_{M(<0.075)}}{a_{C(<0.075)}}\times100\%=\frac{6.0}{85.3}\times100\%=7.0\%$$

（4）计算石屑在混合料中用量Y　将已求得的$X=42.1\%$和$Z=7.0\%$代入式（1-42）得

$$Y=100\%-(X+Z)=100\%-(42.1\%+7.0\%)=50.9\%$$

（5）合成级配的计算与校核　根据以上计算，矿质混合料中各种集料的比例——碎石∶石屑∶矿粉$=X:Y:Z=42.1:50.9:7.0$。按式（1-40）计算矿质混合料的合成级配，结果列入表1-14的第11列。将矿质混合料的通过百分率（表1-14中第13列）与要求级配范围比较可知，该合成级配符合设计级配范围的要求。

表 1-14 矿质混合料组成计算校核表

筛孔尺寸 d_i/mm	碎石级配(%)			砂级配(%)			矿粉级配(%)			矿质混合料合成级配(%)			要求级配范围 $P_{(i)}$(%)
	碎石分计筛余 $a_{A(i)}$	采用百分率 X	占混合料百分率 $a_{A(i)} \times X$	砂分计筛余 $a_{B(i)}$	采用百分率 Y	占混合料百分率 $a_{B(i)} \times Y$	矿粉分计筛余 $a_{C(i)}$	采用百分率 Z	占混合料百分率 $a_{C(i)} \times Z$	分计筛余 $a_{M(i)}$	累计筛余 $A_{M(i)}$	通过率 $P_{M(i)}$	
(1)	(2)	(3)	(4)	(5)	(6)	(7)	(8)	(9)	(10)	(11)	(12)	(13)	(14)
13.2	0.8		0.3				—			0.3	0.3	99.7	95~100
9.5	43.6		18.4							18.4	18.7	81.3	70~88
4.75	49.9	×42.1	21.0				—			21.0	39.7	60.3	48~68
2.36	4.4		1.9	25.0		12.7				14.6	54.3	45.7	36~53
1.18	1.3		0.5	22.6		11.5				12.1	66.3	33.7	24~41
0.6	—			15.8		8.0				8.0	74.4	25.6	18~30
0.3	—			16.1	×50.9	8.2				8.2	82.6	17.4	12~22
0.15	—			8.9		4.5	4.0		0.3	4.8	87.4	12.6	8~16
0.075	—			11.1		5.6	10.7	×7.0	0.7	6.4	93.8	6.2	4~8
<0.075	—			0.5		0.3	85.3		6.0	6.2	100.0	0.0	—
合计	100		42.1	100		50.9	100		7.0	100			

【例 1-3】采用规划求解方法设计某矿质混合料中各种集料的用量比例。

1）已知条件：矿质混合料的设计级配范围见表 1-15，可供选择的集料分为五档，各自的筛分结果分别列于表 1-15 第 5~9 列。

2）设计要求：根据原材料的筛分级配，确定符合设计级配范围要求的各档原材料用量。

表 1-15 级配范围和集料筛分的通过率（%）

筛孔尺寸	设计级配			原材料/mm				
/mm	上限	下限	中值	15~25	5~15	3~6	0~3	矿粉
(1)	(2)	(3)	(4)	(5)	(6)	(7)	(8)	(9)
26.5	100	100	100	100.0	100.0	100.0	100.0	100
19	100	90	95	91.9	100.0	100.0	100.0	100
16	90.0	80.0	85	40.1	100.0	100.0	100.0	100
13.2	81.0	68.0	74.5	9.6	97.3	100.0	100.0	100
9.5	70.0	57.0	63.5	0.0	55.1	100.0	100.0	100
4.75	49.0	36.0	42.5	0.0	6.2	98.2	100.0	100
2.36	35.0	23.0	29	0.0	0.0	12.3	82.1	100
1.18	22.0	14.0	18	0.0	0.0	0.0	43.1	100
0.6	17.0	7.0	12	0.0	0.0	0.0	18.8	100
0.3	14.0	5.0	9.5	0.0	0.0	0.0	10.3	100
0.15	10.0	3.0	6.5	0.0	0.0	0.0	5.5	100
0.075	5.0	2.0	3.5	0.0	0.0	0.0	3.7	85.9

【解】(1) 输入已知数据并输入合成级配计算式　打开 Microsoft 的 Excel 软件，按照图 1-9的形式建立数据工作表。

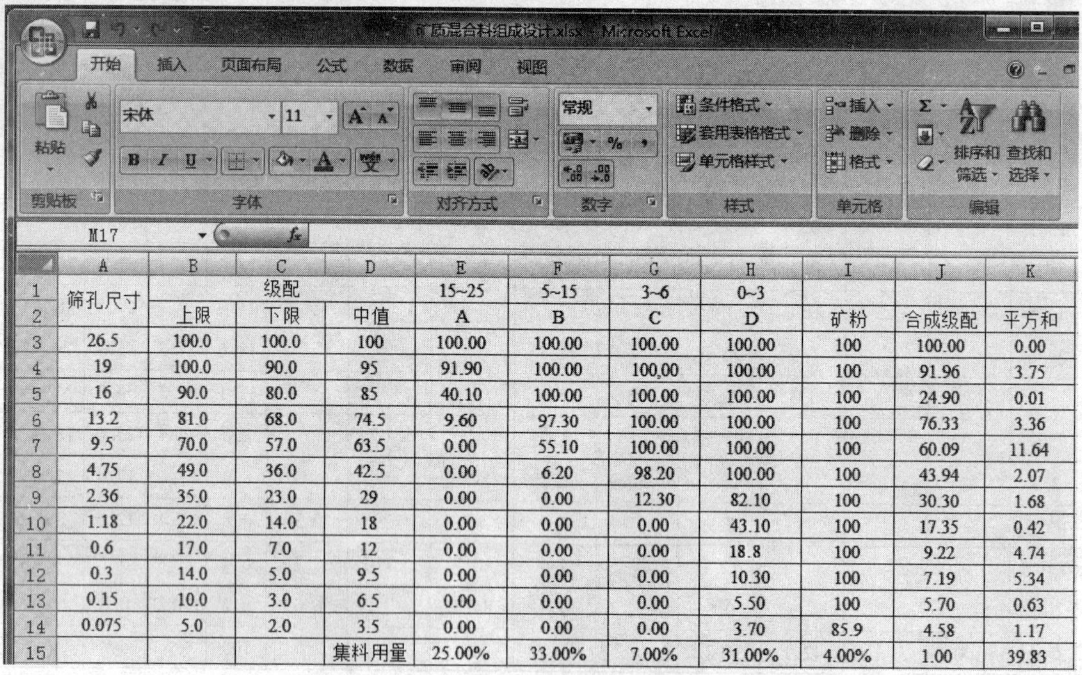

	A	B	C	D	E	F	G	H	I	J	K
1	筛孔尺寸	级配			15~25	5~15	3~6	0~3			
2		上限	下限	中值	A	B	C	D	矿粉	合成级配	平方和
3	26.5	100.0	100.0	100	100.00	100.00	100.00	100.00	100	100.00	0.00
4	19	100.0	90.0	95	91.90	100.00	100,00	100.00	100	91.96	3.75
5	16	90.0	80.0	85	40.10	100.00	100.00	100.00	100	24.90	0.01
6	13.2	81.0	68.0	74.5	9.60	97.30	100.00	100.00	100	76.33	3.36
7	9.5	70.0	57.0	63.5	0.00	55.10	100.00	100.00	100	60.09	11.64
8	4.75	49.0	36.0	42.5	0.00	6.20	98.20	100.00	100	43.94	2.07
9	2.36	35.0	23.0	29	0.00	0.00	12.30	82.10	100	30.30	1.68
10	1.18	22.0	14.0	18	0.00	0.00	0.00	43.10	100	17.35	0.42
11	0.6	17.0	7.0	12	0.00	0.00	0.00	18.8	100	9.22	4.74
12	0.3	14.0	5.0	9.5	0.00	0.00	0.00	10.30	100	7.19	5.34
13	0.15	10.0	3.0	6.5	0.00	0.00	0.00	5.50	100	5.70	0.63
14	0.075	5.0	2.0	3.5	0.00	0.00	0.00	3.70	85.9	4.58	1.17
15				集料用量	25.00%	33.00%	7.00%	31.00%	4.00%	1.00	39.83

图 1-9　规划求解数据输入后的 Excel 工作表

在 Excel 工作表的 B 和 C 列中输入表 1-15 中设计级配的上限和下限值，级配中值在 D 列生成。在工作表的第 E ~ I 列中输入表 1-15 中 5 档集料的级配。

在单元格 E15、F15、G15、H15 和 I15 中存储各档集料用量。

在第 J 列中输入矿质混合料的合成级配，在单元 J3 ~ J14 分别输入矿质混合料在 26. 5 ~ 0. 075mm 筛孔尺寸上的通过百分率，合成级配按照式 (1-41) 计算。在 Excel 工作表中输入方式如下：

在 J3 单元格中输入“ = E15 * E3 + F15 * F3 + G15 * G3 + H15 * H3 + I15 * I3”；

在 J4 单元格中输入“ = E15 * E4 + F15 * F4 + G15 * G4 + H15 * H4 + I15 * I4”；

……

在 J14 单元格中输入“ = E15 * E14 + F15 * F14 + G15 * G14 + H15 * H14 + I15 * I14”。

(2) 建立目标控制条件　为了获得合理的级配，要求矿质混合料的合成级配落在设计级配范围之内，并且尽量地接近中值。因此，可以要求以合成级配中值与设计级配中值之差的平方和最小作为目标控制条件，即式 (1-44) 计算值 Q 最小。

$$Q = [P_{M(i)} - P_{S(i)}]^2 \tag{1-44}$$

式中　$P_{M(i)}$——矿质混合料合成级配通过百分率，%；

$P_{S(i)}$——设计级配范围中值，%。

式 (1-44) 在表格中的输入形式为：在单元格 K3 中输入“ = (D3 – J3)^2”，K4 中输入“ = (D4 – J4)^2，……，K14 中输入“ = (D14 – J14)^2”。最后在单元格 K15 中输入公式“ = sum (K3: K14) 表示对 K3 到 K14 单元格求和。

(3) 设置规划求解参数值 上述步骤完成了规划求解前的准备，根据设计目标，集料用量比例应在保证矿料合成级配不超出设计级配范围的前提下，使式(1-44)最小。所以，问题的求解可以描述为：寻求合适的E15、F15、G15、H15和I15的值(可变值)，在保证所有C3≤J3≤B3，C4≤J4≤B4，…，C14≤J14≤B14成立的前提下(约束条件)，使得K15的值最小(差的平方和最小，控制值)。在Excel工具栏中点击“规划求解”，出现如图1-10所示“规划求解参数”的对话框。

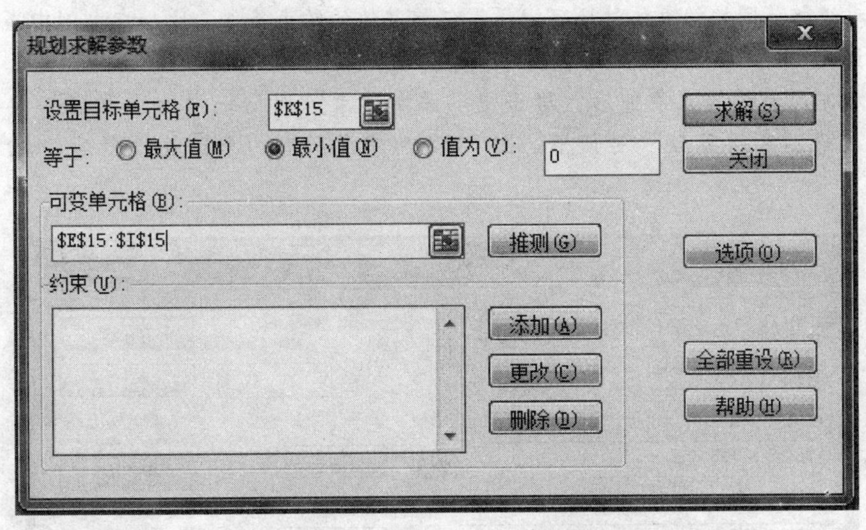

图1-10 “规划求解参数”对话框

1) 设置目标单元格。在规划求解对话框中，把目标单元格中设置为K15(自动显示为$K$15)，选中最小值选项。其意思为以控制目标单元格的最小值为规划求解的最终目的，即要求式(1-44)计算值最小。

2) 设置可变单元格。选中各档集料用量单元格E15、F15、G15、H15和I15作为可变单元格(显示为$E$15:$I$15)，单击图1-10所示的规划求解对话框中的“添加”按钮来增加约束条件。当单击“添加(A)”按钮后，弹出“添加约束”对话框(见图1-11)，在该对话框中依次输入各条约束条件。所输入的约束条件应满足式(1-45)的要求，即合成级配不得超出设计级配的控制范围。

$$P_{S(i)\text{下限}} < P_{M(i)} < P_{S(i)\text{上限}} \tag{1-45}$$

式中 $P_{M(i)}$——矿质混合料合成级配通过百分率，%；

$P_{S(i)}$——设计级配范围，%。

图1-11 “添加约束”对话框

例如：要增加 J3≤B3 这样的约束条件，则可在“添加约束”对话框的左侧输入或选取单元格 J3 作为引用单元格（显示为 $J$3），在中间的组合框中选择 < =，在对话框的右侧输入或选取单元格 B3 作为约束值单元格，如图 1-11 所示，单击添加按钮后就完成一个约束条件的设置。继续在对话框中左侧输入 J3，右侧输入 C3，中间选择 > =，单击添加，则完成了约束条件 J3≥C3 的添加。这样就完成了约束条件 C3≤J3≤B3 的设置。依照相同的方法完成所有约束条件的输入。

除了对级配范围的约束之外还可以设置任何其他的约束条件。比如在本例中事先确定了矿粉的用量为 4%，则可以增加约束条件“I15 = 0. 04”。

在添加完所有的约束条件后，单击中“添加约束”对话框中的“取消”按钮后，将重新弹出“规划求解参数”对话框。图 1-12 为完成所有约束条件设置后的规划求解对话框。

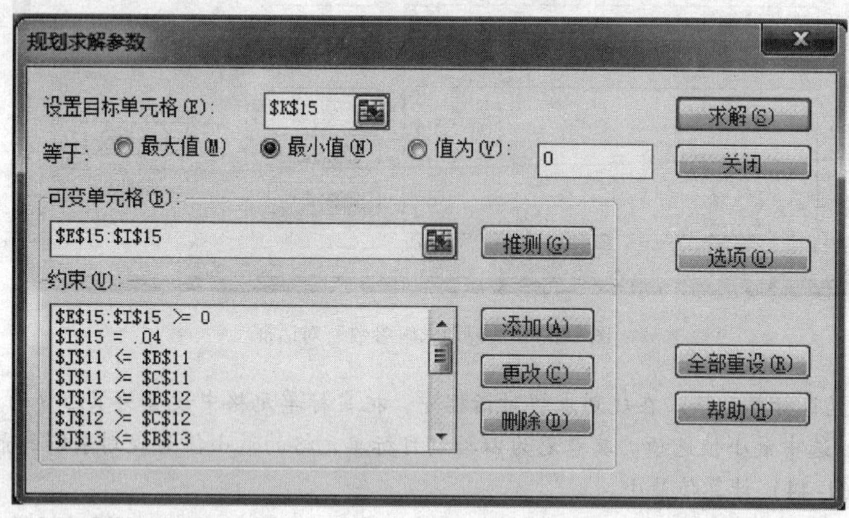

图 1-12　添加各组约束条件后的对话框

（4）规划求解计算各种集料用量　单击“规划求解结果”对话框中的“求解（S）”按钮，规划求解过程开始，求解运算后将跳出图 1-13 所示的对话框。

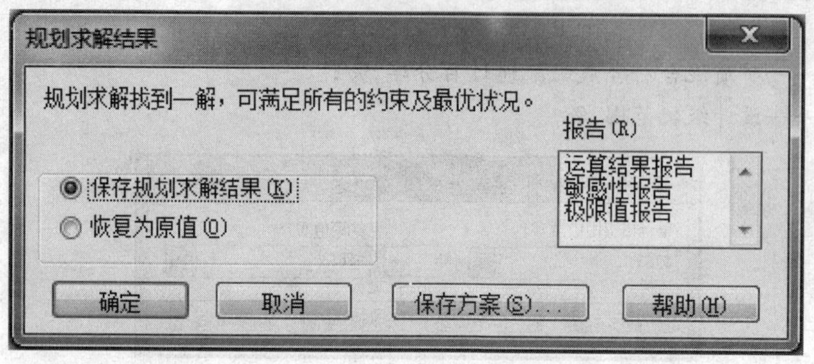

图 1-13　“规划求解结果”对话框

如果有解（如本例中有一个解），选中"保存规划求解结果（K）"，单击"确定"按钮保存结果，结束求解。在可变单元格中保存所求得的各档集料的用量（见图1-14），如果提示没有找到解，则意味着用这种原材料配不出符合要求的级配，应改变原材料重新计算。

5.0	9.5	0.00	0.00	0.00	10.30	100	7.19	5.34
3.0	6.5	0.00	0.00	0.00	5.50	100	5.70	0.63
2.0	3.5	0.00	0.00	0.00	3.70	85.9	4.58	1.17
	集料用量	25.00%	33.00%	7.00%	31.00%	4.00%	1.00	39.83

图1-14　规划求解显示的结果

（5）绘制合成级配曲线　利用Excel中图表导向，可以绘制合成级配曲线，略。

第四节　石料与集料的工程应用

在道路、桥梁工程中，符合技术要求的石料制品通过干砌或浆砌构成工程结构物，矿质混合料可与沥青、水泥制成沥青混合料和水泥混凝土，或通过摊铺、压实等工艺直接形成道路结构层，后者称为"无结合料集料"。本节介绍关于石料制品及无结合料集料的工程应用要点。

一、道路桥梁工程用石料制品的技术规格

石料按其加工程度和加工后的外形规则分为料石和毛石。石砌体中的石料应选用无明显风化的天然石材。

1. 料石

料石是由人工或机械开采出较规则的六面体石块，略加修整而成，以便在铺砌时相互合缝。按料石表面加工的平整程度分为细料石、半细料石、粗料石和毛料石。

（1）细料石和半细料石　细料石是通过细加工，外表规则，叠砌面凹入深度不大于10mm，截面的宽度和高度不小于200mm且不小于长度的1/4的石料。半细料石的规格尺寸与细料石相同，但叠砌面凹入深度不大于15mm。细料石和半细料石主要作为镶面石料。

（2）粗料石　粗料石形体方正，规格同细料石，但叠砌面凹入深度不应大于20mm。粗料石的抗压强度要求视用途而定：当用作桥墩破冰体镶面时，不应低于60MPa；用于桥墩分水体时，不应低于40MPa；用于其他砌体镶面时，应不低于砌体内部石料的强度。

（3）毛料石　毛料石的外形大致方正，一般不加工或稍加修整，高度不小于200mm，宽度和长度不小于高度，叠砌面凹入深度不应大于25mm，抗压强度不得低于30MPa。毛料石可用于桥墩台的镶面工程，涵洞的拱圈与帽石，隧道衬砌的边墙，也可用作高大的或受力较大的桥墩台的填腹材料等。

2. 毛石

毛石是岩石经爆破后所得不规则的石块。根据外形，毛石有乱毛石（片石）和平毛石（块石）两种，前者是形状不规则的石块，后者则是具有两个大致平行面的石块。一般要求每块毛石中部厚度不小于15cm，长度为30~40cm，质量为15~30kg。用于主体工程的毛

石，其抗压强度应不小于30MPa，用于附属工程的则不应小于20MPa。

毛石多用于砌筑基础、挡土墙、沟渠，也可用来干砌或浆砌护坡，浇筑片石混凝土，砌筑桥墩与桥台、涵洞的边墙、端墙和翼墙等结构物。

二、用于道路结构层的碎（砾）石集料

碎（砾）石集料主要用于道路结构的基层或垫层，其作用是承受面层传递的荷载，并将荷载分布于路基或垫层。所以碎（砾）石集料应具备的性能为：较大的刚度，以提供良好的荷载分布性质；较高的抗剪强度，以减轻车辆（包括施工车辆）作用下的辙槽；较高的透水性，以使进入的自由水能快速排出。砂（砾）石集料中的细土应没有塑性，以保证良好的水稳性和冰冻稳定性。根据碎（砾）石集料的组成特点和施工方式，常用的形式为级配型集料和填隙碎石。

1. 级配型集料

由各占一定比例的粗、中、细集料组成的密实级配的矿质混合料称为“级配型集料”。级配型集料包括级配碎石、级配砾石（或称“级配砂砾”）和级配碎砾石（碎石和砾石的混合料），可以用于铺筑沥青路面和水泥混凝土路面的基层和底基层，也可用作路基改善层。在排水设施系统完善的前提下，级配型集料可适用于不同气候、不同交通等级的道路结构，特别适合潮湿多雨地区。

（1）级配型集料力学性能的影响因素

1）集料。级配型集料强度形成和抗变形能力主要取决于集料颗粒间的摩擦作用、嵌锁作用和黏结作用。集料颗粒间的摩擦作用与结构层中所产生的内应力、颗粒接触面上的摩阻力有关。结构层中的内应力与集料层所处位置有关，摩阻力则取决于集料层的压实密度、集料强度、级配组成和颗粒形状。所以，表面粗糙、级配良好、形状规则且经过充分压实的级配型集料具有较高的承载能力和力学性质。根据这种观点，级配碎石是级配型集料中强度及稳定性最好的材料，级配砾石是级配型集料中最差的集料，级配碎砾石则介于两者之间。

2）细土。级配型集料中的细土是指粒径小于0.5mm的颗粒。细土中常含有一定数量的粉粒（粒径小于0.05mm的颗粒）和黏粒（粒径小于0.002mm的颗粒），并具有一定的塑性。

细土从两个方面影响级配型集料的性能。第一方面是细土的含量。细土含量少或不含细土的级配型集料的稳定性主要依靠集料颗粒间的摩阻力，其透水性好，不易冰冻。此时，若有适量的细土填充于集料颗粒间的空隙，集料的稳定性仍然从颗粒间的摩阻力中获取，且施工时易于压实，密实度提高，但透水性降低。随着细土含量的增加，集料悬浮于细土之中，彼此失去接触，虽然施工时易于压实，但稳定性降低，而且不透水。

第二方面是细土的性质。细土的液限和塑性指数对级配型集料的水稳性和冰冻稳定性有很大影响。试验证明，在级配型集料中加入少量塑性细土，不仅会降低级配型集料的承载能力，而且降低级配型集料的刚性和抗变形能力，使得级配型集料在相同荷载作用下产生较大的变形。所掺细土的液限指数和塑性指数越大，集料的水稳定性越差。因此，使级配型集料的塑性指数降到0，可以明显减少结构层的塑性变形或辙槽。

因此，为获得性能良好的级配型集料，除了控制细土含量外，还应严格限制细土的液限

和塑性指数。实践证明，若所使用的级配型集料的塑性指数偏大，可以采用控制集料中细土含量与塑性指数的乘积不超过一定数值的方法，来保证级配型集料的稳定性。一般来说，在不同气候区域，同样用作基层的级配型集料，对这一乘积的规定可以有所不同。如在年降雨量小于600mm 的中干和干旱地区，地下水位对土基没有影响时，乘积不应大于120，而在潮湿地区，乘积不应大于100。

3）其他。级配型集料结构层的强度和稳定性还与施工条件（如集料的含水量、加工和摊铺的均匀性、碾压密实度等）有关。集料应在最佳含水量时进行碾压，并压实到规定的压实度。每层的压实厚度与压路机功率有关，一般在 15 ~ 20cm。

（2）级配型集料的材料组成和质量要求 级配碎石可由未筛分碎石和石屑组配而成，也可以由预先筛分成几个（如四个）大小不同粒级的碎石组配而成；级配砾石是由有一定比例的天然砂砾石和砂组配而成；级配碎砾石是由颗粒组成合适的天然砂砾与部分未筛分碎石配合而成。未筛分碎石是指控制最大粒径 D（仅过一个规定筛孔 D 的筛）后，由碎石机轧制的未经筛分的碎石料，具有良好的级配。石屑是指碎石场筛下的孔径小于 5mm 的筛余料，实际颗粒尺寸范围一般为 0 ~ 10mm，并具有一定的级配。

1）集料强度及颗粒形状的要求。轧制碎石的原料可以是坚硬岩石或已崩解稳定且质量均匀的矿渣，各种碎石或砾石的压碎值应满足表 1-16 的要求。粗集料中的针片状颗粒含量不应超过 20%。当砾石中形状不合格的颗粒含量超过 20% 时，应掺入部分符合规格要求的石料。此外，碎石或砾石中不应有黏土块、植物等有害物质。

表 1-16 级配型集料的压碎值要求

道路及结构类型	压碎值（%）	道路及结构类型	压碎值（%）
一级公路和高速公路的基层	不大于 26	二级公路的底基层和二级以下公路的基层	不大于 35
一级公路和高速公路的底基层、二级公路的基层	不大于 30	二级以下公路的底基层	不大于 40

2）级配组成的要求。在实际工程中，主要应控制级配型集料的级配组成，特别是其中最大粒径、4.75mm 以下、0.6mm 以下及 0.075mm 以下颗粒含量及其塑性指数。级配碎石的最大粒径应控制在 31.5mm（高速和一级公路基层以及半刚性路面的中间层）和 37.5mm（二级和二级以下公路基层）；级配砾石的最大粒径不应超过 37.5mm（基层）和 53mm（底基层）。在我国规范《公路路面基层施工技术规范》（JTJ 034—2000）中对于基层的级配型集料的级配组成及其适用性有规定，见表 1-17。当未筛分碎石或天然砂砾的级配符合表 1-17的要求时，可以直接用作底基层。

2. 填隙碎石

用单一尺寸的粗碎石作为主集料形成嵌锁结构，起承受及传递荷载作用，以石屑作为填隙料填满粗碎石间的空隙，增加密实度和稳定性，这种材料称为“填隙碎石”。缺乏石屑时，也可以添加细砾砂或粗砂等细集料，但其技术性能不如石屑。填隙适用于各等级公路的底基层和二级以下公路的基层，压实厚度为粗碎石最大粒径的 1.5 ~ 2.0 倍。

表 1-17 级配型集料的颗粒组成范围及适用性（JTJ 034—2000）

集料类型		通过下列筛孔（mm）的质量百分率（%）									液限（%）	塑性指数	适用性
		53	37.5	31.5	19	9.5	4.75	2.36	0.6	0.075			
级配碎石	1	—	100	90~100	73~88	49~69	29~54	17~37	8~20	0~7②	<28	<6 或 9①	二级和二级以下公路基层
	2	—	—	100	85~100	52~74	29~54	17~37	8~20	0~7②			高速公路和一级公路基层
级配砾石	1	100	90~100	81~94	63~81	45~66	27~51	16~35	8~20	0~7②	<28	6 或 9①	轻交通二级和二级以下公路基层，各级公路的底基层
	2	—	100	90~100	73~88	49~69	29~54	17~37	8~20	0~7②			
	3	—	—	100	85~100	52~74	29~54	17~37	8~20	0~7②			
未筛分碎石	1	100	85~100	69~88	40~65	19~43	10~30	8~25	6~18	0~10	<28	<6 或 9①	二级和二级以下公路底基层
	2	—	100	83~100	54~84	29~59	17~45	11~35	6~21	0~10			高速公路和一级公路底基层

① 潮湿多雨地区的基层采用塑性指数不大于 6，其他地区的基层采用塑性指数不大于 9。

② 对于无塑性的混合料，小于 0.075mm 的颗粒含量应接近高限，以降低压实后的基层透水性。

（1）填隙碎石结构层强度的影响因素

1）粗碎石的嵌锁作用。填隙碎石结构强度的形成主要靠粗碎石颗粒之间的嵌锁作用。石屑或相当的天然砂砾或粗砂填塞粗碎石间的空隙，使其变成一种密实结构，进一步增加其强度和稳定性。嵌锁作用的大小，主要取决于粗碎石的尺寸、强度、形状及集料的压实度，因此，粗碎石应具有棱角，接近立方体，并具有较高的强度和韧性。石屑、天然砂砾或粗砂等填缝料在粗碎石结构中可产生一定的黏结作用，进一步增加填隙碎石结构的强度和稳定性。

2）施工质量。填隙碎石层质量好坏有两个关键：

第一，从上到下粗碎石间的空隙一定要填满，达到规定的密实度。这一点非常重要，经充分压实的填隙碎石层的密实度、强度和稳定性与优质级配碎石层相当。

第二，填隙料不能覆盖于粗碎石表面而自成一层，在结构层的表面应看得见粗碎石，其棱角可外露 3~5mm。这一点对于薄沥青面层非常重要，它可以保证薄沥青面层与基层黏接良好，避免薄沥青面层在基层顶面产生推移破坏。

按照施工方法的不同，填隙碎石有干压碎石和水结碎石之分。干压碎石是指将材料撒铺后直接压实而成，特别适宜于干旱缺水地区。水结碎石是在压实前适量洒水，以降低碎石颗粒间的摩擦力。水结碎石在压实过程中会产生部分磨碎石粉，它可起到黏结作用。

（2）填隙碎石组成材料的质量要求　粗碎石可以用具有一定强度的各种岩石或漂石轧制，最好使用石灰岩轧制，也可用稳定的矿渣轧制。矿渣的干密度和质量应比较均匀，干密度不小于 960kg/m^3。粗碎石的最大粒径不应超过 53mm（基层）或 63mm（底基层）。粗碎石的颗粒组成范围应符合表 1-18 的规定。粗碎石的压碎值不应大于 26%（基层）或 30%（底基层），材料中的针片状颗粒含量不应超过 15%。

轧制碎石时得到的 4.75mm 以下的筛余料（即石屑）是最好的填隙料。填隙料应满足表

1-19 的颗粒组成及塑性指数要求。

表 1-18 填隙碎石粗碎石的颗粒组成（JTJ 034—2000）

标称尺寸/mm	下列筛孔（mm）的通过百分率（%）							
	63	53	37.5	31.5	26.5	19	16	9.5
30 ~ 60	100	25 ~ 60		0 ~ 15		0 ~ 5		
25 ~ 50		100		25 ~ 50	0 ~ 15		0 ~ 5	
20 ~ 40			100	35 ~ 70		0 ~ 15		0 ~ 5

表 1-19 填隙料的颗粒组成和塑性指数要求（JTJ 034—2000）

筛孔尺寸/mm	9.5	4.75	2.36	0.6	0.075	塑性指数
通过百分率（%）	100	85 ~ 100	50 ~ 70	30 ~ 50	0 ~ 10	<6

思 考 题

1-1 石料的主要物理常数与集料的主要物理常数有哪几项？它们之间有何异同？

1-2 石料应具备哪些力学性质，采用什么指标来反映这些性质？

1-3 根据石料的化学性质可将石料分为几类？举例说明。

1-4 什么是集料的装填密度、松装密度、紧装密度？

1-5 压碎值、磨耗值、磨光值及冲击值分别表征粗集料的什么性质？对路面工程有何实用意义？

1-6 什么是集料的级配？如何确定集料的级配？用哪几项参数表示集料的级配？

1-7 为什么研究集料的级配？连续级配类型与间断级配类型有何差别？

1-8 简述最大密度级配范围计算公式的意义。

1-9 常用矿质混合料配合比设计方法有几种？简述设计过程的主要步骤。

1-10 级配型碎石与填隙碎石结构层的强度形成有何不同？这种差异对它们的路用性能会产生什么影响？

1-11 某道路工程沥青混合料用细集料的筛分试验结果见表 1-20。请计算该细集料的“分计筛余百分率”“累计筛余百分率”“通过百分率”及其细度模数，绘制该细集料的级配曲线图，判断该细集料的粗细程度并分析其级配是否符合设计级配范围的要求。

表 1-20 某细集料的筛分结果

筛孔尺寸/mm	9.5	4.75	2.36	1.18	0.6	0.3	0.15	0.075	筛底
筛余质量/g	0	13	160	100	75	50	39	25	38
设计级配范围（%）	100	95 ~ 100	55 ~ 75	35 ~ 55	20 ~ 40	12 ~ 28	7 ~ 18	5 ~ 10	—

1-12 按照级配计算公式（1-32），取级配指数 $n=0.3$，0.5 和 0.7，计算最大粒径 $D=16$mm 集料的通过百分率，并将这些级配绘制在同一张图上。用贝雷级配分析法计算这些级配的控制粒径、第一、第二分界尺寸、粗集料比 *CA*、细集料比 *FAC* 和细集料比 *FAF*。

1-13 采用试算法确定某矿质混合料的配合比。

设计资料：碎石、石屑和矿粉的筛分析试验结果以通过百分率列于表 1-21 中第 2 ~ 4 列；设计级配范围要求值列于表 1-21 中第 5 列。

设计要求：用试算法确定碎石、石屑和矿粉在混合料中的用量；计算出混合料的合成级配，并校核该合成级配是否在要求的级配范围中，若有超出应进行调整。

表 1-21 思考题 1-13 用表

筛孔尺寸 d_i/mm	原材料筛分析试验结果，通过百分率（%）			设计级配范围通过百分率（%）
	碎石	石屑	矿粉	
（1）	（2）	（3）	（4）	（5）
26.5	100	100	100	100
19.0	97	100	100	95~100
16.0	61.5	100	100	75~90
13.2	34.5	100	100	62~80
9.5	19.8	93.8	100	52~72
4.75	4.6	77.9	100	38~58
2.36	—	58.7	100	28~46
1.18	—	36.0	100	20~34
0.6	—	23.0	97	15~27
0.3	—	11.0	94	10~20
0.15	—	—	92	6~14
0.075	—	—	70.5	4~8

1-14 采用规划求解法确定矿质混合料的配合比，设计资料同思考题 1-13。

第二章　无机胶凝材料

第一节　概　　述

凡能经过一系列物理、化学作用，在由可塑浆体变成坚硬石状体的过程中，能把散粒状或块状材料胶结成一个整体，且具有一定机械强度的材料，统称为“胶凝材料”。

- 胶凝材料
  - 有机胶凝材料（如沥青、树脂）
  - 无机胶凝材料
    - 气硬性胶凝材料：只能在空气中硬化并保持或继续提高强度，如石膏、石灰、水玻璃等
    - 水硬性胶凝材料：不仅能在空气中而且能更好地在水中硬化、保持并继续提高强度，如水泥。

水泥是一种水硬性胶凝材料，由于具有丰富的原料资源、相对较低的生产成本和良好的胶凝性能，已成为最重要的建筑材料之一。

1. 水泥的特性

1）水泥浆具有良好的可塑性。

2）适应性强，可用于各种环境的工程。

3）硬化后可以获得较高强度，性能易于调节。

4）可与纤维或者聚合物等多种无机、有机材料匹配，制成各种水泥基复合材料。

5）水泥制品不会生锈（优于钢铁），不易腐朽（优于木材），不易老化（优于塑料），耐久性好，维修工作量小。

水泥在建筑、道路、水利海洋和国防工程中应用极广，常用来制造各种形式的混凝土、钢筋混凝土、预应力混凝土和建筑物。

2. 水泥的分类

按水泥组成的主要成分，可将水泥分为硅酸盐水泥系列、铝酸盐水泥系列、硫铝酸盐水泥系列、铁铝酸盐水泥系列。按水泥的性能和用途，可将其分为通用水泥、专用水泥、特性水泥三大类。

1）通用水泥，亦称为“通用硅酸盐水泥”，是最常见和常用的水泥，用于一般土木建筑工程中，包含6个品种。首先是硅酸盐水泥，混合材掺量0~5%，在硅酸盐水泥的基础上，又发展了以下几种水泥，这些水泥在土木工程中居于举足轻重的地位：普通硅酸盐水泥（混合材掺量6%~20%）、矿渣硅酸盐水泥、粉煤灰硅酸盐水泥、火山灰硅酸盐水泥、复合硅酸盐水泥（混合材掺量大于20%）。

2）专用水泥，即有专门用途的水泥，如中、低热水泥，道路水泥，大坝水泥，砌筑水泥。

3）特种水泥，某种性能比较突出的水泥，如快硬水泥（机场等抢修工程）、膨胀水泥（屋顶防渗、构件接头）、自应力水泥（预应力钢筋混凝土工程）、抗硫酸盐水泥（海港建筑工程）。

第二节　硅酸盐水泥

一、硅酸盐水泥及熟料定义

（1）硅酸盐水泥　凡由硅酸盐水泥熟料、0～5%石灰石或粒化高炉矿渣、适量石膏磨细制成的水硬性胶凝材料，都称为“硅酸盐水泥”。

（2）Ⅰ型硅酸盐水泥，代号P·Ⅰ　不掺加混合材料。

（3）Ⅱ型硅酸盐水泥，代号P·Ⅱ　在硅酸盐水泥熟料粉磨时掺加不超过水泥质量5%的石灰石或粒化高炉矿渣混合材料。

（4）硅酸盐水泥熟料　凡以适当组成生料烧至部分熔融，得到以硅酸钙为主要成分的物料，称为“硅酸盐水泥熟料”，简称“熟料”。

二、硅酸盐水泥的生产

硅酸盐水泥的生产过程可以简单地概括为“两磨一烧”。

1. 第一磨——生料的配制和磨细

三部分原料：石灰质原料（如石灰石、贝壳、白垩等，提供CaO）；黏土质原料（如黏土、页岩等，提供SiO_2、Al_2O_3、Fe_2O_3）；校正原料（铁矿粉，补充原料中不足的氧化铁；砂岩，补充SiO_2）。

将上述原料按适当的比例混合，如图2-1所示，然后磨细到一定程度，过程中混合均匀。

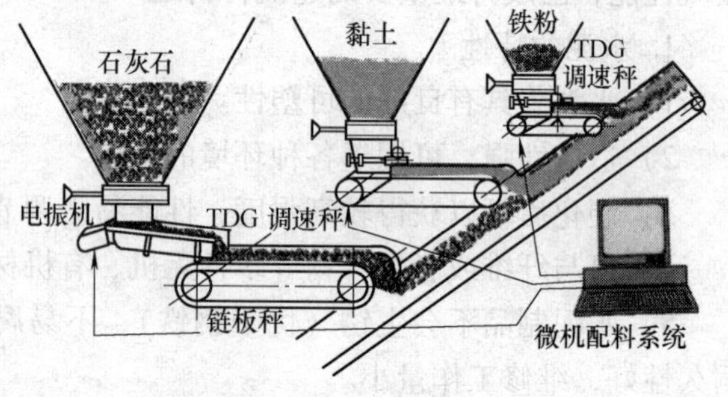

图2-1　生料的配制系统

生料的配制有湿法和干法两种，两种方法各有优缺点。

湿法：将生料制成含水量为32%～40%的料浆。由于制备成具有流动性的泥浆，所以各原料之间混合好，生料成分均匀，使烧成的熟料质量高，这是湿法生产的主要优点，但蒸发水分所需的热量较高，大大增加了能耗和成本。

干法：干法回转窑与湿法回转窑的优缺点正好相反。干法将生料制成生料干粉，其流动性比泥浆差，所以原料混合不好，成分不均匀。但其水分一般小于1%，因此减少了蒸发水分所需的热量，生产能耗低。

2. 生料的煅烧

硅酸盐水泥的煅烧在水泥窑里进行，主要分两种窑型：立窑和回转窑。立窑占地面积小，每次煅烧的水泥量不大，煅烧不均匀，生产效率低，适合于小型水泥厂。回转窑占地面积大，煅烧水泥量大，煅烧均匀，能耗高，生产效率高，适合于大型水泥厂。目前高能耗的传统的立窑和回转窑工艺，正被以悬浮预热和窑外分解技术为核心的新型干法生产工艺逐步取代，新型干法生产工艺具有规模大，质量好、能耗低、效率高的优点，成为水泥工艺的主流发展方向。

煅烧分以下几个步骤：

1）水分蒸发。如果是湿法，这一步能耗很高，占用时间也较长。

2）生料预热。水分蒸发完后，温度开始上升很快。

3）生料分解。碳酸盐分完全分解。

4）熟料煅烧。在高温下，石灰与黏土发生反应，生成矿物。

5）熟料冷却。最后冷却后，得到呈玻璃珠大小的颗粒状的水泥熟料。

3. 第二磨——熟料与其他配料粉磨成水泥

将冷却后的颗粒状水泥熟料，加入适量石膏，或者按生产的水泥品种要求加入一定量的混合材，放入水泥磨机里面磨到规定的细度后，就成了硅酸盐水泥，再进行装袋，就成为商品水泥可以出售。袋装水泥通常规格为50kg/袋，如图2-2a所示；如果是给近距离的大用户供货（如混凝土搅拌站），则可直接用水泥罐装车运到施工现场，如图2-2b所示。

a)

b)

图2-2 水泥的出厂包装方式

a）袋装水泥 b）罐装水泥

三、水泥熟料的组成及特性

1. 硅酸盐水泥熟料主要由以下四种矿物组成，见表2-1。

表2-1 硅酸盐水泥熟料矿物

矿物名称	化学成分	缩写符号	含量（%）
硅酸三钙	$3CaO \cdot SiO_2$	C_3S	36~60
硅酸二钙	$2CaO \cdot SiO_2$	C_2S	15~36
铝酸三钙	$3CaO \cdot Al_2O_3$	C_3A	7~15
铁铝酸四钙	$4CaO \cdot Al_2O_3 \cdot Fe_2O_3$	C_4AF	10~18

以上这四种矿物是主要的成分，确定了水泥的主要特性，除此之外，水泥中还含有少量的游离氧化钙（f-CaO）、方镁石、碱性氧化物、玻璃体，对水泥的性能有一定的影响。

以下将介绍这四种矿物的性质，从它们的性质中，也可以大致推断出水泥的性质。

2. 水泥熟料矿物的特性——水泥与水拌制后水化硬化表现的特性

1）水化反应速度：$C_3A > C_3S > C_4AF > C_2S$。

2）水化放热量——影响体积稳定性：$C_3A > C_3S > C_4AF > C_2S$。

3）早期强度：$C_3S > C_4AF > C_3A > C_2S$。

4）后期强度：$C_3S > C_2S > C_4AF > C_3A$。

5）耐腐蚀性（抗硫酸盐）：$C_4AF > C_2S > C_3S > C_3A$。

6）干缩性：$C_3A > C_2S > C_3S > C_4AF$。

适当调整这四种矿物的比例，就可以制得不同品种的水泥。例如，制备高强度水泥，可以提高硅酸三钙的含量；限制 C_3A 的含量，通常使之低于5%，可以制造抗硫酸盐水泥；制造大坝的水泥，要求低水化热，则应降低 C_3A 和 C_3S 的含量，提高 C_2S 的含量。

但它们的性质也不一定都是简单相加的，比如 C_3A 强度很低，但如果把它和 C_3S 按一定比例混合，它们的综合强度反而会提高。

四、硅酸盐水泥的水化

水泥加水后，颗粒表面立即与水发生反应，生成一系列的化合物，放出一定的热量，这就是水泥的水化反应。

1. C_3S 与 C_2S 的水化反应

$$2(3CaO \cdot SiO_2) + 6H_2O = 3CaO \cdot 2SiO_2 \cdot 3H_2O + 3Ca(OH)_2$$

$$2(2CaO \cdot SiO_2) + 4H_2O = 3CaO \cdot 2SiO_2 \cdot 3H_2O + Ca(OH)_2$$

上述水化反应中，硅酸三钙和硅酸二钙都生成了不溶于水的水化硅酸钙胶体和氢氧化钙晶体。但硅酸三钙反应速度要快很多，生成的水化硅酸钙胶体以凝胶形态析出，构成具有很高强度的空间网状结构，如图2-3所示。

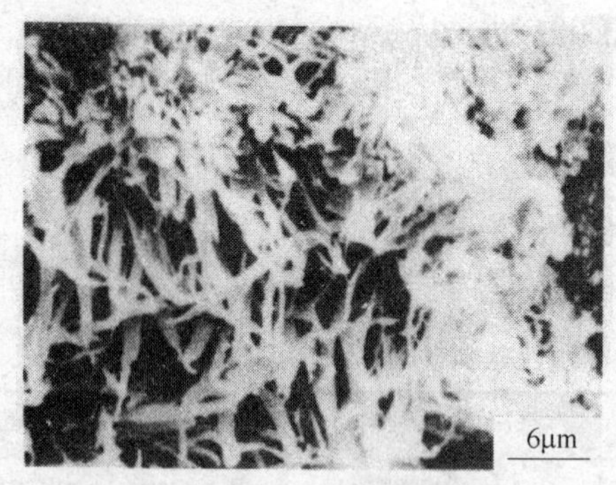

a)

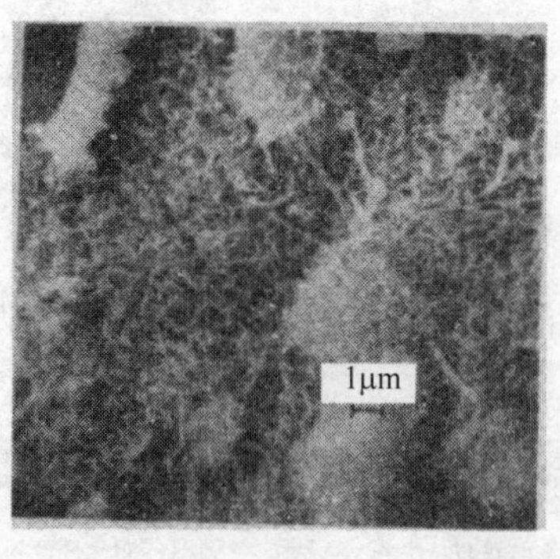

b)

图2-3 水化硅酸三钙凝胶结构

a）Ⅰ型，纤维状结构 b）Ⅱ型，蜂窝状结构

硅酸二钙的水化反应最慢，所以早先生成的水化硅酸钙凝胶和氢氧化钙很少。通常硅酸

三钙28d形成的强度，硅酸二钙需要一年才能达到，而且还是在硅酸三钙存在和激发下才能做到，如果是单纯的硅酸二钙水化反应，则需要更长的时间，所以空间网状结构的形成任务早期主要由硅酸三钙来承担。

2. C_3A 的水化反应

$$3CaO \cdot Al_2O_3 + 6H_2O = 3CaO \cdot Al_2O_3 \cdot 6H_2O$$

$$3CaO \cdot Al_2O_3 \cdot 6H_2O + 3(CaSO_4 \cdot 2H_2O) + 19H_2O = 3CaO \cdot Al_2O_3 \cdot 3CaSO_4 \cdot 31H_2O$$

$$3CaO \cdot Al_2O_3 \cdot 6H_2O + CaSO_4 \cdot 2H_2O + 4H_2O = 3CaO \cdot Al_2O_3 \cdot CaSO_4 \cdot 12H_2O$$

铝酸三钙与硅酸二钙、硅酸三钙刚好相反，水化反应极快，很快就能生成水化铝酸三钙，而生成的水化铝酸三钙又和水泥中的石膏反应，生成含3个硫的水化硫铝酸钙（$3CaO \cdot Al_2O_3 \cdot 3CaSO_4 \cdot 31H_2O$，又叫“钙钒石”，用AFt表示，呈针形柱状结构）。反应后期，石膏很快被消耗完，多余的水化铝酸三钙又和钙钒石反应生成含1个硫的水化硫铝酸钙（$3CaO \cdot Al_2O_3 \cdot CaSO_4 \cdot 12H_2O$，用AFm表示）。

铝酸三钙水化过程中生成的钙钒石是难溶于水的晶体，包裹在 C_3A 表面，能阻止水分的进入，从而延缓了水化的进行，起到缓凝的作用，这也是石膏缓凝的主要机理。

3. C_4AF 的水化反应

$$4CaO \cdot Al_2O_3 \cdot Fe_2O_3 + 7H_2O = 3CaO \cdot Al_2O_3 \cdot 6H_2O + CaO \cdot Fe_2O_3 \cdot H_2O$$

铁铝酸四钙的水化与铝酸三钙很相似，但显然没有铝酸三钙的水化反应那么快，其生成的水化产物有较高的抗折强度，因此适用于道路、桥梁等有振动交变荷载作用的场合。

如果充分水化，在硅酸盐水泥的水化产物中，水化硅酸三钙含量占70%，氢氧化钙占20%，其他的占10%。

五、硅酸盐水泥的凝结和硬化

1. 水泥的凝结

硅酸盐水泥加水拌和后，成为可塑性的浆体，然后随时间推移，水泥越来越稠，塑性逐渐降低，最后失去塑性。这个过程分为“初凝”和“终凝”两个阶段：初凝阶段水泥浆开始失去可塑性，但此时不具有强度；终凝阶段水化物不断增多，结构逐渐紧密，水泥浆完全失去可塑性，并有一定的强度。

2. 水泥的硬化

水泥终凝之后，越来越多的水泥凝胶形成密实的空间网状结构，水泥浆体产生明显的强度，强度逐渐发展，最后成为坚硬的人造石——水泥石。

需要说明的是：水泥的水化、凝结和硬化并不是截然分开、独立进行的过程，而是在各个阶段始终交错进行。

3. 影响水泥凝结硬化速度和强度的主要因素

（1）熟料矿物组成的影响　水泥最主要的四种矿物（C_3S、C_2S、C_3A、C_4AF）的水化速度、凝结硬化时间和强度都不同，所以不同比例的矿物组成，会很大地影响水泥的凝结硬化速度和强度发展。

（2）水泥颗粒的影响　颗粒越细，与水接触越充分，反应必然越快，早期强度较高。但水泥颗粒太细，也会产生问题。因为一种水泥完全水化的理论用水量是恒定的，而水泥颗粒太细之后，要达到相同的稠度，实际用水量势必增加，这就会使得孔隙增加，干缩也相应增加，后期强度反而会降低。

（3）龄期（养护时间）的影响　水泥的水化硬化是一个长期不断进行的过程，随着龄期的增加，水泥的水化愈加充分，水泥水化产物不断增多并填充毛细孔，使得水泥石结构密实度增加，孔隙率减少，强度增加。水泥强度的发展是先快后慢，在3~14d增长最快，28d时获得90%的强度，此后发展缓慢，逐渐趋于稳定，如图2-4所示。

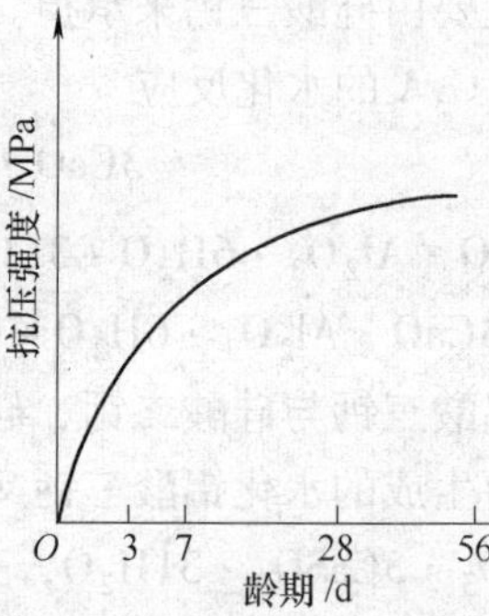

图2-4　水泥龄期和强度的关系

（4）养护温度和湿度　一般来说，温度越高，矿物活性增强，反应速度会加快。然而温度过高，会导致水化产物生成过快，其形成的空间网状结构缺陷过多而不严整，强度反而下降。温度越低，矿物活性降低，反应速度减缓，当温度接近0℃时，水泥开始“休眠”，停止反应。因此通常比较适宜的养护温度为5~20℃。湿度大，水泥浆体中的水分不易蒸发，能保证有足够的水分参与水化。因此水泥养护常常在恒温蒸汽室中养护，大多数院校实验室则是用恒温蒸汽养护箱养护。

（5）水胶比（W/B）——水泥拌和时水与胶凝材料（这里指水泥）的质量比　要加入足量的水，水泥才具有塑性和流动性，水化也才能正常进行。但是水胶比增加，会导致水泥孔隙率增加而影响强度。因此，水泥研究者极力降低水泥的水胶比以求获得高强度，比如采用减水剂。在水泥中加入一定量减水剂之后，用较少量的水就能使水泥流动性满足设计要求。

六、水泥石的腐蚀和预防

硅酸盐水泥在硬化后，通常条件下具有良好的耐久性，但当处于某些腐蚀性环境时，水泥石中的水化产物就会与周围的腐蚀性物质发生反应，使水泥结构受到侵蚀而发生破坏，从而严重影响水泥的耐久性。

（一）腐蚀类型

水泥石的腐蚀类型主要有以下四种：

1. 软水腐蚀（溶出性腐蚀）

重碳酸盐（HCO_3^-）含量低的水称之为“软水”。雨水、雪水和很多河水、湖水都属于软水，水泥与这些水接触时，水泥石中的$Ca(OH)_2$会溶于水中，如果周围的水是流动或有压力的，$Ca(OH)_2$将不断地被溶解，这就会破坏水泥水化产物得以稳定存在的碱性环境，使得这些水化产物分解，导致水泥石遭到腐蚀和破坏。

但是如果重碳酸盐含量比较高的话，$Ca(OH)_2$则会与重碳酸盐发生反应生成碳酸钙，堵住水泥石的孔隙，阻止外界水分侵入和$Ca(OH)_2$的溶解，即重碳酸盐含量高的重水一般不会对水泥石造成溶出性腐蚀。

$$Ca(OH)_2 + Ca(HCO_3)_2 = 2CaCO_3 \downarrow + 2H_2O$$

2. 离子交换腐蚀（溶解性腐蚀）

溶解于水中的酸类和盐类，如工业污水和酸雨中的碳酸、盐酸、亚硫酸，海水中的氯化镁等，与水泥石中的$Ca(OH)_2$起置换反应，生成的物质要么易溶于水，要么没有结合力，使水泥石的结构破坏。

$$Ca(OH)_2 + 2CO_2 + H_2O \xlongequal{} Ca(HCO_3)_2(\text{易溶}) + H_2O$$

$$2HCl + Ca(OH)_2 \xlongequal{} CaCl_2(\text{易溶}) + 2H_2O$$

$$Ca(OH)_2 + SO_2 + H_2O \xlongequal{} CaSO_3(\text{易溶}) + 2H_2O$$

$$MgCl_2 + Ca(OH)_2 \xlongequal{} CaCl_2(\text{易溶}) + Mg(OH)_2(\text{絮凝状、无结合力})$$

3. 膨胀性腐蚀

(1)硫酸侵蚀

$$H_2SO_4 + Ca(OH)_2 \xlongequal{} CaSO_4 \cdot 2H_2O + H_2O$$

$$3(CaSO_4 \cdot 2H_2O) + 3CaO \cdot Al_2O_3 \cdot 6H_2O + 19H_2O \xlongequal{} 3CaO \cdot Al_2O_3 \cdot 3CaSO_4 \cdot 31H_2O$$

(钙矾石，结晶膨胀)

上述反应生成的钙矾石是一种针状结晶的难溶物，结晶后体积膨胀 1.5 ~ 2 倍，使得水泥石产生内应力，结构发生损坏甚至破坏，被称为“水泥杆菌”，如图 2-5 所示。

(2) 硫酸盐腐蚀

$$MgSO_4 + Ca(OH)_2 + 2H_2O \xlongequal{} Mg(OH)_2(\text{絮凝状、无结合力}) + CaSO_4 \cdot 2H_2O$$

$$3(CaSO_4 \cdot 2H_2O) + 3CaO \cdot Al_2O_3 \cdot 6H_2O + 19H_2O \xlongequal{} 3CaO \cdot Al_2O_3 \cdot 3CaSO_4 \cdot 31H_2O$$

(钙矾石，结晶膨胀)

由此可见，硫酸盐尤其是硫酸镁的腐蚀是一种双重腐蚀，即溶解性腐蚀加膨胀性腐蚀。

4. 碱的腐蚀

虽然水泥石中的水化产物需要一定的碱性环境才能稳定存在，但在强碱溶液里水泥也会遭受腐蚀。

$$3CaO \cdot Al_2O_3 \cdot 6H_2O + 6NaOH \xlongequal{} 3Na_2O \cdot Al_2O_3(\text{易溶}) + 3Ca(OH)_2$$

倘若水泥石中的毛细孔隙被 NaOH 溶液浸润后，与空气中的 CO_2 作用，生成的碳酸钠会在水泥石的孔隙中结晶膨胀，使水泥石开裂破坏。

$$2NaOH + 2CO_2 + H_2O \xlongequal{} 2Na_2CO_3(\text{结晶膨胀}) + H_2O$$

(二) 腐蚀的预防

1) 水泥中易被腐蚀的物质主要是 $Ca(OH)_2$ 和 $3CaO \cdot Al_2O_3 \cdot 6H_2O$，因此当存在腐蚀性介质时，可适当调整水泥的成分，减少易被腐蚀的物质，如减小 C_3S、C_3A 的含量。合理选用水泥品种，例如选用掺加了活性混合材料的水泥，该类水泥由于硅酸盐水泥熟料比例降低，所含上述易腐蚀物质较少，可提高抗腐蚀能力。

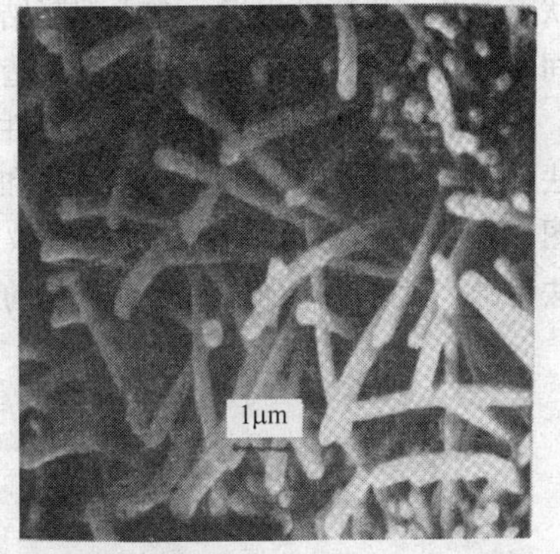

图 2-5 钙矾石（AFt）针状结晶

2) 降低水泥的孔隙率，提高水泥的密实度，减少有害物质的侵入。例如，加减水剂，减少实际用水量，降低孔隙；充分振捣，提高水泥密实度；添加引气剂，改善水泥孔隙结构，引入密闭孔隙，减少开口孔、毛细孔、连通孔，提高水泥的抗渗性能。

3) 在水泥表面加保护层，隔断水泥与腐蚀性介质的接触，如在表面涂覆环氧树脂，贴面砖等。

七、硅酸盐水泥的技术指标

1. 细度——水泥颗粒的粗细程度

水泥颗粒太粗，水化反应速度慢，早期强度低，不利于工程进行；水泥颗粒太细，虽然水化快而充分，早期后期强度发展都较快，但会造成实际用水量增加，反而会影响后期强度，而且水泥越细，比表面积越大，表面活性越强，与空气中 CO_2 反应越容易，这对于水泥的存储非常不利，所以水泥颗粒的细度必须适中。《通用硅酸盐水泥》（GB 175—2007）规定：硅酸盐水泥的细度采用比表面测定仪（勃氏法）检验，其比表面积不小于 $300m^2/kg$；否则判定为不合格品。

2. 凝结时间

水泥的凝结时间分初凝时间和终凝时间。初凝时间不能太短：为了保证水泥施工时有充分的时间进行搅拌、运输、振捣、成型或进行修改。终凝时间不能太长：为了下一步工序能尽快进行，需要水泥尽快硬化，具备一定强度。

《通用硅酸盐水泥》规定：硅酸盐水泥的初凝时间不得早于45min，终凝时间不得迟于6.5h。实际上，国产硅酸盐水泥的初凝时间一般为1～3h，终凝时间一般为3～4h。初凝时间不合格的水泥为废品，终凝时间不合格的水泥为不合格品。

3. 体积安定性——水泥在凝结硬化过程中，体积变化的均匀性

如果水泥在硬化后，产生不均匀的体积变化，即所谓的“体积安定性不良”，会使水泥构件、混凝土结构产生膨胀性裂纹，降低结构物质量，严重的会引起工程事故。如果体积变化均匀的话，则称为“安定性合格”。

引起体积安定性不良的原因如下：

（1）熟料中含有过多的游离氧化钙和游离氧化镁 水泥中的游离氧化钙和游离氧化镁往往呈过烧状态，其水化速度很慢，在水泥凝结硬化后很长时间才开始水化，水化时体积膨胀，造成水泥开裂。

由游离氧化钙引起的水泥安定性不良，用煮沸法检测。煮沸法又分两种：试饼法和雷氏夹法，如图2-6、图2-7所示。若结果有争议，则以雷氏夹法为准。煮沸法有加速氧化钙熟化的作用，便于快速测定。

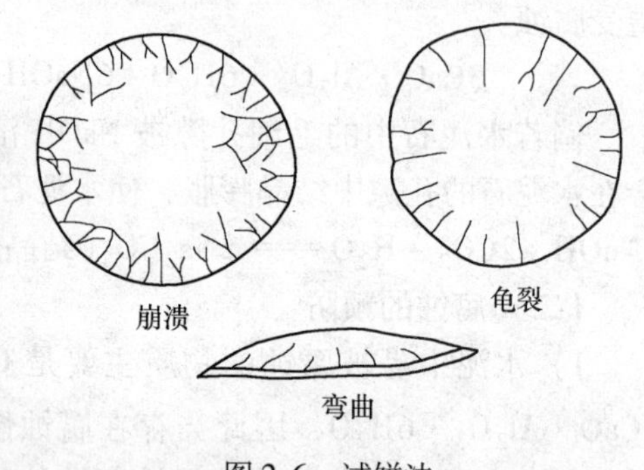

图2-6 试饼法

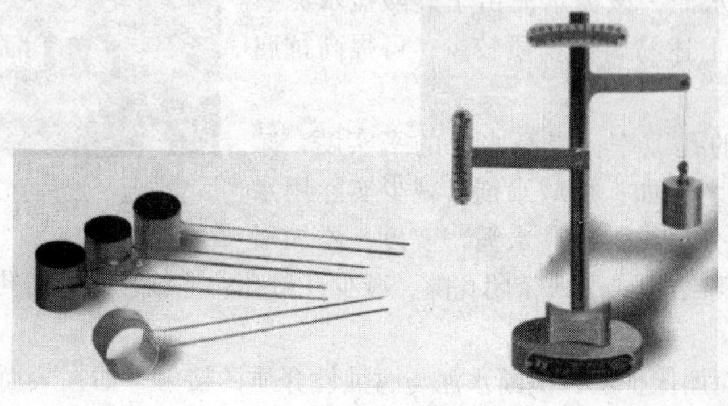
图2-7 雷氏夹法

由游离氧化镁引起的水泥安定性不良，须用压蒸法才能检测出来，而压蒸法不便于快速测定，因此，国家标准规定水泥中游离氧化镁含量不得超过5.0%，以预先控制水泥的体积安定性。

（2）石膏掺量过多　适量石膏与水化铝酸钙反应生成的针状钙钒石晶体（AFt）包裹在铝酸三钙表面，能起到缓凝的作用，但石膏太多，当水泥硬化后，还会继续和水化铝酸钙反应生成大量体积膨胀的钙钒石，从而使水泥开裂。

因为石膏的危害需长期在常温水中才能发现，不便于快速测定，所以国家标准一般规定石膏占水泥重量的3%~5%，SO_3 含量不超过3.5%，以预先控制水泥的体积安定性。

体积安定性不良的水泥为废品，严禁用于任何工程中。但是某些体积安定性不良的水泥在存放一段时间后，由于水泥中的游离氧化钙吸收空气中的水而熟化，体积安定性会变为合格。

4. 强度等级——评价和选用水泥的重要质量指标

1992年出台的国家标准采用的是水泥标号，比如325、425水泥，而1999年出台的国家标准《硅酸盐水泥、普通硅酸盐水泥》（GB 175—1999）、《矿渣硅酸盐水泥、火山灰质硅酸盐水泥及粉煤灰硅酸盐水泥》（GB 1344—1999）实行以MPa表示的强度等级，强度等级的数值与水泥28d抗压强度指标的最低值相同。2007年出台的《通用硅酸盐水泥》（GB 175—2007）合并代替了上述两个标准，新标准统一规划了我国水泥的强度等级，其中硅酸盐水泥分3个强度等级6个类型，即42.5、42.5R、52.5、52.5R、62.5、62.5R，普通硅酸盐水泥分2个强度等级4个类型，即42.5、42.5R、52.5、52.5R，其他四大水泥则分3个等级6个类型，即32.5、32.5R、42.5、42.5R、52.5、52.5R，其中R表示早强型的水泥。硅酸盐水泥各龄期的强度值不得低于表2-2中的数值。

表2-2　硅酸盐水泥各龄期的强度值（GB 175—2007）　　（单位：MPa）

强度等级	抗压强度		抗折强度	
	3d	28d	3d	28d
42.5	≥17.0	≥42.5	≥3.5	≥6.5
42.5R	≥22.0	≥42.5	≥4.0	≥6.5
52.5	≥23.0	≥52.5	≥4.0	≥7.0
52.5R	≥27.0	≥52.5	≥5.0	≥7.0
62.5	≥28.0	≥62.5	≥5.0	≥8.0
62.5R	≥32.0	≥62.5	≥5.5	≥8.0

强度指标不合格的水泥视作不合格品，可降级使用或挪作他用。

5. 水化热

水化热是水泥在水化过程中放出的热量。通常水泥在3d龄期内放热量达到总热量的50%，7d内达到75%，3个月内达到90%，由此可见，水泥的水化热大部分在早期（3~7d）放出，以后逐渐减少。同时，水化放热量越大，放热速度越快。

大型基础、水坝、桥墩等大体积水泥或混凝土构筑物，由于水化热在内部不易散失，内部温度上升可达50~60℃，内外温差引起的应力很容易使混凝土产生裂缝，因此硅酸盐水泥不适于大体积的混凝土。

水化热不合格的水泥视作不合格品。

6. 碱含量

水泥中的水化产物需要在一定的碱性环境下才能稳定存在，但如果水泥中的碱含量很高时，当混凝土中的集料（砂和石子）含有活性 SiO_2 时，就会发生碱-集料反应，导致混凝土不均匀膨胀而破坏。

国家标准规定，水泥中碱含量按 $Na_2O+0.658K_2O$ 计算值来表示，若使用活性集料，要求水泥中的碱含量不得大于0.6%，或由供需双方商定。

八、硅酸盐水泥的特性和应用

(1) 水化反应快，凝结硬化快，早期强度和后期强度都高　硅酸盐水泥适用于配制重要结构用的高强度、高性能混凝土或预应力混凝土；用于对早期强度要求高的工程，如现浇结构和构件，道路工程等。

(2) 水化热大，结构密实，抗冻性好　硅酸盐水泥中 C_3S 和 C_3A 含量高，所以水泥水化反应快，水化热大，这适于冬期施工和严寒地区的工程，但不适于大体积工程。因硅酸盐水泥结构密实，内部连通孔和毛细孔较少，所以抗冻性好，适用于严寒地区水位升降范围内（干湿交替）的混凝土，或遭受反复冻融的工程及抗冻性要求较高的露天工程，如大坝的溢流面，严寒地区的混凝土路面工程。

(3) 干缩小，耐磨　硅酸盐水泥硬化时干缩小，不易产生干缩裂缝，一般可适于干燥环境工程，由于表面不易起粉，所以耐磨性好，加上强度大，适于路面铺设。但早强型（R型）硅酸盐水泥不适于高温季节的路面工程，只能用于快速抢修工程和冬期施工。

(4) 抗碳化性较好　水泥中的氢氧化钙和二氧化碳、水的反应，称为“碳化”。碳化会导致水泥裂缝的产生和强度的降低。而硅酸盐水泥中的氢氧化钙占20%，碳化时对水泥总的碱度影响较小，故抗碳化性较好。因此硅酸盐水泥可以用于二氧化碳浓度较高的环境中，如钢材的热处理车间等。

(5) 耐腐蚀性能差　硅酸盐水泥硬化后含有大量的氢氧化钙和水化铝酸钙，耐化学腐蚀性能尤其是抗硫酸性能很差，故不能用于海港工程等其他一些抗硫酸盐工程。

(6) 不耐高温　250~300℃时水泥石中的水化硅酸钙会脱水，体积收缩，强度下降；而氢氧化钙在600℃以上会分解成氧化钙和二氧化碳，受潮时还会与水反应，体积膨胀，导致水泥石破坏。因此，硅酸盐水泥不得用于温度高于250℃的工程，如工业窑炉。

九、硅酸盐水泥的储运

1) 水泥存放时间不宜过长，不然强度下降很大，一般不超过3个月，6个月以后就要重新检测以后才能使用，以实测强度为准，可酌情降级使用。

2) 袋装水泥堆放高度不易太高，否则容易结块，也不易取用，导致下面的水泥超过保质期。

3) 水泥应依次堆放，先来先用，防止一些水泥存放过久。

第三节 通用硅酸盐水泥

磨制水泥时所加入的一些矿物材料称为“混合材料”。掺入的混合材料，能改善水泥的性能，提高产量，降低成本，扩大水泥的应用范围。

水泥的混合材料分为活性混合材料和非活性混合材料：

1. 非活性混合材料

非活性混合材料几乎不会与水泥水化产物发生反应，只是起填充作用，从而提高水泥产量，降低水泥成本，降低强度等级，改善水化热和耐腐蚀性能，较少地影响水泥性能。非活性混合材料一般加入量比较少，比如磨细的石灰粉、砂岩等。

2. 活性混合材料

活性混合材料在激发剂或其他物质存在时，具有水硬性的性能，即生成水硬性化合物的性能。

常用的活性混合材料有：

(1) 粒化高炉矿渣　炼铁高炉的熔炉矿渣，急冷之后形成的疏松多孔的颗粒，主要活性成分是硅酸钙和铝硅酸钙。

(2) 火山灰混合材料　无论人工制造（煤渣，烧黏土）还是天然生成的火山灰（火山喷发），其主要成分都是活性 SiO_2、Al_2O_3。

(3) 粉煤灰　从火力发电厂的锅炉烟气中收集下来的粉尘，主要成分都是活性 SiO_2、Al_2O_3。严格意义上，粉煤灰属于火山灰混合材料的一种，但由于粉煤灰的用量很大，且在性状上与火山灰混合材料有不同的特点，所以把它单独列出来作为一种活性材料。

一、普通硅酸盐水泥

1. 定义

由硅酸盐水泥熟料、6%～20%混合材料、适量石膏制成的水泥，其中允许用不超过水泥质量8%且符合标准的非活性混合材料，或不超过水泥质量5%且符合标准的窑灰代替，简称“普通水泥”，代号 P·O。

2. 技术指标

1）细度。与硅酸盐水泥规定相同，其比表面积不小于300m^2/kg。

2）凝结时间。初凝时间不得早于45min，终凝时间不得迟于10h。

3）强度等级。为42.5、52.5两个强度等级，按3d抗压强度分为早强型（R型）和普通型，各龄期的强度不得低于表2-3中的值。

表2-3　普通硅酸盐水泥各龄期的强度值（GB 175—2007）　（单位：MPa）

强度等级	抗压强度		抗折强度	
	3d	28d	3d	28d
42.5	≥17.0	≥42.5	≥3.5	≥6.5
42.5R	≥22.0	≥42.5	≥4.0	≥6.5
52.5	≥23.0	≥52.5	≥4.0	≥7.0
52.5R	≥27.0	≥52.5	≥5.0	≥7.0

4）其他技术要求与硅酸盐水泥相同。

3. 性能

由于普通硅酸盐水泥掺入的混合材料较少，其性能与硅酸盐水泥很接近，应用范围也基本相同。但相对于硅酸盐水泥，普通硅酸盐水泥的早期硬化速度稍慢，早期强度稍低，抗冻性和耐磨性也稍差。

二、矿渣硅酸盐水泥

1. 定义

由硅酸盐水泥熟料、20%～70%粒化高炉矿渣、适量石膏制成的水泥，简称“矿渣水泥”，代号P·S。允许用石灰石、窑灰、粉煤灰和火山灰质混合材料中的一种材料代替矿渣，但替代量不得超过水泥质量的8%，替代后水泥中粒化高炉矿渣不得少于20%。

2. 水化特点

矿渣水泥由硅酸盐水泥熟料和矿渣组成，其水化反应存在二次水化：首先是水泥熟料的水化，这一步的反应及产物同硅酸盐水泥；然后是矿渣的水化，矿渣中的活性成分（SiO_2、Al_2O_3）与前一步水化反应生产的氢氧化钙反应，生成水化硅酸钙和水化铝酸钙，水化铝酸钙与石膏反应生成水化硫铝酸钙。

3. 技术指标

1）石膏在矿渣水泥水化时既是缓凝剂，又是激发剂，因此SO_3含量适当放宽，不超过4%。

2）矿渣硅酸盐水泥的强度等级比硅酸盐水泥降一个等级，为32.5、42.5、52.5三个强度等级，按3d抗压强度分为早强型（R型）和普通型，各龄期的强度不得低于表2-4中的值。

表2-4 矿渣水泥、火山灰水泥、粉煤灰水泥、复合水泥各龄期的强度值（GB 175—2007）

（单位：MPa）

强度等级	抗压强度		抗折强度	
	3d	28d	3d	28d
32.5	≥10.0	≥32.5	≥2.5	≥5.5
32.5R	≥15.0	≥32.5	≥3.5	≥5.5
42.5	≥15.0	≥42.5	≥3.5	≥6.5
42.5R	≥19.0	≥42.5	≥4.0	≥6.5
52.5	≥21.0	≥52.5	≥4.0	≥7.0
52.5R	≥23.0	≥52.5	≥4.5	≥7.0

3）细度。要求80μm的方孔筛筛余不大于10%或45μm方孔筛筛余不大于30%。

4）其他技术指标同普通硅酸盐水泥。

4. 性能

（1）凝结硬化慢，强度早低后高　由于存在二次水化，矿渣水泥水化凝结硬化时间较长，强度建立较慢，早期强度低，不能用于对早期强度有要求的工程，如现浇楼板、梁、柱等构件，预应力混凝土工程。随着二次水化产物的不断增多，后期强度发展很快，甚至有可能会超过同等级的硅酸盐水泥。

（2）适于高温湿热养护　矿渣水泥二次水化对温湿度敏感性很强，低温下，凝结硬化很慢，随着温度升高，强度提高加快。60～70℃以上的温度能显著提高早期强度和后期强度，因此特别适宜采用蒸汽养护和蒸压养护这样的高温湿热养护方式，养护完毕后使用，不会影响后期强度的继续增长。

（3）耐腐蚀性能好　因矿渣水泥中有20%～70%粒化高炉矿渣，水泥熟料含量比例小，造成水泥水化析出的氢氧化钙较少，加上二次水化又消耗了大量的氢氧化钙，因此矿渣水泥抵抗软水侵蚀和海水侵蚀的能力增强，可用于海港工程和水工大坝建造。

（4）水化热小　由于矿渣水泥中能产生大量水化热的熟料比例低，所以水化热小，可用于大体积的混凝土工程，如大型基础、大坝等，不适于寒冷及严寒地区的冬期施工工程。

（5）耐热性好　由于粒化高炉矿渣是在高温条件下形成的材料，所以制成的矿渣水泥具有较强的耐热性，可用于耐热混凝土工程，如轧钢、铸造等高温车间，热工窑炉基础，热气体通道等。

（6）抗碳化能力差　矿渣水泥水化产物中$Ca(OH)_2$含量少，碱度低，遇到碳化环境，表面碳化快，碳化深度较大，导致水泥裂缝的产生和强度的降低。若是钢筋混凝土结构，当碳化深度到达钢筋表面，会导致钢筋锈蚀，使钢筋混凝土产生顺筋裂缝，因此不能用于建造热处理车间等高碳化环境。

（7）干缩大，泌水通道多，抗渗性能差　矿渣水泥保水性差，容易泌水而产生较多的连通孔隙，抗渗性能差，干缩较大，若养护不当，容易产生裂纹。

（8）抗冻性差，严寒地区水位升降的工程不适用　由于加入较多的混合材料，使得矿渣水泥的标准稠度用水量较大，凝结硬化时容易析出多余水分，加上易泌水，从而形成较多的连通毛细孔或粗大孔隙，使得矿渣水泥的抗冻性能不好，尤其不适用于严寒地区水位升降的工程。

三、火山灰硅酸盐水泥

1. 定义

由硅酸盐水泥熟料、20%～40%火山灰活性材料、适量石膏制成的水泥，简称“火山灰水泥”，代号P·P。

2. 水化特点

火山灰硅酸盐水泥的水化特性与矿渣水泥大致相同，也存在二次水化现象。首先是水泥熟料矿物的水化，所生成的氢氧化钙再与火山灰中的活性氧化物进行二次水化反应，生成的水化产物主要为水化硅酸钙，此外还有水化铝酸钙和水化硫铝酸钙。

需要说明的是，火山灰硅酸盐水泥的水化产物和水化速度会因具体的混合材料、熟料矿物及硬化环境的不同而发生变化。

3. 技术指标

SO_3含量不超过3.5%，其他同矿渣水泥一样。

4. 性能

因火山灰硅酸盐水泥的水化和矿渣水泥大致相同，所以其凝结硬化特性、水化放热、养护方式、强度发展、碳化等性能与矿渣硅酸盐水泥大致相同。然而火山灰混合材料的自身的特点，造成火山灰硅酸盐水泥性能的不同之处。

（1）结构致密，抗渗性高　火山灰质混合材料的颗粒有大量细微孔隙，保水性好，使得制成的水泥泌水性小，同时水化过程中形成的水化硅酸钙凝结较多，水泥石的结构密实，具有良好的抗渗性能和抗软水溶出腐蚀的能力，非常适用于有抗渗性要求的混凝土工程，尤其是水下工程、地下工程。

（2）干缩大　火山灰水泥的干燥收缩比起矿渣水泥更加严重，在长期干燥尤其是干热环境中，水化反应会停止，已经形成的水化凝结产物会脱水收缩，形成细小裂缝，影响水泥石的强度和耐久性，因此其早期养护非常重要，适宜湿热养护，需要长时间保持潮湿状态，投入使用后也不宜用于干燥或干热的环境中。

（3）抗冻性差，不适宜冬期施工　火山灰水泥的抗冻性能比矿渣水泥更差，所以除了同样不适宜冬期施工和严寒地区水位升降的工程，也不适宜于严寒地区的露天混凝土工程、寒冷地区的水位升降的工程。

（4）耐磨性差，不适于路面工程　火山灰水泥的干缩大，在高温干燥环境中，水泥中的水化硅酸钙会与空气中的二氧化碳反应分解成碳酸钙和氧化硅，产生“起粉”现象，导致火山灰水泥的耐磨性很差，所以非常不适用于路面工程，以及一些表面铺设水泥的场合。

（5）抗硫酸盐侵蚀性能差　火山灰水泥的抗硫酸盐侵蚀性能与掺入的火山灰品种有关。虽然火山灰混合材料替代了不少硅酸盐水泥熟料，减少了原本容易被腐蚀的水化产物成分，然而如果掺入的是以 Al_2O_3 为主的黏土质成分，因水化后生成较多的水化铝酸钙，其抗硫酸侵蚀性能差，不宜用于对耐硫酸盐腐蚀有要求的场合，如海港工程等。

四、粉煤灰硅酸盐水泥

1. 定义

由硅酸盐水泥熟料、20%～40%粉煤灰活性材料、适量石膏制成的水泥，简称“粉煤灰水泥”，代号 P·F。

2. 技术指标

同火山灰水泥相同。

3. 性能

粉煤灰硅酸盐水泥与火山灰水泥的性能差不多，不同点在于：

（1）干缩小，抗裂性好　粉煤灰水泥最大的特点就是干缩小，抗裂性能好，其干缩是同强度等级的硅酸盐类水泥中最小的。和含大量细微孔隙的火山灰颗粒相比，粉煤灰颗粒多呈球形，表面光洁致密，所以其内比表面积更小，吸附水的能力较小，标准稠度所需用水量较小，制成的水泥石结构致密，干缩非常小，非常适用于对抗裂性能要求较高的工程，如道路工程、桥梁工程等，但其耐磨性不好，所以不能用于这些工程中的路面铺设。

（2）和易性好，易施工　正是由于粉煤灰颗粒呈光洁致密的球形，同时颗粒极小，比火山灰更小，所以很容易在颗粒表面形成一层水膜，使得颗粒之间的摩擦力较小，在相同用水量下，增加了水泥的施工和易性。

（3）初始析水快，易产生收缩裂缝　因粉煤灰吸水性差，粉煤灰水泥以及拌和的混凝土初始析水速度快，表面易产生收缩裂缝，所以前期养护非常重要，对于预制构件，特别适宜湿热养护。若是施工现场进行粉煤灰水泥浇筑，没有良好的养护条件，则要特别注意经常浇水。

五、复合硅酸盐水泥

1. 定义

由硅酸盐水泥熟料、20%～50%两种或两种以上混合材料、适量石膏制成的水泥，简称“复合水泥”，代号P·C。允许用不超过8%的窑灰代替部分混合材料，掺入矿渣时，混合材料的掺量不得与矿渣水泥重复。

2. 技术指标

同矿渣水泥、火山灰水泥和粉煤灰水泥，各龄期的强度值不得低于表2-4中的值。

3. 性能

复合水泥的综合性能较好。其性能主要取决于所掺两种混合材料的种类、掺量和相对比例，基本上综合平衡了之前五种水泥的优缺点。

1）水化热小。和其他掺加混合材料的水泥一样，由于降低了水泥熟料的比例，自然就减小了水化热。

2）耐腐蚀性好。虽然不能和矿渣水泥相比，但要优于其他硅酸盐系水泥。

3）抗渗性能好。复合水泥中掺入了两种及以上的混合材料，其中必有一种火山灰或粉煤灰材料，所以复合水泥获得了其抗渗方面的优势，虽然不能与火山灰水泥的抗渗性能对等。

4）早期强度比不上硅酸盐水泥，但大于其他的掺混合材料的硅酸盐水泥，接近于普通水泥。

复合水泥因发挥了各种混合材料的优点，可充分利用各种混合材料生产水泥，降低水泥成本，扩大水泥用途，其使用非常普遍，是市面上最常见的一种水泥。

第四节　其他水泥

硅酸盐水泥及掺混合料的硅酸盐水泥基本满足了大部分工程的需要，但是在某些特殊的环境下还需用到一些具有特殊性能的水泥。

一、铝酸盐水泥

1. 定义

由以铝矾土和石灰石为原料，经高温煅烧得到的以铝酸钙为主的铝酸盐水泥熟料，磨细之后制得的水硬性胶凝材料，代号CA，又称“高铝水泥”。铝酸盐水泥的生产制备同样遵循“两磨一烧”的工艺。

铝酸盐水泥根据Al_2O_3的质量分数，按《铝酸盐水泥》（GB 201—2000）可分为以下四个类型，见表2-5。

表2-5　铝酸盐水泥的类型及技术指标（GB 201—2000）

水泥类型	Al_2O_3含量	抗压强度/MPa				抗折强度/MPa				初凝时间/min	终凝时间/h
		6h	1d	3d	28d	6h	1d	3d	28d		
CA-50	$50\% \leqslant Al_2O_3 < 60\%$	20	40	50	—	3.0	5.5	6.5	—	≥30	≤6
CA-60	$60\% \leqslant Al_2O_3 < 68\%$	—	20	45	85	—	2.5	5.0	10.0	≥60	≤18
CA-70	$68\% \leqslant Al_2O_3 < 77\%$	—	30	40	—	—	5.0	6.0	—	≥30	≤6
CA-80	$Al_2O_3 \geqslant 77\%$	—	25	30	—	—	4.0	5.0	—	≥30	≤6

铝酸盐水泥的主要矿物为铝酸一钙 $CaO \cdot Al_2O_3$（简写 CA）、二铝酸一钙 $CaO \cdot 2Al_2O_3$（简写 CA_2），七铝酸十二钙 $12CaO \cdot 7Al_2O_3$（简写 $C_{12}A_7$），此外还有少量的铝酸盐和硅酸二钙。

CA 是铝酸盐水泥的最主要矿物，有很高的水硬活性，凝结时间正常，水化硬化迅速，生成的主要水化产物有水化铝酸一钙、水化铝酸二钙和铝胶，是铝酸盐水泥强度的主要来源。

CA_2 的水化产物与的 CA 相同，但是 CA_2 的水化硬化慢，故早期强度低，但是后期强度高，且具有较好的耐高温性能。

2. 性能与应用（以 CA－50 为例）

（1）凝结硬化快　从表 2-5 中可以很明确知道，铝酸盐水泥最早有 6h 和 1d 强度的测试指标，其 1d 的强度能达到 3d 强度的 80%，可见铝酸盐突出的特点就是凝结硬化快。铝酸盐水泥适用于紧急抢修工程和对早期强度有要求的工程，但它的早期强度往往是以牺牲后期强度及其他性能为代价，国内外已经有研究表明的确存在这样一种趋势，因此通常只能满足临时性的强度要求，而对早期强度有要求、对后期强度要求也高和要求长期承载的工程来说不适宜，比如楼板、梁柱等，这些部件还是要用早期及后期强度都较高的硅酸盐水泥或普通硅酸盐水泥。

（2）水化热大　铝酸盐水泥的强度形成集中在早期，水化热的释放也同样集中在早期，其 1d 能放出水化热的 70% ~80%，温度上升非常快，因此不能应用于大体积的混凝土，但可以用在寒冷季节施工的工程。

（3）耐热性好　铝酸盐水泥有比较好的耐热性能，可以用来拌制耐热砂浆或耐热混凝土。

（4）抗酸不抗碱　铝酸盐水泥的水化产物中没有氢氧化钙，所以能抗软水和硫酸盐腐蚀，适用于受软水或海水腐蚀的港口工程，以及其他受酸性水及硫酸盐腐蚀的工程。铝酸盐水泥水化产物中的水化铝酸钙不耐碱，所以不能用于与碱接触的工程。在施工当中，万不能和石灰、硅酸盐水泥混合使用，或与未完全硬化的上述材料接触，不然会发生“闪凝”现象——铝酸盐水泥极快速地硬化，硬化后没有胶结性，不具有强度。甚至用铝酸盐水泥与集料拌和制作混凝土往往也存在一定的隐患，因为如果混凝土集料含有少量的碱性化合物的话，侵蚀会不断地进行，使得混凝土的强度严重破坏。

（5）不能进行高温湿热养护　铝酸盐水泥最适宜的施工温度为 15℃，一般不超过 25℃。水化铝酸一钙和水化铝酸二钙属不稳定状态，会逐渐转变为稳定的水化铝酸三钙，在此过程中固相体积缩减，孔隙率增加，强度下降，而温湿度增高会加剧这种转变，因此铝酸盐水泥不能进行高温湿热养护，也不适宜在高温季节施工。和硅酸盐水泥长期强度缓慢增加相反，铝酸盐水泥的强度会逐渐降低，所以铝酸盐水泥不能用于长期承载的工程。

二、硫铝酸盐水泥

硫铝酸盐水泥是一类早期强度高，抗渗性、抗冻性和耐腐蚀性好的水泥，要求其终凝时间不得低于 3h。常见的有快硬硫铝酸盐水泥和低碱硫铝酸盐水泥。

这两种水泥的主要特性和应用基本相同：水化和凝结硬化快，早期强度高，水化放热集中，抗硫酸盐腐蚀强，抗渗，抗裂。因此它们特别适用于早期强度要求高，有耐腐蚀要求的混凝土工程，如抢修、接缝堵漏、喷锚支护、浆锚、节点等工程，以及地下工程和抗硫酸盐腐蚀工程。但这类水泥在较高温度下会分解脱水，耐热性比较差，所以有耐热要求的混凝土工程不适用。

低碱硫铝酸盐水泥还有一个最大的特点：水泥的碱度很低，能与玻璃纤维配合，特别适用于生产耐久性好的玻璃纤维增强水泥制品，制作喷射混凝土和薄壳结构构件。

三、快硬硅酸盐水泥

和硅酸盐系列水泥一样，快硬硅酸盐水泥也是用硅酸盐水泥熟料和适量石膏磨细制成的，但由于早期强度增长率快，所以以3d抗压强度划分强度等级。

这一类水泥的生产方法与硅酸盐水泥基本相同，组成的矿物类型也一样，但成分的比例不同，它主要靠调节水泥矿物组成和粉磨细度来达到快硬的性质，同时要求原料的有害杂质少，生料均匀性好，熟料冷却速率高。

水泥熟料中，硬化最快的是铝酸三钙和硅酸三钙，所以达到快硬目的的主要途径就是提高这两种矿物的含量，通常使硅酸三钙含量为50%～60%，铝酸三钙为8%～15%，两者的总量不小于65%。

快硬硅酸盐水泥的主要性能如下：

（1）凝结硬化快，早期及后期强度均较高　铝酸三钙和硅酸三钙含量的大幅增加，除了使得水泥凝结硬化快、早期强度高之外，也使得后期强度较高。因此，该类水泥主要适用于早期强度高的工程、紧急抢修工程、预应力混凝土预制构件。

（2）水化热大，抗冻性好　快硬硅酸盐水泥矿物中，铝酸三钙和硅酸三钙是放热量最大的两种矿物，伴随这两种矿物含量的提高，水化热自然也随之提高，因此非常适宜冬期施工的混凝土工程，不适于大体积的混凝土工程。

（3）耐腐蚀性能差　铝酸三钙和硅酸三钙生成的水化产物氢氧化钙和水化铝酸三钙是主要容易被腐蚀的物质，因此快硬硅酸盐水泥的耐腐蚀性能很差，绝对不能用于有腐蚀介质的混凝土工程。

四、膨胀水泥和自应力水泥

这是一类在水化和凝结过程中体积会产生膨胀的水泥。其在凝结硬化的早期会形成一定数量的膨胀性水化产物，使水泥石的结构密实，体积稍有膨胀，但不会引起水泥石结构的破坏。

膨胀水泥的膨胀量较低，膨胀产生的压应力能大致抵消水泥干缩所产生的拉应力，所以又叫“收缩膨胀水泥”。它适用于防水抗渗混凝土工程、结构加固和修补的混凝土、构件接缝及管道接头、固结机器底座和地脚螺栓。

自应力水泥则膨胀量较大，当膨胀受到限制时（如受到钢筋的限制），会在水泥混凝土中产生较大压应力（≥2MPa），这种膨胀会一直存在于混凝土中。它主要用于生产自应力钢筋混凝土压力管及其配件。

五、白色和彩色硅酸盐水泥

在生产硅酸盐水泥的时候，尽量采用着色物质少的原料，如纯净的高岭土、纯石英砂等，严格控制氧化铁的含量，能得到白色的水泥。白水泥的生产过程、矿物组成、性能都和硅酸盐水泥或普通硅酸盐水泥基本相同，不过氧化铁的含量只有硅酸盐水泥的1/10。

用白色硅酸盐水泥熟料、石膏和耐碱矿物颜料共同磨细可制得彩色硅酸盐水泥。耐碱矿物颜料对水泥应该无有害作用。常见的耐碱矿物颜料有：氧化铁（红、黄、褐、黑），氧化锰（褐、黑），氧化铬（绿），普鲁士红等。制造黑色、褐色等深色的彩色水泥时，可直接在硅酸盐水泥中加入耐碱矿物原料。

白色和彩色硅酸盐水泥，不用于承重构件，主要用于建筑物的表面装饰工程，如地面、墙、柱，抹面砂浆，地砖等。

六、道路硅酸盐水泥

由铁铝酸钙含量较高的硅酸盐水泥熟料，加入0～10%的活性混合材料和适量石膏，磨细制成的水硬性胶凝材料，称为“道路硅酸盐水泥”，简称“道路水泥”。这种水泥与一般的硅酸盐水泥不同之处在于：铁铝酸钙含量比较多，要求不小于16%，而铝酸三钙的含量不得大于5%。

根据《道路硅酸盐水泥》（GB 13693—2005）规定，该类水泥除了以下技术要求外，其他技术要求同普通硅酸盐水泥：

1）凝结时间。初凝不早于1.5h，终凝不迟于10h。

2）安定性。用煮沸法检验必须合格。

3）干缩率。28d干缩率应不大于0.10%。

4）耐磨性。28d磨耗量不大于3.00kg/m^2。

5）强度。道路水泥的各龄期强度不得低于表2-6中的数值。

表2-6 道路水泥的各龄期强度表（GB 13693—2005） （单位：MPa）

强度等级	抗压强度		抗折强度	
	3d	28d	3d	28d
32.5	16.0	32.5	3.5	6.5
42.5	21.0	42.5	4.0	7.0
52.5	26.0	52.5	5.0	7.5

由于提高了铁铝酸钙和硅酸三钙的含量，大大降低了铝酸三钙的含量，道路水泥的抗折强度得到了提高，干缩小，耐磨性和抗冲击性好，抗冻性和抗硫酸盐侵蚀都比较好，能承受高速率的轮胎摩擦、冲击震荡、循环负荷，抵抗因温差和干湿度之差带来的应力，禁得住冬季的冻融循环破坏。道路水泥适用于道路桥面、机场道路、城市广场等对耐磨、干缩等性能要求较高的地方，可显著减少路面维修量和费用，延长使用年限。

第五节 石 灰

石灰是一种古老的建筑材料，原料分布广，生产工艺简单，成本低廉，使用方便，被广泛应用于建筑工程。

一、石灰的原料及煅烧

生产石灰的原料有石灰石、白云石、白垩、贝壳，它们经煅烧后得到块状生石灰。

石灰最主要的原料是石灰石（主要成分 $CaCO_3$，其次 $MgCO_3$ 和少量黏土质杂质），当然以碳酸钙为主要成分的天然岩石，也可以用来生产石灰，如白垩、白云质石灰石、白色大理石、贝壳等。大理石是含 $CaCO_3$ 最多的岩石，通常用不宜作装饰材料的大理石废料生产石灰。

将石灰石煅烧得到块状生石灰：

$$CaCO_3 \xlongequal{900℃} CaO + CO_2\uparrow$$

$$MgCO_3 \xlongequal{700℃} MgO + CO_2\uparrow$$

为了加速分解，实际煅烧温度为 1000 ~ 1100℃。

如果温度过低或煅烧时间过短，使石灰石尚未分解或分解不完全，将会产生欠火石灰。若温度过高或煅烧时间过长，则会产生过火石灰。所以温度分布不均和石灰石块状大小的不同，会使燃烧过程中石灰石煅烧不均而出现欠火石灰或过火石灰。

煅烧良好的块状石灰，呈白色（煅烧差的则成灰色），疏松多孔（二氧化碳分解后留下的），表观密度为 $3.1 \sim 3.4kg/m^3$。

生石灰中还含有次要成分氧化镁，根据氧化镁含量的多少，又分为钙质石灰（$MgO \leqslant 5\%$）和镁质石灰（$MgO > 5\%$）。镁质石灰的熟化较慢，但硬化后强度要高一些。因此在检验石灰的质量时，氧化钙和氧化镁的含量是石灰质量评价的主要指标。

二、石灰的熟化

把生石灰加水，消解反应生成氢氧化钙的过程。因此氢氧化钙又叫“熟石灰”或“消石灰”。

$$CaO + H_2O \xlongequal{\quad} Ca(OH)_2 + 64.8KJ$$

石灰在熟化过程中会放出大量的热，6.5kg 的生石灰熟化放出的热量可以把 18.9L 的水（最常见的塑料饮水桶的容量）加热至沸腾。由于石灰的熟化反应剧烈，有沸腾现象，所以熟化石灰时要特别注意安全，以防烫伤。

石灰的熟化除了放热，也伴随体积膨胀，一般能膨胀 3 ~ 4 倍。

熟化时加水量的不同，可将石灰熟化成消石灰粉，石灰膏（浆体状），石灰浆（液体状）。

工地上熟化石灰的主要方法是在化灰池中将块状生石灰熟化成石灰浆，然后让石灰乳和尚未熟化的小颗粒经过筛网进入储灰坑，之后使石灰浆在储灰坑中沉淀并除去上层水分从而得到石灰膏。石灰膏的堆密度为 $1300 \sim 1400kg/m^3$，1kg 生石灰可熟化成 1.5 ~ 3L 石灰膏。

欠火石灰的不良成分主要是不溶于水的碳酸钙，在实际使用过程中表现为渣子，其会降低石灰的利用率，并导致石灰黏结性能不好。欠火石灰属于石灰的废品。过火石灰因为温度过高，石灰石中的二氧化硅、三氧化铝等杂质发生熔结，包住了石灰石表面，使石灰遇水后熟化变得困难，熟化速度很慢，更糟的是，过火石灰很可能在石灰应用之后熟化，这就会使已硬化的灰浆产生膨胀而崩裂或隆起，直接影响工程质量。

为了消除石灰中过火石灰颗粒的危害，石灰浆应在储灰坑中静置 2 周以上，以便让其中的过火石灰充分熟化，这称为“陈伏”。陈伏期间，石灰浆表面要保持一层水分，使之与空气隔绝，防止或减缓石灰膏与空气中的二氧化碳发生反应。

三、石灰的硬化

石灰的硬化是指石灰浆或石灰膏在空气中凝结硬化获得一定强度的过程，包括以下同时进行的两个过程：

1. 干燥结晶——水分蒸发引起

随着石灰浆中水分的逐渐蒸发，石灰浆体的网状孔隙结构形成并逐渐因内部毛细管失水紧缩而密实，同时氢氧化钙结晶析出氢氧化钙晶体，产生强度。

2. 碳化作用

在潮湿状态下 $Ca(OH)_2$ 与空气中的 CO_2 反应生成碳酸钙晶体，获得强度。

$$Ca(OH)_2 + CO_2 + nH_2O = CaCO_3 + (n+1)H_2O$$

这个过程实际上是二氧化碳先与水反应形成碳酸，再与氢氧化钙反应生成碳酸钙的过程。

结晶和碳化同时进行，但结晶主要在石灰内部发生，而碳化主要发生在表面。随着表面碳化的进行，外部的二氧化碳越来越难以渗入内部，而内部的水分越来越难以蒸发，使结晶和碳化的速度变得缓慢，这也是石灰凝结硬化缓慢的主要原因。

四、石灰的技术性质

1. 保水性良好

生石灰熟化后的氢氧化钙颗粒极细，比表面积很大，表面能很高，可以吸附一层较厚的水膜而不易脱离，因此石灰浆可以吸附大量这种不易脱离的水，自然保水性就好。同时水膜的存在，使得颗粒之间的运动变得顺畅，增加了石灰的可塑性。因此，工程中在拌制水泥砂浆时，加入一些石灰浆，会提高水泥砂浆的保水性和可塑性。

2. 凝结硬化慢，强度低

如前所述，石灰的凝结硬化非常缓慢，且随着表面碳化的进行，结晶和碳化都会变得越来越困难，其完全硬化可能需要 2 ~ 3 年，甚至更长时间，所以初期强度低，强度发展也很缓慢。此外，大量的水分在熟化后蒸发，导致硬化后的石灰体含大量孔隙，密实度小，强度不高，28d 抗压强度通常只有 0.2 ~ 0.5MPa。

3. 耐水性差

石灰中的氢氧化钙晶体是较易溶于水的，因此在潮湿环境中，不宜用石灰，不然石灰受潮溶解，强度下降，溃散剥落。石灰也不宜用于重要建筑物的基础和有地下水威胁的场所。

4. 体积收缩大

游离水的大量蒸发，导致内部毛细血管的失水紧缩，使得石灰的体积显著收缩，严重的会使制品开裂。

五、石灰的应用

1. 石灰乳涂料

消石灰粉或石灰膏加水搅拌稀释，就成为石灰乳涂料，可用于内墙和顶棚的粉刷。若是在石灰乳中加入各种耐碱颜料，则可制成彩色石灰乳，能获得更好的装饰效果。不过现在用石灰乳作饰面涂料越来越少见，尤其在城市里，用石膏或高分子涂料比较多。

2. 配制砂浆

石灰具有良好的保水性、黏结性和可塑性，与水泥、砂和水配制成砂浆，非常适合砌筑或抹面。为了克服石灰浆收缩大的缺点，可加入纸筋、麻刀、稻草等纤维质材料。

3. 三合土

按一定比例混合的消石灰和黏土称为“灰土”，若再加入煤渣或炉灰、砂等，就成了“三合土”。灰土和三合土在强力夯打之下，除了密实度大大提高，还能生成不溶于水的水化硅酸钙和水化铝酸钙，用于建筑物基础和地面垫层。虽然石灰不耐水，但由石灰制成的三合土耐水性却极好。三合土的应用历史悠久，硬度和耐水性比水泥还强，抗冻性也很好，在北方应用比较广泛。但在现代建筑中却极少用到三合土，一方面是因为三合土的制作耗时长，造价高，另一方面则是因为三合土不能配合钢筋使用，其强力夯实的制作过程无法使钢筋和三合土像钢筋混凝土那样浇筑振捣，钢筋的存在会使三合土内部不严实。三合土现在最多是用于古建筑的修复。

4. 硅酸盐制品

将磨细生石灰和砂或粉煤灰或高炉矿渣加水拌和成型、经一定养护条件可制作成灰砂砖或粉煤灰砖及其砌块。由于在养护中往往要高温蒸汽养护，因此在名称前面常冠以“蒸养”“蒸压”字眼。该类硅酸盐制品可在工程中作墙体材料，但有长期受热高于200℃，受冷热交替作用或有酸性侵蚀的建筑部位不得使用粉煤灰砖。

5. 碳化石灰板

将磨细生石灰和纤维材料（如玻璃纤维）或轻质集料（如炉渣）加水搅拌成型为坯体，然后用高浓度 CO_2 进行人工碳化，制成一种轻质的碳化石灰板材（通常为薄壁空心结构），可减轻自重、增强碳化。碳化石灰板的保温绝热性能好，主要用于非承重的隔墙板及顶棚等，有类似于石膏板的用途。

六、石灰的储运

1）防水防潮，不得与易燃、易爆物品装运储藏，否则生石灰遇水反应放热会导致易燃物燃烧。

2）不宜长期储存，要随到随用，否则会因碳化而失去胶凝能力，造成浪费。

3）熟化好待用的石灰膏，应避免与空气接触，以防碳化结硬。

思 考 题

2-1　影响硅酸盐水泥水化热的因素有哪些？水化热的大小对水泥的应用有何影响？

2-2　某水泥混凝土道路使用一年多后，出现表面磨损较严重且裂纹较多的现象，对该道路所用的普通硅酸盐水泥熟料调查后，发现其矿物组成分别为：C_3S，50%；C_2S，26%；C_3A，18%；C_4AF，6%。请问该熟料的矿物组成与该现象是否有关系？

2-3　新出厂的水泥能否立刻使用？

2-4　某些体积安定性不合格的水泥，在存放一段时间后变为合格，为什么？

2-5　为什么一般的水难以腐蚀水泥石？

2-6 为什么流动的软水对水泥石有腐蚀作用？

2-7 处于干燥环境中的混凝土楼板、梁、柱宜选用何种水泥？

2-8 高温设备或高炉的混凝土基础宜选用何种水泥？

2-9 采用蒸汽养护的混凝土预制构件宜选用何种水泥？不宜选用何种水泥？

2-10 为何粉煤灰水泥的干缩性小于火山灰水泥？

2-11 铝酸盐水泥主要有哪些特性？这些特性对它的应用有什么影响？使用时需要注意哪些事项？

2-12 既然石灰不耐水，为什么由它配制的灰土或三合土却可以用于基础的垫层、道路的基层等潮湿部位？

第三章 混凝土和砂浆

第一节 概 述

混凝土是当代最重要的建筑材料之一，是世界上用量最大的人工建筑材料，是现代文明的基础之一。

混凝土是由胶凝材料、粗细集料加水按适当的比例拌和，经一定时间硬化而成的人造石材。为了提高混凝土的某些性能以满足工程的需要，还需要添加一些外加剂和其他的一些掺和料。

混凝土的分类方法有很多种：

（1）按胶凝材料分 混凝土按胶凝材料可分为水泥混凝土、沥青混凝土、聚合物混凝土、水玻璃混凝土、石膏混凝土等。其中，水泥混凝土是使用最普遍的，尤其是在建筑工程中；而沥青混凝土则多使用在道路工程中。

（2）按功能分 混凝土按功能可分为防水混凝土、耐热混凝土、防辐射混凝土、抗冻混凝土、道路混凝土、高性能混凝土、大体积混凝土等。例如：在核设施工程中需要用到防辐射混凝土，大坝等大体积工程中需要用到大体积混凝土，超级高速公路、超高层建筑、超跨结构中需要用到高性能混凝土。

（3）按添加的掺和料分 混凝土按添加的掺和料可分为粉煤灰混凝土、火山灰混凝土、高炉矿渣混凝土、纤维混凝土等。纤维混凝土在薄壳结构中用得很普遍。

（4）按配筋情况分 混凝土按配筋情况可分为素混凝土、钢筋混凝土、纤维混凝土、钢管混凝土等。

（5）按强度等级分 混凝土按强度等级可分为普通混凝土（强度等级小于C60）、高强混凝土（强度等级为C60～C100）、超高强混凝土（强度等级大于C100）。

（6）按干表观密度分

1）重混凝土。重混凝土的干表观密度大于2600kg/m^3，常采用重晶石、铁矿石、钢屑等重集料，对X、γ射线具有较高的屏蔽能力，主要用于防辐射工程。

2）普通混凝土。普通混凝土的干表观密度2000～2500kg/m^3，一般在2400 kg/m^{3}左右。普通混凝土是土木工程中使用最多最广泛的混凝土，主要用作承重结构材料，应用于工民建、道桥、海工、大坝、军事工程等。普通混凝土也是本章介绍的主要内容，如无特殊说明，均指普通混凝土。

3）轻混凝土。轻混凝土的干表观密度在1950kg/m^{3}以下，又可分为轻集料混凝土、多孔混凝土、大孔混凝土三类。轻集料混凝土选用浮石、陶粒、膨胀珍珠岩等轻集料制成。多孔混凝土是在混凝土中加入泡沫剂或引气剂制成的泡沫混凝土或加气混凝土。大孔混凝土组成材料中常不加细集料。除了等级较高的轻混凝土可用于承重结构，一般轻混凝土主要用于隔墙隔断。轻混凝土可有效减轻建筑物自重并兼保温隔热之用，如加气混凝土，其作为新型墙体材料被推广使用，可有效降低建筑物能耗。

第二节 普通混凝土的基本组成材料

水泥混凝土也称为“普通混凝土”，由水泥、砂、石和水组成。图3-1所示，砂和石子统称为“集料”（也称“骨料”），占到混凝土体积的80%以上，在混凝土中主要起骨架作用；水泥和水拌成水泥浆，填充在集料之间。水泥浆是胶凝材料，硬化之前起润滑作用，使混凝土的流动性比较好，便于施工；硬化之后把这些材料全都胶结成一个坚实的整体，建材领域常常称之为“砼”。“砼”是一个专业词汇，专指硬化之后的混凝土，而“混凝土拌合物”，指的是浇筑硬化之前的混凝土。

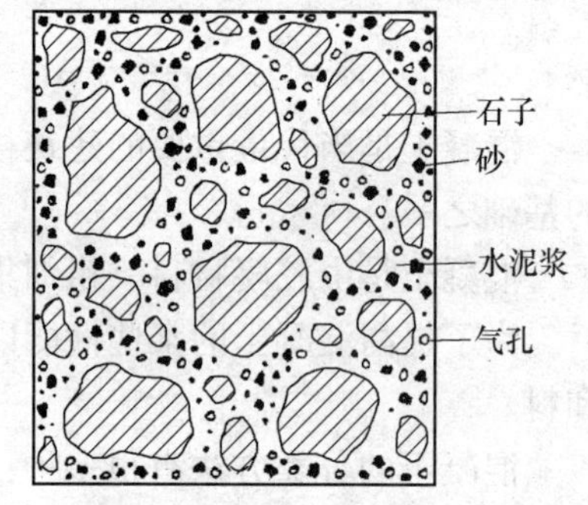

图3-1 混凝土的结构

一、水泥

水泥作为混凝土的胶凝材料，对混凝土的性质影响很大，所以正确地选择水泥品种和水泥强度等级是一个非常重要的工作。

1. 品种选择

应根据混凝土的工程特点、所处环境条件和施工条件等进行选择，通常采用前面讲过的硅酸盐系列水泥，必要的时候也可采用其他水泥。

另外需要说明的是，在满足工程要求的前提下，应选用价格较低的水泥品种，以节约造价。

2. 强度等级选择

水泥强度等级应与混凝土的设计强度相适应，也就是说高强度等级的混凝土采用高强度等级的水泥，低强度等级的混凝土采用低强度等级的水泥，否则既不经济也不合理。

在工程实践当中，对于一般强度混凝土，水泥强度等级一般为混凝土设计强度的1.5~2倍；对于高强混凝土，水泥强度等级一般为混凝土设计强度的1.0~1.5倍。通常，混凝土设计强度为C30以下时，常采用强度等级为32.5的水泥；混凝土设计强度等级大于C30时，则采用强度等级42.5及以上的水泥。

二、水

水主要指混凝土拌合水和养护用水。水的质量要求如下：

1）不影响混凝土的和易性及凝结。

2）不有损于混凝土强度的发展。

3）不降低混凝土的耐久性。

4）不加快钢筋锈蚀及导致预应力钢筋脆断。

5）不污染混凝土表面。

应优先使用符合国家标准的饮用水。当对水质有怀疑时，应将该水与蒸馏水或饮用水进行对比试验。用该水拌制的混凝土与饮用水拌制的混凝土相比，初凝和终凝时间差不得大于

30min，28d 抗压强度不得低于 90%。

海水中因为含有硫酸盐、镁盐、氯化物，对水泥石和钢筋都有侵蚀作用，因此不得用于拌制钢筋混凝土和预应力混凝土。

三、集料

集料按粒径大小分为粗集料和细集料。

（一）细集料

根据《建设用砂》（GB/T 14684—2011）的规定，细集料的粒径为 0.15 ~ 4.75mm 的岩石颗粒，又称为“砂”，一般占到混凝土整个材料用量的 30% 左右，即砂率为 30% 左右。

对细集料有以下几方面的质量要求：

1. 有害杂质

要求洁净、有害物质少，但实际上砂中常常含有一些有害杂质，如云母、黏土、硫酸盐等。这些杂质有些会妨碍水泥和砂的胶结能力，降低混凝土强度及带来其他一些性能问题。有些则对混凝土或钢筋混凝土有腐蚀作用，如海砂，若其氯离子含量超过干砂质量的 0.06% 时，就不能用在钢筋混凝土当中，否则对钢筋有锈蚀作用。如果不得不用，则必须用淡水冲淡，使 Cl^- 含量降到 0.06% 以下，这势必会增加海砂利用的成本，如果有关方面监管不力，会使得大量未经淡水冲洗的海砂流入市场和工地。2013 年引起公众注意的深圳“海砂”事件中，大量海砂冒充河砂进入商品混凝土搅拌站、施工工地，建起了一大批海砂楼，给工程安全带来了极大的隐患。

2. 坚固性

坚固性是指砂在气候、环境变化或其他物理因素作用下抵抗破裂的能力。天然砂坚固性用硫酸钠溶液检验，看其经过 5 次循环后质量的损失情况。比如，Ⅰ类和Ⅱ类砂的质量损失不超过 8%，相当于在严寒地区的室外并长期处于潮湿或干湿变化的情况下，其坚固性达到要求。Ⅲ类砂质量损失应不超过 10%。机制砂采用压碎指标法进行检验。

3. 颗粒形状及表面特征

砂表面如果多棱角或比较粗糙，那么与水泥的胶结性比较好，制成的混凝土强度也比较高，山砂即为这种类型，但拌合物流动性比较差。而河砂、海砂因为被水不断冲蚀，多为圆形，表面很光滑，其胶结性就不如山砂的好，但流动性较好。另外山砂的含泥量和有机物杂质比较多，使用会受到限制；海砂因为常混有贝壳，尤其是盐类等有害杂质，需要通过用淡水淋洗才能用于某些混凝土工程中，但不能用于预应力钢筋混凝土中。综合来讲，河砂的使用范围不受限制，有害杂质又少，是比较理想的混凝土用砂，价格也是最贵的。

4. 粗细程度和颗粒级配

（1）粗细程度　不同程度的砂粒混合在一起后的平均粗细程度，有粗砂、中砂、细砂和特细砂之分，材料学上用细度模数来表示。通常说来，用粗的砂，比表面积比较小，包裹砂粒表面所需的水泥就比较少，可以节约水泥，但混凝土拌合物黏聚性较差，容易分层；而用细的砂，刚好相反，流动性比较好，混凝土比较密实，但水泥用量比较大。因此拌制混凝土的砂不宜过粗也不宜过细。例如，泵送混凝土适宜选择中砂，且中砂里面小于 0.315mm 的颗粒应不少于 15%。

细度模数常用筛分析法进行确定。

筛分析法：用一套孔径（mm）为 4.75、2.36、1.18、0.60、0.30、0.15 的标准方孔筛，将 500g 的干砂由粗到细依次充分过筛，然后称量留在各个筛上的砂的质量，称之为“分计筛余量 m_i”，除以总量 500g，得到分计筛余百分率 a_i；此外把该筛和比该筛粗的所有分计筛余量加起来，就得到累计筛余量 M_i，除以总量 500g，就得到累计筛余百分率 A_i，详见表 3-1。

表 3-1 分计筛余和累计筛余的关系

筛孔尺寸/mm	分计筛余量 m_i/g	分计筛余 a_i（%）	累计筛余（%）
4.75	m_1	$a_1 = m_1/m$	$A_1 = a_1$
2.36	m_2	$a_2 = m_2/m$	$A_2 = a_1 + a_2$
1.18	m_3	$a_3 = m_3/m$	$A_3 = a_1 + a_2 + a_3$
0.60	m_4	$a_4 = m_4/m$	$A_4 = a_1 + a_2 + a_3 + a_4$
0.30	m_5	$a_5 = m_5/m$	$A_5 = a_1 + a_2 + a_3 + a_4 + a_5$
0.15	m_6	$a_6 = m_6/m$	$A_6 = a_1 + a_2 + a_3 + a_4 + a_5 + a_6$
<0.15	$m_{底}$		
合计	m		

通过累计筛余百分率就可以计算砂的细度模数 M_X：

$$M_X = \frac{(A_2 + A_3 + A_4 + A_5 + A_6) - 5A_1}{100 - A_1} \tag{3-1}$$

细度模数越大，表示砂越粗：3.7～3.1 为粗砂，3.0～2.3 为中砂，2.2～1.6 为细砂。这里要说明的是特细砂在细度模数里是不考虑的。通常情况下，混凝土拌和主要选择中砂和粗砂。

砂的细度模数并不能全面地反映砂的质量，还需要考虑砂的级配情况。

（2）颗粒级配　大小不同的砂粒相互之间的搭配情况，如图 3-2 所示。合理的级配，可以尽可能地减小砂粒之间的空隙，进而提高混凝土的密实度和强度，同时可减少水泥的用量，节约成本。

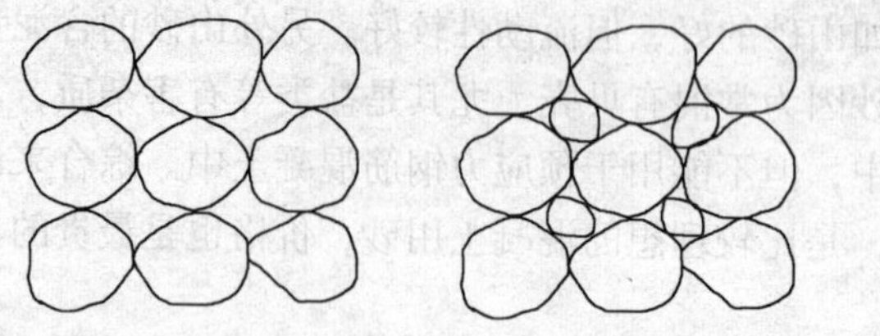

图 3-2　砂的颗粒级配率

一种砂的级配到底合格与否、良好与否，需要有个评判依据。《建设用砂》（GB/T 14684—2011）对细度模数为 1.6～3.7 的普通混凝土用砂，分成了三个级配区（见表 3-2），混凝土用砂的颗粒级配，应处于表 3-2 中的任何一个级配区内，即各筛上的累计筛余百分率原则上应完全处于表所规定的任何一个级配区，除 4.75mm 和 0.6mm 筛号不允许超出外，其余各筛允许超出分界线，但超出量绝对值总和不大于 5%。

如果级配不符合要求，可以采用人工级配的方法按照标准进行调节，参照表3-2。

表3-2 砂的颗粒级配区（GB/T 14684—2011）

筛孔尺寸/mm	级配区		
	Ⅰ	Ⅱ	Ⅲ
	累计筛余（%）		
9.50	0	0	0
4.75	10~0	10~0	10~0
2.36	35~5	25~0	15~0
1.18	65~35	50~10	25~0
0.60	85~71	70~41	40~16
0.30	95~80	92~70	85~55
0.15	100~90（天然砂） 97~85（机制砂）	100~90（天然砂） 94~80（机制砂）	100~90（天然砂） 94~75（机制砂）

配制混凝土一般优先选用Ⅱ区的砂粒级配；如果要选用Ⅰ区的级配拌制混凝土，则需要提高混凝土中砂的用量，并保证足够的水泥用量；如果采用Ⅲ区的级配，则应当适当降低砂率。

（二）粗集料

根据《建筑用卵石、碎石》（GB/T 14685—2011）的规定，粒径大于4.75mm的岩石颗粒，常用的是碎石和卵石。碎石由天然岩石或大卵石经机械破碎、筛分而得，卵石由自然风化、水流冲击搬运和分选、堆积形成。

对粗集料有以下几方面的质量要求：

1. 有害杂质含量

和细集料一样，粗集料常常含有一些有害的杂质（危害作用是一样的）。但粗集料中一个很大的隐患是可能会发生碱－集料反应，即水泥石中的碱类与集料中的活性二氧化硅发生反应，在集料表面生成极易吸水膨胀的碱－硅酸凝胶，从而使水泥石胀裂。细集料中也存在这个问题，反应机理是一样的，但粗集料的情况明显常见和严重得多。

2. 颗粒形状及表面特征

碎石的表面粗糙多棱角，与水泥的黏结性较好，卵石的表面光滑圆润，与水泥的黏结性较差。在单位用水量相同的情况下，用碎石的混凝土流动性较差，然而强度较高，卵石则相反，但在保证相同流动性下，用卵石的混凝土所需水量较少，所以对强度的总体影响不大。粗集料中还含有一些针状、片状的颗粒，这种颗粒过多，会使混凝土强度降低，所以选用粗集料的时候要特别注意这个问题。

3. 强度和坚固性

混凝土中的粗集料起骨架作用，必须具有足够的强度和坚固性。粗集料的强度可用岩石抗压强度和压碎指标两种方法表示。

（1）岩石抗压强度测定　将粗集料的母岩制成直径和高皆为50mm的圆柱体或边长为50mm的立方体，在水饱和状态下，测其极限抗压强度。

（2）压碎指标测定　将一定质量的气干状态下9.5~19mm的石子装入标准筒内，在压力机上按 1kN/s 的加荷速率加荷至 200kN 并稳压 5s，卸压后称取试样质量 G_0，用 2.36mm 的方孔筛筛除被压碎的细粒，称取筛余量质量 G_1，按下式计算压碎指标 δ_e。

$$\delta_e = \frac{G_0 - G_1}{G_0} \times 100\% \tag{3-2}$$

压碎指标反映了粗集料抵抗压碎的能力，压碎指标值越小，表明集料抵抗压碎的能力越强，集料的压碎指标值应符合表 3-3 的规定。

表 3-3 粗集料压碎指标（GB/T 14685—2011）

类　型	Ⅰ类	Ⅱ类	Ⅲ类
碎石压碎指标	≤10%	≤20%	≤30%
卵石压碎指标	≤12%	≤14%	≤16%

当混凝土强度等级为 C60 及以上时，应进行岩石抗压强度检验；如果两种指标发生出入时，应以岩石抗压强度检验为准。

与细集料一样，粗集料的坚固性也是反映其在气候、环境或其他物理因素作用下抵抗破碎的能力。粗集料的坚固性同样采用硫酸钠溶液检验，要求Ⅰ类、Ⅱ类、Ⅲ类粗集料经过 5 次浸泡循环后质量的损失不超过 5%、8%、12%。

4. 最大粒径和颗粒级配

粗集料的最大粒径是指粗集料公称粒径的上限值。通常选择石子大一些，使得水泥浆所要包裹的总表面积减少，所要填充的集料空隙也减少，可以节省水泥用量，但粒径太大的话，会导致与水泥的黏结性不强，对水泥的用量影响也不再显著，而且还会给混凝土的运输，搅拌，振捣都带来麻烦，因此对石子的最大粒径也需要给予综合考虑。研究发现，对于普通混凝土结构，最大粒径大于 40mm 的集料可能会造成混凝土强度下降，而对于高强混凝土，集料的最大粒径不宜超过 25mm。

《混凝土结构工程施工质量验收规范》（GB 50204—2015）规定：混凝土粗集料的最大粒径不得超过结构截面最小尺寸的 1/4，且不得超过钢筋间最小间距的 3/4；对于混凝土实心板，粗集料的最大粒径不得超过板厚的 1/2，最大不超过 40mm。相关规范对于泵送混凝土也有要求，粗集料的最大粒径与输送管的内径之比，碎石最大为 1∶3，卵石为1∶2.5。

粗集料的颗粒级配与砂的颗粒级配含义相同，指不同粒径石子的分布和搭配情况，但是和细集料只有连续级配这一种类型不同，粗集料的级配主要有两种类型——连续级配和间断级配。

连续级配：石子的每一级尺寸都占有一定比例，这样拌制的混凝土和易性好，不容易离析，土木工程中多采用连续级配。

间断级配：只选几个尺寸级别的石子混合在一起，通常是大粒径集料同小粒径集料配合使用，制备的混凝土密实度较高，但集料粒径差别大，容易发生分层离析，不便于施工，一般工程中很少用。

粗集料的颗粒级配应符合表 3-4 的规定。

表 3-4　粗集料的颗粒级配（GB/T 14685—2011）

级配类型	公称粒径/mm	累计筛余（%）											
		筛孔尺寸（方筛孔）/mm											
		2.36	4.75	9.50	16.0	19.0	26.5	31.5	37.5	53.0	63.0	75.0	90.0
连续粒级	5～16	95～100	85～100	30～60	0～10	0							
	5～20	95～100	90～100	40～80	—	0～10	0						
	5～25	95～100	90～100	—	30～70	—	0～5	0					
	5～31.5	95～100	90～100	70～90	—	15～45	—	0～5	0				
	5～40	—	95～100	70～90	—	30～65	—	—	0～5	0			
单粒级	5～10	95～100	80～100	0～15	0								
	10～16		95～100	80～100	0～15								
	10～20		95～100	85～100		0～15	0						
	16～25			95～100	55～70	25～40	0～10						
	16～31.5		95～100		85～100			0～10	0				
	20～40			95～100		80～100			0～10	0			
	40～80					95～100			70～100		30～60	0～10	0

和砂子不同的是，石子是按颗粒大小级别分级过筛，独立堆放，需要时，再按要求进行配比，这种级配情况的粗集料被称为“单粒级”。单粒级粗集料不宜单独使用，主要用于组合连续级配和间断级配，或改善连续级配，加大连续级配的粒度。

第三节　普通混凝土的主要技术性质

混凝土的主要技术性质：

1）混凝土拌合物应具有与施工条件相适应的“和易性”；

2）混凝土经养护至规定龄期，应达到设计所要求的“强度”；

3）硬化混凝土应具有与工程环境条件相适应的“耐久性”；

4）硬化混凝土的各种“变形”应在规范允许的范围之内。

在满足上述要求的前提下，各种材料的配合应经济合理。

一、混凝土拌合物的和易性

1. 混凝土拌合物和易性的定义

混凝土拌合物的和易性即混凝土制备和成型的性能，指拌合物易于流动，易于成型，并在此过程中能保持其整体性和均匀性的一种综合性能，也可称为“工作性”，这种性能可概括为流动性、黏聚性和保水性。

1）流动性。混凝土拌合物稠稀度适中，能均匀地填满模板。拌合物太稠，难以搅拌和振捣密实；拌合物太稀，振捣后混凝土容易发生分层离析现象。

2）黏聚性。混凝土拌合物具有良好的黏聚能力，不会发生分层离析，硬化后不会出现蜂窝、空洞等现象。

3）保水性。拌合物具有良好的保水能力，不会产生很严重的泌水现象，不然混凝土内部容易形成透水通路，表面层疏松脆弱，影响混凝土的强度和耐久性。

混凝土拌合物的和易性良好是上述三种性能的均衡和统一。

（1）和易性的检测　混凝土拌合物的和易性是流动性、黏聚性和保水性三种性能的综合，目前还没有找到一种能全面准确又快速的测定方法来同时测定这三种性能。考虑到流动性是影响混凝土施工过程中最主要的因素，所以对混凝土和易性的评定，以流动性测定为主，黏聚性和保水性为辅。目前，坍落度筒法和维勃稠度法是最常用的两种方法。

1）坍落度筒法。坍落度筒是一个按标准制作的无底无盖的铁皮圆锥台，如图 3-3 所示。测试时，双脚踩住筒底部两侧的踏板，以此固定坍落度筒；将新拌的混凝土拌合物分三层装入筒内，每次按顺时针方向由外向里插捣 25 次；装满刮平后，竖直用力向上平稳提起坍落度筒，用尺量出筒高和坍落后混凝土试体最高点之间的高度差，此高度差即为坍落度值，精确至 1mm，如图 3-4 所示。显然，坍落度值越大，表明混凝土拌合物的流动性越好。在测定坍落度的同时，应观察混凝土试体的黏聚性和保水性，以便能全面地评价新拌混凝土的和易性。

图 3-3　坍落度筒

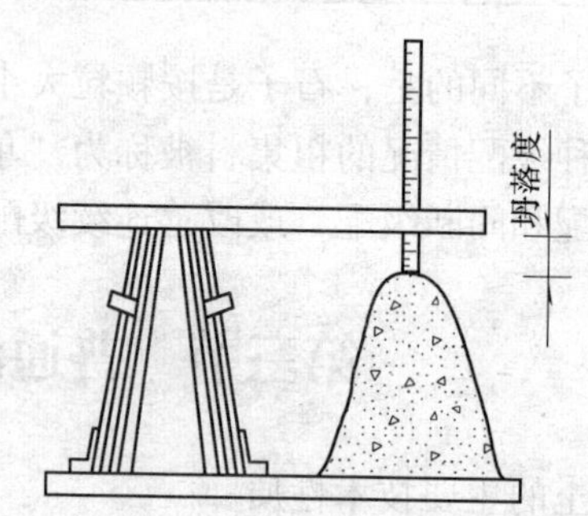

图 3－4　坍落度测试方法

黏聚性的检查方法：用捣棒轻轻击打试体两侧，若锥体逐渐下沉，保持整体，则表明黏聚性良好；若锥体突然倒坍、部分崩裂或出现离析，则表明黏聚性不好，如图 3-5 所示。

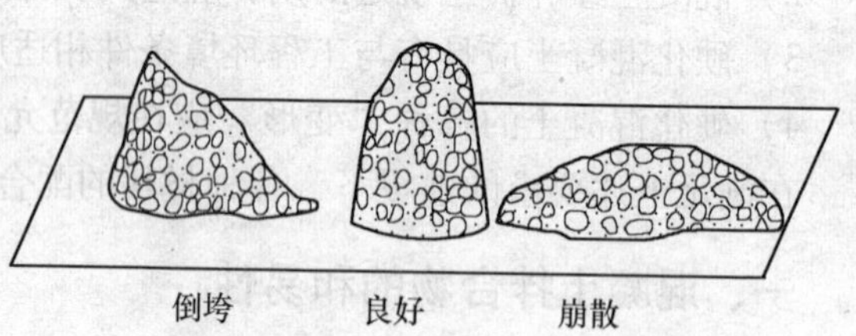

图 3-5　混凝土黏聚性不好的评判

保水性的检查方法：当坍落度筒提起后，试体底部若有较多的稀浆流淌，混凝土因失浆而造成集料外露，则表明保水性不好；若无稀浆或仅有少量的稀浆从底部析出，则表明保水性良好。

坍落度筒法简单易操作，是目前施工工地上最常用的混凝土拌合物和易性的测定方法。但此方法只适用于集料最大粒径不大于 40mm，坍落度值不小于 10mm 的混凝土拌合物。坍落度值小于 10mm 的干硬性混凝土，宜用维勃稠度仪。根据坍落度值的大小，《普通混凝土配合比设计规程》（JGJ 55—2011）将混凝土分为五级，见表 3-5。

表 3-5　混凝土按坍落度的分级（JGJ 55—2011）

级　别	混凝土名称	坍落度/mm
S1	低塑性混凝土	10~40
S2	塑性混凝土	50~90
S3	流动性混凝土	100~150
S4	大流动性混凝土	160~210
S5	超大流动性混凝土	≥220

2）维勃稠度法。这是一种测定干硬性混凝土和易性的试验，采用维勃稠度仪测定，如图 3-6 所示。将坍落度筒放置在容器内，而容器固定在振动台上，按规定方法将混凝土拌合物装入坍落度筒内，装满后提起坍落度筒，在试体顶面放一透明圆盘，开启振动台，同时计时，当透明圆盘的下表面完全布满水泥浆时停止计时，关闭振动台。秒表读数即为维勃稠度，精确至 1s。维勃稠度越大，表面混凝土拌合物越干硬。维勃稠度法适用于集料最大粒径不大于 40mm，维勃稠度为 5~30s 的混凝土拌合物。根据维勃稠度，《普通混凝土配合比设计规程》（JGJ 55—2011）将混凝土拌合物分为五级，见表 3-6。

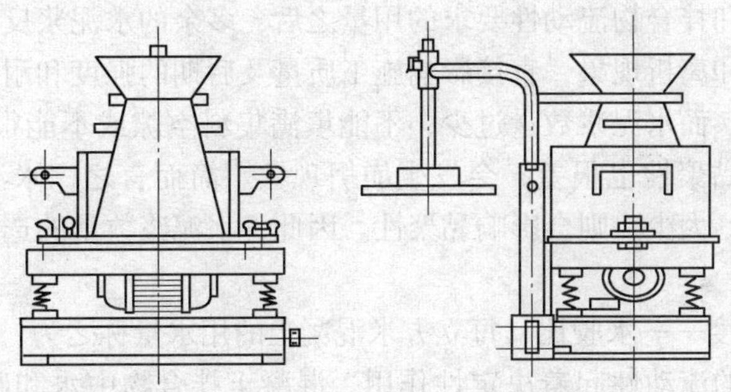

图 3-6　维勃稠度仪试验

表 3-6　混凝土按维勃稠度的分级（JGJ 55—2011）

级　别	混凝土名称	维勃稠度/s
V0	超干硬性混凝土	≥31
V1	特干硬性混凝土	30~21
V2	干硬性混凝土	20~11
V3	半干硬性混凝土	10~6
V4	其他	5~3

（2）和易性（流动性）的选择　混凝土的和易性中，黏聚性和保水性的两项性能必定是追求良好，但是流动性则应根据构件截面尺寸大小、配筋疏密程度、施工方法和环境温度来确定。当构件截面尺寸较大，或钢筋较疏，或采用机械振捣，或环境温度较低，流动性可适当小些；反之，构件截面尺寸较小，或钢筋较密，或采用人工振捣，或环境温度较高，则就要选择较大的流动性。一般施工时环境温度在 30℃以下时，按相关规范表选择混凝土拌合物的坍落度值；而在 30℃以上时，水泥水化速度加快，水分蒸发增快增多，混凝土拌合

物的流动性损失加快，因此在进行混凝土配合比设计时，坍落度宜提高 15 ~ 25mm。

通常，建筑工程中的基础或地面等大体积结构中，坍落度应选得小一点；而一般的梁、柱、板构件则相应选得大一点；而配筋很密的结构，如高架桥柱，则坍落度要相应增大。

2. 影响和易性的因素

（1）水泥品种和细度　不同的水泥品种，掺合料的颗粒特征不同，需水量和吸附水的能力不同，造成和易性不同。水胶比相同时，粉煤灰水泥混凝土和易性的三个性能都比较好；矿渣水泥混凝土保水性较差；硅酸盐水泥和普通硅酸盐水泥拌制的混凝土流动性较火山灰水泥混凝土好，但黏聚性和保水性不及火山灰水泥混凝土。另外，水泥颗粒越细，黏聚性和保水性越好。

（2）集料的性质　通常卵石拌制的混凝土拌合物较碎石拌制的流动性好，河砂拌制的较山砂拌制的流动性好；级配好的集料拌制的混凝土拌合物，不仅流动性较大，黏聚性和保水性也较良好；粒径较大的集料，其拌制的混凝土流动性也会增大。

（3）水泥浆数量——浆骨比　混凝土拌合物中水泥浆和集料的质量比称之为“浆骨比”。在水胶比不变情况下，浆骨比越大，拌合物流动性越大，且由于集料的包裹层增厚，使得集料之间的黏聚能力增加，一定程度上可以提高拌合物的黏聚性。但若水泥浆数量过多，在满足集料包裹和拌合物流动性要求的用量之后，多余的水泥浆反而会使混凝土拌合物出现严重流浆、泌水和离析现象，直接影响施工质量及后期的强度和耐久性，且因水泥用量增加而导致成本增加。而水泥浆数量过少，不能填满集料空隙或不能很好地包裹集料表面，除了流动性很差外，黏聚性也很差，会发生崩坍现象。简而言之，水泥浆多一点，流动性好，但会影响保水性，太少，则会影响黏聚性。因此，水泥浆数量的选择应以满足流动性为度，不宜过大或过小。

（4）水泥浆的稠度——水胶比　每立方米混凝土的用水量称之为“单位用水量”，单位用水量对新拌混凝土的流动性起着决定性作用。混凝土拌合物中水和胶凝材料（这里指水泥）的质量比称之为“水胶比”。在水泥用量不变的情况下，水胶比越大，水泥浆越稀，拌合物流动性越好。但水胶比越大，保水性越差，也会造成黏聚性不良，甚至会导致严重的泌水、分层等现象；而水胶比过小，水泥浆过稠，拌合物流动性很低，给施工增加难度。

通常，混凝土的流动性主要是对施工难易造成影响，而保水性和黏聚性会影响混凝土强度和耐久性，所以水胶比的选用根据混凝土的设计强度和耐久性来定。也就是说通过提高水胶比来改善拌合物的流动性是不可取的，因为水胶比的改变会严重影响混凝土的设计强度和耐久性。要调整混凝土拌合物的流动性，应该在保持水胶比不变的条件下，适当调整水泥浆的用量。

（5）砂率　砂率为混凝土中砂的质量占砂、石总质量的百分率。砂率的变动会明显改变集料的空隙率和总表面积，进而会显著影响混凝土拌合物的和易性。

砂率增大，集料的空隙率和总表面积随之增大，要达到相同的流动性，需要更多的水泥浆填充和润滑，即增加了水泥用量；而若水泥浆含量不变，满足填充和润滑的水泥浆相对不够，则势必会减小拌合物的流动性。

砂率减小，砂和水泥浆形成的砂浆减少，在粗集料之间起润滑作用的砂浆层不足，同样会降低拌合物的流动性，而且还会影响黏聚性和保水性，容易出现离析、流浆等现象。

可见，砂率太大或太小都会明显降低混凝土的流动性、保水性和黏聚性，因此砂率存在一个合理值，也称“最优砂率”，即用水量和水泥用量一定的情况下，可使混凝土拌合物获得最大流动性，同时又具有良好的保水性和黏聚性，也可以使拌合物在获得所需要的流动性和良好的黏聚性与保水性情况下，使水泥用量尽可能少的砂率，如图 3-7 所示。

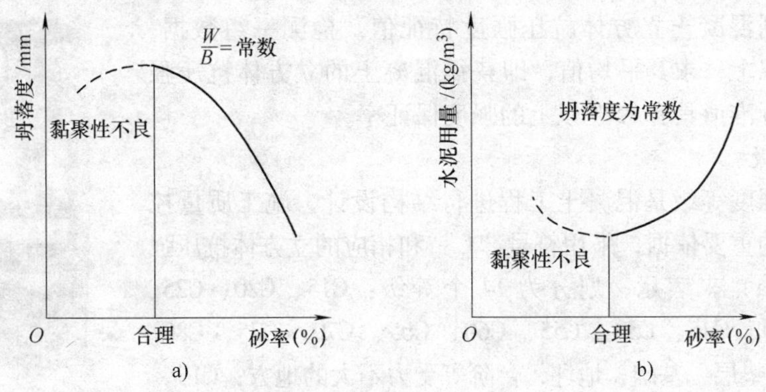

图 3-7 砂率的合理值
a）砂率与坍落度关系 b）砂率与水泥用量关系

可从以下几个方面去选择合理砂率：

1）当粗集料的空隙率较小，如石子最大粒径较大、级配较好、表面较光滑，可取较小砂率。

2）砂的细度模数较小，此时砂的中细颗粒多，黏聚性容易满足，可采用较小砂率。

3）水胶比较小，水泥浆稠度较大，混凝土黏聚性容易保证，可选用较小砂率。

4）施工工艺要求较大的流动性，粗集料极易出现离析，为保证良好的黏聚性，需采用较大砂率。

5）当混凝土中掺入引气剂或减水剂时，应适当减小砂率。

（6）外加剂　拌制混凝土时，掺入少量的某些外加剂，对拌合物的和易性会产生显著的影响。例如：减水剂在水胶比一定的情况下，可明显增大流动性；引气剂可同时改善拌合物的流动性、黏聚性和保水性；硅灰和高效减水剂一起使用，对和易性的改善更加明显。

（7）环境温度和湿度　环境温度升高，拌合物水分蒸发和水泥水化反应加快，流动性减小。空气湿度小，拌合物水分蒸发多，流动性也会偏小。因此在施工过程中，要密切关注环境的变化，如夏季施工时，要适当增加用水或添加外加剂。

（8）工艺条件影响　混凝土搅拌越均匀，流动性越好，同时黏聚性和保水性也越好。

二、混凝土的强度

混凝土的强度包括抗压、抗拉、抗剪、抗折四个主要性能，其中以抗压强度最大，所以混凝土主要用于受压，因此抗压强度是混凝土最重要的一个强度指标，也主要用它来评定和划分混凝土的质量和强度等级。

1. 混凝土的抗压强度

（1）混凝土的标准立方体抗压强度　根据《普通混凝土力学性能试验方法标准》（GB/T 50081—2002），以立方体抗压强度作为混凝土的强度特征值，具体检测办法是：以边长为 150mm 的立方体试件为标准试件，标准养护［温度（20 ±2）℃，相对湿度 95% 以上］28d

后测其抗压强度。

（2）混凝土的立方体抗压强度标准值　对混凝土进行抗压测试，如图 3-8 所示，测试后得到一个极限压力值 F，除以试件的受压面积 A，得到混凝土立方体抗压强度特征值。检测一组数据，通常要求三个以上，求其平均值，即获得混凝土的立方体抗压强度标准值，此标准值具有 95% 以上的强度保证率。

图 3-8　混凝土立方体抗压强度测试

2. 强度等级

混凝土的强度等级是混凝土工程进行结构设计、施工质量控制和工程验收的重要依据，采用符号“C”和相应的立方体抗压强度标准值（MPa）来表示，划分为 14 个等级：C15、C20、C25、C30、C35、C40、C45、C50、C55、C60、C65、C70、C75、C80。C15 及以下用于垫层、基础、地坪、台阶等受力不大的地方；C15 ~ C25 用于梁、板、柱等普通钢混结构；C25 ~ C30 用于大跨度结构，耐久性要求高的结构；C30 以上用于预应力钢混结构、动荷结构、特种结构等。

3. 混凝土的受压破坏

混凝土的受力破坏主要表现为受压破坏，研究者对其进行了深入细致的研究。

概括地讲，混凝土的破坏与粗集料有很大的关系，通常并不是指粗集料承受不了压力，而是指混凝土的受压破坏往往是从粗集料的边缘开始的，如图 3-9所示。这种边缘效应主要包括两个方面：

（1）粗集料和砂浆界面产生的拉应力导致　水泥水化造成的砂浆体积收缩在粗集料和砂浆界面上会产生分布极不均匀的拉应力，使得粗集料和砂浆的界面产生很多极细小的肉眼往往不可见的裂缝，当受外力荷载时，往往成为应力的集中点、破坏的薄弱点。

（2）泌水作用引起　泌水作用使得部分上升的水分被粗集料颗粒所阻挡而聚集于粗集料的下缘，故混凝土硬化后，粗集料的下缘会产生界面裂缝，这些部分就会成为应力集中点，成为破坏的薄弱部位。

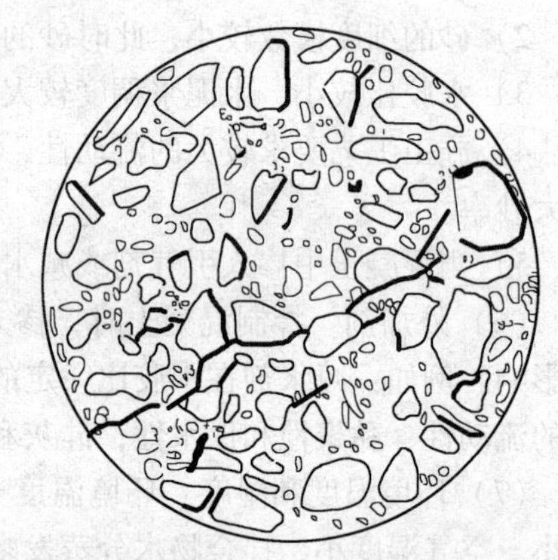

图 3-9　混凝土的受压破坏的边缘效应

此外，水泥石本身的结构缺陷（孔隙、内应力产生的潜在微裂缝、不均匀水化）也容易成为外力破坏的薄弱环节。

混凝土在受外部压力荷载之时，其内部垂直于压应力方向会产生拉应力，这种拉应力很容易在微裂缝处形成应力集中，随着拉应力逐渐增大，微裂缝进一步扩展、延伸、汇合，形成几条可见的大裂缝，最后裂缝继续发展直至破坏。

可见，混凝土受力破坏的过程，是混凝土内部微裂缝产生、发展和扩展的过程。

4. 影响混凝土强度的因素

从混凝土受压破坏的情况来看，破坏主要从以下几个方面分析：①水泥和集料的黏结强度。②泌水作用引起的裂缝。③水泥硬化过程中产生的结构缺陷。④应力的分布与大小。

⑤水泥和集料本身的强度等级——通常这一点在设计和施工时完全可以满足要求。因此，混凝土强度的影响因素主要与下面这几个因素有关：

（1）水泥——强度等级和水胶比　从上面的分析看，混凝土的受力破坏主要和集料的边缘效应有关，这种边缘效应的强弱主要取决于水泥石的强度、水泥石和集料的黏结强度。水泥自身的强度等级和水胶比会强烈地影响水泥石的强度以及它与集料的黏结强度。因此，它们是影响混凝土强度的最主要因素。

首先，水泥自身的强度等级越高，水泥石自身承受荷载的能力也越高，也就越能安全地保证混凝土的强度，同时与集料的黏结力也越好。

其次，混凝土拌合物的水胶比越大，越容易产生更多的孔隙，造成混凝土强度降低，同时泌水作用更明显，形成的界面微裂缝更多；然而水胶比太小的话，又容易使得混凝土浇筑不密实，将出现较多的蜂窝、孔洞，同时部分水泥水化不完全，也会使强度降低。混凝土的强度与水胶比、胶水比的关系如图3-10所示。可见水胶比是混凝土配合比的一个重要组成部分，需要进行科学系统的设计。

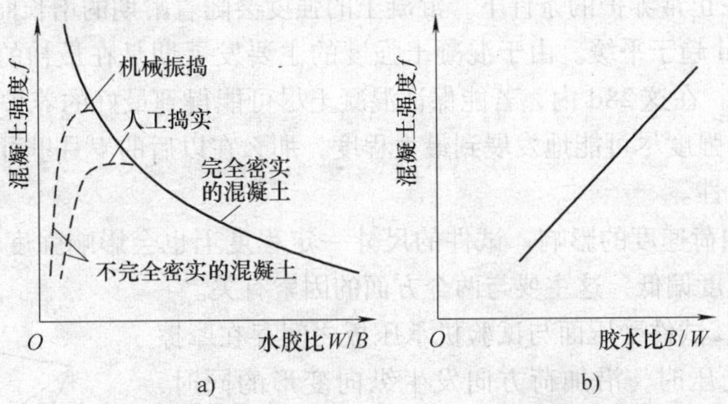

图3-10　混凝土强度与水胶比及胶水比的关系
a）强度与水胶比的关系　b）强度与胶水比的关系

（2）集料　集料的强度等级越高，自然越能保证混凝土的强度。对于普通混凝土而言，集料的强度一般都能保证，对混凝土强度影响不大，但对于高强混凝土和超高强混凝土，粗集料的强度成为影响混凝土强度的关键因素之一。

1）集料的杂质或有害杂质多，会影响集料自身的强度。

2）集料的表面越粗糙，与水泥石的黏结力越强。

3）集料的级配良好，配制的混凝土和易性好，密实度高，混凝土可获得较高的强度。

4）集料数量太少，起不到骨架作用，太多，集料与集料之间的水泥不够，流动性差，黏结力不强，集料边缘效应更明显。因此，集料的用量需要通过配合比的设计合理地确定。

（3）养护　混凝土的养护方式主要有以下几种：

1）自然养护。大部分情况下，温度和湿度基本不受人为控制。自然养护主要是对构件进行洒水养护或喷涂薄膜养护，冬季温度太低时采取防冻措施，如在混凝土表面加盖塑料薄膜或掺入抗冻剂等。大部分的现浇结构都采用自然养护方式。

2）标准养护。将混凝土制品放在温度（20±1）℃，相对湿度90%的标准养护箱或养护室里进行养护。测定混凝土强度的样品，一般采用标准养护。

3）蒸汽养护。将混凝土放在温度80～100℃，相对湿度90%的蒸汽养护箱里进行养护。这种养护方式适合于早期强度较低的水泥及混凝土，如矿渣水泥、火山灰水泥等掺加大量混合材料的水泥，不适于早期强度较高的硅酸盐和普通硅酸盐水泥。

4）蒸压养护。将混凝土放在温度大于100℃，相对湿度90%，压力大于1个大气压的压蒸釜里进行养护。适于蒸汽养护的水泥及混凝土同样适用于蒸压养护，通常用于生产硅酸盐制品，如加气混凝土、蒸养粉煤灰砖和灰砂砖等。

养护得当的混凝土构件，有以下几个结果：

1）水化引起的水泥收缩会减小，使得与集料的黏结强度比较高。

2）水泥水化比较完全以及水分蒸发影响较小，使得水泥自身的结构缺陷较少。

因为水泥石水化完全，使得成分分布更均匀；水分蒸发小，孔隙和潜在微裂缝就少，密实度高。冬季，混凝土内部孔隙的水分不会冻结成冰而膨胀破坏混凝土的结构。

养护对混凝土的强度的极限性和长期性，也就是混凝土的耐久性会产生非常大的影响，所以现在很多混凝土工程都非常注重混凝土的养护。

（4）龄期　在正常养护的条件下，混凝土的强度会随着龄期的增长而提高，最初的7～14d发展最快，28d趋于平缓。由于混凝土强度的主要发展期是在最初的28d，所以通常混凝土的龄期为28d。在这28d内，若能保证混凝土尽可能得到最好的养护，使得它的缺陷最少，结构最密实，强度尽可能地发展到最大程度，那么在以后的岁月里可以承受更大的荷载和拥有更好的耐久性。

（5）试件及加荷速度的影响　试件的尺寸一定程度上也会影响强度的测量值，大尺寸的构件，测得的强度偏低，这主要与两个方面的因素有关。

1）环箍效应。试件受压面与试验机承压板之间存在摩擦力，混凝土试件受压时，沿加荷方向发生纵向变形的同时，也按泊松比效应产生横向膨胀，而承压板的横向应变小于试件的横向应变，所以承压板对试件的横向膨胀起约束作用，这种约束作用即称为“环箍效应”。越靠近承压板，环箍效应越大，反之则越小，因此在试件中部，破坏得最厉害，也就是为什么混凝土试件受压破坏时，会形成如图3-11所示的棱锥体。显然，环箍效应能一定程度上提升混凝土试件的抗压能力，使得测得的值比实际值要高，试件越小，环箍效应的影响越明显，测得的值偏大，反之，则偏小。

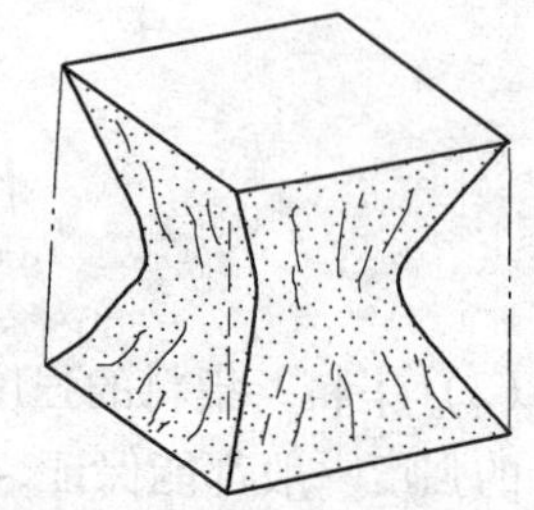

图3-11　混凝土受压破坏形态

2）缺陷的影响。混凝土试件越大，内部存在的缺陷（裂缝、孔隙、局部软弱）概率越大，这些缺陷会导致受力面积减小和应力集中，使试件的强度降低，较易破坏。

可见，环箍效应和缺陷的影响都会令较小的试件所测得的强度值偏大，令较大的试件所测得的强度值偏小。为了使混凝土抗压强度测试结果具有可比性，《普通混凝土力学性能试验方法标准》（GB/T 50081—2002）规定，混凝土强度等级小于C60时，非标准试件测得的强度值应乘以尺寸换算系数，以换算成标准试件强度值。200mm×200mm×200mm试件的换算系数为1.05，而100mm×100mm×100mm的换算系数为0.95。若混凝土强度在C60及以上时，宜采用标准试件；使用标准试件时，尺寸换算系数应由试验确定。

3）加载速度。混凝土加荷速度过快，材料变形和裂纹发展的速度滞后于荷载的增加速度，使测得的强度值偏高，因此对混凝土的强度进行检测的时候，应按规定的加荷速度加载。

5. 提高混凝土强度的主要措施

（1）合理选料

1）选择合适的水泥，提高强度。

2）选择合适的集料，保证强度，提高密实度。

3）选择合适的外加剂，如减水剂，在保证和易性不变的情况下降低水胶比，提高密实度和强度；早强剂，提高混凝土的早期强度；防冻剂，提高混凝土的御寒能力，可提高强度和强度的长期性。

（2）添加掺合料　如用磨细的硅灰或粉煤灰，可配制高强、超高强混凝土。

（3）充分搅拌和振捣　机械搅拌不仅提高工效，而且搅拌更均匀，使混凝土的流动性更好，因此可适当减少用水量，从而能提高强度；也可使混凝土中的成分分布得更均匀，水化反应更充分更均匀，进而减少内部缺陷、提高强度。若是采用更先进的高速搅拌仪等设备，则强度提升的幅度更加显著。振捣充分，不仅可以减少混凝土颗粒间的空隙，还能排除混凝土中的空气，使混凝土的密实度提高。另外，振动会使得混凝土的流动增加，在满足和易性要求下，能减少拌合用水。这两个方面都能使混凝土的强度得到提高，目前国外采用高频、多频振捣器，振捣效果非常好。

（4）良好养护　可以保证混凝土硬化过程中对温度和湿度的要求，促进水泥水化，阻碍水分蒸发，以获得更高的强度。如矿渣、粉煤灰混凝土采用蒸汽或蒸压养护，可以很明显地提高混凝土的强度。如在露天混凝土工程或无蒸汽养护条件的混凝土工程中，非干硬性混凝土一般在浇筑完毕 12h 内，须用草帘或厚麻袋加以覆盖并洒水进行保湿养护，干硬性混凝土则应在浇筑完毕后即刻进行养护。

6. 混凝土的抗拉强度

混凝土的受拉性能非常不理想，即使很小的变形都会导致混凝土的破坏，所以一般不用来直接受拉。但是抗拉强度却是混凝土抗裂性能的一个重要指标，在进行结构设计时是必须考虑的，如地震或受风荷载的结构设计。

通常来说，材料的抗拉强度的测试最直接的方法就是采用轴心抗拉法，但像混凝土这样的材料，无法像金属材料那样两端容易被完美固定，其夹具附近区域很难不被损坏或破坏，外力作用方向和试件轴心方向也不易调成一致，造成测试过程难度大，测试结果准确率也较低。所以混凝土抗拉强度测试主要采用劈裂法，即劈裂抗拉强度，这是一种间接而较为准确的测试求算方法。

该方法的原理是在试件上下两个相对表面的中心线上，作用均匀分布的线压力荷载，使试件内部竖向均布的压应力产生横向均布的拉应力，其试验装置如图 3-12 所示。

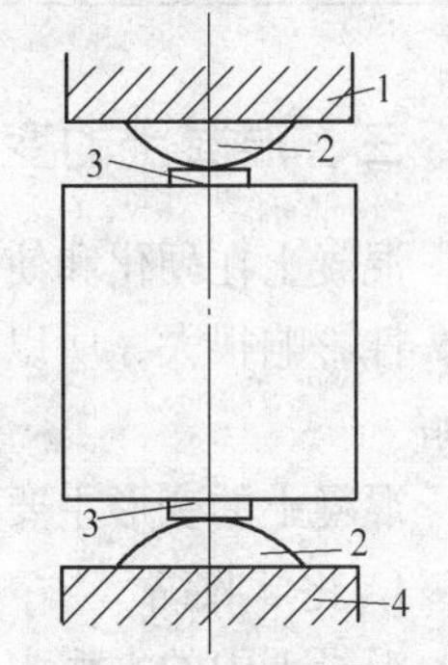

图 3-12　混凝土劈裂抗拉强度试验装置

1—上承压板　2—垫条　3—垫层　4—下承压板

混凝土的劈裂抗拉强度按下式计算：

$$f_{ts} = \frac{2F}{\pi A} = 0.637\ \frac{F}{A} \tag{3-3}$$

式中　f_{ts}——混凝土劈裂抗拉强度，MPa；

F——劈裂抗拉破坏荷载，N；

A——试件劈裂面积，mm^2。

混凝土的劈裂抗拉强度对试件的要求与立方体抗压强度相同，即试件的制作、尺寸、养护均按照立方体抗压强度对试件的要求进行。劈裂抗拉强度试验的标准试件采用150mm×150mm×150mm立方体试件，若采用100mm×100mm×100mm的立方体非标准试件时，应乘以换算系数0.85。当混凝土强度等级大于C60时，宜用标准试件，若用非标准试件，尺寸换算系数应通过试验确定。

7. 混凝土的弯拉强度（抗折强度）

混凝土的弯拉强度在道路工程和桥梁工程的结构设计、质量控制和竣工验收等环节中是重要的依据和技术指标，有必要对其进行检测。

弯拉强度试验的标准试件尺寸为150mm×150mm×550mm（或600mm），进行龄期为28d的标准养护条件养护，采用三分点加荷方式测试，如图3-13所示，计算公式如下：

$$f_f = \frac{Fl}{bh^2} \tag{3-4}$$

式中 f_f——混凝土抗折强度，MPa；

F——抗折破坏荷载，N；

l——支座间距，mm；

b，h——试件截面的宽度和高度，mm。

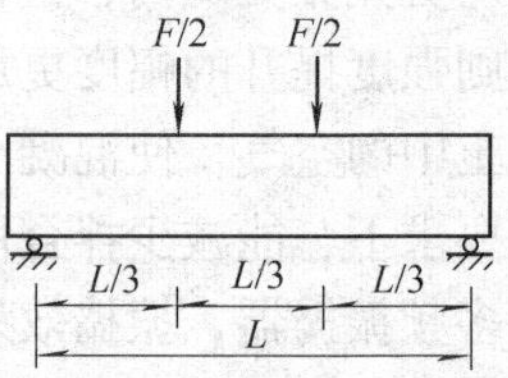

图3-13 混凝土抗弯强度测

《公路水泥混凝土路面设计规范》（JTG D40—2011）规定，各交通荷载等级要求的混凝土弯拉强度标准值不得低于表3-7中的规定。

表3-7 混凝土弯拉强度标准值（JTG D40—2011）

交通荷载等级	极重、特重、重	中 等	轻
水泥混凝土的弯拉强度标准值/MPa	≥5.0	4.5	4.0
钢纤维混凝土的弯拉强度标准值/MPa	≥6.0	5.5	5.0

三、混凝土的变形性能

混凝土在硬化和使用期间的变形是导致混凝土产生裂缝的重要原因，对混凝土的强度和耐久性影响很大，所以若要控制混凝土裂缝的产生和发展，须对它的变形性能有个全面的了解。

混凝土的变形主要包括四个方面：

1. 化学收缩

混凝土中的水泥水化硬化过程中，体积会变小，从而产生收缩。化学收缩导致混凝土内部产生内应力，存在潜在的微裂缝，当受到外力荷载时，就容易使裂缝产生并发展。化学收缩是完全不能恢复的，但因其收缩值很小，对混凝土结构一般没有破坏作用，故对混凝土的裂缝的产生影响不大。但水泥用量越大，化学收缩值越大，因此在富水泥混凝土和高强混凝土中的化学收缩不容忽视。

控制混凝土化学收缩的有效措施是：优化配合比；降低水泥用量和水胶比。

2. 湿胀干缩变形

混凝土在水中硬化时，会吸附水产生微小的膨胀，而在空气中硬化时，会干燥失水发生紧缩。当把混凝土再次进行吸水而湿胀时，部分收缩可恢复，剩下一部分则不可恢复。

混凝土的湿胀由于变形量很小，一般没有破坏作用，而干缩则危害较大，因为干缩使混凝土表面产生了较大的拉应力，而混凝土的抗拉性能很差，所以很容易引起混凝土表面裂缝的产生，这也是混凝土裂缝产生的主要原因。一般要求每米混凝土的收缩率要小于0.2mm。

应对混凝土干缩变形的有效措施就是：降低用水量；尽量进行湿热养护。

3. 温度变形

混凝土的热胀冷缩性能，在工程中主要表现为水化热对混凝土整体变形性能的影响。由于混凝土是热的不良导体，内部温度比外部温度高，来不及散热，内部受热膨胀大于外部的膨胀，于是外部的混凝土就产生很大的拉应力，这往往导致裂缝的产生。而在冬季时，外部收缩又较内部大，外部也同样产生拉应力。

温度变形对于小体积的混凝土结构影响不大，但对于大体积的混凝土，温度变形危害非常大，必须要高度重视。

应对混凝土温度变形比较有效的措施是：尽量采用低热水泥；设置温度伸缩缝。

4. 荷载作用下的变形

(1) 混凝土的弹性模量　混凝土是一种弹塑性体，具有一定的弹性和塑性，加载外力发生变形，在撤除外力后，一部分变形可恢复，便是弹性变形，还有一部分不可恢复，就是塑性变形。施加的应力和弹性变形量（即应变）之间的比值就是弹性模量。物体的弹性模量越大，则它在相同应力下的应变越小，即发生的变形量越小，也就是强度越高。因此要使得混凝土的强度高，就要求它的弹性模量大。提高混凝土弹性模量的有效措施有：提高集料含量——集料的弹性模量要大于水泥石的弹性模量；降低水胶比；养护得当。

(2) 混凝土的徐变　在长期荷载的作用下，混凝土的变形会逐渐增大，即相同的荷载下，混凝土的变形会增大，在最初的二三年里，这种变形的增大趋势比较快，之后就逐渐趋于平缓，混凝土的这种现象，就叫作“徐变”。

混凝土产生徐变的原因，一般认为在长期荷载作用下，水泥石中的凝胶体向毛细孔发生黏性流动，或者是凝胶体中的吸附水向毛细孔迁移渗透，因此，混凝土中的凝胶体含量和毛细孔数量是影响徐变的关键因素。水泥用量增加，导致凝胶体含量增加，使徐变增大；水胶比越大，混凝土形成的毛细孔越多，也可使徐变增大。

混凝土的任何受力形式，都会发生徐变，徐变有利有弊。例如，大体积的混凝土内存在温度变形产生的拉应力，当混凝土受压时，就可以抵消这部分应力，避免或减缓裂缝的产生；徐变还可以使钢筋混凝土的内部应力分布均匀，消除应力集中，从而减少拉应力产生的裂缝；然而徐变会逐渐增大，由于混凝土破坏时的变形量是一定的，所以这将会导致混凝土承载能力的降低；而在预应力钢筋混凝土结构中，徐变将会产生应力松弛，使钢筋损失部分预应力。

因此在允许徐变在一定程度范围内存在的前提下，尽量减小徐变量。减小徐变的有效措施有：增加集料；提高密实度（减小用水量，充分振捣，优化级配等）。

四、混凝土的耐久性

混凝土耐久性：在自然环境和使用条件下经久耐用的性能，即抵抗外界因素和内部不利因素破坏的能力。和混凝土的和易性一样，耐久性也是一种综合性能，主要表现为以下几方面：

1. 抗渗性

抗渗性指混凝土抵抗压力液体（水、油、溶液等）渗透的能力。

抗渗性主要与混凝土内部的连通孔隙有关，这些连通孔隙使混凝土内部形成了上下连通的渗水通道。产生连通孔隙主要有两个原因——水分蒸发和泌水作用产生留下的路径，这些又主要与混凝土的水胶比有关，水胶比越小，抗渗性越好。另外导致抗渗性不好的原因还有：振捣不密实产生孔洞，干缩、热胀和外力造成裂缝和裂隙的存在。

抗渗性是混凝土一个非常重要的性质，它直接影响混凝土的抗冻性和抗侵蚀性，因为外部环境中的水和侵蚀性介质只有通过渗透才能进入混凝土内部结构对其造成损伤或破坏。因此，需要特别重视混凝土的抗渗性，尤其是在一些受压力液体作用的混凝土工程，如地下建筑、水池、泳池、海工、港口、大坝等，必须使用符合抗渗性能的混凝土。

混凝土的抗渗性能用抗渗等级来表示，分为 P4、P6、P8、P10、P12 五个等级，分别对应混凝土能抵抗 0.4MPa、0.6MPa、0.8MPa、1.0MPa、1.2MPa 的水压而不渗透。抗渗等级在 P6 及以上的混凝土便称为“抗渗混凝土”。

从上述分析可知，提高混凝土的密实度是增强混凝土抗渗性的关键，此外也可通过改变混凝土孔隙特征来改善抗渗性，变连通孔隙为孤立和封闭孔隙。通常有效的措施有：减小水胶比，良好级配，养护得当，充分振捣。

2. 抗冻性

抗冻性指材料在水饱和状态下，能经受多次冻融而不产生宏观破坏，同时微观结构不明显劣化、强度也不严重降低的性能。

混凝土内部孔隙或裂隙中的水在冰冻作用下结冰而发生体积膨胀，造成膨胀应力，达到一定程度时，就会超过混凝土的抗拉强度，使混凝土产生裂缝或裂隙。当下一次冻融的时候，更多的水分会进入混凝土内部，产生更大的膨胀应力，使裂缝得到进一步扩展，反复的冻融最终使混凝土的裂缝不断扩展直至崩裂破坏，且这种扩展呈加速状态。

对于严寒或寒冷地区与水接触的混凝土结构物，尤其是水位变化区的部位，如堤岸、堤坝、水池、建筑物勒脚、公路道路，要求使用的混凝土必须具有一定的抗冻性，以抵抗冻融循环带来的损伤或破坏。

混凝土的抗冻性用抗冻等级 Pn 表示：混凝土在水饱和状态下，经过最大 n 次 -15 ~ 20℃冻融循环后，强度降低幅度不超过 25%，质量损失不超过 5%，即达到了 Fn 抗冻等级。混凝土主要有九个抗冻等级：F10、F15、F25、F50、F100、F150、F200、F250、F300。抗冻混凝土要求抗冻等级在 F50 及以上。

一般抗渗性较高的混凝土，抗冻性也较高，通常这样的混凝土密实性好，或者具有较多的封闭孔隙。因此，提高抗渗性的有效措施同样可以运用到抗冻性上。掺入引气剂，用以在混凝土内产生封闭孔隙，这样制备的混凝土含大量的封闭空隙，不仅抗渗性好，且孔隙中封闭的不流动空气可使材料获得保温隔热的性能，具有良好的抗冻和节能效果。

3. 抗侵蚀性

混凝土的抗侵蚀性主要与水泥的品种特性、混凝土的密实程度和孔隙特征有关。不同的水泥，在抗侵蚀介质的能力上有所差异。例如，铝酸盐水泥抗硫酸盐性能比较好，矿渣水泥的抗软水和海水能力比较强，而封闭孔隙的混凝土可以阻挡侵蚀介质的侵入。

和抗冻性一样，一般抗渗性高的混凝土，其抗侵蚀性也较高。增强混凝土抗侵蚀性的有效措施主要有：合理选用水泥品种，提高密实度，掺入引气剂以改善孔结构。

4. 抗碳化性

空气中的CO_2通过混凝土的毛细孔隙，由表及里地向内部扩散，在有水分存在的条件下，与水泥石Ca（OH）$_2$反应生成碳酸盐，从而降低了混凝土的原始碱度，这就是混凝土的碳化。

碳化对于混凝土而言，弊大于利。碳化会使混凝土的pH值降低，使钢筋表面的钝化膜破坏甚至失效，从而使钢筋锈蚀，引起混凝土顺筋开裂。同时碳化还会引起混凝土收缩，使混凝土表面产生微裂缝。不过碳化生成的碳酸钙填充在水泥石由表及里的孔隙中，提高了混凝土的密实度和抗压强度，可在一定程度上减缓有害杂质的侵入。

碳化的影响因素：

1）水泥品种和用量。水泥石的凝胶产物中Ca（OH）$_2$总量越高，碳化越慢。

2）CO_2的浓度。影响碳化速度和深度。

3）环境湿度的影响。最适宜碳化环境湿度为50%～70%。

4）混凝土硬化条件的影响。与在空气中或蒸汽养护相比，潮湿环境或水中养护的混凝土较密实，不易碳化。

5）混凝土的水胶比影响。碳化速度与水胶比近似地成直线关系，水胶比越小，混凝土密实度越高，碳化越难进行。

可见，提高混凝土抗碳化性的根本措施是选择合适的水泥品种和提高混凝土的密实度，如降低水胶比、采用减水剂、优化集料级配、养护得当、加强振捣等。

5. 抵抗碱－集料反应的能力

水泥石中的碱类与集料中的活性二氧化硅在有水情况下发生反应，在集料表面生成复杂的碱－硅酸凝胶。这种凝胶极易吸水膨胀，从而使水泥石胀裂，这就是碱－集料反应。

可见，发生碱－集料反应必须满足三个条件：①水泥中的含碱量超过安全值。②使用碱活性集料。③环境潮湿，有充分的水存在。混凝土的碱－集料反应很慢，具有一定的“潜伏期”，通常在混凝土浇筑后的若干年后，有些甚至二三十年后才逐渐发生，而一旦出现，其破坏性非常厉害（见图3-14），很难再对混凝土进行加固处理，只能通过加强前期抑制防范，防患于未然，因此碱－集料反应也被称作“混凝土的癌症”，被世界各国混凝土研究者和应用者高度重视。

图3-14 混凝土的碱－集料反应

从碱－集料反应必须同时满足的三个条件看，只要抑制其中任意一个条件，就能预防碱－集料反应的发生，归纳起来有以下几项措施：

1）使用非活性集料。

2）控制水泥含碱量，以Na_2O计，不超过水泥质量的0.6%。

3）加入某些活性混合材料，在水泥硬化前先与碱充分反应，其反应产物在混凝土硬化前就均匀分散在混凝土中，避免发生有害膨胀。同时，降低了水泥的碱度，从而大幅降低碱－集料反应发生的概率。

4）保持混凝土的干燥，如提高混凝土致密度或者对混凝土表面进行包覆，阻碍水分的渗入。

6. 混凝土的耐磨性

耐磨性指材料表面抵抗磨损的能力。混凝土的表面磨损主要有两种情况：第一种是受到机械式的反复摩擦、冲击产生的磨损，如道路公路路面、广场地面、机场跑道等；第二种是受到高速水流的冲刷产生的磨损，如桥墩、大坝泄水处、沟渠等。

影响混凝土耐磨性的因素有以下几个方面：

1）混凝土抗压强度越高，硬度越高，耐磨性越高，所以可以通过采取提高抗压强度的措施来提高混凝土的耐磨性。

2）粗集料硬度越高，韧性越好，耐磨性越好，碎石比卵石制备的混凝土耐磨性更好。《建设用卵石、碎石》（GB/T 14685—2011）将粗集料分成三类，一般道路混凝土采用的粗集料不低于Ⅲ类。

3）细集料中石英等坚硬的物质含量多，黏土等有害杂质含量少，混凝土耐磨性较好，而用中砂比用细砂或特细砂配制的混凝土耐磨性好。

4）在混凝土中掺入硅灰、磨细矿渣粉等掺合料，可大幅提高混凝土的耐磨性。

5）浇筑混凝土的时候，需防止混凝土发生离析和泌水，做好混凝土的养护，保证混凝土表面的耐磨性符合要求。也可以通过真空脱水和机械抹面对混凝土表面进行处理，使其耐磨性提升30%以上。

综合上述几项性能，提高混凝土耐久性的措施归纳起来有这么几条：

1）合理选择水泥品种，使其与工程环境相适应。

2）集料选材良好，级配合理，选用合理砂率。

3）减小水胶比，选用合适的外加剂。

4）合理的水泥用量。

5）混凝土表面覆盖保护材料。

第四节　混凝土的外加材料

随着建筑和施工技术的发展，不断出现新的工程类型，对混凝土的性能也有新的要求。外加材料对混凝土的性能有明显的改善作用，故在工程中得到了广泛应用。外加材料一般分为掺合料和外加剂两大类型。

一、矿物掺合料

在混凝土拌和时，加入天然矿物或人造矿物或工业废料的粉体材料，统称为“矿物掺合料”，可起到节约水泥、改善混凝土的某些性能，调节混凝土的强度等级的目的。

矿物掺合料与水泥混合材料的种类大致相同，但水泥混合材料是在粉磨前加入制备成水泥的，而矿物掺合料是在混凝土配制过程中加入的，一般超过水泥质量的5%，在配合比设计时需要考虑质量或体积的影响，主要有粉煤灰、硅灰、磨细矿渣粉、沸石粉等。

矿物掺合料在混凝土中的掺量应通过试验确定。采用硅酸盐水泥或普通硅酸盐水泥时，钢筋混凝土中矿物掺合料最大掺量宜符合表3-8的规定，预应力混凝土中矿物掺合料最大掺量宜符合表3-9的规定。对基础大体积混凝土，粉煤灰、粒化高炉矿渣粉和复合掺合料的最大掺量可增加5%。采用掺量大于30%的C类粉煤灰的混凝土应以实际使用的水泥和粉煤灰掺量进行安定性检验。

表3-8 钢筋混凝土中矿物掺合料最大掺量

矿物掺合料种类	水胶比	最大掺量（%）	
		采用硅酸盐水泥时	采用普通硅酸盐水泥时
粉煤灰	≤0.40	45	35
	>0.40	40	30
粒化高炉矿渣粉	≤0.40	65	55
	>0.40	55	45
钢渣粉	—	30	20
磷渣粉	—	30	20
硅灰	—	10	10
复合掺合料	≤0.40	65	55
	>0.40	55	45

注：1. 采用其他通用硅酸盐水泥时，宜将水泥混合材掺量20%以上的混合材量计入矿物掺合料。
2. 复合掺合料各组分的掺量不宜超过单掺时的最大掺量。
3. 在混合使用两种或两种以上矿物掺合料时，矿物掺合料总掺量应符合表中复合掺合料的规定。

表3-9 预应力混凝土中矿物掺合料最大掺量

矿物掺合料种类	水胶比	最大掺量（%）	
		采用硅酸盐水泥时	采用普通硅酸盐水泥时
粉煤灰	≤0.40	35	30
	>0.40	25	20
粒化高炉矿渣粉	≤0.40	55	45
	>0.40	45	35
钢渣粉	—	20	10
磷渣粉	—	20	10
硅灰	—	10	10
复合掺合料	≤0.40	55	45
	>0.40	45	35

注：1. 采用其他通用硅酸盐水泥时，宜将水泥混合材掺量20%以上的混合材量计入矿物掺合料。
2. 复合掺合料各组分的掺量不宜超过单掺时的最大掺量。
3. 在混合使用两种或两种以上矿物掺合料时，矿物掺合料总掺量应符合表中复合掺合料的规定。

1. 粉煤灰

粉煤灰是由燃煤锅炉烟气中收集到的微细粉末，也称“飞灰”（fly ash），多呈球形颗粒，表面光滑，粒径在10^{-3}~10^{-2}mm级。粉煤灰的玻璃微珠如图3-15所示。

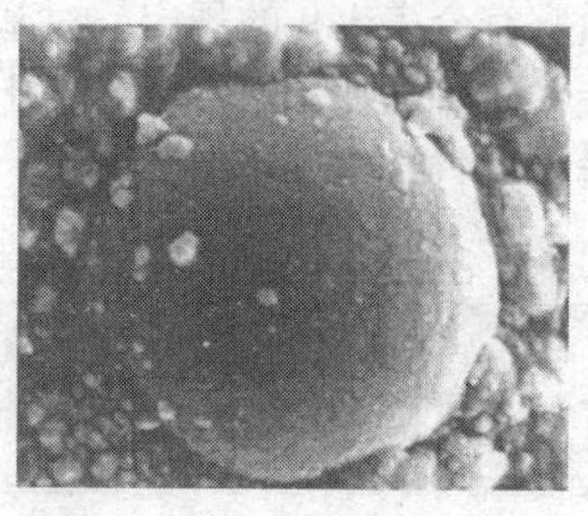

图3-15　粉煤灰的玻璃微珠

粉煤灰的主要化学成分有SiO_2、Al_2O_3、Fe_2O_3、CaO、MgO、K_2O、Na_2O、SO_3等，但每种成分的含量并非固定不变，不同的电厂排放、不同的排放方式、不同的收集方法，都会使得粉煤灰的化学成分发生较大的差异。根据《用于水泥和混凝土中的粉煤灰》（GB/T 1596—2005）规定：粉煤灰按煤种分为F类（由无烟煤或烟煤煅烧收集的粉煤灰）和C类（由褐煤或次烟煤煅烧收集的粉煤灰）；拌制混凝土和砂浆用粉煤灰分为三个等级，相应的技术要求见表3-10。

表3-10　粉煤灰等级与技术要求

质量指标	技术要求		
	Ⅰ	Ⅱ	Ⅲ
细度［0.045mm方孔筛筛余（%）］	≤12.0	≤25.0	≤45.0
需水量比（%）	≤95	≤105	≤115
烧失量（%）	≤5.0	≤8.0	≤15.0
含水量（%）	≤1.0		
三氧化硫（%）	≤3.0		
游离氧化钙（%）	F类粉煤灰≤1.0；C类粉煤灰≤4.0		
安定性雷氏夹煮沸后增加距离/mm	≤5.0		

粉煤灰掺入混凝土中，可有效改善混凝土以下几个方面的性能：

（1）和易性　粉煤灰颗粒呈光滑球状，在混凝土拌合物中起“滚珠润滑”效应，可有效提高混凝土的流动性和保水性，适合配制泵送混凝土，进行泵送施工；或者在保持流动性不变情况下，起到减水作用，同时保持良好的可塑性，适合配制碾压混凝土等。

（2）强度和水化热　粉煤灰掺入混凝土中，取代部分水泥，会出现早期强度有所降低的情况，但对其进行蒸压养护，后期强度可以追上或者超过未掺粉煤灰的混凝土，若同时掺加高效减水剂，早期及后期强度会进一步提升。同时由于粉煤灰取代了水泥用量，可有效降低水化热。因此，粉煤灰非常适宜配制蒸养混凝土和大体积混凝土。

（3）耐久性　粉煤灰极细的细度起到了“微集料”效应，可有效填充混凝土的极细孔隙和毛细孔隙，使混凝土的密实度明显提高，进而显著改善混凝土的抗渗性能，而混凝土的抗渗性的提高直接影响抗冻性和抗腐蚀性能获得提高，同时粉煤灰的火山灰活性可有效抑制碱-集料反应的发生，这些都使得混凝土的耐久性得到明显增强。因此粉煤灰可用于配制抗渗混凝土、抗冻融循环混凝土、抗硫酸盐和软水侵蚀混凝土、地下和水下工程混凝土等。

（4）抗干缩和碳化　干缩和抗碳化主要受水泥熟料的影响，粉煤灰取代部分水泥后，混凝土的干缩量和抗碳化性能有所下降；同时粉煤灰的加入，可有效减少混凝土的用水量，也有助于降低混凝土的干缩量，提高混凝土的抗裂性能。因此粉煤灰配制的混凝土适宜道路工程和桥梁工程。

2. 硅灰

硅灰是生产硅钢和硅铁时产生的烟尘，活性极强，但粒径非常小，大约在0.1～1.0μm，只有水泥的几十分之一，比粉煤灰的粒径都要小得多。

和粉煤灰一样，硅灰也是一种火山灰活性材料，主要成分有 SiO_2、Fe_2O_3、MgO、Al_2O_3、CaO、SO_3 等，但其活性较粉煤灰更高，掺入混凝土中，与粉煤灰的作用原理类似，但各项效果比粉煤灰好得多，尤其是能制备出高强混凝土和超高强混凝土。

由于硅灰细度小，比表面积很高，所以单独用它作为掺合料配制混凝土，需水量非常大，根本无法实现高强度的要求。20世纪50年代，就已经发现硅灰具有极强的火山灰活性，但直到70年代后期高效减水剂的发明，才使得硅灰真正可以得到应用。因此，硅灰必须和高效减水剂一起使用，而且量不宜太大，一般为5%～10%，配制超高强混凝土，掺量可达20%～30%。掺入硅灰主要有以下几个明显的好处：

（1）改善混凝土拌合物的和易性，提高混凝土强度　硅灰配合高效减水剂的掺入，提高了拌合物的黏聚性和保水性，使其不容易发生泌水、分层离析现象。因此，混凝土的密实度好，均匀性高，使得混凝土的强度可达到100MPa以上，而且不同于粉煤灰混凝土的早期强度降低，硅灰混凝土的早期强度会明显提高。此外也可配制高流态混凝土、泵送混凝土、水下灌注混凝土等。

（2）提高混凝土的耐久性　和粉煤灰一样，硅灰极细的粒径改善了混凝土和水泥石的孔隙结构，使得它们的抗渗性、抗冻融循环、抗溶出侵蚀和硫酸盐侵蚀性能得到显著提高，因此推荐使用粉煤灰混凝土的工程同样适合使用硅灰混凝土。此外硅灰混凝土的抗冲磨性能也非常优越，适用于大坝、桥梁、涵洞等抗水流冲刷的部位和高速公路路面。

（3）抑制碱－集料反应　如前所述，抑制碱－集料反应主要有四个途径（使用非活性集料；控制水泥含碱量；加入某些活性混合材料，在水泥硬化前先与碱充分反应；保持混凝土的干燥）。硅灰的作用便符合“加入某些活性混合材料，在水泥硬化前先与碱充分反应”这一条，因此，硅灰可有效地抑制碱－集料反应。

3. 磨细矿渣粉

磨细矿渣粉是将粒化高炉矿渣经干燥、粉磨达到相当细度且符合相应活性指数的粉体材料。磨细矿渣粉的主要成分的种类和粉煤灰、硅灰基本相同，活性介于粉煤灰和硅灰之间，掺量可比粉煤灰大。用磨细矿渣粉等量取代水泥，在改善和易性方面略逊于粉煤灰，但早期增强效果要好于粉煤灰。其他的性能如降低水化热，提高强度、制备高强度混凝土，提高抗渗性、抗冻性、抗侵蚀性，抑制碱－集料反应都有明显效果。

磨细矿渣粉可用于制备钢筋混凝土和预应力钢筋混凝土，也可制备高强混凝土、高性能混凝土和预拌混凝土等。尤其是磨细矿渣粉掺量大的混凝土特别适合制备大体积混凝土、水下和地下混凝土、耐硫酸盐混凝土等。目前国外对磨细矿渣粉的应用已经比较普遍，国内的应用和研究还处于起步阶段。

但是，与粉煤灰和硅灰自然生成的细小粒径不同，磨细矿渣粉需要人工磨细，且不易磨细，因此能耗大，成本较高。

二、外加剂

外加剂指在混凝土拌制前或拌制时掺入，用以改善混凝土某项或多项性能的物质，其掺量一般不超过水泥质量的5%。外加剂在混凝土中的应用非常普遍，解决了很多混凝土实际工程中的技术难题，使混凝土的应用获得了更广阔的天地，成了制备优良性能混凝土的必备材料，被称为混凝土的“第五组分”。

混凝土的外加剂虽然和矿物掺合料一样，都属于混凝土的附加材料，但它们有如下区别：

（1）掺量　外加剂的掺量通常都不超过水泥质量的5%，在配合比设计时，可以不考虑它的质量或体积的影响。掺合料则不然，除了硅灰，一般要取代水泥质量的10%以上，甚至达到40%，才能产生明显的效果，在进行配合比设计时，必须考虑它的影响。

（2）作用　外加剂的加入一般着重改善混凝土的某一方面性能，当然一些与之紧密相关的性能也会随之变化。例如，减水剂是降低用水量或提高流动性，但因此造成强度和耐久性提高；缓凝剂延缓了凝结时间，使得水化热的放热时间被拉长，单位时间的放热量就变小；引气剂因为在混凝土中引入了大量的封闭细微气泡，使得流动性增加，也具备一定的减水效果。而掺合料往往是提高混凝土多个方面的相对独立的性能。例如，硅灰因为其粒度小，可以提高混凝土的密实度；因为表面呈光滑球型，使得颗粒之间摩擦力减小，流动性增强；同时又因为活性极强，可以非常有效地抑制碱-集料反应。

（3）影响　一般说来，掺合料对混凝土性能的影响往往是有利有弊的，而外加剂则要求对混凝土尽量不产生不良的影响或产生的影响很小。如加入粉煤灰之后，混凝土的早期强度会有所下降，而在合理掺量范围内加入减水剂，则对混凝土的性能基本没什么不良影响。

混凝土的外加剂种类非常丰富，大体归结起来主要有以下几个类别，每一个类别中又涵盖了不同的品种，见表3-11。

表3-11　混凝土的外加剂分类

外加剂类别		作　用
减水剂	普通减水剂	减小水胶比或改善和易性
	高效减水剂	同上，效果更明显，用以配制流动混凝土或高强、高性能、超高强混凝土
早强剂（也称“促凝剂”）		提高混凝土早期强度
引气剂		使混凝土产生封闭孔隙，改善和易性，提高抗冻性
缓凝剂		延缓凝结时间，降低水化热
速凝剂		使混凝土速凝，提高早期强度
泵送剂		提高混凝土流动性，达到泵送条件
防冻剂		使混凝土在负温下水化凝结硬化，达到预期强度
膨胀剂		使混凝土产生一定体积膨胀
防水剂		降低混凝土在静水压力下的透水性

1. 减水剂

混凝土外加剂中应用最广的一种便是减水剂。在混凝土配合比不变的情况下，加入减水剂可有效提高混凝土的流动性（坍落度）；或者在保持混凝土坍落度不变的情况下，减小混凝土的用水量，即降低混凝土的水胶比。

减水剂是一种表面活性剂，其分子由亲水基团和憎水基团组成。混凝土中的水泥加水拌和后，因颗粒间分子引力的作用，会形成絮凝结构，将一部分拌合用水包裹在该结构内，从而使混凝土拌合物的流动性减小。加入减水剂后，减水剂中的憎水基团定向吸附在水泥颗粒表面，而使其带上相同电荷产生静电斥力，水泥颗粒便相互分散，絮凝结构解体，结构内游离水释放出来，增加了混凝土拌合物的流动性。同时，减水剂中的亲水基团不仅能使水泥更好地被水润湿，还能在水泥颗粒表面形成一层溶剂化水膜，该水膜非常稳定，是很好的润滑剂，能极大促进水泥颗粒的相互滑动，从而使混凝土拌合物的流动性及和易性得到进一步提高。减水剂的作用机理如图 3-16 所示。

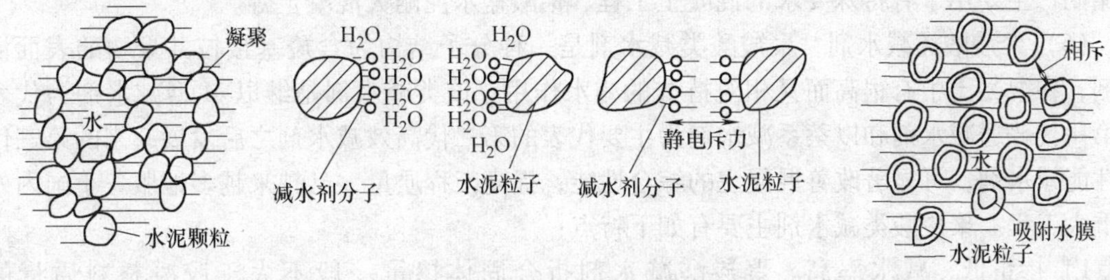

图 3-16 减水剂的作用机理

减水剂的品种很丰富，可分为普通减水剂和高效减水剂，或者分为引气型和非引气型，非引气型又可分为标准型、缓凝型和早强型。一般在工程领域主要以化学成分命名或称呼。

（1）木质素系减水剂 该类减水剂属于普通减水剂，是造纸厂用亚硫酸盐生产纸浆的副产品，主要成分为木质素磺酸盐，应用最多的是木质素磺酸钙，又称为“木钙”或“M 型减水剂”，它是一种引气缓凝型减水剂，易溶于水，价格低廉。M 型减水剂通常掺量为水泥质量的 0.2% ~0.3%，在水泥用量和坍落度不变情况下，减水率为 10% ~15%，28d 抗压强度提升 10% ~20%；保持混凝土配合比不变，坍落度提高 80 ~100mm；保持强度和坍落度不变，可节约水泥用量 10% ~15%。除了减水，M 型减水剂还具有缓凝和引气作用，可以延长混凝土凝结时间，延缓水化热释放速度，改善混凝土的和易性和泌水性，提高混凝土抗渗性和抗冻性。

M 型减水剂适用于一般工程，尤其是大体积、大模板浇筑、泵送混凝土和高温施工。一般不单独用于冬期施工或预应力混凝土，以及进行蒸养养护的混凝土。M 型减水剂不宜掺量过多，否则会使混凝土难以硬化，强度降低。

（2）萘系减水剂 此类减水剂是用萘或萘的同系化合物经磺化和甲醛缩合而成的，品种极为丰富，性能略有差异，但通常都具有很大的分散作用，减水和强度增强效果显著，属于高效减水剂，多数为非引气型。适宜掺量一般为水泥质量的 0.5% 上下，减水率可达到 15% 以上，早强效果非常明显，混凝土 28d 抗压强度提升可达到 20% 以上，对混凝土的其他力学性能以及抗渗、抗冻等性能都有改善作用。萘系减水剂对各种水泥的适应性较好，且对钢筋无锈蚀作用，除了用于一般工程，也可配制早强、高强、流态和蒸养混凝土工程以及对抗渗性和抗冻性要求较高的混凝土。

（3）糖蜜类减水剂 此类减水剂的原料来自于制糖工业的糖渣和废蜜，将其经石灰中和处理而成，呈棕色粉末或液体。性能与 M 型减水剂基本相同，减水率 10% 左右，但缓凝作用较强，所以通常也可归类到缓凝剂，作为缓凝剂使用，因此要注意控制好掺量，通常掺量在水泥质量的 0.2% ~0.3%，否则，加入过多，会影响混凝土的凝结性能。

（4）水溶性树脂类减水剂　这是将三聚氰胺、甲醛、亚硫酸钠等经磺化、缩聚等工艺制成的棕色液体，是使用非常普遍的高效减水剂，大多数为早强非引气型，减水和强度增强效果优于萘系减水剂。通常掺量为水泥质量的 0.5% ~2.0%，减水率在 20% ~30%，混凝土 1d 强度提高一倍以上，3d 强度提高 30% ~100%，7d 强度与基准强度相当，28d 强度提高 20% ~30%。与萘系减水剂相比，水溶性树脂类减水剂还可更为显著地提高混凝土的抗渗、抗冻和其他力学性能，尤其是对蒸汽养护适应性非常好。其应用同萘系减水剂的应用基本相同，主要用于有特殊要求的混凝土工程、铝酸盐水泥耐火混凝土等。

（5）聚羧酸类减水剂　聚羧酸类减水剂是一种分子结构为含羧基接枝共聚物的表面活性剂，在混凝土中有很高而又相对持久的减水作用。该类减水剂是继以 M 型减水剂为代表的第一代普通减水剂和以萘系减水剂为主要代表的第二代高效减水剂之后发展起来的第三代高性能减水剂，可显著改善混凝土的综合性能，提高工程质量，已越来越多地服务于国内外的重大工程。聚羧酸类减水剂主要有如下特点：

1）掺量低、减水率高。聚羧酸减水剂折合固体掺量一般不大于胶凝材料质量的 0.25%，减水率一般在 25% 以上，可高达 45%，可用于配制高强以及高性能混凝土。

2）坍落度损失小。预拌混凝土 2h 坍落度损失小于 15%，非常有利于商品混凝土的长距离运输和泵送施工。

3）混凝土和易性好。配制的混凝土尤其是高强度混凝土易于搅拌，即使在高坍落度情况下，也不会有明显的离析、泌水现象，材料分布均匀。特别适用于配制高流动性混凝土、自流平混凝土、自密实混凝土、清水饰面混凝土。

4）混凝土收缩小。可明显降低混凝土水化硬化过程中产生的收缩，显著提高混凝土体积稳定性及耐久性。

5）碱含量极低。碱含量≤0.2%，免除碱－集料反应发生的隐患。

6）绿色环保。聚羧酸类减水剂无论在生产过程还是在使用过程中均无毒无害，是绿色环保产品。

聚羧酸高效减水剂的引气性都比较大，对于泵送混凝土是非常有利的，但是混凝土硬化后，表面会有气泡，因此在不需要引气时，可加入消泡成分。

2. 早强剂

早强剂能提高混凝土的早期强度而不影响后期强度。具体来说，其能促进水泥的水化和硬化，提高早期强度，缩短养护周期，提高模板和场地的使用周转率，加快施工进度，降低施工成本，适用于蒸汽养护的混凝土，对早期强度有要求的工程以及冬期施工和紧急抢修工程。

常用的早强剂种类有氯盐类、硫酸盐类、有机胺类及前者的复合类。

1）氯盐类以氯化钙使用最广，其为白色粉末，掺量一般为水泥质量的 0.5% ~1.0%，除了能有效缩短混凝土的凝结时间、提高强度（3d 强度提高 50% 以上，7d 强度提高 20% ~40%）之外，还能提高混凝土的密实度和强度。由于能降低混凝土中水的冰点，因此也能提高混凝土的抗冻性。但氯盐类早强剂容易引起钢筋锈蚀，因此不仅掺量要严格控制，而且依据《混凝土外加剂应用技术规范》（GB 50119—2013），不得使用于预应力钢筋混凝土结构、相对湿度大于80%环境中使用的结构、直接接触酸碱或其他侵蚀性介质的结构等九类结构中使用。

2）硫酸盐类早强剂中应用最多的是硫酸钠，白色粉末，适宜掺量为水泥质量的0.5%～2.0%，只需要一半的时间就能达到混凝土70%的强度，尤其适用于矿渣混凝土中。

3）有机胺类早强剂以三乙醇胺最为常用，这是一种络合剂，能很快使混凝土形成早期骨架。由于单独使用效果不明显，且会增加混凝土的早期收缩，因此一般与其他盐类组合使用，其掺量一般为水泥质量的0.02%～0.05%，早期强度能提高50%左右，应用在普通水泥中早强效果更明显。

4）采用两种及以上的早强剂复合，即为复合早强剂。如果早强剂与减水剂复合使用，效果最佳，一般可使混凝土3d强度提高75%左右，28d强度提高20%左右。

通常，炎热环境下不宜使用早强剂和早强减水剂；含有六价铬盐、亚硝酸盐等对人体有害的早强剂严禁用于饮水工程及与食品接触的工程；硝胺类早强剂严禁用于办公、居住等建筑工程；含强电解质无机盐类的早强剂严禁用于与镀锌钢材或铝铁相接触部位的结构、有外露钢筋预埋件而无防护措施的结构、使用直流电源的结构以及距高压直流电源100m以内的结构。

3. 引气剂

引气剂是一种表面活性剂，能显著降低水的表面张力和界面能，使水在混凝土搅拌过程中产生大量分布均匀且微小的封闭气泡，这些气泡稳定而不易破裂，尺寸大多在200μm以下。

引气剂主要的类型有松香树脂类、烷基苯磺酸盐类、脂肪醇磺酸盐类、非离子型表面活性剂类等几种。其中最常用的是松香树脂类的松香热聚物和松香皂，其掺量很小，一般为水泥质量的0.005%～0.01%，但是对混凝土的性能影响非常明显。

（1）改善混凝土的和易性　大量而细小的封闭气泡，产生的“滚珠效应”使混凝土拌合物的流动性增加，同时气泡的稳定存在，牢牢地把水分锁住，使混凝土的保水性增加，阻碍泌水现象的发生。因此，引气剂在一定程度上也有减水作用。

（2）提高混凝土的抗渗性和抗冻性　混凝土的保水性能增加，减少了混凝土的泌水通道，同时封闭孔隙改善了孔结构，隔断了大量毛细管通道；而气泡较大的弹性变形能力能抵消混凝土中水结冰而产生的膨胀压力，提高混凝土抗冻融循环能力；此外大量封闭孔隙中不流动的空气，提高了混凝土的保温隔热性能，也促进了混凝土抗冻性的改善。因此有抗冻融要求的水工工程中，使用的混凝土必须掺入适当的引气剂。除此之外，混凝土抗腐蚀性也会随抗渗性的提高而提高。

（3）混凝土强度和弹性模量有所下降　大量封闭气泡的存在，降低了混凝土的密实度，使抗压强度和抗拉强度有所下降，通常每增加1%的空气体积量，混凝土抗压强度下降5%左右，抗折强度下降2%～3%。因此应严格控制引气剂的掺量，一般引入的气体体积含量在3%～6%为宜。此外弹性模量下降，弹性变形能力增加，一定程度上有利于混凝土抗裂性能的提升。

综上分析可知，引气剂可用于抗渗混凝土、抗冻混凝土、抗硫酸盐混凝土、泌水严重的混凝土，还可用于贫混凝土、轻集料混凝土、人工集料配制的普通混凝土、有饰面要求的混凝土（和易性增加，混凝土易于抹面）。

特别强调：引气剂不宜用于预应力混凝土和蒸养混凝土。这是因为：引气剂用于预应力混凝土中，由于混凝土弹性模量的降低，会使得混凝土变形增加，尤其是长期徐变增加会导致应力松弛；用于蒸养混凝土中，由于高温会使得气泡里的空气膨胀，使混凝土的孔隙结构和孔隙尺寸发生明显的变化，严重偏离混凝土强度和耐久性等性能的初始设计。

需要指出的是，目前市面上常见的加气混凝土砌块，并非采用引气剂制得，是掺入了铝粉作为加气剂，并加入稳泡剂以稳定气泡，除了前期必要的制备工艺外，需要在蒸压釜中进行蒸压养护这一道工艺。最后制成轻质多孔的硅酸盐制品，具有抗渗抗冻、隔音隔热、抗震性强的优良性能，通常用于结构中的填充墙与隔墙，但不能作承重材料，属于新型墙体材料范畴。而引气剂主要用于抗冻性要求高的结构，如混凝土大坝、路面、桥面、机场跑道面等大面积易受冻的部位，掺入引气剂的混凝土是不能进行蒸养的。

4. 缓凝剂

缓凝剂能延长混凝土初凝时间和终凝时间，延缓水泥水化放热速度，通常也具有减水作用，在合适的掺量下，不会降低混凝土的后期强度。

缓凝剂的种类很多，常用的主要有：

1）木质素磺酸盐类。掺量一般为水泥质量的0.2%～0.3%，缓凝2～3h。

2）糖蜜类。掺量一般为水泥质量的0.1%～0.3%，缓凝2～4h。

3）羟基羧酸盐类。掺量一般为水泥质量的0.03%～0.1%，缓凝4～10h，此类缓凝剂掺量少，缓凝效果好，但是会使混凝土的泌水率增加。

4）无机盐类。掺量一般为水泥质量的0.1%～0.2%，缓凝时间不稳定。

缓凝剂对水泥品种的适应性较差，不同品种的水泥缓凝效果各不相同，甚至会出现相反的效果，因此在掺入某种缓凝剂前，需要对水泥做适应性试验。

缓凝剂主要用于高温季节混凝土、大体积混凝土、自流平免振混凝土、碾压混凝土、大面积浇筑混凝土、泵送混凝土、避免冷缝产生的混凝土、滑模或拉模混凝土的施工，较长时间停放或远距离运送的商品混凝土等。不适宜用于最低气温低于5℃施工的混凝土，以及有早强要求和蒸汽养护的混凝土。

5. 速凝剂

速凝剂能使混凝土快速地凝结硬化。多数速凝剂的主要成分为含铝含钠的化合物，最常见的铝酸钠和碳酸钠。

混凝土中水泥的缓凝成分是石膏，当掺入速凝剂后，其中的铝酸钠、碳酸钠在水泥碱性环境中与石膏迅速反应生成硫酸钠，使石膏丧失缓凝作用，从而使水泥中的铝酸三钙迅速水化硬化。

速凝剂主要用于喷射混凝土和砂浆及其他需速凝的混凝土，在矿山井巷、隧道、涵洞、过山公路、地下工程等岩壁衬砌、坡面支护上应用非常广泛。喷射混凝土施工如图3-17所示。速凝剂可提高喷射混凝土的黏结力，缩短两次喷射间隔时间，抵抗重力产生的向下流淌和脱落，加快混凝土早强，尽快发挥结构的承载能力。

6. 泵送剂

泵送剂能有效改善混凝土拌合物可泵性能，主要表现为提高混凝土拌合物的和易性的三个方面性能，以及克服拌合物在管壁中行进的阻力。

图 3-17 喷射混凝土施工

泵送剂不像其他的外加剂那样是某些特定的化合物，而是由其他外加剂组合而成，主要由高效减水剂、缓凝剂、引气剂和增稠剂中的一种或多种组合制成不同的品种。其品种和掺量依据混凝土的特性、环境温度、泵送高度和距离、运输距离等确定，需预先对混凝土进行试配。

泵送剂主要适用于商品混凝土搅拌站制作泵送混凝土；适用于工民建及其他构筑物需泵送施工的混凝土、滑模施工混凝土、水下灌注桩混凝土工程；特别适用于大体积混凝土、高层和超高层建筑工程。泵送混凝土施工如图 3-18 所示。

图 3-18 泵送混凝土施工

第五节 普通混凝土的配合比设计

一、普通混凝土的质量控制

1. 混凝土质量控制

1）施工前质量控制。该过程包括人员及设备配置及调试，原材料进场检验，混凝土配合比的设计、确定与调整。

2）施工过程中质量控制。施工过程中称量、搅拌、运输、浇筑、捣实、养护，包括试件的制作和养护。

3）混凝土生产后合格性控制。批量划分，确定取样批数，检测方法和验收范围。

以上任何一个步骤，都存在质量的随机波动，无论是客观还是主观因素导致，都是不可避免的，因此必须采用科学合理的方法来评定和控制混凝土的质量，使其在合理范围内波动，确保工程安全。

混凝土的抗压强度能间接地反映混凝土的其他性能，较好地体现混凝土的综合质量，目前通常以混凝土抗压强度作为指标，采用数理统计方法对混凝土的质量进行评定和控制。

2. 混凝土强度的波动规律

混凝土强度是随机变化的，但是对同一种混凝土进行系统随机抽样后，以强度和概率建立坐标系，会发现其分布曲线呈正态分布。混凝土的强度正态分布曲线及标准差如图3-19所示。

正态分布曲线对称轴为强度平均值，顶峰为强度平均值概率，左右曲线对称，距离对称轴越远，表明偏离强度平均值程度越大，出现的概率也越小。正态分布曲线矮而宽，表示强度数据的离散程度厉害，说明混凝土的质量不稳定；曲线窄而高，表示数据集中度比较好，说明混凝土均匀性好，质量波动小，稳定性好。

3. 混凝土强度计算的指标

（1）混凝土强度平均值（$\bar{f}_{cu}$）

$$\bar{f}_{cu} = \frac{1}{n}\sum_{i=1}^{n} f_{cu,i} \tag{3-5}$$

式中 $\bar{f}_{cu}$——n组混凝土试件抗压强度的算术平均值，MPa；

$f_{cu,i}$——第i组试件的抗压强度，MPa；

n——试件组数。

强度平均值反映了混凝土总体强度的平均值水平情况，但不能反映混凝土强度的波动情况，需要引入标准差来反映混凝土强度的波动情况。

（2）标准差（方差） 标准差σ是正态分布曲线上拐点到对称轴的距离，σ值小，正态曲线高而窄，说明混凝土质量波动小；σ值大，正态曲线越矮而宽，表明强度的离散厉害，混凝土质量不稳定，如图3-19所示。可见，σ值可有效地评定混凝土质量的均匀性和稳定性。

$$\sigma = \sqrt{\frac{\sum_{i=1}^{n}(f_{cu,i} - \bar{f}_{cu})^2}{n-1}} = \sqrt{\frac{\sum_{i=1}^{n} f_{cu,i}^2 - n\bar{f}_{cu}^2}{n-1}} \tag{3-6}$$

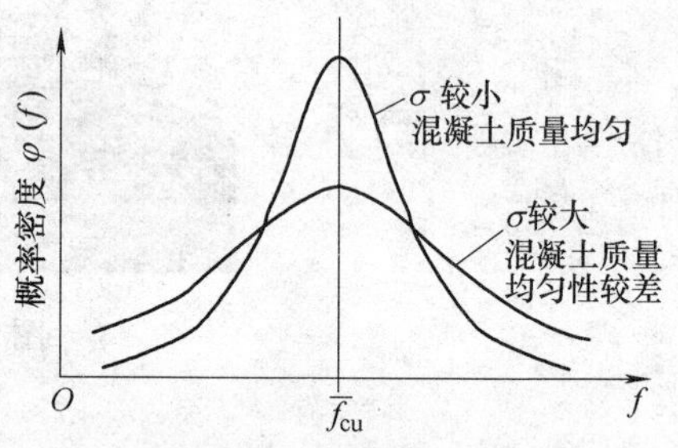

图3-19 混凝土的强度正态分布曲线及标准差

（3）强度保证率 混凝土强度保证率P指混凝土强度的总体中，不小于设计强度等级的概率（见图3-20）。可理解为在统计周期内，混凝土试件强度不低于要求强度等级的组数N_0与试件总组数N之比：

$$P = \frac{N_0}{N} \times 100\% \tag{3-7}$$

再计算强度保证率系数t：

$$t = \frac{\bar{f}_{cu} - f_{cu,k}}{\sigma} \tag{3-8}$$

式中　$f_{cu,k}$——混凝土设计强度等级。

通过表 3-12 可查得强度保证率 P 和强度保证率系数 t。

表 3-12　不同强度保证率系数 t 值的强度保证率 P

t	0.00	0.50	0.80	0.84	1.00	1.04	1.20	1.28	1.40	1.50	1.60
P(%)	50.0	69.2	78.8	80.0	84.1	85.1	88.5	90.0	91.9	93.5	94.5
t	1.645	1.70	1.75	1.81	1.88	1.96	2.00	2.05	2.33	2.50	3.00
P(%)	95.0	95.5	96.0	96.5	97.0	97.5	97.7	98.0	99.0	99.4	99.87

4. 混凝土的配制强度

将混凝土的配制强度的平均值作为混凝土的设计强度等级，从混凝土强度的正态分布曲线上可知：只有 50% 的混凝土的强度能达到设计强度等级的要求，也就是说，只有 50% 的强度保证率，这对于工程质量是个非常大的安全隐患。为了保证绝大多数的混凝土都能满足工程要求，必须使混凝土的强度保证率足够大，使混凝土配制强度 f_{cu} 高于设计强度等级 $f_{cu,k}$，如图 3-20 所示。《普通混凝土配合比设计规程》（JGJ 55—2011）规定：当混凝土的设计强度等级小于 C60 时，强度保证率为 95%；当混凝土的设计强度等级大于或等于 C60 时，配制强度为设计强度的 1.15 倍。

二、普通混凝土的配合比设计

混凝土的配合比，是指混凝土的各种组成材料数量之间的比例关系。混凝土配合比设计就是根据原材料的性质和施工条件，把各种材料合理地配合，使所配制的混凝土能满足混凝土配制强度、拌合物性能、力学性能、长期性能和耐久性能的设计要求。应分别符合现行国家标准《普通混凝土拌合物性能试验方法标准》（GB/T 50080—2002）、《普通混凝土力学性能试验方法标准》（GB/T 50081—2002）和《普通混凝土长期性能和耐久性能试验方法标准》（GB/T 50082—2009）的规定。

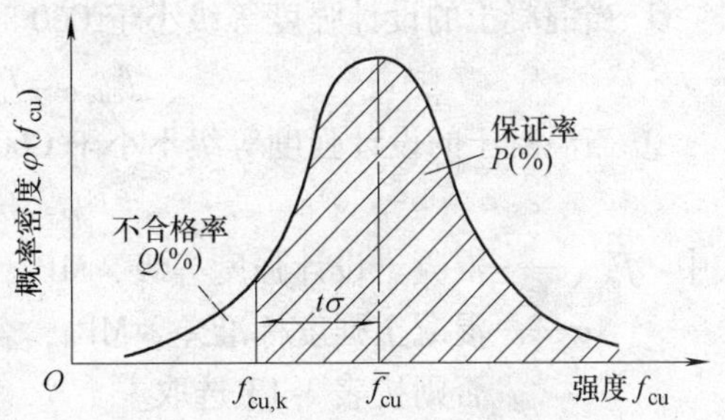

图 3-20　混凝土的强度保证率

1. 混凝土配合比设计的基本要求

1）混凝土拌合物应具有与施工条件相适应的和易性。

2）混凝土经养护至规定龄期，应达到设计所要求的强度。

3）硬化混凝土应具有与工程环境条件相适应的耐久性。

4）各种材料的配合应经济合理。

2. 混凝土配合比的设计参数

混凝土的配合比设计实际上就是确定胶凝材料、水、砂与石子这四种基本组成材料用量之间的三个比例关系（三个配合比参数）：水与胶凝材料之间比例关系，用水胶比表示；砂与石子之间比例关系，用砂率表示；水泥浆与集料之间比例关系，用单位用水量表示。

3. 混凝土的配合比的表示方法

1）用 $1m^3$ 混凝土中各种组成材料的质量表示，例如：胶凝材料（B）$300kg/m^3$，砂

(S) 720kg/m^3，石子（G）1200kg/m^3，水（W）180kg/m^3；

2）用各种材料之间的质量比表示（以胶凝材料质量为1），例如将上述配合比换算成：$B:S:G:W = 1:2.4:4.0:0.6$。

4. 混凝土配合比设计步骤

混凝土配合比设计之前，需要明确混凝土的强度等级和耐久性要求、各种原材料的品种和特性、混凝土所处的环境条件、施工工艺和方法。

按照《普通混凝土配合比设计规程》（JGJ 55—2011）的流程规定，首先按原材料性能和混凝土技术要求指标对混凝土配合比进行初步计算，得出“计算配合比”；然后进行混凝土试拌，保持计算水胶比不变，以节约胶凝材料为原则，调整胶凝材料用量、用水量、砂率和外加剂用量等，直到混凝土拌合物性能符合设计和施工要求，然后修正计算配合比，得出“试拌配合比”；应在试拌配合比的基础上，进行混凝土强度试验，然后进行配合比调整，对设计要求的混凝土耐久性能进行试验，符合设计规定的耐久性能要求的配合比方可确定为“设计配合比”；最后根据施工现场砂、石等原材料的实际情况，对设计配合比进行修正，得出“施工配合比”。

（1）确定计算配合比（或“初步配合比”）

1）计算配制强度（$f_{cu,0}$）

① 当混凝土的设计强度等级小于C60时，配制强度应按下式计算：

$$f_{cu,0} = f_{cu,k} + 1.645\sigma \tag{3-9}$$

② 当混凝土的设计强度等级不小于C60时，配制强度应按下式计算：

$$f_{cu,0} = 1.15 f_{cu,k} \tag{3-10}$$

式中 $f_{cu,k}$——混凝土设计强度等级，MPa；

σ——混凝土强度标准差，MPa，若有近期统计资料，可通过式（3-6）计算求得，否则按表3-13选取。

表3-13 普通混凝土σ参考值（JGJ 55—2011）

混凝土强度等级	≤C20	C20 ~ C45	C50 ~ C55
σ/MPa	4.0	5.0	6.0

需要注意：对于强度等级不大于C30的混凝土，当通过公式（3-8）算出σ计算值不小于3.0MPa时，σ应按照计算结果取值；当σ计算值小于3.0MPa时，σ应取3.0MPa。对于强度等级大于C30且不大于C60的混凝土，当σ计算值不小于4.0MPa时，σ应按照计算结果取值；当σ计算值小于4.0MPa时，σ应取4.0MPa。

2）确定水胶比（W/B）

$$W/B = \frac{\alpha_a f_b}{f_{cu,0} + \alpha_a \alpha_b f_b} \tag{3-11}$$

式中 α_a、α_b——回归系数，与集料品种、水泥品种、施工方法有关，可通过试验求得，或者根据以往历史数据统计得到。当不具备试验条件和统计资料时，可按《普通混凝土配合比设计规程》（JGJ 55—2011）选用经验值，见表3-14；

表 3-14　混凝土回归系数取值（JGJ 55—2011）

回归系数	碎　石	卵　石
α_a	0.53	0.49
α_b	0.20	0.13

f_b——胶凝材料 28d 胶砂抗压强度，可实测，且试验方法应按 GB/T 17671—1999《水泥胶砂强度检验方法（ISO 法）》执行；当无实测值时，可按下式计算

$$f_b = \gamma_f \gamma_s f_{ce} \tag{3-12}$$

式中　γ_f、γ_s——粉煤灰影响系数和粒化高炉矿渣粉影响系数，可按表 3-15 选用；

f_{ce}——水泥的 28d 实测强度，应通过试验确定，当无实测强度时，可采用公式 $f_{ce}=\gamma_{ce} f_{ce,k}$ 进行估计。式中，$f_{ce,k}$ 为水泥强度等级值（MPa）γ_{ce} 为水泥强度富裕系数，由水泥生产质量来决定，按统计资料确定，一般 $\gamma_{ce}=1.06 \sim 1.25$，当缺乏实际统计资料时，也可根据《普通混凝土配合比设计规程》（JGJ 55—2011）规定取值，见表 3-16。

表 3-15　γ_f、γ_s 参考值

种类 掺量（%）	γ_f	γ_s
0	1.00	1.00
10	0.85 ~ 0.95	1.00
20	0.75 ~ 0.85	0.95 ~ 1.00
30	0.65 ~ 0.75	0.90 ~ 1.00
40	0.55 ~ 0.65	0.80 ~ 0.90
50	—	0.70 ~ 0.80

注：1. 采用Ⅰ级、Ⅱ级粉煤灰宜取上限值。

2. 采用 S75 级粒化高炉矿渣粉宜取下限值，采用 S95 级粒化高炉矿渣粉宜取上限值，采用 S105 级粒化高炉矿渣粉可取上限值加 0.05。

3. 当超出表中的掺量时，粉煤灰和粒化高炉矿渣粉影响系数应经试验确定。

表 3-16　水泥强度富裕系数 γ_{ce} 取值（JGJ 55—2011）

水泥强度等级值/MPa	32.5	42.5	52.5
γ_{ce} 值	1.12	1.16	1.10

当无矿物掺合料时

$$W/B = \frac{\alpha_a f_{ce}}{f_{cu,0} + \alpha_a \alpha_b f_{ce}}$$

为了保证混凝土具备必要的耐久性，水胶比不得大于表 3-17 中规定的最大水胶比值，若计算所得的水胶比大于表中规定的最大值，则取表 3-17 中最大的规定值。

表 3-17　混凝土最大水胶比和最低强度限值（GB 50010—2010）

环境类别	环境条件	最大水胶比	最低强度等级	最大氯离子含量（%）	最大碱含量/(kg/m³)
一	室内干燥环境；无侵蚀性静水浸没环境	0.60	C20	0.30	不限制
二 a	室内潮湿环境；非严寒和非寒冷地区的露天环境、与无侵蚀的水或土壤直接接触的环境；严寒和寒冷地区的冰冻线以下与无侵蚀的水或土壤直接接触的环境	0.55	C25	0.20	3.0
二 b	干湿交替环境；水位频繁变动环境；严寒和寒冷地区的露天环境、严寒和寒冷地区的冰冻线以上与无侵蚀的水或土壤直接接触的环境	0.50（0.55）	C30（C25）	0.15	3.0
三 a	受除冰盐影响环境；严寒和寒冷地区冬季水位变动的环境；海风环境	0.45（0.50）	C35（C30）	0.15	3.0
三 b	盐渍土环境；受除冰盐作用环境；海岸环境	0.40	C40	0.10	3.0

注：1. 素混凝土构件的水胶比及最低强度等级的要求可适当放松。
2. 处于严寒和寒冷地区二 b、三 a 类环境中的混凝土应使用引气剂，并可采用括号中的有关参数。

3）确定单位用水量（m_{w0}）。当水胶比为 0.40 ~ 0.80 时，按表 3-18 选取混凝土的单位用水量；当水胶比小于 0.40 时，可通过试验确定。对于流动性或大流动性混凝土的用水量，应以表 3-18 中坍落度 90mm 的用水量为基础，按坍落度每增加 20mm，用水量增加 5kg，以此计算出未掺外加剂的混凝土单位用水量。

表 3-18　塑性和干硬性混凝土单位用水量选用表（JGJ 55—2011）

（单位：kg/m³）

项　目	指　标	卵石最大粒径/mm				碎石最大粒径/mm			
		10.0	20.0	31.5	40.0	16.0	20.0	31.5	40.0
坍落度/mm	10 ~ 30	190	170	160	150	200	185	175	165
	35 ~ 50	200	180	170	160	210	195	185	175
	55 ~ 70	210	190	180	170	220	205	195	185
	75 ~ 90	215	195	185	175	230	215	205	195
维勃稠度/s	16 ~ 20	175	160	—	145	180	170	—	155
	11 ~ 15	180	165	—	150	185	175	—	160
	5 ~ 10	185	170	—	155	190	180	—	165

注：1. 本表用水量系采用中砂时的平均取值。采用细砂时，混凝土用水量可增加 5 ~ 10kg/m³；采用粗砂时，可减少 5 ~ 10kg/m³。
2. 掺用各种外加剂或掺合料时，用水量应作相应调整。
3. 水胶比小于 0.40 的混凝土以及采用特殊成型工艺的混凝土，用水量应通过试验确定。

对于掺外加剂的混凝土，其单位用水量可按下式计算：

$$m_{w0} = m'_{w0}(1-\beta) \tag{3-13}$$

式中　m_{w0}——掺外加剂混凝土每立方米混凝土的用水量，kg/m^3；

m'_{w0}——未掺外加剂混凝土每立方米混凝土的用水量，kg/m^3；

β——外加剂的减水率,%，应经试验确定。

每立方米混凝土中外加剂用量 m_{a0} 应按下式计算：

$$m_{a0} = m_{b0}\beta_a \tag{3-14}$$

式中　m_{b0}——计算配合比每立方米混凝土中胶凝材料用量；

β_a——外加剂掺量（%），应经混凝土试验确定。

4）确定混凝土的单位胶凝材料用量（m_{b0}）。每立方米混凝土的胶凝材料用量，根据之前已确定的单位用水量（m_{w0}）和水胶比（W/B），可求出单位胶凝材料用量（m_{b0}），公式如下：

$$m_{b0} = \frac{m_{w0}}{W/B} \tag{3-15}$$

为保证混凝土的耐久性，由式（3-15）计算求出的胶凝材料用量，根据水胶比，还要满足表3-19规定的最小胶凝材料用量的要求，若计算得到的胶凝材料用量小于表中规定的最小胶凝材料用量，则应取表中规定的最小胶凝材料用量。

表3-19　混凝土最小胶凝材料用量（JGJ 55—2011）（单位：kg/m^3）

最大水胶比	素混凝土	钢筋混凝土	预应力混凝土
0.60	250	280	300
0.55	280	300	300
0.50	320		
≤0.45	330		

每立方米混凝土的矿物掺合料用量 m_{f0} 应按下式计算：

$$m_{f0} = m_{b0}\beta_f \tag{3-16}$$

式中　β_f——矿物掺合料掺量（%）。

每立方米混凝土的水泥用量 m_{c0} 应按下式计算：

$$m_{c0} = m_{b0} - m_{f0} \tag{3-17}$$

5）确定合理砂率（β_s）。合理的砂率值应根据混凝土拌合物的坍落度、黏聚性和保水性等特征来确定。当无历史资料可参考时，混凝土砂率的确定应符合下列规定：

① 坍落度为10~60mm的混凝土砂率，可根据粗集料品种、粒径及水胶比按表3-20选取。

表3-20　混凝土的砂率（%）（JGJ 55—2011）

水胶比（W/B）	卵石最大粒径/mm			碎石最大粒径/mm		
	10.0	20.0	40.0	16.0	20.0	40.0
0.40	26~32	25~31	24~30	30~35	29~34	27~32
0.50	30~35	29~34	28~33	33~38	32~37	30~35
0.60	33~38	32~37	31~36	36~41	35~40	33~38
0.70	36~41	35~40	34~39	39~44	38~43	36~41

注：1. 本表数值系中砂的选用砂率，对细砂或粗砂，可相应的减小或增大砂率。
2. 只用一个单粒级粗集料配制混凝土时，砂率应适当增大；采用人工砂配制混凝土时，砂率可适当增大。
3. 对薄壁构件，砂率取偏大值。
4. 本表中的砂率系指砂与集料总量的质量比。

② 坍落度大于60mm的混凝土砂率，可经试验确定，也可在表3-20的基础上，按坍落度每增大20mm，砂率增大1%的幅度予以调整。

③ 坍落度小于10mm的混凝土，其砂率应经试验确定。

6）确定粗、细集料的用量（m_{g0}、m_{s0}）。计算粗、细集料的用量的方法有两种：质量法和体积法。

① 当采用质量法时，应按下列公式计算：

$$m_{f0}+m_{c0}+m_{g0}+m_{s0}+m_{w0}=m_{cp} \tag{3-18}$$

$$\beta_s=\frac{m_{s0}}{m_{g0}+m_{s0}} \tag{3-19}$$

式中 m_{g0}——每立方米混凝土的粗集料用量，kg/m³；

m_{s0}——每立方米混凝土的细集料用量，kg/m³；

β_s——砂率，%；

m_{cp}——每立方米混凝土拌合物的假定质量，kg/m³，其值可取2350～2450kg/m³。

② 当采用体积法时，应按下列公式计算：

$$\frac{m_{c0}}{\rho_c}+\frac{m_{f0}}{\rho_f}+\frac{m_{g0}}{\rho_g}+\frac{m_{s0}}{\rho_s}+\frac{m_{w0}}{\rho_w}+0.01\alpha=1 \tag{3-20}$$

$$\beta_s=\frac{m_{s0}}{m_{g0}+m_{s0}} \tag{3-21}$$

式中 ρ_c——水泥密度，kg/m³，可实测，也可取2900～3100kg/m³；

ρ_f——矿物掺合料密度，kg/m³；

ρ_g——粗集料的表观密度，kg/m³；

ρ_s——细集料的表观密度，kg/m³；

ρ_w——水的密度，kg/m³，可取1000 kg/m³；

α——混凝土含气量百分数，%，在不使用引气剂或引气型外加剂时，α可取1。

通过上述步骤，可将每立方米的水泥、矿物掺合料、砂、石子和水的用量全部求出，从而得到计算配合比（初步配合比）。

（2）确定试拌配合比（或“基准配合比”） 混凝土的计算配合比是基于经验公式或利用以往历史数据资料计算确定，对于目前的一些实际情况和因素没有考虑进去，因此所获得的计算配合比可能并不符合实际要求，因此需要对混凝土的计算配合比进行试配和调整，从而获得试拌配合比。

首先进行试拌，检查拌合物的和易性，当试拌制得的拌合物的坍落度或维勃稠度不能满足要求，或者黏聚性和保水性不良时，应保持水胶比不变，以节约水泥为原则，调整水泥用量、用水量、外加剂用量和砂率等，直到混凝土拌合物性能符合设计和施工要求，然后修正计算配合比，提出试拌配合比。

通常，若实测坍落度小于设计要求，每增加10mm坍落度，需增加水胶比不变的水泥浆用量5%～8%；若实测坍落度超过设计要求，每减小10mm坍落度，需增加砂率不变的集料5%～10%；若是黏聚性和保水性不良，则要调大砂率，保持石子用量不变，单独增加砂的用量。

进行试配时，应采用工程中实际使用的原材料，搅拌方法宜和施工时采用的方法相同。

每盘混凝土试配的最小搅拌量应符合下表 3-21 的规定，但采用机械搅拌时，且搅拌量不应小于搅拌机额定搅拌量的 1/4。

表 3-21 混凝土试配的搅拌量（JGJ 55—2011）

集料最大粒径/mm	拌合物用量/L
≤31.5	20
40	25

（3）确定设计配合比（或“实验室配合比”） 按试拌配合比配制的混凝土，和易性达到了要求，但需要对其进行强度试验，并应符合下列规定：

1）应至少采用三个不同的配合比，其中一个应为试拌配合比，另外两个配合比的水胶比在试拌配合比的基础上分别增加和减少 0.05，并且用水量应和试拌配合比的用水量相同，砂率可分别增加和减少 1%。外加剂掺量也做减少和增加的微调。

2）三个配合比下的混凝土拌合物的性能都应符合设计和施工的要求。

3）每个配合比下均应至少制作一组（每组 3 块）试件，并对其进行标准养护到 28d 或设计规定龄期时试压，通常制作 7d、28d 两组试件。

根据试验得出的混凝土强度与其相对应的胶水比（B/W）关系，用作图法或计算法求出略大于混凝土配制强度（$f_{cu,0}$）所对应的胶水比，并按下列原则确定每立方米混凝土的材料用量：

1）在试拌配合比基础上，用水量（m_w）和外加剂用量（m_a）应根据制作强度试件时测得的坍落度或维勃稠度进行调整确定。

2）胶凝材料用量（m_b）应以用水量乘以确定好的胶水比计算确定。

3）粗、细集料的用量（m_g、m_s）应在试拌配合比的粗、细集料用量的基础上，按确定的用水量和胶凝材料用量进行调整。

上述各材料用量确定之后，所获得的配合比还须按下列步骤进行校正：

1）根据上面确定的材料用量按下式计算混凝土的表观密度计算值（$\rho_{c,c}$）：

$$\rho_{c,c}=m_c+m_f+m_g+m_s+m_w \tag{3-22}$$

式中 m_c——每立方米混凝土的水泥用量，kg/m³；

m_f——每立方米混凝土的矿物掺合料用量，kg/m³；

m_g——每立方米混凝土的粗集料用量，kg/m³；

m_s——每立方米混凝土的细集料用量，kg/m³；

m_w——每立方米混凝土的用水量，kg/m³。

2）应按下式计算混凝土配合比校正系数 δ：

$$\delta=\frac{\rho_{c,t}}{\rho_{c,c}} \tag{3-23}$$

式中 $\rho_{c,t}$——混凝土表观密度实测值，kg/m³；

$\rho_{c,c}$——混凝土表观密度计算值，kg/m³。

3）当混凝土表观密度实测值与计算值之差的绝对值不超过计算值的 2% 时，前述确定的配合比维持不变；当二者之差超过2%时，应将配合比中每项材料的用量均乘以校正系数δ。

配合比调整确定后，应测定水溶性氯离子含量，试验结果应符合《普通混凝土配合比设计规程》（JGJ 55—2011）的规定，见表3-22。

表3-22 水溶性氯离子最大含量（JGJ 55—2011）

环境条件	水溶性氯离子最大含量（%，水泥用量的质量百分比）		
	钢筋混凝土	预应力混凝土	素混凝土
干燥环境	0.30	0.06	1.00
潮湿但不含有氯离子的环境	0.20		
潮湿且含有氯离子的环境；盐渍土环境	0.10		
除冰盐等侵蚀性物质的腐蚀环境	0.06		

对设计有耐久性要求的混凝土应进行相关耐久性试验验证，符合规定的配合比方可确定为设计配合比（实验室配合比）。

生产单位可根据常用材料按上述步骤设计出常用的混凝土设计配合比备用，并应在启用过程中予以验证或调整。遇有下列情况之一者，应重新进行配合比设计：①对混凝土性能有特殊要求时；②水泥、外加剂或矿物掺合料等原材料品种、质量有显著变化时。

（4）确定施工配合比 上述步骤获得的设计配合比，都以原材料的干燥状态为基准，实际在施工现场或混凝土搅拌站，砂、石材料通常都不可避免地含有一定的水分，且含水率经常变化。因此工地现场称量必须事先测定砂、石的含水率，根据其含水率进行配合比的随时修正，换算成施工配合比。

假定工地测出砂石的质量含水率为w_s、w_g，以此计算施工配合比：

$$m'_c = m_c \tag{3-24}$$

$$m'_f = m_f \tag{3-25}$$

$$m'_s = m_s(1 + w_s) \tag{3-26}$$

$$m'_g = m_g(1 + w_g) \tag{3-27}$$

$$m'_w = m_w - m_s \cdot w_s - m_g \cdot w_g \tag{3-28}$$

式中 m'_c——施工配合比下，每立方米混凝土的水泥用量，kg/m^3；

m'_f——施工配合比下，每立方米混凝土的矿物掺合料用量，kg/m^3；

m'_g——施工配合比下，每立方米混凝土的粗集料用量，kg/m^3；

m'_s——施工配合比下，每立方米混凝土的细集料用量，kg/m^3；

m'_w——施工配合比下，每立方米混凝土的用水量，kg/m^3。

三、普通混凝土配合比设计实例

1. 工程条件

某图书馆阅览室现浇钢筋混凝土柱，混凝土设计强度等级C30，混凝土由机械搅拌、机械振捣，坍落度要求为55~70mm，环境要求干燥。该施工单位没有相关历史统计资料。

2. 原材料状况

1）水泥：强度等级42.5MPa的普通硅酸盐水泥，密度3.05g/cm^3。

2）砂：中砂，符合Ⅱ区级配，表观密度 $2650kg/m^3$。

3）石子：碎石，粒径 5~40mm，表观密度 $2650kg/m^3$。

4）水：自来水。

3. 设计要求

1）求混凝土的设计配合比。

2）施工现场砂含水率2%，碎石含水率1%，求施工配合比。

4. 设计过程

本例中无矿物掺合料。

（1）确定计算配合比

① 计算混凝土试配强度（$f_{cu,0}$）。因为混凝土的设计强度等级为C30，查表3-13，σ 取5.0MPa，且小于C60情况下，配制强度按下式计算：

$$f_{cu,0} = f_{cu,k} + 1.645\sigma = (30 + 1.645 \times 5)\text{MPa} = 38.23\text{MPa}$$

② 计算水胶比（W/B）。查表3-14，$\alpha_a = 0.53$，$\alpha_b = 0.20$；查表3-16，$\gamma_{ce} = 1.16$，则 $f_{ce} = \gamma_{ce} f_{ce,k} = 1.16 \times 42.5\text{MPa} = 49.3\text{MPa}$。

$$W/B = \frac{\alpha_a f_{ce}}{f_{cu,0} + \alpha_a \alpha_b f_{ce}} = \frac{0.53 \times 49.3\text{MPa}}{38.23\text{MPa} + 0.53 \times 0.20 \times 49.3\text{MPa}} = 0.60$$

查表3-17，最大水胶比为0.60，取 $W/B = 0.60$。

③ 确定单位用水量（m_{w0}）。查表3-18，取 $m_{w0} = 185kg/m^3$。

④ 计算水泥用量（m_{c0}）。本例中无矿物掺合料，故

$$m_{c0} = m_{b0} = \frac{m_{w0}}{W/B} = \frac{185kg/m^3}{0.60} = 308kg/m^3$$

查表3-19，最小胶凝材料用量为 $280kg/m^3$，故 $m_{c0} = 308kg/m^3$。

⑤ 确定合理砂率（β_s）。查表3-20，合理砂率范围在33%~38%，取 $\beta_s = 35\%$。

⑥ 计算砂、石用量（m_{g0}、m_{s0}）。采用体积法计算取 $\alpha = 1$，不掺掺合料，则

$$\frac{m_{c0}}{\rho_c} + \frac{m_{g0}}{\rho_g} + \frac{m_{s0}}{\rho_s} + \frac{m_{w0}}{\rho_w} + 0.01\alpha = 1 \Rightarrow \frac{m_{g0}}{2650} + \frac{m_{s0}}{2650} = 1 - 0.01 - \frac{308}{3050} - \frac{185}{1000} = 0.704$$

$$\beta_s = \frac{m_{s0}}{m_{g0} + m_{s0}} \Rightarrow \frac{m_{s0}}{m_{g0} + m_{s0}} = 0.35$$

计算得到：$m_{g0} = 1213kg/m^3$，$m_{s0} = 653kg/m^3$。

因此，确定出混凝土的计算配合比：水泥，$308kg/m^3$；水，$185kg/m^3$；砂，$653kg/m^3$；石，$1213kg/m^3$。

或表示为：$m_{c0} : m_{w0} : m_{s0} : m_{g0} = 1 : 0.6 : 2.12 : 3.94$。

（2）确定试拌配合比　根据最大粒径，查表3-21，最少试拌25L混凝土拌合物，计算各材料的用量：

水泥：$308kg/m^3 \times 0.025m^3 = 7.7kg$

水：$185kg/m^3 \times 0.025m^3 = 4.62kg$

砂：$653kg/m^3 \times 0.025m^3 = 16.33kg$

石：$1213kg/m^3 \times 0.025m^3 = 30.33kg$

将上述材料充分搅拌均匀，测定坍落度，实测坍落度为40mm，小于设计要求的55~

70mm，需要对坍落度进行加大调整，应该用增加水胶比不变的水泥浆量来调整。

保持水胶比不变，同时增加水泥和水 5% 的用量后，测得坍落度为 60mm，同时保水性和黏聚性都良好，含砂情况也较好，可认为该配合比满足设计要求，并测得混凝土拌合物的表观密度 $\rho_{c,t}=2410\text{kg/m}^3$。

此时混凝土的试拌配合比为：

水泥：$m_c=308\text{kg/m}^3\times(1+5\%)=323\ \text{kg/m}^3$

水：$m_w=185\text{kg/m}^3\times(1+5\%)=194\text{kg/m}^3$

砂：$m_s=653\text{kg/m}^3$

石：$m_g=1213\text{kg/m}^3$

（3）确定设计配合比　为了检验混凝土试配强度是否符合设计要求，至少需要采用三个不同的配合比分别制作三组试样，分别为 0.55、0.60、0.65 的配合比。考虑到试拌配合比下的拌合物和易性十分好，因此对水胶比为 0.55 和 0.65 的混凝土，保持砂率不变、用水量和砂、石用量不变，调整水泥用量，对这两组的坍落度进行测试之后发现均符合设计要求。三组试件在标准养护 28d 后检测强度，测试结果见表 3-23。

表 3-23　混凝土三组配合比试件的相关数据

组别	水胶比	胶水比	配合比——材料用量/(kg/m³)				坍落度/mm	黏聚性、保水性、含砂情况	实测表观密度 $\rho_{c,t}$/ kg/m³	28d 强度 f_{cu}/MPa
			水泥	水	砂	石子				
1	0.55	1.82	353	194	653	1213	55	良好	2420	41.85
2	0.60	1.67	323	194	653	1213	60	良好	2410	38.04
3	0.65	1.54	298	194	653	1213	68	良好	2405	36.32

由表 3-23，绘制 $f_{cu}-B/W$ 关系曲线，如图 3-21所示。从图中找出比配制强度 38.235MPa 略高的 38.25MPa 相对应的胶水比为 1.69（水胶比为 0.59）。

图 3-21　混凝土的 $f_{cu}-B/W$ 关系曲线

得出符合强度要求的配合比为：

水泥：$m_c=194\text{kg/m}^3\times1.69=328\text{kg/m}^3$

水：$m_w=194\text{kg/m}^3$

砂：$m_s=653\text{kg/m}^3$

石：$m_g=1213\text{kg/m}^3$

根据上面确定的材料用量按下式计算混凝土的表观密度计算值（$\rho_{c,c}$）

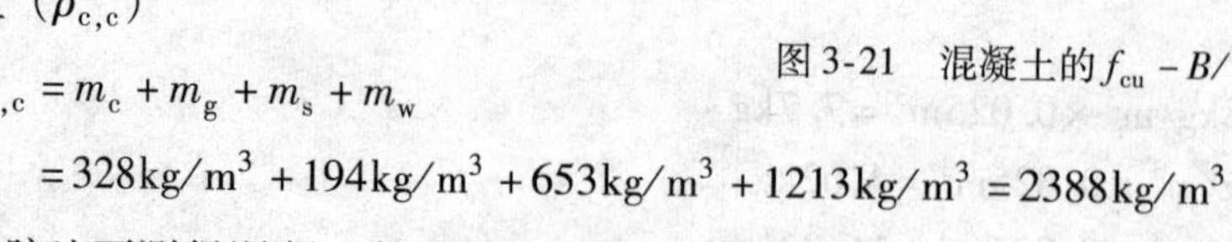

$$\rho_{c,c}=m_c+m_g+m_s+m_w$$
$$=328\text{kg/m}^3+194\text{kg/m}^3+653\text{kg/m}^3+1213\text{kg/m}^3=2388\text{kg/m}^3$$

根据 0.6 水胶比下测得混凝土拌合物的表观密度为 2410kg/m³，可近似认为 0.59 水胶比下混凝土拌合物的 $\rho_{c,t}=2410\text{kg/m}^3$。

因为 $$\frac{|\rho_{c,t}-\rho_{c,c}|}{\rho_{c,c}}=\frac{|2410-2388|}{2388}=0.92\%<2\%$$

所以不需要校正配合比，可直接采用上述调整后的配合比确定为设计配合比。

即设计配合比为：水泥，328kg/m³；水，194kg/m³；砂，653kg/m³；石，1213kg/m³。或表示为：$m_c:m_w:m_s:m_g=1:0.59:1.99:3.70$

测定设计配合比下的混凝土的水溶性氯离子含量，试验结果符合《普通混凝土配合比设计规程》（JGJ 55—2011）的规定，该设计配合比符合要求，可采用。

（4）计算施工配合比　根据施工现场砂含水率 $w_s=2\%$，碎石含水率 $w_g=1\%$，则施工配合比为：

$$m_c'=m_c=328\text{kg/m}^3$$

$$m_s'=m_s(1+w_s)\text{kg/m}^3=653\text{kg/m}^3\times(1+2\%)=666\text{kg/m}^3$$

$$m_g'=m_g(1+w_g)=1213\text{kg/m}^3\times(1+1\%)=1225\text{kg/m}^3$$

$$m_w'=m_w-m_sw_s-m_gw_g=194\text{kg/m}^3-653\text{kg/m}^3\times2\%-1213\text{kg/m}^3\times1\%=169\text{kg/m}^3$$

第六节　其他品种混凝土

前面我们讲的都是普通混凝土的情况，在实际应用中还需要用到其他品种的混凝土，以满足工程的需要。

一、轻集料混凝土

对于高层或大跨度的结构，混凝土的自重是个大问题，水泥的自重下降幅度极其有限，于是研究者从集料入手，研制出轻集料混凝土，使得混凝土轻质又能承重。这些集料的来源有：

1）天然多孔岩石加工成的轻集料：如浮石、火山渣等。

2）以工业废渣加工而成的轻集料：如膨胀矿渣、粉煤灰陶粒等。

3）以地方材料为原料加工而成的人造轻集料：如膨胀珍珠岩、页岩陶粒等。

这些轻集料可以不同程度地加入到混凝土中，制成不同类型的轻集料混凝土。例如：全轻混凝土，粗细集料均采用轻集料；砂轻混凝土，细集料全部或部分采用普通砂；大孔轻集料混凝土，粗集料用轻集料，而细集料则无砂或少砂；次轻混凝土，细集料为轻集料，粗集料为轻集料和普通集料混合使用。

与普通混凝土相比，硬化后的轻集料混凝土有以下特点：表观密度小，自重轻；强度等级范围小；弹性模量小，应变大；热膨胀系数小，保温隔热性能好；抗震和耐火性能较好。轻集料混凝土作为性能优良的结构和保温材料，目前在高层或大跨度建筑工程中技术优势明显，应用非常广泛，而随着新型墙体材料的改革，轻集料的应用前景将会更加广阔。

二、纤维混凝土

普通混凝土虽然有较高的抗压强度，但是其抗拉性能较差，脆性大，因此其抗裂、抗弯、抗冲击性能不太理想。

通过在普通混凝土中掺加长度较短的纤维材料，如尼龙纤维、塑料纤维、玻璃纤维、钢纤维等，制成纤维增强混凝土，可有效提高混凝土的抗拉性能，继而提高混凝土的抗弯、抗裂、抗冲击性能。

按纤维的弹性模量，可划分为高弹性模量纤维和低弹性模量纤维。高弹性模量纤维常见的有钢纤维、玻璃纤维、碳纤维、石棉纤维等。这种类型的纤维加入混凝土后，能明显提高混凝土的抗拉强度以及刚度、韧性、动荷载承受力，尤其是钢纤维，对抑制混凝土裂缝的形成、提高混凝土抗拉强度和抗弯强度及抗剪强度、增强韧性等效果最好，一般可提高抗拉强度2倍左右，提高抗弯强度2.5倍上下，提高抗冲击韧性5~10倍，甚至更高。低弹性模量纤维常见的有尼龙纤维、聚丙烯纤维、聚乙烯纤维、植物纤维等。这种纤维虽然无法明显提高混凝土的抗拉强度，但对混凝土早期抗裂性、抗冲击强度和抗疲劳强度有明显的增强作用。聚合物纤维如图3-22所示。

除了纤维的材质特性外，纤维的含量、几何形状、长径比、分布情况、耐碱性对混凝土性能都有很大影响，以钢纤维的形状类型最为丰富，如图3-23所示。混凝土中的纤维最佳含量和长径比，应通过试验确定。纤维在混凝土中的分布，以方向和应力方向一致最有效，双向或三向配置的增强效果明显降低，但对抗剪而言，却是乱向分布的效果比较好。

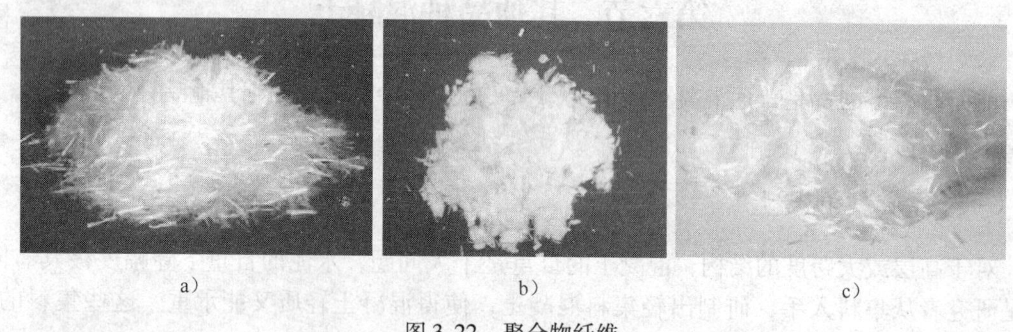

a）　　　　b）　　　　c）

图3-22　聚合物纤维

a）聚丙烯丝纤维　b）聚丙烯腈纤维　c）聚酯纤维

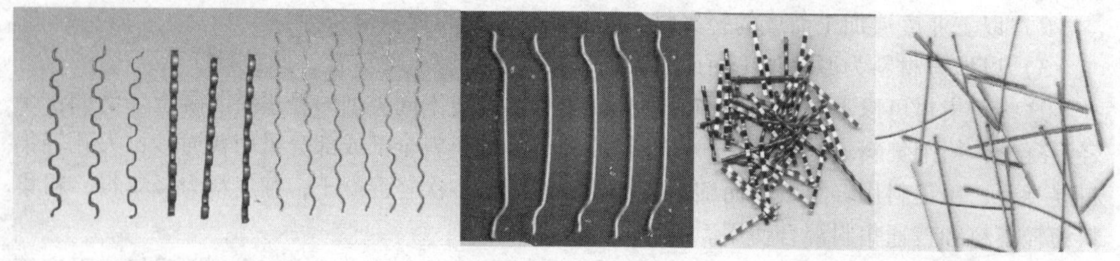

图3-23　钢纤维的几何形状

纤维混凝土主要应用于抗冲击、抗裂性能要求较高的工程以及应力结构较复杂的构件，如跨度较大的梁、楼板、桥梁、飞机跑道、压力管道、薄壁结构等地方，尤其是配合喷射施工技术，优势非常明显。在一些结构复杂的部位比如表面不规整、施工面积较大或坡度较大的山岩护坡、隧道等，喷射纤维混凝土能较好地形成厚度均匀的加固层。

三、高性能混凝土

高性能混凝土是近些年来提出的一个新概念，主要是为了解决高强混凝土中伴随高强度的负面影响，即拉压比的降低，导致混凝土脆性增大、韧性降低，以及水化热增大产生的温度裂缝和干缩裂缝。因此高性能混凝土并不等同于高强混凝土，而是涵盖了高强混凝土的范畴。高性能混凝土并非极致追求高强度，而是要求混凝土具备适当高的抗压强度，同时具备良好的施工和易性、高抗冻抗渗性、高体积稳定性，这些性能将保证混凝土有良好的耐久性和长期使用安全保证。

目前有相当多的高校、研究单位在进行高性能混凝土的研究和开发，其制备工艺及质量控制过程虽然还没有一个明确统一的规范，但大致可以归纳出以下几个方面：

（1）从原材料入手　使用高品质的水泥和粗、细集料，集料质地坚硬致密、粒径控制严格、级配良好，同时掺入超细活性掺合料以及和水泥适应性良好的外加剂，其中，高效减水剂是必可不少的。

（2）从配合比入手　普通混凝土的强度－水胶比关系对高性能混凝土不适用，因此高性能混凝土的配合比设计不能套用普通混凝土的配合比设计，必须通过严格的反复试配优化确定。

（3）从生产管理入手　高性能混凝土的整个生产环节都需进行严格的质量控制，包括材料、设备、人员操作，从称量、搅拌、运输、浇筑、成型、拆模、养护、维护，都需要进行科学的管理，对设备也较其他混凝土设备更严格地进行定期校正检修，对操作人员和管理人员也需定期进行严格培训，从多方面保证混凝土各项进程能获得更高精度的实施。

高性能混凝土是未来混凝土发展的重要方向，将被用于高层、超高层建筑，大跨度结构（桥梁），高速公路，海洋、水利等工程中，也将会推动土木工程技术的进步和创新，因此，出现新型建筑结构形式也不无可能。

四、道路混凝土

以混凝土为主要材料做道路面层，称之为“道路混凝土路面”，也称“刚性路面”“白色路面”。通常将混凝土制成混凝土板，可分为素混凝土、钢筋混凝土、连续配筋混凝土、预应力混凝土、钢纤维混凝土和装配式混凝土等各种路面。

道路混凝土路面属于高级路面，是一种刚度较大、扩散荷载应力能力强、稳定性好和使用寿命长的路面结构，与其他路面相比，具有强度高、稳定性和耐久性好、养护费用低、耐磨抗滑性能好、利于夜间行驶的优点。但其对水泥和水的消耗大，造价高，同时接缝较多、整体性差，投入运行迟，对交通影响大，后期养护修复困难，费用高。

目前我国的飞机场跑道，几乎全部采用道路混凝土路面。我国的道路混凝土路面大多是用素混凝土按单层就地浇筑而成，但少数也有采用装配式预制板，或做成双层式，或配有钢筋。而连续配筋混凝土路面钢材消耗多，造价高，施工较复杂；预应力混凝土路面施工工艺复杂，对设备要求高，通常用于机场建设，无法在其他地方推广使用；装配式混凝土路面较适用于停车站场和港口码头处，但其接缝多，整体性差，因此在公路和城市道路干线上很少采用。

五、碾压混凝土

碾压混凝土是一种坍落度为零、超干硬性、贫水泥的混凝土，采用路面摊铺机、振动压路机、振动碾等机械设备分层压实成型，如图 3-24 所示。

图 3-24 碾压混凝土及施工

碾压混凝土的水泥用量少，一般采用硅酸盐水泥，强度高且发展快，耐磨性好；集料采用连续级配且最大粒径不超过 20mm，容易被压实；若掺入粉煤灰，能明显提高混凝土的和易性，大幅提升混凝土抗裂性能，还能减少水泥用量，减少水化热，提高密实度和后期强度；由于施工时间较长而早期强度要求发展较快，外加剂通常采用缓凝型减水剂或缓凝引气型减水剂。

碾压混凝土的施工速度主要受拌和能力和铺料速度的影响。由于碾压混凝土属于干硬性混凝土，流动性极小，混合料不易拌和均匀，所以拌和时间要适当加长。而选择合适的铺料方式和机械是影响铺料速度的关键因素。

碾压混凝土建造的水利大坝既具有混凝土强度高、防渗性能好、坝身可溢流等优点，又具有普通土石坝施工程序简便快速、经济合理、可使用大型通用机械的优点。

碾压混凝土还可用于重负荷载路面，停车场、货场及道路公路低速路面，近几年来，也有用于铺筑较高等级的公路路面的例子。碾压混凝土具有施工快、强度高、缩缝少、水泥用量少、造价低、减少施工环境污染等优点，不论是大型工程，还是局部改扩建工程，施工非常方便快捷，成为目前道路施工的重要选择。

第七节 砂 浆

砂浆是由胶凝材料、细集料和水（也可加入外加剂）按一定比例配制而成的建筑材料。砂浆在建筑结构中不作为承重材料，但起到黏结、衬垫和传递荷载的作用。其主要在以下一些方面使用并起作用：

1）结构工程中，把砖、石、砌块黏结成整体，砖墙勾缝、大型墙板和构件的接缝。

2）装饰工程中，墙、柱、梁、地面等表面的抹面找平；天然或人造石材、瓷砖等面砖的粘贴和镶缝。

砂浆按胶凝材料可分为水泥砂浆、石灰砂浆、混合砂浆、聚合物砂浆等；按用途分为砌筑砂浆、抹面砂浆和特种砂浆。

一、砂浆的组成材料

1. 胶凝材料

常用的有：水泥、石灰、石膏和黏土等。

通常用六大类通用水泥配制砌筑砂浆，像混凝土那样，根据使用环境和部位选择水泥品种。由于砂浆的强度等级要求不高，从经济合理出发，通常采用32.5级的水泥，一般不宜采用大于42.5级的水泥。

在砂浆中加入石灰、石膏、黏土、粉煤灰等，可改善砂浆的流动性和保水性，也起到了降低成本的作用。

2. 细集料

砂浆用砂，和混凝土用砂的技术要求一致，其对砂浆流动性、黏聚性和强度影响较大，尤其是能有效抑制砂浆硬化收缩引起的开裂。

由于砂浆层通常较薄，所以对砂的粒径限制较多：通常优先选用中砂；用于砌筑毛石砌体的砂浆，宜选用粗砂，最大粒径小于砂浆层厚的1/5～1/4；用于砌筑砖砌体的砂浆，砂的最大粒径不能超过2.5mm；用于抹面和勾缝的砂浆，应采用细砂。

3. 拌合水

与混凝土拌合用水技术要求一致。

4. 外加剂

在砂浆中掺入一些外加剂，如增塑剂、防水剂、早强剂，可显著提高砂浆的某些性能。如加入最常用的增塑剂（又称“微沫剂”），可以明显改善砂浆的和易性；加入防水剂用于墙面和地面的抹面，可有效提高这些部位的防水能力。

二、砂浆的技术性质

1. 和易性

砂浆的和易性指砂浆在搅拌、运输、砌筑时易于流动同时不易失水的性质，包括两方面的性能：流动性和保水性。

（1）流动性　砂浆的流动性用稠度表示，稠度的大小用沉入量（mm）表示，通过稠度测定仪测定。沉入量大的砂浆流动性好。砂浆流动性的选择要考虑基材特性、施工工艺及气候条件的影响，可根据施工经验来拌制，并符合《砌筑砂浆配合比设计规程》（JGJ/T 98—2010）的规定，见表3-24。

表3-24　砌筑砂浆的施工稠度（JGJ/T 98—2010）

砌体种类	砂浆稠度/mm
烧结普通砖砌体、粉煤灰砖砌体	70～90
轻集料混凝土小型空心砌块砌体、烧结多孔砖砌体、烧结空心砖砌体、蒸压加气混凝土砌块砌体	60～80
灰砂砖砌体、混凝土砖砌体、普通混凝土小型空心砌体砌块	50～70
石砌体	30～50

（2）保水性　砂浆的保水性对砂浆的各方面性能影响很大，保水性好的砂浆在存放、运输和操作过程中，水分能很好地保持，砂浆能保持稳定的稠度，使砂浆在砌筑和抹面时能均匀密实地摊铺在基材上，硬化后具有较高的强度，和基材有良好的黏结性。

砂浆的保水性用分层度（mm）来表示，保水性好的砂浆，通常在10~20mm，最大不宜超过30mm。若砂浆分层度过大，易产生分层离析，不利于施工，也影响硬化后的强度；若分层度过小，砂浆太过干稠，易产生干缩裂缝。

2. 强度

砂浆虽然不作为承重材料，但在砌体中，承担传递荷载的作用，在面砖铺砌中，起到中间连接的作用，因此要求砂浆必须要有一定的强度。和混凝土一样，砂浆也是以抗压强度作为强度指标。

砂浆的强度采用一组6块边长为70.7mm的立方体试块，在标准养护下养护28d的抗压强度平均值来评定。

根据砂浆的抗压强度，水泥砂浆及预拌砂浆的强度等级划分为7个等级：M5、M7.5、M10、M15、M20、M25、M30；水泥混合砂浆的强度等级划分为4个等级：M5、M7.5、M10、M15。

砂浆的强度除了与自身组成材料的性能和用量以及工艺有关外，还与基材的吸水性有关，因此水泥砂浆强度的计算可分成以下两种方式：

（1）不吸水的密实基材　这种情况下的水泥砂浆强度与水泥混凝土的强度计算方式近似：

$$f_{m,0}=af_{ce}\left(\frac{B}{W}-b\right) \tag{3-29}$$

式中　$f_{m,0}$——砂浆28d抗压强度，MPa；

f_{ce}——水泥28d实测强度，MPa；

$\frac{B}{W}$——胶水比；

a、b——经验系数，可根据统计资料确定，通常也可取0.29、0.4。

（2）吸水基材　这种类型的基材往往是多孔材料，如黏土砖、加气混凝土等，能吸收砂浆中的水分，此时砂浆中含有的水分取决于砂浆的保水性，与水胶比的关系不大，此时水泥砂浆强度主要取决于水泥的强度等级和水泥用量，其计算公式如下：

$$f_{m,0}=\frac{\alpha f_{ce}Q_c}{1000}+\beta \tag{3-30}$$

式中　Q_c——每立方米砂浆的水泥用量，kg；

α、β——砂浆的特征系数，其中$\alpha=3.03$，$\beta=-15.09$。

3. 黏结力

砂浆与基材的黏结力，会影响砌体的强度、耐久性和抗震性能。而影响砂浆黏结力的因素主要有以下几个：

1）砂浆的抗压强度。抗压强度越高，与基材的黏结力越大。

2）基材的表面状态、清洁程度、湿润状况。基材表面粗糙、清洁、湿润，与砂浆的黏结力就比较强。

3）施工操作水平及后期的养护。

三、砌筑砂浆配合比设计

1. 计算砂浆试配强度（$f_{m,0}$）

砂浆的试配强度按下式计算：

$$f_{m,0} = kf_2 \tag{3-31}$$

或

$$f_{m,0} = f_2 + 0.645\sigma \tag{3-32}$$

式中　$f_{m,0}$——砂浆试配强度，MPa；

f_2——砂浆抗压强度等级，MPa；

σ——砂浆现场强度标准差，MPa；

k——强度系数，按表3-25选取。

砂浆现场强度标准差应有关资料统计得出，如无统计资料，也可按表3-25选取。

表3-25　砂浆强度标准差 σ 及 k 值（JGJ/T 98—2010）

施工水平	强度标准差 σ/MPa							k
	M5	M7.5	M10	M15	M20	M25	M30	
优良	1.00	1.50	2.00	3.00	4.00	5.00	6.00	1.15
一般	1.25	1.88	2.50	3.75	5.00	6.25	7.50	1.20
较差	1.50	2.25	3.00	4.50	6.00	7.50	9.00	1.25

2. 计算每立方米砂浆水泥用量（Q_c）

每立方米砂浆中的水泥用量 Q_c（kg）应按下式计算：

$$Q_c = \frac{1000\ (f_{m,0} - \beta)}{\alpha f_{ce}} \tag{3-33}$$

在无法取得水泥实测强度值时，用下式计算

$$f_{ce} = \gamma_{ce} f_{ce,k} \tag{3-34}$$

式中　$f_{ce,k}$——水泥强度等级，MPa；

γ_{ce}——水泥强度富裕系数，应按统计资料统计确定，若无统计资料，可取1.0。

水泥砂浆中水泥的最小单位用量不能低于200kg。

3. 计算每立方米砂浆掺合料用量（Q_D）

其计算公式如下：

$$Q_D = Q_A - Q_c \tag{3-35}$$

式中　Q_D——每立方米砂浆的掺合料用量，kg；石灰膏、黏土膏使用时的稠度应为(120±5)mm。

Q_A——每立方米砂浆中胶结料和掺合料的总量，kg，一般应为300～350kg。

4. 确定每立方米砂浆中砂的用量（Q_S）

每立方米砂浆中的砂用量 Q_S，应按干燥状态（含水率小于0.5%）的堆积密度值作为计算值（kg）。

5. 确定每立方米砂浆的用水量（Q_W）

1）可根据砂浆稠度要求选用210～310kg。

2）一般情况下，水泥混合砂浆用水量要小于水泥砂浆用水量。

需要注意以下几个方面：混合砂浆中的用水量，不包括石膏中的水；当采用细砂或粗砂时，用水量分别取上限或下限；稠度小于70mm时，用水量可取下限；施工现场气候炎热或干燥季节，可酌情增加用水量。

四、水泥砂浆配合比选用

水泥砂浆若按砌筑砂浆的计算方法计算水泥用量，会出现水泥用量偏少的情况，因此可直接按表3-26选取。

表3-26 每立方米水泥砂浆材料用量 （单位：kg）

强度等级	水泥用量	水泥等级	砂用量	用水量
M5	200 ~ 230	32.5MPa	砂的堆积密度值	270 ~ 330
M7.5	230 ~ 260			
M10	260 ~ 290			
M15	290 ~ 330			
M20	340 ~ 400	42.5MPa		
M25	360 ~ 410			
M30	430 ~ 480			

注：1. 当采用细砂或粗砂时，用水量分别取上限或下限。
2. 稠度小于70mm时，用水量可取下限。
3. 施工现场气候炎热或干燥季节，可酌情增加用水量。
4. 试配强度应按式（3-31）或式（3-32）计算。

五、砌筑砂浆配合比设计实例

1. 工程条件

用于砌筑烧结普通砖墙的水泥混合砂浆，强度等级M7.5，砂浆稠度70 ~ 90mm。水泥采用某等级的复合硅酸盐水泥；砂为中砂，含水率为1.5%，堆积密度为1480kg/m^3，石灰膏稠度为120mm；9、10月份施工，施工水平一般。

2. 设计要求

1）选择合适等级的水泥。

2）计算砂浆的配合比。

3. 设计过程

1）根据砂浆强度等级为M7.5，可采用32.5 MPa的复合硅酸盐水泥，并计算砂浆的试配强度$f_{m,0}$：

$$f_{m,0} = kf_2 = 1.2 \times 7.5\text{MPa} = 9\text{MPa}$$

2）计算每立方米砂浆水泥用量（Q_c）。

$$Q_c = \frac{1000(f_{m,0} - \beta)}{\alpha f_{ce}} = \frac{1000 \times (9 + 15.09)}{3.03 \times 32.5}\text{kg} = 245\text{kg}$$

3）计算每立方米砂浆中石灰膏用量（Q_D）。取每立方米砂浆中水泥和石灰膏的总量 $Q_A=330kg$，则 $Q_D=Q_A-Q_c=(330-245)kg=85kg$。

4）计算每立方米砂浆中砂的用量（Q_S）。

$$Q_S=1480\times(1+1.5\%)kg=1502kg$$

5）确定每立方米砂浆的用水量。砂浆稠度 70～90mm，结合 9、10 干燥月份施工，故用水量可取较大值，取 $Q_W=300kg$。

6）确定砂浆配合比。

水泥:石灰膏:砂:水 =245：85：1502：300=1：0.35：6.13：1.22。

7）试配、调整，直到确定出适宜的配合比（略）。

六、抹面砂浆

凡涂抹在建筑物、构筑物、构件表面的砂浆，统称为“抹面砂浆”。抹面砂浆能保护基材，起到装饰的效果，并能赋予基材一些使用功能。

根据抹面砂浆功能的不同，可分为：普通抹面砂浆、装饰砂浆、特种砂浆（防水、绝热、隔音等）。

抹面砂浆的组成材料及要求和砌筑砂浆基本相同，但两者的技术要求上侧重点不同，抹面砂浆的技术要求主要是和易性和黏结力，对强度的要求没有砌筑砂浆的高。良好的和易性，使抹面砂浆能比较容易施工，易铺开抹平成薄层；良好的黏结力，使砂浆和基材粘接牢固，长期使用不会出现开裂和脱落现象。

为了使抹面砂浆有更好的抗裂性能，常会加入一些纤维增强材料或胶黏剂，前者能提高砂浆的抗拉性能，防止抹灰层开裂，后者能提高抹灰层的柔韧性，增强砂浆和基材的黏结力，减少开裂。

1. 普通抹面砂浆

根据胶凝材料可分为水泥砂浆、水泥混合砂浆、石灰砂浆、石膏砂浆、麻刀石灰砂浆（简称“麻刀灰”）、纸筋石灰砂浆（简称“纸筋灰”）等。水泥砂浆常用于强度要求较高或者潮湿的部位；水泥混合砂浆则较多用于室内底、中、面层的抹灰或混凝土的基面抹平；石灰砂浆、麻刀灰、纸筋灰适用于室内的中层和面层抹灰。

抹面砂浆通常分两层或三层进行施工，由于每层的作用不同，因此对砂浆的要求也不同。底层砂浆的作用是使砂浆和基材表面能牢固地粘接，要求砂浆有较高的黏结力和和易性，通常也需要有耐潮湿的性能；中层砂浆的作用主要是找平，有时在一些抹面工程中会被省去；面层砂浆则使整个抹面层获得平整光滑的效果，因此要求砂浆细腻且抗裂。

2. 装饰砂浆

普通抹面砂浆虽然能实现光滑平整的表面，但装饰性还是远远不够的。而装饰砂浆不光能完成普通的抹面功能，还能使建筑物表面产生一定的美观效果，有些经过操作工艺，甚至可以获得特殊的艺术效果。

装饰砂浆采用的胶凝材料有硅酸盐系列水泥、石灰、石膏、白色和彩色水泥、有机胶凝材料等；集料采用天然或人工石英砂、着色砂、彩釉砂、大理石或花岗石的碎料或边角料；通常会加入一些着色性好、耐候性好的矿物颜料，如氧化铁（红、黄、黑、紫、棕）、铬黄、铬绿、钴蓝等。

装饰砂浆的底层和中层的处理方法与普通抹面砂浆基本相同，而在面层的处理方法上比较与众不同，有拉毛灰、甩毛灰、喷涂、弹涂、拉条、辊压等方式，也可以加工成石渣类人造石外观，再进行工艺处理成水刷石、干粘石、斩假石、水磨石等样式，通常具有质朴厚重的装饰效果。

3. 防水砂浆

制作防水层的砂浆称为“防水砂浆”，可以用水泥砂浆或者在水泥砂浆中加入防水剂制作，其砂浆的密实度和抗裂性能都有所提高，能起到防水、防潮的效果。

防水砂浆被称作“刚性防水层”，仅适用于不受振动和具有一定刚度的混凝土工程或砌体工程，如地下室、卫生间等。对于变形较大或者可能发生不均匀沉降的部位，不宜采用防水砂浆，而选用柔性防水层，如铺设 PVC 防水卷材。

4. 绝热砂浆

绝热砂浆又称保温砂浆，其胶凝材料采用普通砂浆使用的胶凝材料，而集料为轻质多孔的膨胀珍珠岩、膨胀蛭石、浮石砂、陶粒砂等。制成的砂浆具有质轻和良好的保温绝热性能，通常导热系数在 0.07 ~0.10W/(m·k)，可用于屋面隔热层、隔热墙壁、供热管道隔热层、冷库、工业窑炉等处。

5. 膨胀砂浆

在水泥砂浆中加入膨胀剂或直接使用膨胀水泥，便可配制出膨胀砂浆。这种砂浆在硬化时有一定的膨胀性，能抵消水泥砂浆的收缩，防止干缩裂缝的产生，还可修补缝隙，实现粘接密封的目的，主要适用于装配式大模板工程和修补工程中。

6. 自流平砂浆

通常的砂浆都需要人工处理抹平，而自流平砂浆在自重作用下能自动流平，因此施工简便，人工成本低，质量受人工操作影响小而可靠均衡，多用于地坪和地面。自流平砂浆的制作较一般的砂浆严格，特别是在外加剂和水泥等胶凝材料的选用、砂的颗粒形态和级配上要严格控制。制作良好的自流平砂浆可使地面平整光洁不开裂、强度高、耐磨性好。

思考题

3-1 称取砂样 500g，经筛分析试验称得各号筛的筛余量见表 3-27：

表 3-27 思考题 3-1 数据

筛孔尺寸/mm	4.75	2.36	1.18	0.60	0.30	0.15	<0.15
筛余量/g	35	100	65	50	90	135	25

问：1）此砂是粗砂吗？依据是什么？

2）此砂级配是否合格（以Ⅱ级配作评判）？依据是什么？

3-2 已知甲、乙两种砂的累计筛余百分数见表 3-28：

表 3-28 思考题 3-2 数据

筛孔尺寸/mm		4.75	2.36	1.18	0.60	0.30	0.15	<0.15
累计筛余 A_i（%）	甲	0	0	4	50	70	100	
	乙	0	40	70	90	95	100	

有人说甲、乙砂不宜单独直接用于拌制混凝土，对吗？为什么？若将甲砂 20% 与乙砂 80% 搭配后，情

况又怎样?

3-3　现浇钢筋混凝土梁式楼梯，混凝土C20，楼梯截面最小尺寸150mm×300mm；钢筋间最小净距29mm，提供普通水泥42.5级和矿渣水泥52.5R级，备有粒级5~20mm卵石。

问：1）怎样选用水泥?

2）卵石粒级是否适宜?

3-4　什么是新拌混凝土的和易性？怎样判断和易性？通常如何调整混凝土的和易性?

3-5　某混凝土搅拌站的针片状碎石增多，混凝土坍落度明显下降，如何解决?

3-6　混凝土的耐久性通常包括哪些方面的性能？如何提高混凝土的耐久性?

3-7　某地一项大型混凝土工程施工完毕，投入使用若干年之后，发现几处混凝土有严重胀裂的现象，特别严重的地方大块剥落，到了无法补救的地步，对工程的安全性带来很大的威胁，只能拆除。后经相关部门质量检测发现，胀裂的混凝土中有大量碱-硅酸凝胶的存在。现在你是一位材料专家，请分析该混凝土破坏的原因。要有效避免这种事故，可采取什么措施?

3-8　尺寸为100mm×100mm×100mm的某组混凝土试件，测得破坏荷载分别为535kN、575kN、560kN。

试求：1）计算该组试件的混凝土标准立方体抗压强度。

2）若已知该混凝土是用强度等级32.5级的普通水泥和碎石配制而成，试估计所用的水胶比。

3-9　假设你是一个施工监理员，现场浇灌混凝土时，发现施工人员随意向混凝土拌合物加水，该行为应予以严加制止，请分析这种随意加水对混凝土质量的危害。

3-10　为何有的水泥混凝土表面会出现“起粉”现象?

3-11　为何有的水泥混凝土路面在铺筑后不久就出现“脱皮”现象?

3-12　广州某市政工程队在夏季正午铺筑水泥混凝土路面，浇筑完后表面未及时覆盖，后发现混凝土表面形成许多微细龟裂纹，请分析其原因。如果你是该工程的负责人，你会如何施工或采取什么措施来避免这种情况的发生?

3-13　为何一些楼房在横梁对应的位置会有较浅的裂缝？如何解决?

3-14　有下列混凝土工程及制品，一般选用哪一种外加剂较为合适？并简要说明原因。

①大体积混凝土；②高强混凝土；③现浇普通混凝土；④混凝土预制构件；⑤有抗冻要求的混凝土；⑥冬期施工用混凝土。

3-15　某混凝土的设计强度等级为C25，坍落度要求35~50mm。所用原材料为：

水泥：强度等级为32.5级的普通水泥（富余系数为1.08），$\rho_c=3.10\text{g/cm}^3$。

碎石：连续级配5~20mm，表观密度为2700kg/m^3，含水率1.2%。

中砂：$M_x=2.6$，表观密度为2650kg/m^3，含水率3.5%。

试求：1）1m^{3}混凝土各材料用量。

2）混凝土的施工配合比（假设求出的计算配合比与设计配合比一致）。

3）每拌两包水泥的混凝土时，各材料的施工用量。

3-16　为何拌制轻质混凝土要加大用水量?

3-17　什么是纤维混凝土，纤维混凝土有何特点?

3-18　什么是抹面砂浆，抹面砂浆与砌筑砂浆相比有哪些特点?

第四章 沥青材料

第一节 概 述

沥青是一种有机胶凝材料，是一些十分复杂的碳氢化合物及其非金属（氧、氮、硫）的衍生物的混合物。沥青在常温下一般呈固体或半固体，也有少数品种的沥青呈黏性液体状态，可溶于二硫化碳、四氯化碳、三氯甲烷和苯等有机溶剂，颜色为黑褐色或褐色。

按照来源的不同，沥青可分为地沥青和焦油沥青两大类。

1. 地沥青

地沥青是指地下原油演变或加工而得到的沥青，又可分为天然沥青和石油沥青。

（1）天然沥青　天然沥青是石油在自然界长期受地壳挤压变化，并与空气、水接触逐渐变化而形成的，以天然状态存在的石油沥青、其中常混有一定比例的矿物质。按形成的环境，可将天然沥青分为湖沥青、岩沥青、海底沥青、油页岩等。

（2）石油沥青　石油沥青是由石油经蒸馏、吹氧、调和等工艺加工得到，主要为可溶于二硫化碳的碳氢化合物的黏稠状物质。我国天然沥青很少，但石油资源丰富，故石油沥青是使用量最大的一种沥青材料。

2. 焦油沥青

焦油沥青是干馏有机燃料（煤、页岩、木材等）所收集的焦油再经加工而得到的一种沥青材料。按干馏原料的不同，焦油沥青可分为煤沥青、页岩沥青、木沥青和泥炭沥青。工程上常用的焦油沥青为煤沥青。

沥青具有良好的憎水性、黏结性和塑性，因而广泛用于防水、防潮、道路和水利工程。石油沥青是应用最为广泛的沥青材料。

第二节 石油沥青

一、石油沥青的生产和分类

1. 石油沥青生产工艺概述

从油井开采出来的石油，又称“原油”，它是多种分子量大小不等的烃类（烷烃、环烷烃和芳香烃等）的复杂混合物。炼油厂将原油分馏而提取汽油、煤油、柴油和润滑油等石油产品后所剩残渣，再进行加工可制得各种石油沥青。石油沥青的生产工艺流程如图4-1所示。

常用石油沥青主要是由氧化装置、溶剂脱沥青装置或深拔装置所生产的黏稠沥青。为了改变沥青施工工艺，可将其配制成液体沥青和乳化沥青；为了改善沥青使用性能，可将其加工成调和沥青和改性沥青。

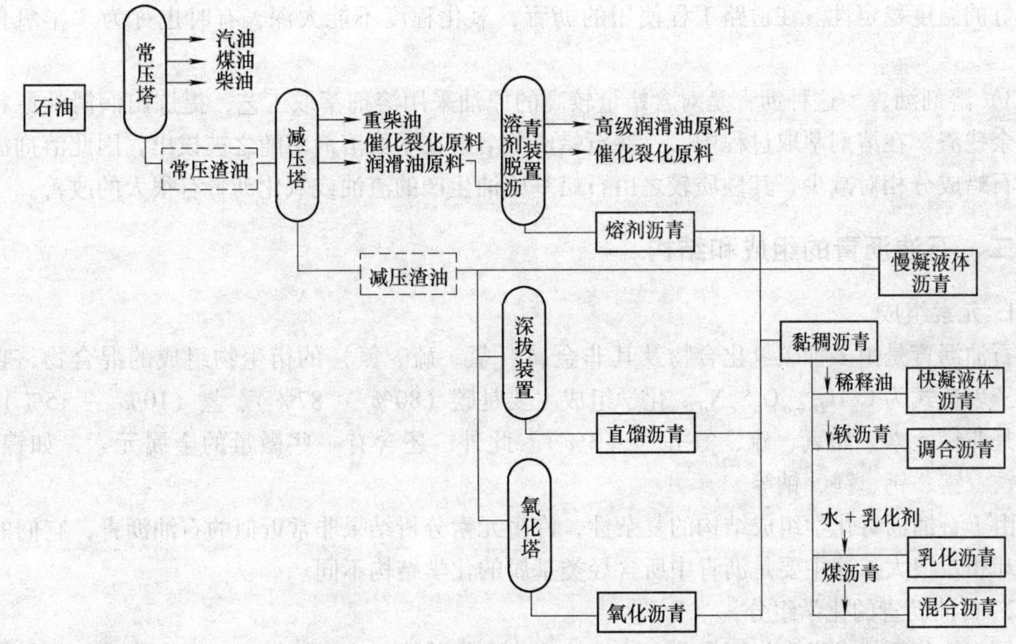

图4-1　石油沥青的生产工艺流程示意图

2. 石油沥青的分类

石油沥青可根据不同情况分类，具体情况如下：

（1）按原油成分分类　原油是生产石油沥青的原料。原油按其所含烃类成分和硫含量的不同可划分为几种基本类别（称为“基属”）。石油沥青的性质首先与石油沥青的基属有关。

一般根据关键馏分特性和含硫量，可将原油分为石蜡基原油、环烷基原油和中间基原油，以及高硫原油（含硫量大于2%）、含硫原油（含硫量0.5%～2%）和低硫原油（含硫量小于0.5%）。我国原油储量并不高，目前正在开采的油田中大部分为石蜡基原油，而进口油多为环烷基原油。由不同基属原油炼制的石油沥青分别为：

1）石蜡基沥青。这种沥青因原油中含有大量烷烃，沥青中含蜡量一般大于5%，有的高达10%以上。蜡在常温下往往以结晶体存在，降低了沥青的黏结性和塑性。

2）环烷基沥青。也称“沥青基沥青”，含有较多的环烷烃和芳香烃，所以此种沥青的芳香性高，含蜡量一般小于2%，沥青的黏结性和塑性均较高。

3）中间基沥青。也称“混合基沥青”，所含烃类成分和沥青的性质一般均介于石蜡基沥青和环烷基沥青之间。

（2）按加工方法分类

1）直馏沥青。原油经过常压蒸馏、减压蒸馏或深拔装置提取各种轻质及中质石油产品后所余的可用作沥青的残渣，称为“直馏沥青”。在一般情况下，低稠度原油生产的直馏沥青，其温度稳定性不足，还需要进行氧化才能达到黏稠石油沥青的性质指标。

2）氧化沥青。将常压或减压原油，或低稠度直馏沥青在250～300℃的高温下吹入空气，经数小时氧化可获得常温下为半固体或固体状的沥青，称为“氧化沥青”。氧化沥青具有良好的温度稳定性。在道路工程使用的沥青，氧化程度不能太深，有时也称为“半氧化沥青”。

3）溶剂沥青。这种沥青是对含蜡量较高的原油采用溶剂萃取工艺，提炼出润滑油原料后所余残渣。在溶剂萃取过程中，一些石蜡成分溶解在萃取溶剂中随之被拔出，因此溶剂沥青中石蜡成分相对减少，其性质较之由石蜡基原油生产的渣油或氧化沥青有很大的改善。

二、石油沥青的组成和结构

1. 元素组成

石油沥青是由多种碳氢化合物及其非金属（氧、硫、氮）的衍生物组成的混合物，它的分子表达式为 $C_nH_{2n+a}O_bS_cN_d$。化学组成主要是碳（80% ~ 87%）、氢（10% ~ 15%），其次是非烃元素，如氧、硫、氮等（<3%）。此外，还含有一些微量的金属元素，如镍、钒、铁、锰、钙、镁、钠等。

由于石油沥青化学组成结构的复杂性，许多元素分析结果非常近似的石油沥青，它们的性质却相差很大。这主要是沥青中所含烃类基属的化学结构不同。

2. 石油沥青的化学组分

目前的分析技术尚难将沥青分离为纯粹的化合物单体。为了研究石油沥青化学组成与使用性能之间的联系，常将沥青所含羟类化合物中化学性质相近的成分归类分析，从而划分为若干“组”，称为“沥青化学组分”，简称“组分”。

将沥青分为不同组分的化学分析方法称为“组分分析法”，是利用沥青在不同有机溶剂中的选择性溶解或在不同吸附剂上的选择性吸附等性质。早年丁·马尔库松（德国）就提出将石油沥青分离为沥青酸、沥青酸酐、油分、树脂、沥青质、沥青碳和似碳物等组分的方法。后来经过许多研究者的改进，美国的L·R·哈巴尔德和K·E·斯坦费尔德将其完善为三组分分析法。再后来L·W·科尔贝特（美国）又提出四组分分析法。

（1）三组分分析法　石油沥青的三组分分析法是将石油沥青分离为油分、树脂和沥青质三个组分。因我国富产石蜡基或中间基沥青，在油分中往往含有蜡，故在分析时还应将油蜡分离。这种分析方法称为“溶解-吸附法”，按三组分分析法所得各组分的性状见表4-1。

表4-1　石油沥青三组分分析法的各组分性状

性状 / 组分	外观特征	平均分子量	碳氢比	物化性质
油分	淡黄色透明液体	200 ~ 700	0.5 ~ 0.7	几乎可溶于大部分有机溶剂，具有光学活性，常发现有荧光，相对密度为0.910 ~ 0.925
树脂	红褐色黏稠半固体	800 ~ 3000	0.7 ~ 0.8	温度敏感性高，熔点低于100℃，相对密度大于1.000
沥青质	深褐色固体末状微粒	1000 ~ 5000	0.8 ~ 1.0	加热不熔化，分解为硬焦炭，使沥青呈黑色

（2）四组分分析法　由科尔贝特（L. W. Corbete）首先提出，该法可将沥青分离为如下四种成分：

1）沥青质：沥青中不溶于正庚烷而溶于甲苯中的物质。

2）饱和分：也称“饱和烃”，沥青中溶于正庚烷，吸附于 Al_2O_3 谱柱下，能为正庚烷或石油醚溶解脱附的物质。

3）芳香分：也称“芳香烃”，沥青经上一步骤处理后，为甲苯所溶解脱附的物质。

4）胶质：沥青经上一步骤处理后能为苯－乙醇或苯－甲醇所溶解脱附的物质。

对于多蜡沥青，还可将饱和分和芳香分用丁酮－苯混合溶液冷冻分离出蜡。

沥青的化学组分与沥青的物理力学性质有着密切的关系，这主要表现为沥青组分及其含量的不同将引起沥青性质趋向性的变化。一般认为，油分使沥青具有流动性；树脂使沥青具有塑性，树脂中含有少量的酸性树脂（即地沥青酸和地沥青酸酐），是一种表面活性物质，能增强沥青与矿质材料表面的黏附性；沥青质能提高沥青的黏结性和热稳定性。

（3）沥青的含蜡量　蜡组分的存在对沥青性能的影响，是沥青性能研究的一个重要课题。特别是在我国富产石蜡基原油的情况下，更是众所关注。现有研究认为：蜡对沥青路用性能的影响，主要是由于沥青中蜡的存在，在高温时会使沥青发软，导致沥青路面的高温稳定性降低，出现车辙。同样，在低温时会使沥青变得脆硬，导致路面低温抗裂性降低，出现裂缝。此外，蜡会使沥青与石料黏附性降低，在水分的作用下，会使路面石子与沥青产生剥落现象，造成路面破坏；更严重的是，含蜡沥青会使沥青路面的抗滑性降低，影响路面的行车安全性。对于沥青含蜡量的限制，由于世界各国测定方法不同，所以限值也不一致，我国《公路沥青路面施工技术规范》（JTG F40—2004）对沥青含蜡量有明确规定。

3. 石油沥青的结构

（1）胶体理论　现代胶体学说认为，沥青中沥青质是分散相，饱和分和芳香分是分散介质，但沥青质不能直接分散在饱和分和芳香分中，而胶质作为一种“胶溶剂”，沥青吸附了胶质形成胶团而后分散于饱和分和芳香分中。所以沥青的胶体结构是以沥青质为胶核，胶质被吸附其表面，并逐渐向外扩散形成胶团，胶团再分散于饱和分和芳香分中。

（2）胶体的结构类型　根据沥青中各组分的化学组成和相对含量的不同，可以形成不同的胶体结构。沥青的胶体结构可分为溶胶结构、凝胶结构、溶－凝胶结构三个类型：

1）溶胶结构。沥青质含量较少，饱和分和芳香分、胶质足够多时，沥青质形成的胶团全部分散，胶团能在分散介质中运动自如，如图4-2a所示。这种结构沥青黏滞性小、流动性大、塑性好、温度稳定性较差，如直溜沥青。

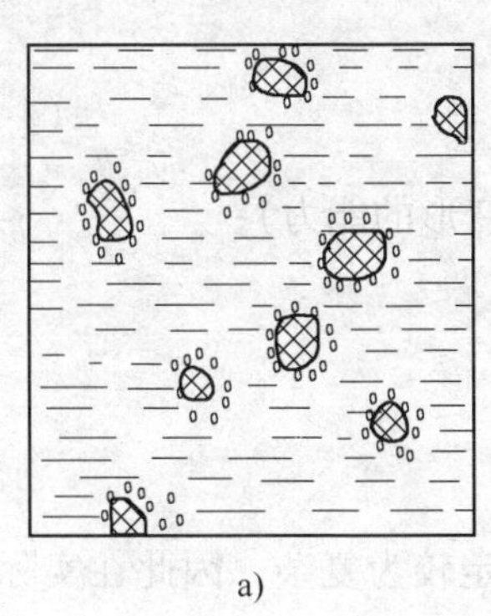
a)

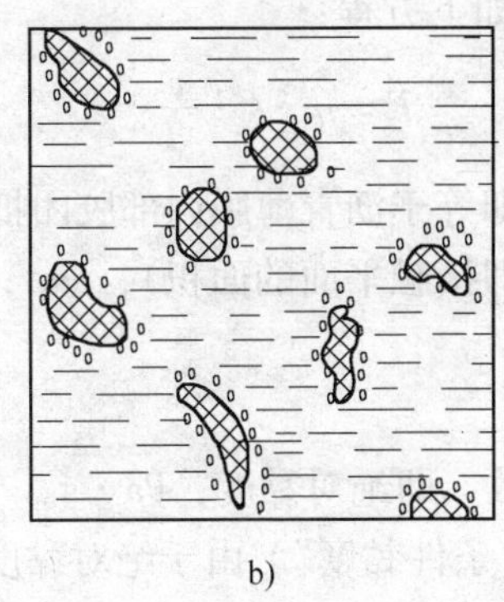
b)

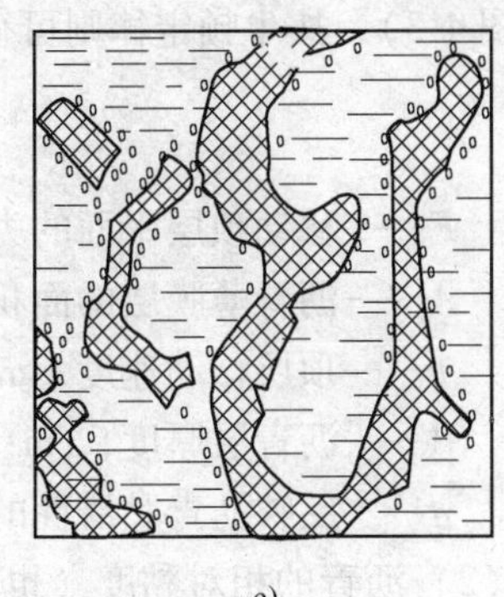
c)

图4-2　沥青的胶体结构示意图

a）溶胶结构　b）溶－凝胶结构　c）凝胶结构

2）凝胶结构。沥青质含量较多，并有相应数量的胶质来形成胶团，胶团相互吸引力大，相互移动较困难，如图4-2c所示。这种结构的特点是弹性和黏性较高，温度敏感性较小，流动性、塑性较低，如氧化沥青。

3）溶－凝胶结构。沥青质含量适当，有较多的胶质存在，胶团之间有一定的吸引力，如图4-2b所示。在常温下，这种结构的沥青性质介于上述两者之间。这种结构的特征是高温时具有较低的感温性，低温时又具有较好的形变能力。优质道路沥青多为溶－凝胶结构。

沥青的胶体结构与其路用性能有密切的关系。为工程使用方便，通常采用针入度指数（PI）法等来评价胶体结构类型及其稳定性。

三、石油沥青的技术性质

用于现代沥青路面的沥青材料，应具备下列主要技术性质。

1. 黏滞性（简称“黏性”）

黏滞性是指沥青在外力作用下抵抗变形的能力。沥青受到外力作用后表现的变形，是由于沥青中组分胶团发生形变或胶团之间产生相互位移。

各种石油沥青的黏滞性变化范围很大，黏滞性的大小与组分及温度有关。当沥青质含量较高，又含适量的树脂和少量的油分时，则黏滞性较大。在一定温度范围内，当温度升高时，黏滞性随之降低，反之则增大。

黏滞性是与沥青路面力学性质联系最密切的一种性质，沥青的黏滞性通常用黏度表示。在现代交通条件下，为防止路面出现车辙，沥青的黏度的选择是首要考虑的参数，所以黏度是现代沥青标号划分的主要依据。

（1）沥青的绝对黏度（也称“动力黏度”） 如果采用一种剪切变形的模型来描述沥青在沥青与矿质材料的混合料中的应用，可取一对互相平行的平面，在两平面之间分布有一沥青薄膜，薄膜与平面的吸附力远大于薄膜内部胶团之间的作用力。当下层平面固定，外力作用于顶层表面发生位移时（见图4-3），按牛顿定律则可得到如下方程：

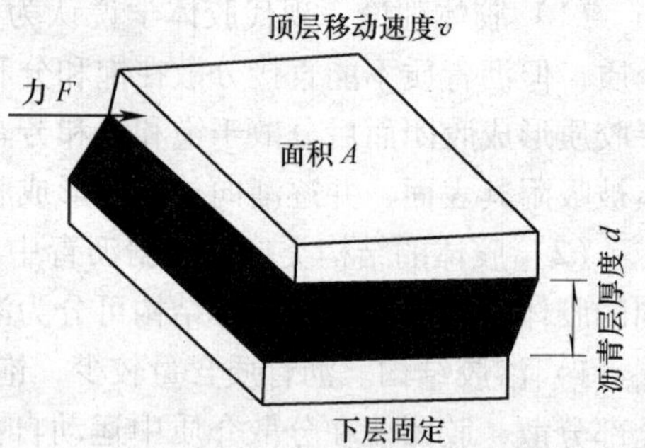

图4-3 沥青绝对黏度概念图

$$F = \eta \cdot A \cdot \frac{v}{d} \tag{4-1}$$

式中 F——移动顶层平面的力（即等于沥青薄膜内部胶团抵抗变形的能力）；

A——沥青薄膜层的面积（即接触平面的面积），cm^2；

v——顶层移动速度，m/s；

d——沥青层厚度，cm；

η——反映沥青黏滞性的系数，即绝对黏度，Pa·s。

（2）沥青的相对黏度（也称“条件黏度”）由于绝对黏度测定较为复杂，因此在实际应用上多测定沥青的相对黏度。

1）针入度。针入度试验是国际上经常用来测定黏稠（固体、半固体）沥青稠度的一种方法。该方法采用针入度仪（见图4-4）。沥青的针入度是在规定温度和时间内，附加一定质量的标准针垂直贯入试样的深度，以0.1mm表示。试验条件以P（T，m，t）表示，其中P为针入度，T为试验温度，m为荷重，t为贯入时间。我国现行试验方法《公路工程沥青及沥青混合料试验规程》（JTG E20—2011）规定：标准针和针连杆组合件总质量为(50 ±0.05)g，另加(50 ±0.05)g 砝码一只，试验时总质量为（100 ± 0.05)g，试验温度为25℃，标准针贯入时间为5s。例如，某沥青在上述条件时测得针入度为65(0.1mm)，可表示为

$$P(25℃,100g,5s)=65(0.1mm) \tag{4-2}$$

实质上，针入度是测定沥青稠度的一种指标。在相同试验条件下，针入度值越小，表示沥青越硬（稠度高），其黏度也高。我国现行使用的道路石油沥青技术标准中，针入度是划分沥青标号的主要指标。

2）标准黏度计法。标准黏度试验是测定液体沥青（包括液体石油沥青和软煤沥青）黏性的一种方法。该方法采用道路沥青标准黏度计测定，如图 4-5 所示。

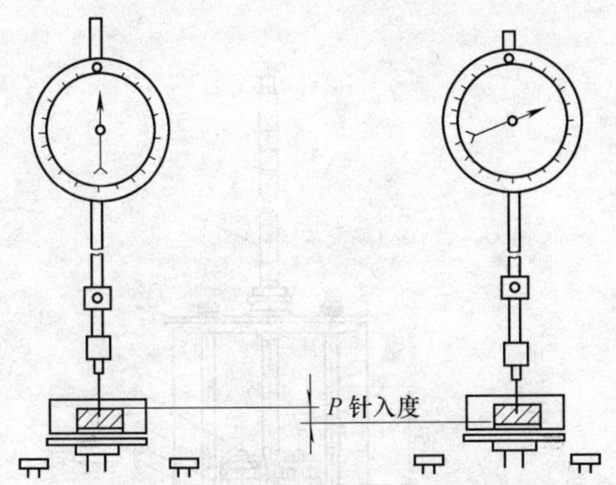

图 4-4　针入度法测定黏稠沥青稠度示意图

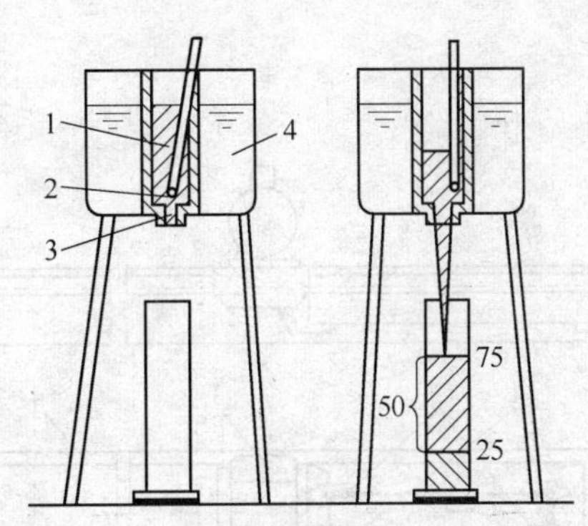

图 4-5　标准黏度计测定液体沥青黏性示意图（单位：ml）

1—沥青试样　2—活动球杆　3—流孔　4—水

我国现行试验法《公路工程沥青及沥青混合料试验规程》（JTG E20—2011）规定：液体状态的沥青材料，在标准黏度计中，于规定的温度条件下（20℃、25℃、30℃或60℃），通过规定的流孔直径（3mm，4mm，5mm 及 10mm），流出 50mL 体积所需的时间（s），以 $C_{T,d}$表示。其中 C 为黏度，T 为试验温度，d 为流孔直径。例如，某沥青在60℃时，自 5mm 孔径流出 50mL 沥青所需时间为 100s，表示为 $C_{60,5}=100s$。在相同温度和相同流孔条件下，流出时间越长，表示沥青黏度越大。

我国道路用液体石油沥青是采用道路标准黏度计测定的黏度来划分技术等级的。

2. 塑性

塑性是指沥青在外力作用下发生变形而不破坏的能力。影响塑性大小的因素与沥青的组分及温度有关。沥青中树脂含量多，油分及沥青质含量适当，则塑性较大。当温度升高，塑性增大，沥青膜层越厚则塑性越高。反之，塑性越差。在常温下，塑性好的沥青不易产生裂缝，并可减少摩擦时的噪声。同时它对于沥青在温度降低时抵抗开裂的性能有重要影响。

我国现行试验方法《公路工程沥青及沥青混合料试验规程》（JTG E20—2011）规定：沥青塑性用延度表示，用延度仪测定（见图 4-6）。沥青延度是将沥青试样制成“∞”字形标准试模（中间最小截面积为 1cm^2）在规定速度[(5 ±0.25)cm/min]和规定温度（25℃、15℃、10℃或5℃）下拉断时的长度，以 mm 表示。

沥青的延度越大，塑性越好，柔性和抗断裂性越好。

3. 温度稳定性（感温性）

温度稳定性是指沥青的黏结性和塑性随温度升降而变化的性能。当温度升高时，沥青由固态或半固态逐渐软化成黏流状态；当温度降低时，由黏流态转变成固态甚至变脆。在工程上使用的沥青，要求有较好的温度稳定性。

（1）高温敏感性用软化点表示　沥青材料由固化点到滴落点的温度间隔的87.21%为软化点。《公路工程沥青及沥青混合料试验规程》（JTG E20—2011）规定：沥青软化点一般采用环球法软化点试验仪（见图4-7）测定，即是将沥青试样装入规定尺寸的铜环内（内径19.8mm），试样上放置标准钢球（质量3.5g）浸入水或甘油中，以规定的升温速度（5℃/min）加热，使沥青软化下垂至规定距离时的温度，以℃表示。软化点越高，表明沥青的耐热性越好，即温度稳定性越好。

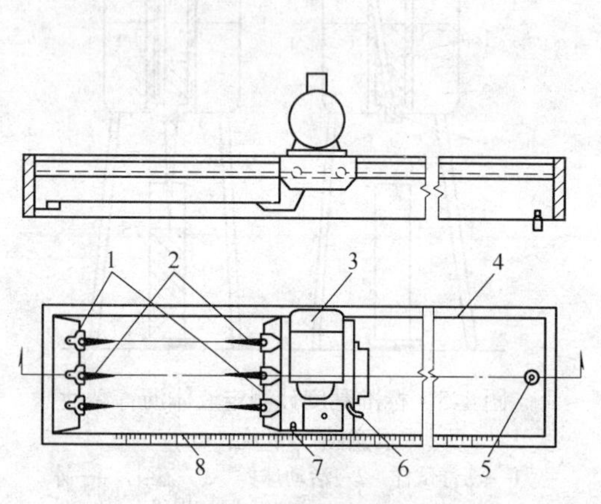

图4-6　延度仪

1—试模　2—试样　3—电动机　4—水槽　5—泄水孔　6—开关柄　7—指针　8—标尺

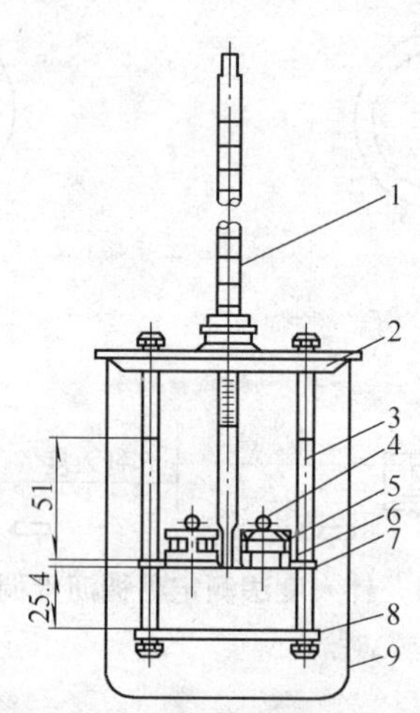

图4-7　软化点试验仪

1—温度计　2—上盖板　3—立杆　4—钢球　5—钢球定位环　6—金属杆　7—中层板　8—下底板　9—烧杯

针入度是在规定温度下沥青的条件黏度，而软化点则是沥青达到规定条件黏度时的温度。软化点既是反映沥青材料感温性的一个指标，也是沥青黏度的一种量度。

以上所论及的针入度、延度、软化点是评价黏稠石油沥青路用性能最常用的经验指标，所以通称“三大指标”。

（2）低温抗裂性用脆点表示　脆点是指沥青材料由黏塑态转变为固态达到条件脆裂时的温度。《公路工程沥青及沥青混合料试验规程》（JTG E20—2011）规定采用弗拉斯法测定沥青脆点。脆点试验是将沥青试样涂在金属片上，置于有冷却设备的脆点仪内；摇动脆点仪的曲柄，使涂有沥青的金属片产生弯曲；随制冷剂温度降低，沥青薄膜温度逐渐降低，当沥青薄膜在规定弯曲条件下，产生断裂时的温度，即为脆点（见图4-8、图4-9）。

在工程实际应用中，要求沥青具有较高的软化点和较低的脆点，否则容易发生沥青材料夏季流淌或冬季变脆甚至开裂等现象。

（3）针入度指数 *PI*　针入度指数 *PI* 是应用经验的针入度和软化点试验结果，提出一种能表征沥青的感温性和胶体结构的指标，同时也可采用针入度指数 *PI* 值来判别沥青的胶体结构状态。

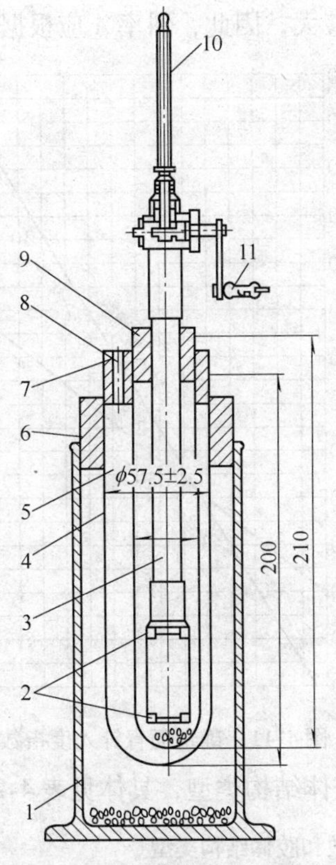

图 4-8　弗拉斯脆点仪

1—外筒　2—夹钳　3—硬塑料管　4—真空玻璃管　5—试样管
6，7，9—橡胶管　8—通冷却液管道　10—温度计　11—摇把

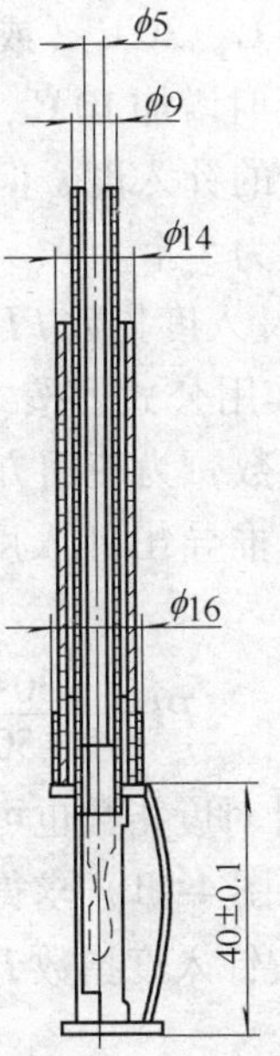

图 4-9　弯曲器

1）针入度温度感应性系数 A。由费普等人经过大量试验发现，沥青在不同温度下的针入度值，若以对数为纵坐标表示针入度，以横坐标表示温度，可得如图 4-10 所示的直线关系，以式（4-3）表示。

$$\lg P = AT + K \tag{4-3}$$

式中　P——沥青针入度，0.1mm；

A——针入度温度感应性系数，由针入度和软化点确定；

T——试验温度，℃；

K——回归系数。

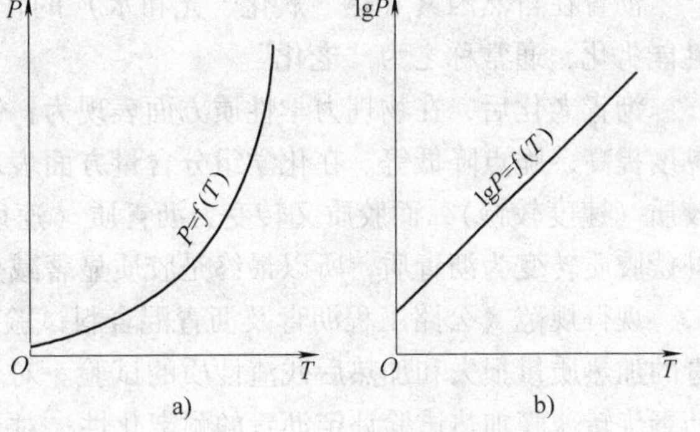

图 4-10　沥青针入度与温度关系图

试验研究认为，沥青达到软化点时的针入度为 600 ~ 1000，假定为 800（0.1mm），此时针入度温度感应性系数 A 可由式（4-4）表示。

$$A = \frac{\lg 800 - \lg P(25℃, 100g, 5s)}{T_{R\&B} - 25} \tag{4-4}$$

式中　P（25℃，100g，5s）——在 25℃、100g、5s 条件下测定的针入度值，0.1mm；

$T_{R\&B}$——环球法测定的软化点（℃）。

由于沥青在软化点时的针入度常与800相距甚大，因此，斜率A应根据不同温度的针入度值确定，采用软化点计算时仅仅是简化或近似。

测定针入度指数PI时，试验温度在15℃、25℃、30℃（或5℃）3个或3个以上（必要时增加10℃、20℃等）的条件下测定沥青的针入度，但用于仲裁试验的温度条件应为5个。

2）针入度指数PI的确定

① 实用公式。按式（4-4）计算的A值均为小数，为使用方便，费普等做了一些处理，推导出针入度指数PI的计算式如下：

$$PI = \frac{30}{1+50A} - 10 \qquad (4\text{-}5)$$

② 针对度指数也可根据针入度指数诺模图（见图4-11）求得。

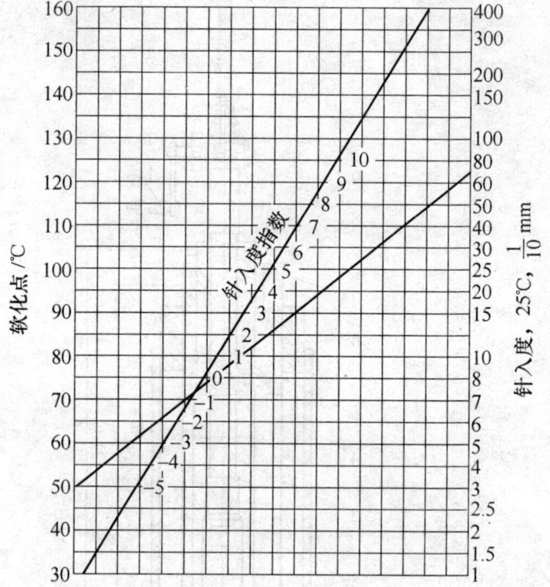

图4-11 确定沥青针入度指数用诺模图

③ 按针入度指数PI值可将沥青划分为三种胶体结构类型，具体见表4-2。

表4-2 沥青的针入度指数和胶体结构类型

沥青的针入度指数PI	<-2	$-2\sim2$	>2
沥青胶体结构类型	溶胶	溶－凝胶	凝胶

4. 老化性

沥青在自然因素（热、氧化、光和水）的作用下，产生不可逆的化学变化，导致路用性能劣化，通常称之为“老化”。

沥青老化后，在物理力学性质方面表现为：针入度减少，延度降低，软化点升高，绝对黏度提高，脆点降低等。在化学组分含量方面表现为：饱和分变化较少，芳香分明显转变为胶质（速度较慢），而胶质又转变为沥青质（速度较快）；由于芳香分转变为胶质，不足以补偿胶质转变为沥青质，所以最终是胶质显著减少，而沥青质显著增加。

现行规范《公路工程沥青及沥青混合料试验规程》（JTG E20—2011）规定，应进行沥青的加热质量损失和加热后残渣性质的试验。对于道路石油沥青，采用沥青薄膜加热试验、沥青旋转薄膜加热试验评定沥青的耐老化性；对于液体石油沥青，采用沥青的蒸馏试验评定沥青的耐老化性。

（1）沥青薄膜加热试验（简称“TFOT”） 该试验是指一定厚度的试样在规定温度条件下，经规定时间加热，测定试验前后沥青质量和性质变化的试验。该法是将一定质量的沥青试样装入盛样皿（内径140mm，深9.5～10mm）内，使沥青成为厚约3.2mm的薄膜，沥青薄膜在163℃的标准薄膜加热烘箱中（见图4-12）加热5h后，取出冷却，测定其质量损失，并按规定的方法测定残留物的针入度、延度等技术指标。沥青薄膜加热试验可与沥青旋转薄膜加热试验（简称“RTFOT”）互相代替。

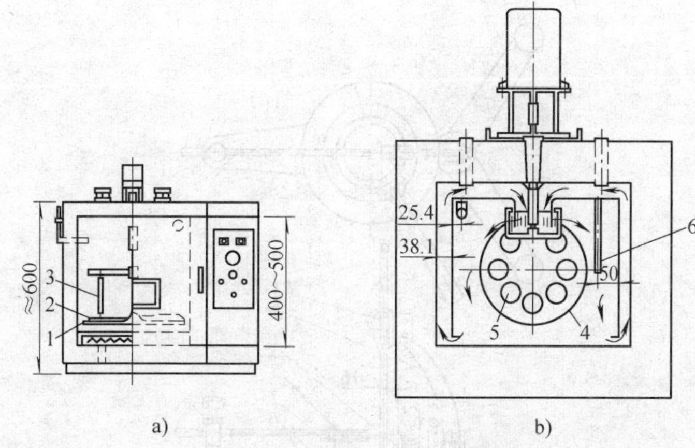

图 4-12 沥青薄膜加热烘箱

a）薄膜加热烘箱 b）旋转薄膜加热烘箱

1—转盘 2—试样 3—温度计 4—垂直转盘 5—成样瓶插孔 6—试验温度计

(2) 液体石油沥青蒸馏试验 该法是测定试样受热时，在规定温度范围内蒸出的馏分含量，以占试样体积百分率表示。除非特殊需要，各馏分蒸馏的标准切换温度为225℃、316℃、360℃。通过此试验可了解液体沥青所含各温度范围内轻质挥发油的数量，并可根据残留物的性质测定预估液体沥青在道路路面中的性质。

5. 安全性

沥青材料在使用时必须加热，当加热至一定温度时，沥青材料中挥发的油分蒸气与周围空气组成混合气体，此混合气体遇火焰则发生闪火。若继续加热，油分蒸气的饱和度增加，由于此种蒸气与空气组成的混合气体遇火焰极易燃烧，而引起溶油车间发生火灾或导致沥青烧坏的损失，为此必须测定沥青的闪点和燃点。

闪点（闪火点）是指加热沥青挥发出可燃气体与空气组成混合气体在规定条件下与火接触，产生闪光时的沥青温度（℃）。燃点（着火点）指沥青加热产生的混合气体与火接触能持续燃烧5s以上时的沥青温度。闪燃点温度相差10℃左右。

《公路工程沥青及沥青混合料试验规程》（JTG E20—2011）常用克利夫兰开口杯式闪点仪测定（见图4-13）。

6. 溶解度

沥青的溶解度是指石油沥青在三氯乙烯中溶解的百分率（即有效物质含量）。那些不溶解的物质为有害物质（沥青碳、似碳物），会降低沥青的性能，应加以限制。

7. 含水量

沥青中含有的水分，在施工中挥发慢，影响施工速度，所以要求沥青中含水量不宜过多。如水分过多，在加热过程中，沥青易产生“溢锅”现象，使材料受到损失，甚至引起火灾。所以在熔化沥青时应加快搅拌速度，促进水分蒸发，控制加热温度。

8. 非常规的其他性能指标

(1) 劲度模量 劲度模量是表示沥青的黏性和弹性联合效应的指标。大多数沥青在变形时呈现黏－弹性。当低温（高黏度）瞬时荷载作用下，以弹性形变为主；反之，高温（低黏度）长时间荷载作用下以黏性形变为主。

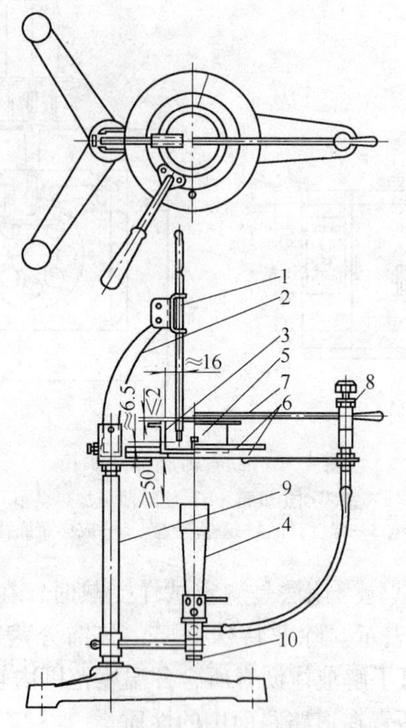

图 4-13　克利夫兰开口杯式闪点仪

1—温度计　2—温度计支架　3—金属试验杯　4—加热器具　5—试验标准球　6—加热板　7—试验火焰喷嘴　8—试验火焰调节开关　9—加热板支架　10—加热器调节钮

范·德·波尔在论述黏－弹性材料（沥青）的抗变形能力时，以荷载作用时间 t 和温度 T 作为应力 σ 与应变 ε 之比的函数，即在一定荷载作用时间和温度条件下，应力与应变的比值称为“劲度模量”（简称“劲度”）S_b，故劲度模量可表示为

$$S_b = \left(\frac{\sigma}{\varepsilon}\right)_{t,T} \tag{4-6}$$

沥青的劲度模量 S_b 与温度 T、荷载作用时间 t 和沥青流变类型（针入度指数 PI）等参数有关：

$$S_b = f\ (T,\ t,\ PI) \tag{4-7}$$

式中　T——欲求劲度模量时的路面温度与沥青软化点之差，℃；

t——荷载作用时间，s；

PI——针入度指数。

按上述关系，范·德·波尔绘制成可以应用于实际工程的劲度模量诺模图，如图 4-14 所示，利用此诺模图求算沥青的劲度模量时，需要有 3 个参数：荷载作用时间或频率、温度差（即路面实际温度与环球法软化点之间的温差）、针入度指数 PI 值。根据上述参数求其劲度模量，可作为实际工程中的参考数值。

【例 4-1】　已知沥青软化点为 70℃，针入度指数为 2，路面温度 T 为 -10℃，荷载作用时间为 10^{-2}s，求沥青的劲度模量。

【解】　查图 4-14：

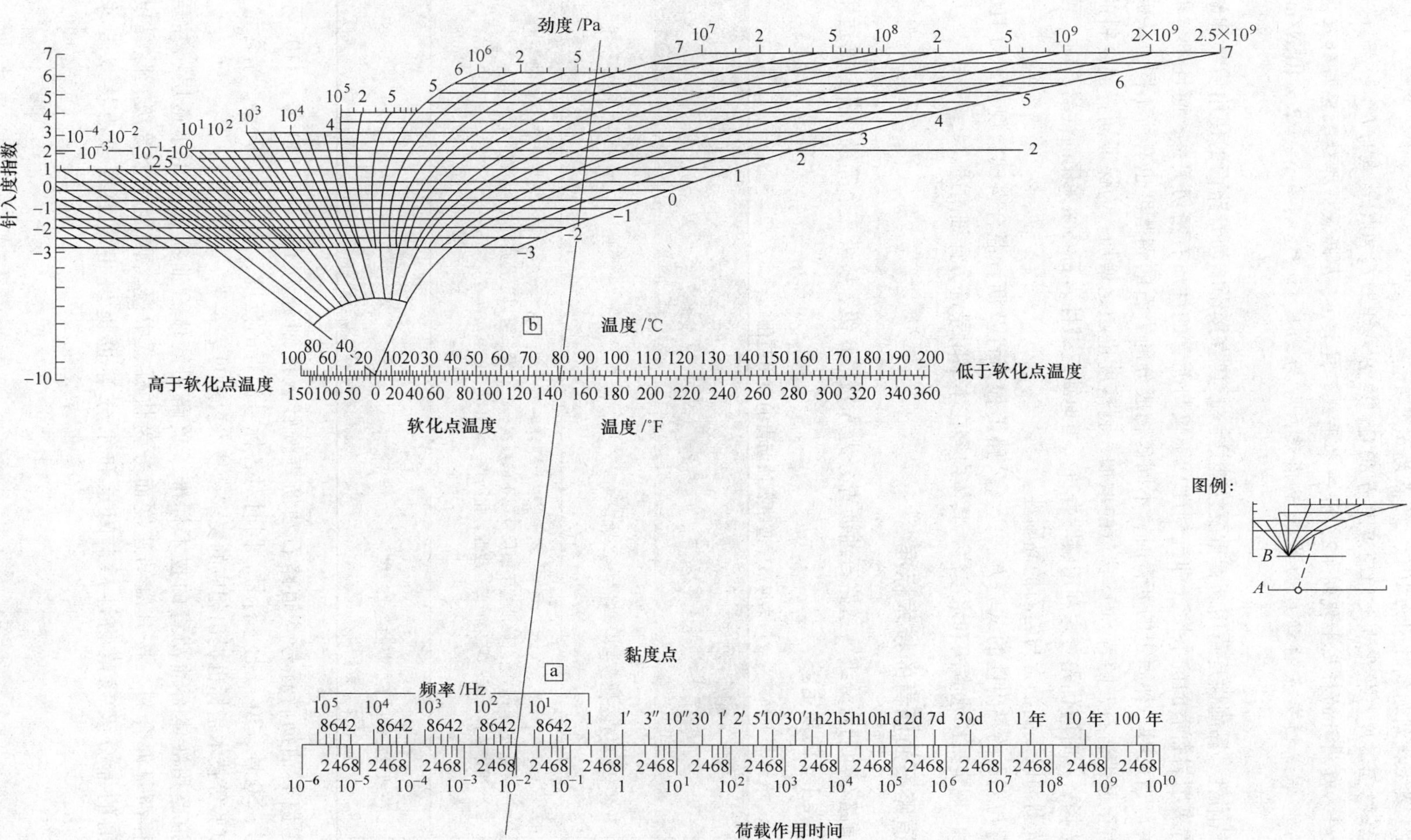

图 4-14　沥青劲度模量诺模图

1）在 A 线上找到加载时间为 10^{-2}s 的点为 a。

2）已知路面温度与软化点之间的温差为80℃，在 B 线上找到80℃之点为 b。

3）在针入度指数的标尺上找到+2，作一水平线。连接 a、b 两点，并延长至与针入度指数+2的水平线相交点的劲度曲线顺至顶端，即为劲度模量，则有 $S_b = 2 \times 10^8 N/m^2 = 200MPa$

（2）黏附性　黏附性是路用沥青重要性能之一，其直接影响沥青路面的使用质量和耐久性。沥青裹覆岩石后的抗水性（即抗剥性）不仅与沥青的性质有密切关系，而且还与集料性质有关。当采用一种固定的沥青时，不同矿物成分的岩石的剥落度也有所不同。从碱性、中性直至酸性岩石，随着 SiO_2 含量的增加，剥落度也随之增加。为保证沥青混合料的强度，在选择岩石时应优先考虑利用碱性岩石，当地缺乏碱性岩石必须采用酸性岩石时，可掺加各种抗剥剂以提高沥青与岩石的黏附性。

对沥青与岩石的黏附性的试验方法，《公路工程沥青及沥青混合料试验规程》（JTG E20—2011）规定采用水煮法和水浸法，具体内容在本书附录部分详细阐述。

四、道路石油沥青的技术标准

（1）道路石油沥青分级　道路石油沥青分为A级、B级、C级三个等级，各自的适用范围应符合表4-3的规定。

表4-3　道路石油沥青的适用范围

沥青等级	适用范围
A级沥青	各个等级的公路，适用于任何场合和层次
B级沥青	1. 高速公路、一级公路沥青下面层及以下的层次，二级及二级以下公路的各个层次 2. 用作改性沥青、乳化沥青、改性乳化沥青、稀释沥青的基质沥青
C级沥青	三级及三级以下公路的各个层次

（2）道路石油沥青标号　道路石油沥青按针入度划分为160号、130号，110号、90号、70号、50号、30号七个标号，同时对各标号沥青的延度、软化点、闪点、蜡含量、薄膜加热试验等技术指标也提出相应的要求。技术要求见表4-4。

（3）道路用液体石油沥青的技术标准　道路用液体石油沥青适用于透层、黏层及拌制冷拌沥青混合料。按其凝结速度而分为快凝、中凝、慢凝三个等级，除黏度外，对蒸馏的馏分及残留物性质，闪点和水分等也提出相应的要求。技术要求见表4-5。

表 4-4　道路石油沥青技术要求

指标	单位	等级	沥青标号																	试验方法[①]
			160 号[④]	130 号[④]	110 号			90 号					70 号[③]					50 号[③]	30 号[④]	
针入度（25℃，5s，100g）	0.1mm		140~200	120~140	100~120			80~100					60~80					40~60	20~40	T0604
适用的气候分区[⑥]			注[④]	注[④]	2-1	2-2	3-2	1-1	1-2	1-3	2-2	2-3	1-3	1-4	2-2	2-3	2-4	1-4	注[④]	
针入度指数 PI[②]	A		-1.5~+1.0																	T0604
	B		-1.8~+1.0																	
软化点（$T_{R\&B}$）不小于	℃	A	38	40	43			45			44		46		45			49	55	T0606
		B	36	39	42			43			42		44		43			46	53	
		C	35	37	41			42					43					46	53	
60℃动力黏度[②]不小于	Pa·s	A	—	60	120			160			140		180		160			200	260	T0620
10℃黏度[②]不小于	cm	A	50	50	40			45	30	20	30	20	20	15	25	20	15	5	10	T0605
		B	30	30	30			30	20	15	20	15	15	10	20	15	10	10	8	
15℃延度不小于	cm	A、B	100												80		50			
		C	80	80	60			50					0					30	20	
蜡含量（蒸馏法）不大于	%	A	2.2																	T0615
		B	3.0																	
		C	4.5																	
闪点不小于	℃		230					245					260							T0611
溶解度不小于	%		99.5																	T0607

（续）

指　标	单位	等级	沥青标号							试验方法①
			160 号④	130 号④	110 号	90 号	70 号③	50 号③	30 号④	
密度（15℃）	g/cm³		实测记录							T0603
TFOT（或 RTFOT）后⑤										T0610 或 T0609
质量变化不大于	%		±0.8							
残留针入度比不小于	%	A	48	54	55	57	61	63	65	T0604
		B	45	50	52	54	58	60	62	
		C	40	45	48	50	54	58	60	
残留延度（10℃）不小于	cm	A	12	12	10	8	6	4	—	T0605
		B	10	10	8	6	4	2	—	
残留延度（15℃）不小于	cm	C	40	35	30	20	15	10	—	T0605

① 试验方法按照《公路工程沥青及沥青混合料试验规程》（JTJ E20—2011）规定的方法执行。用于仲裁试验求取 PI 时的 5 个温度的针入度关系的相关系数不得小于 0.997。

② 经建设单位同意，表中 PI 值 60℃动力黏度、10℃延度可作为选择性指标，也可不作为施工质量检验指标。

③ 70 号沥青可根据需要要求供应商提供针入度范围为 60～70 或 70～80 的沥青，50 号沥青可要求提供针入度范围为 40～50 或 50～60 的沥青。

④ 30 号沥青仅适用于沥青稳定基层。130 号和 160 号沥青除寒冷地区可直接在中低级公路上应用外，通常用作乳化沥青、稀释沥青、改性沥青和基质沥青。

⑤ 老化试验以 TFOT 为准，也可以 RTFOT 代替。

⑥ 气候分区见《公路沥青路面施工技术规范》（JTG F40—2004）附录 A。

表 4-5 道路用液体石油沥青技术要求（JTG F40— 2004）

序号	试验项目		快凝		中凝						慢凝						试验方法
			AL(R)-1	AL(R)-2	AL(M)-1	AL(M)-2	AL(M)-3	AL(M)-4	AL(M)-5	AL(M)-6	AL(S)-1	AL(S)-2	AL(S)-3	AL(S)-4	AL(S)-5	AL(S)-6	
1	黏度/S	$C_{25,5}$	<20	—	<20	—	—	—	—	—	<20	—	—	—	—	—	T0621
		$C_{60,5}$	—	5~15	—	5~15	16~25	26~40	41~100	101~200	—	5~15	16~25	26~40	41~100	101~200	
2	蒸馏体积（%）	225℃前	>20	>15	<10	<7	<3	<2	0	0	—	—	—	—	—	—	T0632
		315℃前	>35	>30	<35	<25	<17	<14	<8	<5	—	—	—	—	—	—	
		360℃前	>45	>35	<50	<35	<30	<25	<20	<15	<40	<35	<25	<20	<15	<5	
3	蒸馏后残留物质性质	针入度（25℃）/（1/10mm）	60~200	60~200	100~300	100~300	100~300	100~300	100~300	100~300	—	—	—	—	—	—	T0604
		延度（25℃）/cm	>60	>60	>60	>60	>60	>60	>60	>60	—	—	—	—	—	—	T0605
		浮标度（5℃）/s	—	—	—	—	—	—	—	—	<20	>20	>30	>40	>45	>50	T0631
4	闪点（TOC）/℃，不低于		30	30	65	65	65	65	65	65	70	70	100	100	120	120	T0633
5	含水量（%），不大于		0.2	0.2	0.2	0.2	0.2	0.2	0.2	0.2	2.0	2.0	2.0	2.0	2.0	2.0	T0612

注：1. 试验方法按照现行《公路工程沥青及沥青混合料试验规程》（JTG E20— 2011）规定的方法执行。
2. 黏度使用道路沥青黏度计测定，$C_{T,d}$的脚标第一个数字 T 代表温度（℃），第二数字 d 代表孔径（mm）。
3. 闪点（TOC）为泰格开口杯（Tag Open Cup）法。

第三节 改性沥青

随着国民经济的高速发展，现代高等级沥青路面的特点是交通密度大，车辆轴载重，荷载作用间歇时间短，以及高速和渠化。由于这些特点造成沥青路面高温出现车辙，低温产生裂缝，抗滑性很快衰降，使用年限不长，出现坑槽、松散等水损坏以及局部龟裂等。为提高沥青混合料的路用性能，必须对沥青加以改性，即改善沥青的流变性能，改善沥青与集料的黏附性，改善沥青的耐久性。

一、改性沥青的分类及特性

改性沥青是指掺加橡胶、树脂、高分子聚合物，磨细的橡胶粉或其他填料等外掺剂（改性剂），或采取对沥青轻度氧化加工等措施，使沥青的性能得以改善而制成的沥青结合料。

改性剂是指在沥青中加入的天然的或人工的有机或无机材料，可分散在沥青中，改善或提高沥青路面性能（与沥青发生反应或裹覆在集料表面上）的材料。

从狭义来说，现在所指道路改性沥青一般是指聚合物改性沥青。按照改性剂的不同，一般分为以下几类：

1. 热塑性橡胶类改性沥青

改性剂主要是苯乙烯嵌段共聚物，如苯乙烯－丁二烯－苯乙烯（SBS）、苯乙烯－异戊二烯－苯乙烯（SIS）、苯乙烯－聚乙嫌/丁基－聚乙烯（SE/BS）。其中SBS常用于路面沥青混合料；SIS主要用于热熔黏结料；SE/BS则应用于抗氧化、抗高温变形要求高的道路。目前世界各国用于道路沥青改性使用最多的是SBS改性沥青，如首都机场高速公路及八达岭高速公路用的就是SBS改性沥青。

SBS类改性沥青最大的特点是高温稳定性和低温抗裂性能都好，且有良好的弹性恢复性能，抗老化性能良好。SBS使沥青软化点提高，使5℃延度大幅度增大，且薄膜加热后的针入度比保留90%以上。

2. 橡胶类改性沥青

通常称为“橡胶沥青”，其中使用最多的是丁苯橡胶（SBR）和氯丁橡胶（CR）。橡胶类改性沥青不仅是世界上最早出现并广泛应用的改性沥青品种，也是在我国较早得到研究和推广的品种。其中SBR是世界上应用最广泛的改性剂之一，尤其是它胶乳形式的使用越来越广泛；CR具有极性，常掺入煤沥青中使用，已成为煤沥青的改性剂。

SBR改性沥青最大的特点是低温性能得到改善，所以主要适宜在寒冷气候条件下使用。例如，青藏公路上就铺筑了橡胶沥青路面。

3. 热塑性树脂类改性沥青

聚乙烯（PE）、聚丙烯、聚氯乙烯、聚苯乙烯和乙烯－乙酸乙烯共聚物（EVA）等在道路沥青的改性中被使用，这一类热塑性树脂的共同特点是加热后软化，冷却时硬化变硬。此类改性剂的最大特点是使沥青结合料在常温下黏度增大，从而使高温稳定性增加，遗憾的是并不能使沥青混合料的弹性增加，且加热后易离析，再次冷却时产生众多的弥散体。不过这些局限性一定程度上已被接受。例如，浙江杭州钱江二桥就使用了EVA改性沥青铺筑桥面铺装。

4. 掺加天然沥青的改性沥青

在沥青中通常可掺加天然沥青进行改性，如湖沥青（如特立尼达湖沥青 TLA）、岩石沥青（如美国的 Gilsonite）和海底沥青（如 BMA）等。

掺加 TLA 的混合沥青有良好的高温稳定性及低温抗裂性能，耐久性好；掺加岩石沥青的沥青有抗剥离、耐久性、高温抗车辙、抗老化特点；BMA 适用于重交通道路、飞机场跑道、抗磨耗层等，最小铺筑厚度可减薄到 2cm，由此降低工程造价。

5. 其他改性沥青

（1）掺多价金属皂化物的改性沥青　多价金属与一元羧酸所形成的盐类称为“金属皂”。将一定的金属皂溶解在沥青中，可使延度增加，脆点降低，明显提高与集料的黏附性能，增加沥青混合料的强度，提高沥青路面的柔性和疲劳强度。

（2）掺炭黑的改性沥青　炭黑是由石油、天然气等碳氢化合物经高温不完全燃烧而生成的高含碳量粉状物质，在改性好的 SBS 改性沥青中混入炭黑综合改性，可使改性沥青的黏度增大，回弹性能提高。

（3）加玻纤格栅的改性沥青　将一种自黏结型的玻璃纤维格栅，用一种专门的摊铺机铺设，铺在沥青混合料层中，耐热、黏结性好。这些格栅对提高高温抗车辙能力及低温抗裂性能都有良好效果，同时还可防治沥青路面的反射性裂缝。

二、改性沥青的技术要求

道路改性沥青一般是指聚合物改性沥青，其技术要求见表 4-6。

表 4-6　聚合物改性沥青技术要求（JTG F40—2004）

指标	单位	SBS 类（Ⅰ类）				SBR 类（Ⅱ类）			EVA、PE 类（Ⅲ类）				试验方法[1]
		Ⅰ-A	Ⅰ-B	Ⅰ-C	Ⅰ-D	Ⅱ-A	Ⅱ-B	Ⅱ-C	Ⅲ-A	Ⅲ-B	Ⅲ-C	Ⅲ-D	
针入度（25℃，100g，5s）	0.1mm	>100	80～100	60～80	40～60	>100	80～100	60～80	>80	60～80	40～60	30～40	T0604
针入度指数 *PI*，不小于		-1.2	-0.8	-0.4	0	-1.0	-0.8	-0.6	-1.0	-0.8	-0.6	-0.4	T0604
延度（5℃，5cm/min），不小于	cm	50	40	30	20	60	50	40	—				T0605
软化点 $T_{R\&B}$，不小于	℃	45	50	55	60	45	48	50	48	52	56	60	T0606
运动黏度[2]（135℃），不大于	Pa·s	3											T0625 T0619
闪点，不小于	℃	230				230			230				T0611

（续）

指标	单位	SBS类（Ⅰ类）				SBR类（Ⅱ类）			EVA、PE类（Ⅲ类）				试验方法[①]
		Ⅰ-A	Ⅰ-B	Ⅰ-C	Ⅰ-D	Ⅱ-A	Ⅱ-B	Ⅱ-C	Ⅲ-A	Ⅲ-B	Ⅲ-C	Ⅲ-D	
溶解度，不小于	%	99				99			—				T0607
弹性恢复25（25℃），不小于	%	55	60	65	75	—			—				T0662
黏韧性，不小于	N·m	—				5			—				T0624
韧性，不小于	N·m	—				2.5			—				T0624
贮存稳定性[③]离析，48h软化点差，不大于	℃	2.5				—			无改性剂明显析出、凝聚				T0661
TFOT（或RTFOT）后残留物													
质量变化，不大于	%	±1.0											T0610或T0609
针入度比（25℃），不小于	%	50	55	60	65	50	55	60	50	55	58	60	T0604
延度（5℃），不小于	cm	30	25	20	15	30	20	10	—				T0605

① 试验方法按照现行《公路工程沥青及沥青混合料试验规程》（JTG E20—2011）规定的方法执行。

② 表中135℃运动黏度可采用《公路工程沥青及沥青混合料试验规程》（JTG E20—2011）中的"T 0625—2011 沥青旋转黏度试验（布洛克菲尔德黏度计法）"进行测定。若在不改变改性沥青物理力学性质并符合安全条件的温度下易于泵送和搅和，或经证明适当提高泵送和拌和温度时能保证改性沥青的质量，容易施工，可不要求测定。

③ 储存稳定性指标适用于工厂生产的成品改性沥青。现场制作的改性沥青对储存稳定性指标可不作要求，但必须在制作后保持不间断的搅拌或泵送循环，保证使用前没有明显的离析。

三、改性沥青应用和发展

改性沥青可用于做排水或吸音磨耗层及其下面的防水层；在老路面上做应力吸收膜中间层，以减少反射裂缝；在重载交通道路的老路面上加铺薄或超薄沥青面层，以提高耐久性；在老路面上或新建一般公路上做表面处治，以恢复路面使用性能或减少养护工作量等。使用改性沥青时，应当特别注意路基、路面的施工质量，以避免产生路基沉降和其他早期损坏。否则，使用改性沥青就会达不到应有的效果。

SBS改性沥青无论在高温、低温、弹性等方面都优于其他改性剂，尤其是现在SBS的价格比以前有了大幅度的降低，仅成本一项，它就可以和PE、EVA竞争，所以我国改性沥青的发展方向应该以SBS作为主要方向。

第四节 乳化沥青

一、概述

乳化沥青是指石油沥青与水在乳化剂、稳定剂等的作用下经乳化加工制得的均匀沥青产品（也称“沥青乳液”），其外观为茶褐色，在常温下具有较好的流动性。乳化沥青的特点如下：

1）可冷态施工。乳化沥青可以在常温下进行喷洒，贯入或拌和摊铺，现场无需加热，简化了施工程序，操作简便，节省了能源。

2）与湿集料拌和，具有足够的黏结力。

3）无毒、无味，保护环境，减少污染，施工安全。

4）稳定性差，贮存期不能超过半年，贮存温度在0℃以上。

5）乳化沥青修筑路面，成型期较长。

基于以上的特点，乳化沥青不仅适用于铺筑路面，而且在路堤的边坡保护、层面防水、金属材料表面防腐等工程中得到了广泛应用。

二、乳化沥青的组成材料

乳化沥青主要由沥青、乳化剂、稳定剂和水等组分组成。

1. 沥青

沥青是乳化沥青组成的主要材料，占55%～70%。在选择作为乳化沥青用的沥青时，首先要考虑它的易乳化性。一般说来，相同油源和工艺的沥青，针入度较大者易于形成乳液。但针入度的选择，应根据乳化沥青在路面工程中的用途来决定。另外，沥青中活性组分的含量对沥青乳化难易性有直接关系，通常认为沥青中沥青酸总量大于1%的沥青，易于形成乳化沥青。对高速公路和一级公路应满足道路石油沥青A、B级的要求，其他情况可采用C级沥青。

2. 乳化剂

乳化剂是乳化沥青形成的关键材料。沥青乳化剂是表面活性剂的一种类型，从化学结构上看，分子的一部分具有亲水性质，而另一部分具有亲油性质，这两个基团具有使互不相溶的沥青与水连接起来的特殊功能。在沥青、水分散体系中，沥青微粒被乳化剂分子的亲油基吸引，此时以沥青微粒为固体核，乳化剂包裹在沥青颗粒表面形成吸附层。乳化剂的另一端与水分子吸引，形成一层水膜，它可机械地阻碍颗粒的聚集。

乳化剂按其亲水基在水中是否电离而分为离子型和非离子型两大类。其分类如图4-15所示。

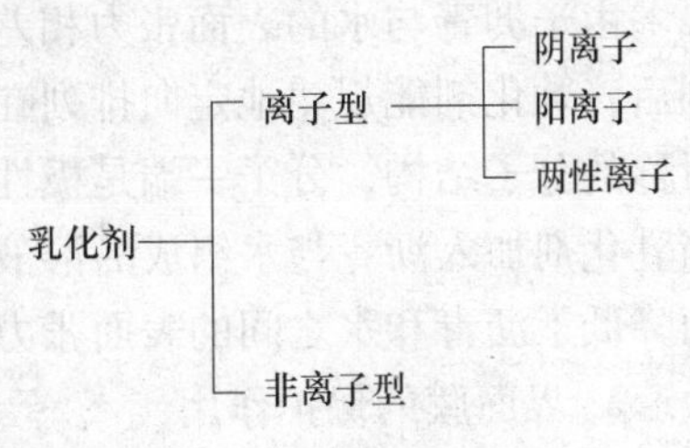

图4-15 乳化剂的分类

（1）阴离子型沥青乳化剂 阴离子型沥青乳化剂是在溶于水时，能电离为离子或离子胶束，且与亲油基相连的亲水基团带有阴（或负）电荷的乳化剂。阴离子型沥青乳化剂最主要的亲水基团有羧酸盐（如—COONa）、硫酸酯盐（如—OSO_3Na）、磺酸盐（如—SO_3Na）等三种。

（2）阳离子型沥青乳化剂　阳离子型沥青乳化剂是在溶于水中时，能电离为离子或离子胶束且与亲油基相连接的亲水基团带有阳（或正）电荷的乳化剂。阳离子型沥青乳化剂按其化学结构，主要有：季铵盐类、烷基胺类、酰胺类、咪唑啉类、环氧乙烷二胺类和胺化木质素类等。

（3）两性离子型沥青乳化剂　两性离子型沥青乳化剂是在水中溶解时，电离成离子或离子胶团，且与亲油基相连接的亲水基团既带有阴电荷又带有阳电荷的乳化剂。两性离子型沥青乳化剂按其两性离子的亲水基团的结构和特性，主要分为氨基酸型、甜菜型和咪唑啉型等。

（4）非离子型沥青乳化剂　非离子型沥青乳化剂是在水中溶解时，不能离解成离子或离子胶束，而是依赖分子所含的羟基（—OH）和醚链（—O—）等作为亲水基团的乳化剂。非离子型沥青乳化剂根据亲水基团的结构可分为醚基类、酯基类、酰胺类和杂环类等，但应用最多的为环氧乙烷缩合物和一元醇或多元醇的缩合物。

3. 稳定剂

为使乳液具有良好的贮存稳定性，以及在施工中喷洒或拌和机械作用下的稳定性，必要时加入适量的稳定剂。稳定剂可分为两类：

（1）有机稳定剂　常用的有机稳定剂包括聚乙烯醇、聚丙烯酰胺、羧甲基纤维素钠、糊精、MF 废液等。这类稳定剂可提高乳液的贮存稳定性和施工稳定性。

（2）无机稳定剂　常用的有氯化钙、氯化镁、氯化铵和氯化铬等。这类稳定剂可提高乳液的贮存稳定性。

稳定剂对乳化剂协同作用必须通过试验来确定，并且稳定剂的用量不宜过多，一般以沥青乳液的 0.1% ~0.15% 为宜。

4. 水

水是乳化沥青的主要组成部分。水在乳化沥青中起着润湿、溶解及化学反应的作用，所以要求乳化沥青中的水应当纯净，不含其他杂质，每升水中氧化钙含量不得超过 80mg。水的用量一般为 30% ~70% 。

三、乳化沥青的形成机理

根据乳状液理论，由于沥青与水这两种物质的表面张力相差较大，将沥青分散于水中，则会因表面张力的作用使已分散的沥青颗粒重新聚集结成团块。欲使已分散的沥青能稳定均匀地存在（实际上是悬浮）于水中，必须使用乳化剂。沥青能够均匀稳定地分散在乳化剂水溶液中的原因主要是：

1. 乳化剂降低界面能的作用

由于沥青与水的表面张力相差较大，在一般情况下是不能互溶的，当加入一定量的乳化剂后，乳化剂能规律地定向排列在沥青和水的界面上。由于乳化剂属表面活性物质，具有不对称的分子结构，分子一端是极性基因，是亲水的，另一端是非极性基因，是亲油的，所以当乳化剂加入沥青与水组成的溶液中，乳化剂分子吸附在沥青 - 水界面上，形成吸附层，从而降低了沥青和水之间的表面张力差（见图 4-16）。

2. 界面膜的保护作用

乳化剂分子的亲油基吸附在沥青微滴的表面，在沥青 - 水界面上形成界面膜（见

图4-17)，此界面膜具有一定的强度，对沥青微滴起保护作用，使其在相互碰撞时不易聚结。

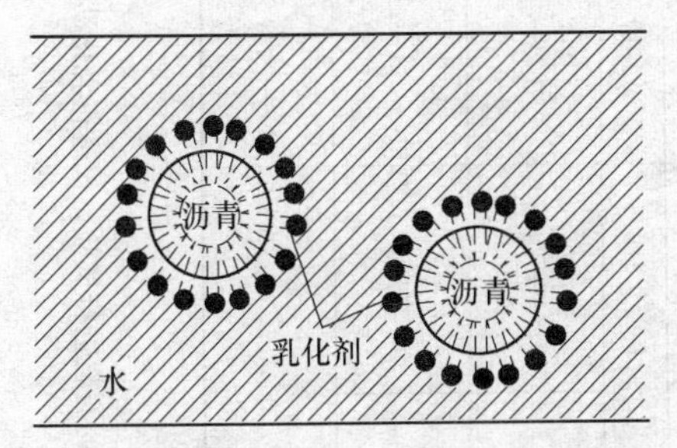

图4-16　乳化剂在沥青微滴表面形成的界膜层

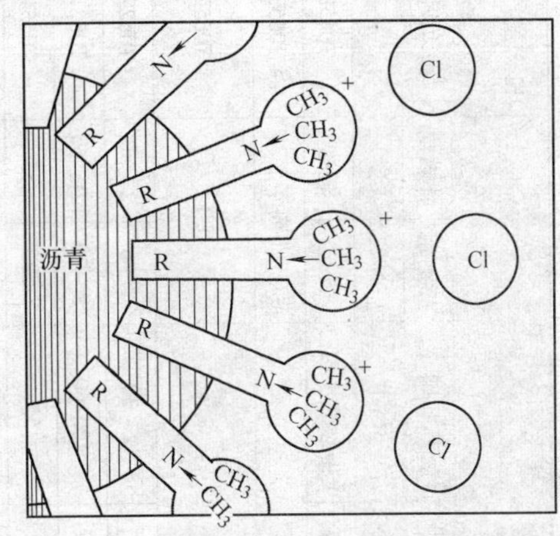

图4-17　界面膜

3. 界面电荷稳定作用

乳化剂溶于水后发生离解，当亲油基吸附于沥青时，使沥青微滴带有电荷（阳离子乳化沥青带正电荷（见图4-17)，此时在沥青－水界面上形成扩散双电层。由于每个沥青微滴都带相同电荷，且有扩散双电层的作用，故沥青－水体系成为稳定体系。

四、乳化沥青的性质与技术要求

乳化沥青在使用中，与砂石集料拌和成型后，在空气中逐渐脱水，水膜变薄，使沥青微粒靠拢，将乳化剂薄膜挤裂而凝成连续的沥青黏结膜层。成膜后的乳化沥青具有一定的耐热性、黏结性、抗裂性、韧性及防水性。

乳化沥青的质量应符合表4-7的规定。在高温条件下宜采用黏度较大的乳化沥青，寒冷条件下宜使用黏度较小的乳化沥青。

五、乳化沥青在集料表面分裂机理

分裂是指从乳液中分裂出来的沥青微滴在集料表面聚结成一层连续的沥青薄膜，这一过程称为“分裂”（俗称“破乳”）。乳液产生分裂的外观特征是它的颜色由棕褐色变成黑色。

1. 乳液与集料表面的吸附作用

1）阴离子乳液（沥青微滴带负电荷）与带正电荷的碱性集料（石灰岩、玄武岩等）有较好的黏结性。

2）阳离子乳液（沥青微滴带正电荷）与带负电荷的酸性集料（花岗岩、石英岩等）具有较好的黏结性。同时对碱性集料也有较好的亲和力。

2. 水分的蒸发作用

洒布在路上的乳化沥青，水分蒸发速度的快慢与温度、湿度、风速等条件有关。在温度较高，有风的环境中，水分蒸发较快，反之较慢。通常当沥青乳液中水分蒸发到沥青乳液的80%～90%时，乳化沥青即开始凝结。

表 4-7　道路用乳化沥青技术要求（JTG F40— 2004）

试验项目		单　位	品种及代号										试验方法
			阳离子				阴离子				非离子		
			喷洒用			拌和用	喷洒用			拌和用	喷洒用	拌和用	
			PC-1	PC-2	PC-3	BC-1	PA-1	PA-2	PA-3	BA-1	PN-2	BN-1	
破乳速度			快裂	慢裂	快裂或中裂	慢裂或中裂	快裂	慢裂	快裂或中裂	慢裂或中裂	慢裂	慢裂	T0658
粒子电荷			阳离子（+）				阴离子（-）				非离子		T0653
筛上残留物（1.18 mm 筛），不大于		（%）	0.1				0.1				0.1		T0652
黏度	恩格拉黏度计 E_{25}	/s	2～10	1～6	1～6	2～30	2～10	1～6	1～6	2～30	1～6	2～30	T0622
	道路标准黏度计 $C_{25,3}$		10～25	8～20	8～20	10～60	10～25	8～20	8～20	10～60	8～20	10～60	T0621
蒸发残留物	残留分含量，不小于	（%）	50	50	50	55	50	50	50	55	50	55	T0651
	溶解度，不小于	（%）	97.5				97.5				97.5		T0607
	针入度（25 ℃）	/（0.1mm）	50～200	50～300	45～150		50～200	50～300	45～150		50～300	60～300	T0604
	延度（15℃），不小于	/cm	40				40				40		T0605
与粗集料的黏附性，裹附面积，不小于			2/3			—	2/3			—	2/3	—	T0654
与粗、细粒式集料拌和试验			—			均匀	—			均匀	—		T0659
水泥拌和试验的筛上剩余，不小于		%	—				—				—	3	T0657

注：1. P 为喷洒型，B 为拌和型，C、A、N 分别表示阳离子、阴离子、非离子乳化沥青。
2. 黏度可选用恩格拉黏度计或道路标准黏度计之一测定。
3. 表中的破乳速度与集料的黏附性、拌和试验的要求、所使用的石料品种有关，质量检验时应采用工程上实际的石料进行试验，仅进行乳化沥青产品质量评定时可不要求此三项指标。
4. 贮存稳定性根据施工实际情况选用试验时间，通常采用 5d，乳液生产后能在当天使用时也可用 1d 的稳定性。
5. 当乳化沥青需要在低温冰冻条件下贮存或使用时，尚需按 T0656 进行 -5℃低温贮存稳定性试验，要求没有粗颗粒、不结块。
6. 如果乳化沥青是将高浓度产品运到现场经稀释后使用时，表中的蒸发残留物等各项指标是指稀释前乳化沥青的要求。

六、乳化沥青的应用

乳化沥青适用于沥青表面处治路面、沥青贯入式路面、冷拌沥青混合料路面，修补裂缝，喷洒透层、黏层与下封层等。乳化沥青的品种和适用范围宜符合表4-8的规定。

表4-8　乳化沥青品种及适用范围

分类	品种及代号	适用范围
阳离子乳化沥青	PC-1	表面处治路面、贯入式路面及下封层
	PC-2	透层油及基层养生
	PC-3	黏层油
	BC-1	稀浆封层或冷拌沥青混合料
阴离子乳化沥青	PA-1	表面处治路面、贯入式路面及下封层
	PA-2	透层油及基层养生
	PA-3	黏层油
	BA-1	稀浆封层或冷拌沥青混合料
非离子乳化沥青	PN-2	透层油
	BN-1	与水泥稳定集料同时使用（基层路拌或再生）

第五节　煤　沥　青

煤沥青（俗称“柏油”）是用煤干馏炼焦和制煤气的副产品煤焦油炼制而成。根据煤干馏的温度不同，而分为高温煤焦油（700℃以上）和低温煤焦油（450 ~700℃）两类。路用煤沥青主要是由炼焦或制造煤气得到的高温煤焦油加工而得。

一、煤沥青的化学组成和结构特点

1. 煤沥青的化学组成

煤沥青的组成主要是芳香族碳氢化合物及其氧、硫和氮的衍生物的混合物，其元素组成主要为C、H、O、S和N。煤沥青的化学结构极其复杂，有环结构上带有侧链，但侧链很短。

煤沥青化学组分的研究，与石油沥青的研究方法相同，也是采用选择性溶解等方法将煤沥青划分为几个化学性质相近且与路用性能有一定联系的组。我国采用葛氏法按图4-18所列流程划分煤沥青组分，其组分如下：

（1）游离碳　又称自由碳，是高分子有机化合物的固态碳质微粒，不溶于任何有机溶剂。在煤沥青中含有游离碳能增加沥青的黏度和提高其热稳定性。随着游离碳含量的增加，低温脆性亦随之增加。煤沥青中的游离碳相当于石油沥青中的沥青质。

（2）树脂　分为硬树脂和软树脂两类。硬树脂是固态晶体结构，在沥青中能增加其黏滞性，类似石油沥青中的沥青质；软树脂为赤褐色粘塑状物质，溶于氯仿能使煤沥青具有塑性，类似于石油沥青中的树脂。

（3）油分　主要由液体未饱和的芳香族碳氢化合物所组成，使煤沥青具有流动性。在油分中包含有萘、蒽和酚等。萘在常温下易挥发。蒽含量低于15% ~25%时，降低煤沥青

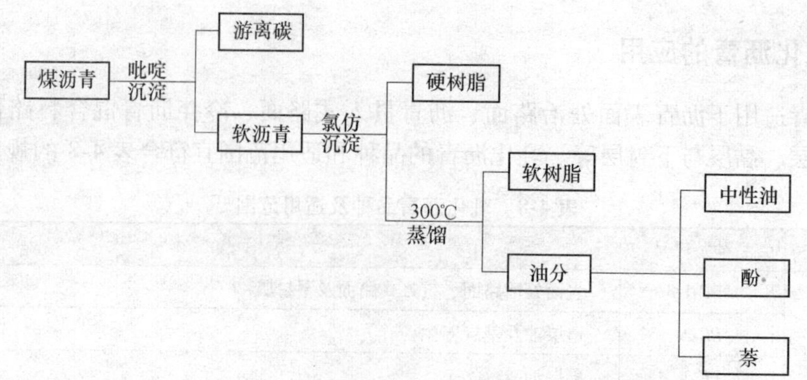

图4-18 B. O. 葛列米尔德的煤沥青化学组分分析

的黏结性，若超过此含量，温度低于10℃时蒽结晶，也使煤沥青黏度增加。

此外，煤沥青中含有少量碱性物质（吡啶、喹啉等）和酸性物质（酚），酚有毒且能溶于水。煤沥青中的酸碱物质都属表面活性物质，相当于石油沥青中的沥青酸与沥青酸酐，但其活性物质含量高于石油沥青。所以煤沥青表面活性比石油沥青高，与矿料的黏附力较好。煤沥青各化学组分含量示例见表4-9。

表4-9 煤沥青化学组分示例

煤沥青标号	化学组分（%）					
	游离碳	硬树脂	软树脂	中性油	酚	萘
软煤沥青 T-9	13.32	11.78	38.14	33.71	2.41	0.64

2. 煤沥青的结构

煤沥青和石油沥青相类似，也是复杂的胶体分散系，游离碳和硬树脂组成的胶体微粒为分散相，油分为分散介质，而软树脂为保护物质，它吸附于固态分散胶粒周围，逐渐向外扩散，并溶解于油分中，使分散系形成稳定的胶体体系。

二、煤沥青的技术性质与技术标准

1. 煤沥青的技术性质

煤沥青与石油沥青相比，在技术性质有下列差异：

1）温度稳定性差。由于可溶性树脂含量较多，受热易软化，故温度稳定性差。

2）气候稳定性差。由于煤沥青中含有较多不饱和碳氢化合物，在热、阳光、氧气等长期综合作用下，煤沥青的组分变化较大，易老化变脆。

3）塑性较差。因含有较多的游离碳，所以在使用时易因受力变形而开裂。

4）煤沥青与矿质材料表面黏附性能好。煤沥青组分中含有酸碱等表面活性物质，故与矿质材料表面黏结力较强。

5）防腐性能好。由于煤沥青中含有酚、蒽、萘油等成分，所以防腐性好，故宜用于地下防水层及防腐材料等。

2. 煤沥青的技术指标

（1）黏度　黏度表示煤沥青的稠度。煤沥青组分中油分含量减少、固态树脂及游离碳量增加时，则煤沥青的黏度增高。煤沥青的黏度测定方法与液体沥青相同，也是用道路沥青标准黏度计测定。

（2）蒸馏试验的馏分含量及残渣性质　煤沥青中含有各沸点的油分，这些油分的蒸发将影响其性质，因而煤沥青的起始黏滞度并不能完全表达其在使用过程中黏结性的特征。为了预估煤沥青在路面中使用过程的性质变化，在测定其起始黏度的同时，还必须测定煤沥青在各馏程中所含馏分及其蒸馏后残留物的性质。

煤沥青蒸馏试验是测定试样受热时，在规定温度范围内蒸出的馏分含量，以质量百分率表示。除非特殊需要，各馏分蒸馏的标准切换温度为170℃、270℃、300℃。

馏分含量的规定，控制了煤沥青由于蒸发而老化的安全性，残渣性质试验保证了煤沥青残渣具有适宜的黏结性。

（3）煤沥青焦油酸含量　煤沥青的焦油酸（也称“酚”）含量是通过测定试样总的蒸馏馏分与碱性溶液作用形成水溶性酚盐物质的含量求得，以体积百分率表示。焦油酸溶解于水，易导致路面强度降低，同时它有毒，因此对其在沥青中的含量必须加以限制。

（4）含萘量　萘在煤沥青中低温时易结晶析出，使煤沥青产生假黏度而失去塑性，同时常温下易升华，并促使老化加速，同时萘也有毒，故对其含量加以限制。煤沥青的萘含量是试样馏分中萘的含量，以质量百分率表示。

（5）甲苯不溶物　煤沥青的甲苯不溶物含量，是试样在规定的甲苯溶剂中不溶物（游离碳）的含量，用质量百分率表示。

（6）水分　与石油沥青一样，在煤沥青中含有过量的水分会使煤沥青在施工加热时发生许多困难，甚至导致材料质量的劣化或造成火灾。煤沥青含水量的测定方法与石油沥青相同。

3. 道路用煤沥青技术要求

道路用煤沥青适用于透层，也可用于三级及三级以下的公路铺筑表面处治或贯入式沥青路面，但不能用于热拌热铺沥青混合料。道路用煤沥青的质量应符合表4-10要求。

表4-10　道路用煤沥青技术要求（JTG F40—2004）

试验项目		T-1	T-2	T-3	T4	T-5	T-6	T-7	T-8	T-9	试验方法
黏度/S	$C_{30,5}$	5～25	26～70								T0621
	$C_{30,10}$			5～25	26～50	51～120	121～200				
	$C_{50,10}$							10～75	76～200		
	$C_{60,10}$									35～65	
蒸馏试验馏出量（%）	170℃前	≤3	≤3	≤3	≤2	≤1.5	≤1.5	≤1.0	≤1.0	≤1.0	T0641
	270℃前	≤20	≤20	≤20	≤15	≤15	≤15	≤10	≤10	≤10	
	300℃前	15～35	15～35	≤30	≤30	≤25	≤25	≤20	≤20	≤15	
300℃蒸馏残渣软化点（环球法）/℃		35～45	30～45	35～65	35～65	35～65	35～65	40～70	40～70	40～70	T0606
水分（%）≤		1.0	1.0	1.0	1.0	1.0	0.5	0.5	0.5	0.5	T0612
甲苯不溶物（%）≤		20	20	20	20	20	20	20	20	20	T0646
含萘量（%）≤		5	5	5	4	4	3.5	3	2	2	T0645
焦油酸含量（%）≤		4	4	3	3	2.5	2.5	1.5	1.5	1.5	T0642

注：黏度使用道路沥青黏度计测定，$C_{T,d}$的脚标第1个数字代表温度T（℃），第2个数字代表孔径d（mm）。

思 考 题

4-1 试说明石油沥青的主要组分与技术性质之间的关系?

4-2 我国现行的石油沥青化学组分分析方法可将石油沥青分离为哪几个组分?国产石油沥青在化学组分上有什么特点?

4-3 按流变学观点,石油沥青可划分为哪几种胶体结构?各种胶体结构的石油沥青有何特点?

4-4 石油沥青的三大指标表征沥青哪些特征?

4-5 什么是沥青的“老化”?老化后的沥青其性质有哪些变化?

4-6 煤沥青与石油沥青在性质和应用上的差别有哪些?

4-7 试述乳化沥青的形成和分裂的机理?

4-8 沥青的劲度模量表征沥青的什么性质?根据哪些参数可从范·德·波尔诺模图中求得劲度模量?

4-9 什么是改性沥青?它与石油沥青相比较有什么特点?

第五章　沥青混合料

第一节　概　述

沥青混合料是矿质混合料（简称“矿料”）与沥青结合料拌和而成的混合料的总称，其中矿料起骨架作用，沥青与填料起胶结和填充作用。

沥青混合料经摊铺、压实成型后成为沥青路面，是现代道路路面的主要材料之一。

一、沥青混合料的分类

1. 按矿料的级配组成分类

（1）连续密级配沥青混合料　按密级配原理设计组成的各种粒径颗粒的料与沥青结合料拌和而成，包括密实式沥青混凝土混合料（以 DAC 表示），设计空隙率 3% ~6%；密实式沥青稳定碎石混合料（以 ATB 表示），设计空隙率 3% ~6%。我国传统的 AC-I 型沥青混凝土混合料也属于此类型。

（2）连续半开级配沥青混合料　由适当比例的粗集料、细集料及少量填料（或不加填料）与沥青结合料拌和而成，压实后剩余空隙率在 6% ~12% 的半开式沥青碎石混合料（以 AM 表示）。

（3）开级配沥青混合料　矿料级配主要由粗集料嵌挤组成，细集料及填料较少，经高黏度沥青结合料黏结形成的开级配沥青碎石混合料，设计空隙率大于 18%。典型类型如排水式沥青磨耗层混合料（以 OGFC 表示）和排水式沥青稳定碎石（以 ATPB 表示）。

（4）间断级配沥青混合料　矿料级配组成中缺少 1 个或几个档次（或用量很少）而形成的沥青混合料，典型类型如沥青马蹄脂碎石混合料（以 SMA 表示）。

2. 按集料的最大粒径分类

集料的最大粒径是指筛分试验中，通过百分率为 100% 的最小标准筛孔尺寸。集料的公称最大粒径是指全部通过或允许少量不通过（一般容许筛余量不超过 10%）的最小一级标准筛筛孔尺寸，通常比最大粒径小一个粒级。例如，某混合料在 16mm 筛孔的通过率为 100%，在 13. 2mm 筛孔上的筛余量小于 10%，则此集料的最大粒径为 16mm，公称最大粒径为 13. 2mm。

根据集料的公称最大粒径，沥青混合料分为：

1）特粗式沥青混合料：集料的公称最大粒径等于或大于 31. 5mm 的沥青混合料。

2）粗粒式沥青混合料：集料的公称最大粒径等于或大于 26. 5mm 的沥青混合料。

3）中粒式沥青混合料：集料的公称最大粒径等于 16mm 或 19mm 的沥青混合料。

4）细粒式沥青混合料：集料的公称最大粒径等于 9. 5mm 或 13. 2mm 的沥青混合料。

5）砂粒式沥青混合料：集料的公称最大粒径小于 9. 5mm 的沥青混合料。

3. 按制造工艺分类

1）热拌沥青混合料：沥青和矿料在热态拌和、热态铺筑的混合料。

2）冷拌沥青混合料：以乳化沥青、液体沥青或改性乳化沥青与矿料在常温状态下拌制、铺筑的混合料。

3）再生沥青混合料：将需翻修或废弃的旧沥青路面，经翻挖、回收、破碎、筛分，与再生剂、新集料、新沥青等材料按一定的比例重新拌和，形成具有一定路用性能的再生沥青混合料。可以采用冷再生，也可以采用热再生技术。

二、沥青混合料的特点

1. 优点

（1）优良的结构力学性能和表面功能特性　一般沥青路面均具有良好的受力特性；路面平整、无裂缝或接缝、柔韧舒适、货物损失率低、噪声小等优点。

（2）表面抗滑性能好　沥青路面既平整、表面又粗糙，有一定的粗、细纹理构造，能保证车辆高速安全行驶。

（3）施工方便　沥青路面可以集中拌和（厂拌）、机械化施工（摊铺、碾压等），完全可以实现大面积施工，质量能够得以保障，开放交通早。

（4）经济耐久性好　与水泥路面相比，沥青路面一次性投资要低得多，但其使用寿命一般在高速公路和机场道面中以 15 年计，实际使用中只要施工质量好、养护保养及时，有的可以使用 20 年。

（5）便于再生利用　沥青再生利用已成为发达国家一项热门的可持续发展和能源再生利用的新型课题，我国目前也在进行这方面的研究和技术开发。

（6）其他　如抗震性好、日照下不反射引起眩光、晴天无扬尘、雨后不泥泞等。

2. 缺点

（1）沥青易老化　沥青是多组分有机材料，随着使用期的延长，沥青的胶体结构和组成成分发生变化，沥青黏性变差、塑性降低，沥青路面易表面松散、整体性降低，从而导致结构破坏。一般可以添加抗老化剂，如添加炭黑可以起到抗氧化的作用，增强沥青的老化特性，还有其他材料如氨基甲酸酯类、钙盐、胺类等，但研究不成熟。

（2）温度敏感性较差　夏季高温易流淌，高温稳定性差；低温易发脆，抗裂性能差。可采用优质沥青或采取改性措施等。

由于上述特点，沥青混合料广泛应用于各种道路路面。

第二节　沥青混合料的组成结构和强度理论

一、沥青混合料的组成结构

1. 组成结构的理论

沥青混合料是一种复杂的多种成分的材料，主要由沥青、粗集料、细集料、矿粉填料和外加剂（如抗剥离剂、抗老化剂、聚合物改性剂等）组成。随着混合料组成结构的研究地深入，对沥青混合料的组成结构有下列两种互相对立的理论。

（1）表面理论 传统的表面理论认为混合料是由粗、细集料和填料组配而成的矿质骨架和沥青组成，沥青分布在矿质集料表面，将矿质集料胶结成具有强度的整体。这种理论认识图解如图 5-1 所示。

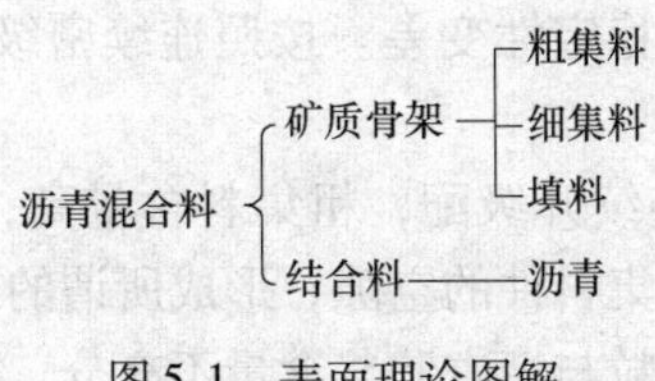

图 5-1 表面理论图解

（2）胶浆理论 近代胶浆理论认为混合料是一种多级空间网状结构的分散系，以粗集料为分散相分散在沥青砂浆中形成粗分散系，而沥青砂浆是由细集料为分散相分散到沥青胶浆中的细分散系，沥青胶浆则以填料为分散相分散在沥青介质中形成的微分散系。在这种多级分散体系中，因沥青胶浆最为基础，也最为重要，因此沥青胶浆的组成结构决定了沥青混合料的高低温变形能力。这种理论认识图解如图 5-2 所示。

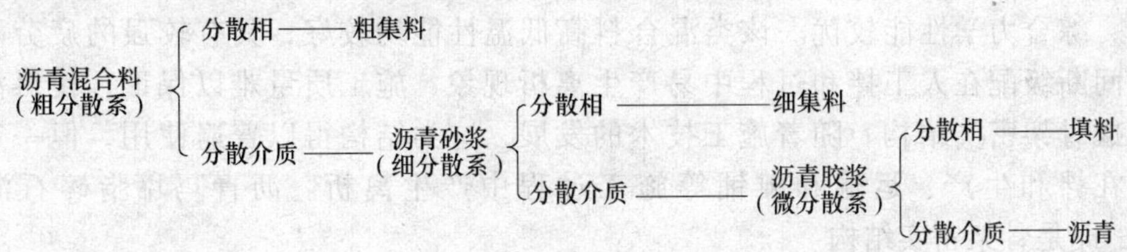

图 5-2 胶浆理论图解

胶浆理论主要研究矿粉的矿物组成、矿粉级配（尤其是小于 0.075mm 的成分）、沥青与矿粉间的交互作用，特别强调采用高稠度的沥青、大的沥青用量和间断级配的矿质混合料。

2. 沥青混合料的组成结构

沥青混合料的组成结构通常按其矿质混合料的组成分为悬浮密实结构、骨架空隙结构、骨架密实结构三大类，如图 5-3 所示。

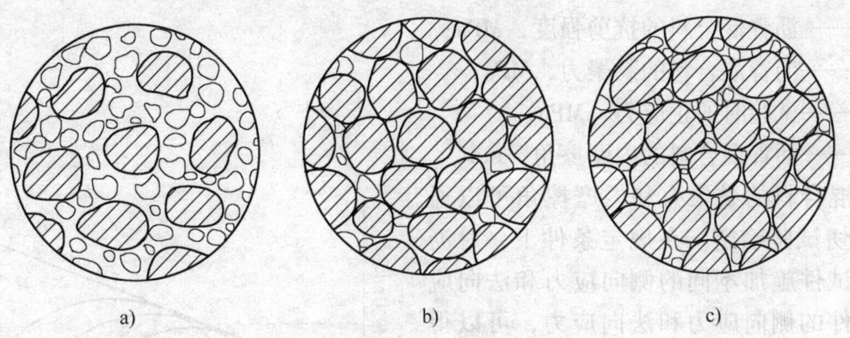

图 5-3 沥青混合料的结构类型

a）悬浮密实结构 b）骨架空隙结构 c）骨架密实结构

（1）悬浮密实结构 采用连续级配，矿料颗粒连续存在，而且细集料含量较多，将较大颗粒挤开，使大颗粒不能形成骨架，而较小颗粒与沥青胶浆比较充分，将空隙填充密实，使大颗粒悬浮于较小颗粒与沥青胶浆之间，形成悬浮密实结构。该结构的大颗粒未形成骨架，内摩擦力较小；小颗粒与沥青胶浆含量充分，黏结力较大。由于压实后密实度大，该类混合料水稳定性、低温抗裂性和耐久性较好；但其高温性能对沥青的品质依赖性较大，沥青黏度降低，往往导致混合料高温稳定性变差。按照连续密级配原理设计的 DAC 型沥青混合料是典型的这种悬浮密实结构。

（2）骨架空隙结构　采用连续开级配，粗集料含量高，彼此相互接触形成骨架；但细集料含量很少，不能充分填充粗集料件的空隙，形成所谓的骨架空隙结构。该结构的大颗粒形成骨架，内摩擦力较大；小颗粒与沥青胶浆含量不充分，黏结力较低。由于粗集料的骨架作用，使之高温稳定性好，而细集料含量少，空隙未能充分填充，耐水害、抗疲劳和耐久性能较差，所以一般要求采用高黏稠沥青，以防止沥青老化和剥落。沥青碎石（AM）和开级配磨耗层沥青混合料（OGFC）是典型的骨架空隙结构。

（3）骨架密实结构　采用间断级配，粗、细集料含量较高，中间料含量很少，使得粗集料能形成骨架，细集料和沥青胶浆又能充分填充骨架间的空隙，形成骨架密实结构。由于粗集料的骨架作用，其内摩擦力较大；小颗粒与沥青胶浆含量充分，黏结力也较大，综合力学性能较优。该类混合料高低温性能均较好，具有较强的疲劳耐久特性；但间断级配在人工拌和过程中易产生离析现象，施工质量难以保证，使得混合料很难形成骨架密实结构。随着施工技术的发展，这类结构得以普遍使用，但一定防止混合料在拌和生产、运输和摊铺等施工过程中产生离析。沥青玛琋脂碎石混合料（SMA）即是骨架密实结构。

二、沥青混合料的强度理论

1. 沥青混合料的强度形成原理

沥青混合料的抗剪强度主要取决于沥青与矿料相互作用而产生的黏聚力，以及在沥青混合料中嵌挤程度不同而产生的内摩擦角。通过三轴剪切试验可知，沥青混合料的抗剪强度值符合库仑定律。

$$\tau = c + \sigma \tan\varphi \tag{5-1}$$

式中　τ——沥青混合料的抗剪强度，MPa；

c——沥青混合料的黏聚力，MPa；

σ——试验时的正应力，MPa；

φ——沥青混合料的内摩擦角，rad。

沥青混合料的黏聚力和内摩擦角可以通过三轴剪切试验确定。在规定条件下，对沥青混合料试件施加不同的侧向应力和法向应力。由试件的侧向应力和法向应力，可以得到一组莫尔应力圆，如图 5-4 所示。图中应力圆的公切线为莫尔－库伦应力圆包络线，即抗剪强度曲线。该包络线纵轴的截距表示沥青混合料的黏聚力 c，与横轴的交角为沥青混合料的内摩擦角 φ。

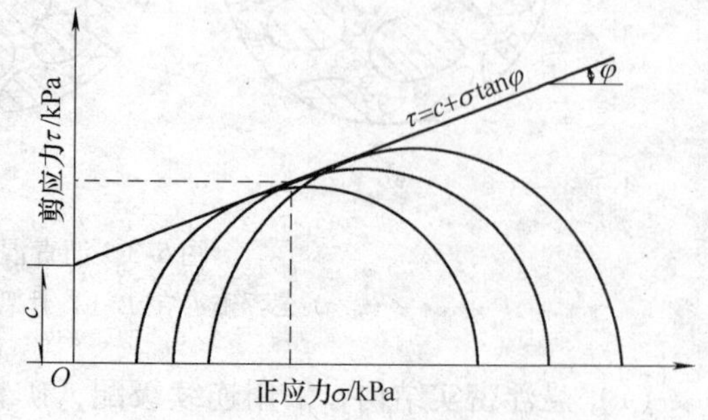

图 5-4　三轴剪切试验莫尔应力圆包络线

2. 影响沥青混合料抗剪强度的因素

（1）沥青的黏度　沥青的黏度反映沥青自身的内聚力，黏度提高，黏结力增加。因为沥青黏度提高，沥青胶团相对运动变难，使沥青混合料的黏结力明显增大，内摩擦角稍有增加，保持了矿质集料的相对嵌锁作用，使抗剪强度提高。

（2）矿料性质

1）级配的影响。悬浮密实结构强度主要依赖于沥青与矿料的黏聚力，矿料颗粒间的内摩擦力较小；骨架空隙结构以嵌锁力为主，沥青黏聚力为辅；骨架密实结构以嵌锁力为主，但黏结力也很强，整体强度高，稳定性好。

2）表面性质的影响。有棱角、粒径大、表面粗糙且均匀的矿料嵌锁力与内摩擦角大；采用碱性石料，混合料中矿料间黏结力大，混合料强度高。

（3）沥青与矿料在界面上的交互作用　沥青与矿粉发生交互作用（矿料对于沥青分子产生化学吸附），使沥青在矿粉表面产生化学组分的重新排列，在矿粉表面形成一层扩散溶剂 化膜，此膜以内的沥青为结构沥青，以外的是自由沥青，如图 5-5 所示。如果矿料颗粒间以结构沥青联结，黏结力就大；如果以自由沥青联结，黏结力就小。混合料的性能主要由结构沥青决定。

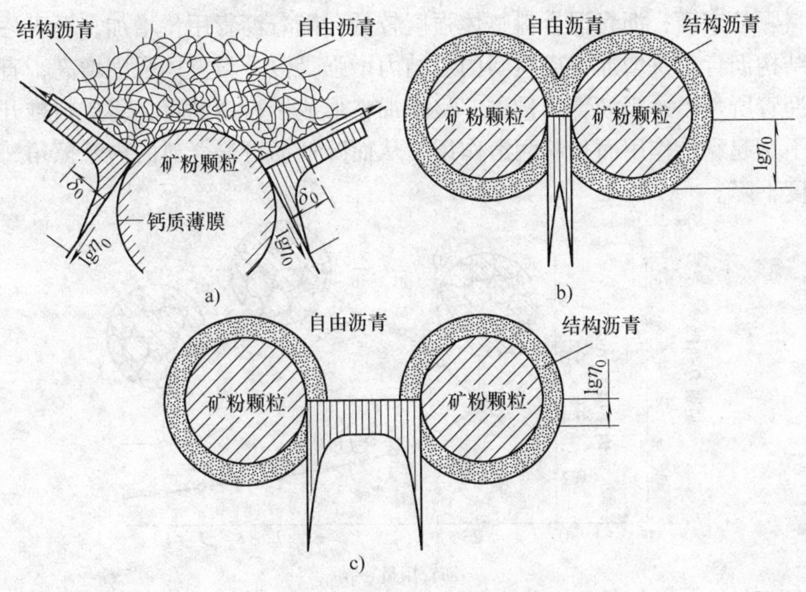

图 5-5　沥青与矿粉交互作用的结构图示

a）沥青与矿粉交互作用形成结构沥青　b）矿粉颗粒之间为结构沥青联结（其黏聚力为 $\lg\eta_a$）

c）矿粉颗粒之间自由沥青联结（其黏聚力为 $\lg\eta_b$，$\lg\eta_b > \lg\eta_a$）

由于化学吸附的选择性，碱性石料（如石灰岩）所组成的混合料的结构沥青所占比例比酸性石料的高，因此碱性石料的沥青混合料强度和稳定性比酸性石料的好，如图 5-6 所示。

（4）矿料比表面积（单位质量集料的总表面积）　在沥青用量一定的条件下，与沥青产生交互作用的矿料表面积越大，在矿料表面形成沥青膜层越薄，矿料间以结构沥青联结的

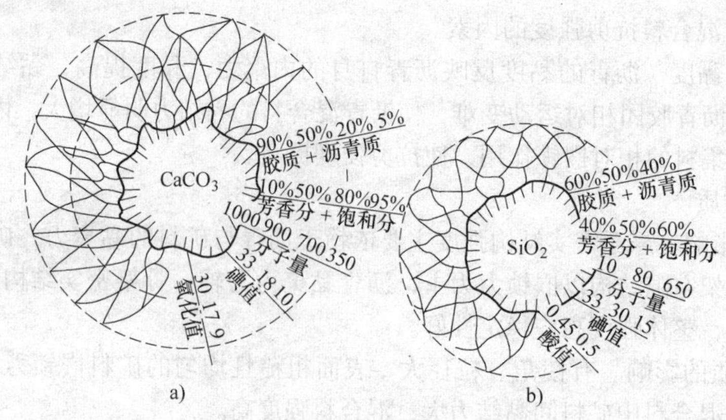

图 5-6 不同矿料的吸附溶化膜结构图示

a）石灰石矿粉 b）石英石矿粉

机会就大，沥青混合料的黏结力越大，抗剪强度越高。矿粉的用量仅占 7% 左右，但其表面积占总表面积的 80%，所以矿粉的性质和用量对于混合料的抗剪强度影响很大，一般要求小于 0.075mm 的粒径的含量不宜过少，但小于 0.005mm 不宜过多，以免成团。

（5）沥青用量 不同沥青用量的沥青混合料结构如图 5-7 所示。沥青用量较少时，沥青不足敷裹集料颗粒表面，沥青混合料整体强度较低；随着沥青用量增加，沥青逐渐敷裹矿料表面，使得结构沥青用量增加，矿料间的黏结力增强，混合料整体强度增高，直到整个矿料表面被结构沥青所敷裹；当沥青用量进一步增加，形成了自由沥青，将矿料推开。这部分沥青在矿料间不是起黏结作用而是起润滑作用，从而降低沥青混合料的内摩擦角，使沥青混合料的整体强度下降。

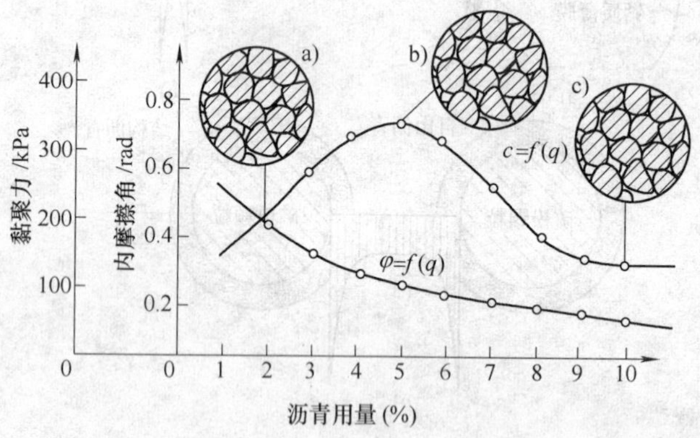

图 5-7 沥青用量对沥青混合料抗剪强度的影响

a）沥青用量不足 b）沥青用量适中 c）沥青用量过量

（6）使用条件的影响 使用条件主要是环境温度和荷载作用。温度升高，沥青黏度降低，混合料的黏结力下降，同时矿料间的约束减小，使得矿料间的内摩擦力降低，从而混合料整体强度都下降。荷载作用体现在形变速率上。沥青混合料是一种黏－弹性材料，它的抗剪强度与形变速率有密切关系。在其他条件相同的情况下，变形速率对沥青混合料的内摩擦角影响较小，而对沥青混合料的黏聚力影响较为显著。试验资料表明，黏聚力随变形速率的减小而显著提高，而内摩擦角随变形速率的变化很小。

由以上分析可知混合料强度取决于嵌挤密实的矿料骨架、高黏度的沥青结合料、适宜的沥青用量、采用能产生化学吸附作用的活性矿料。

3. 提高沥青混合料抗剪强度的措施

1）提高黏聚力：采用高稠度沥青；控制沥青最佳用量；采用碱性矿粉；掺外加剂等。

2）提高内摩擦角：增加粗集料用量；采用表面粗糙有棱角的集料等。

第三节 沥青混合料的技术性质和技术标准

一、沥青混合料的技术性质

沥青路面在使用中要承受车辆荷载的反复作用，以及环境因素的长期影响，沥青混合料应具备多方面的技术性质，才能使沥青路面获得良好的路用性能。

1. 高温稳定性

沥青混合料的高温稳定性是指沥青混合料在高温（通常为60℃）条件下，能够抵抗车辆荷载的反复作用，不产生车辙、波浪等病害的性能。

高温条件下或长时间承受荷载作用，混合料会产生显著的永久变形，从而使沥青路面产生车辙、波浪等病害。在交通量大，重车比例高和经常变速路段的沥青路面上，车辙是最严重、最有危害的破坏形式之一。

我国现行标准《公路沥青路面施工技术规范》（JTG F40—2004）规定，采用马歇尔稳定度试验评定沥青混合料高温稳定性；对于高速公路、一级公路、城市快速路、主干路用沥青混合料，还应通过车辙试验检验其抗车辙能力。

（1）马歇尔稳定度试验　马歇尔稳定度实验方法是由美国密西西比州公路局布鲁斯·马歇尔（Bruce Marshall）提出的，最初是为了美国工程兵团快速确定沥青用量，后来经过多人的改进，形成目前的马歇尔设计体系。马歇尔试验最大特点设备简单、操作方便，现在已被世界上许多国家所采用。

将沥青混合料制成直径为101.6mm、高为63.5mm的圆柱体试件，在高温（60℃）的条件下，保温30~40min，然后将试件放置于马歇尔稳定度仪上，以（50±5）mm/min的形变速度加荷，直至试件破坏，同时测定稳定度（*MS*）、流值（*FL*）、马歇尔模数（*T*）三项指标。

稳定度是在规定的加载速率条件下试件破坏前所能承受的最大荷载（kN）；流值是达到最大破坏荷载时试件的垂直变形（以0.1mm计）；而马歇尔模数为稳定度除以流值的商，即

$$T=\frac{MS}{FL} \tag{5-2}$$

式中　T——马歇尔模数，kN/mm；

MS——稳定度，kN；

FL——流值，mm。

马歇尔稳定度越大、流值越小，说明高温稳定性越高。而马歇尔模数有关学者则认为与车辙深度有一定的相关性，马歇尔模数越大，车辙深度越小。

(2) 车辙试验　车辙试验方法首先是英国运输与道路研究试验所（TRRL）开发的，并经过了法国、日本等道路工作者的改进与完善。车辙试验是一种模拟车辆轮胎在路面上滚动形成车辙的工程试验方法，试验结果较为直观，与沥青路面车辙深度之间有着较好的相关性。

我国标准规定：对于高速公路、一级公路和城市快速路、主干路沥青路面的上面层和中面层的沥青混合料，在用马歇尔试验进行配合比设计时必须采用车辙试验对沥青混合料的抗车辙能力进行检验，不满足要求时，应对矿料级配或沥青用量进行调整，重新进行配合比设计。

采用标准方法成型沥青混合料板状试件（300mm×300mm×50mm），在规定的温度条件下（一般为60℃），试验轮以（42±1）次/min 的频率，沿着试件表面同一轨迹上反复行走，试验轮在试件表面反复作用下将形成一定的车辙深度。

用动稳定度（产生1mm 车辙变形所需试验轮的行走次数）评价沥青混合料的抗车辙能力，我国现行规范的计算方法：在试验变形曲线的直线段上，求取45min（t_1）、60min（t_2）的对应车辙变形 d_1 和 d_2。当车辙变形过大，在未到60min 变形已达25mm 时，则以达到25mm（d_2）时的时间为 t_2，将其前15min 的时间为 t_1，此时的变形记为 d_1，则动稳定度 DS 可按式（5-3）计算：

$$DS = \frac{42(t_2 - t_1)}{d_2 - d_1} C_1 C_2 \tag{5-3}$$

式中　DS——沥青混合料动稳定度，次/min；

t_1，t_2——试验时间，通常为45min 和60min；

d_1，d_2——试验时间 t_1 和 t_2 对应的表面变形量，mm；

42——每分钟行走次数，次/min；

C_1——试验机类型系数，曲柄连杆驱动加载轮往返运行方式为1.0；

C_2——试件修正系数，实验室制备的宽300mm 的试件为1.0，从路面切割的宽150mm 的试件为0.8。

沥青混合料高温稳定性的形成主要源于矿质集料颗粒间的嵌锁作用及沥青的高温黏度。嵌锁作用与集料的表面状态相关，集料表面越粗糙、多棱角、颗粒接近立方体，压实后嵌锁作用越强，内摩擦角大，高温稳定性好；沥青的高温黏度越大，与集料的黏附性越好，沥青混合料的抗高温变形能力就越强；随着沥青用量的增加，沥青膜增厚，自由沥青比例增加，在高温条件下，易发生明显的流动，从而导致沥青混合料抗高温变形能力降低；细粒式和中粒式密级配沥青混合料，较少的沥青用量有利于提高抗车辙能力，在沥青混合料配合比设计时，应选择最佳沥青用量范围的下限。

提高高温稳定性的措施：采用黏度较高的沥青，可提高沥青混合料的黏结力；适当减少沥青的用量，可使矿料颗粒更多地以结构沥青的形式联结，增加混合料的黏聚力和内摩擦力；采用合理级配的矿料，混合料可形成骨架密实结构，使黏聚力和内摩擦力都较大；在矿料的选择上，应挑选粒径大的、有棱角的矿料颗粒，提高混合料的内摩擦角。

2. 低温抗裂性

沥青混合料抵抗低温收缩裂缝的能力称为“低温抗裂性”。

由于沥青混合料随着温度的降低，通常会变硬变脆，劲度增大，变形能力下降，在温度下降所产生的温度应力和外界荷载应力的作用下，路面内部分应力来不及松弛，应力逐渐累积下来，这些累积应力超过材料的抗拉强度时即发生开裂，从而会导致沥青混合料路面的破坏，所以沥青混合料在低温时应具有较低的劲度和较大的抗变形能力来满足低温抗裂性能。

沥青混合料路面的低温收缩开裂主要有两种形式：一种是由于气温骤降造成材料低温收缩；另一种形式是低温收缩疲劳裂缝。

沥青混合料低温抗裂性目前仍处于研究阶段。我国现行规范建议采用低温线收缩系数试验、低温弯曲试验及低温劈裂试验评价沥青混合料的低温抗裂性能。根据《公路沥青路面施工技术规范》JTG F40—2004 规定，沥青混合料配合比设计的低温抗裂性能采用的是低温弯曲试验。将轮碾成型后切制的 30mm × 35mm × 250mm 的棱柱体小梁试件（跨径 200mm）按 50mm/min 的加载速度在跨中施加集中荷载至断裂破坏。由破坏时的最大荷载求得试件的抗弯强度，由破坏时的跨中挠度求得沥青混合料的破坏弯拉应变，两者之比值为破坏时的弯曲劲度模量。

沥青的变形能力与低温劲度成反比，而低温劲度又取决于沥青黏度和温度敏感性。对于同一油源的沥青，针入度较大、温度敏感性较低的沥青低温劲度较小，抗裂性较强。在寒冷地区，应采用稠度较低、劲度较低的沥青，或选择松弛性能较好的橡胶类改性沥青来提高沥青混合料的低温抗裂性。

3. 耐久性

沥青混合料在路面中长期受到自然因素和重复车辆荷载的作用下，为保证路面具有较长的使用年限，沥青混合料必须具有良好的耐久性。

沥青混合料的耐久性是指沥青混合料在使用中抵抗外界各种因素（如阳光、空气、水、车辆荷载等）的长期作用，保持原有性质的能力。主要包括抗老化性、水稳定性、抗疲劳性等。

（1）沥青混合料的抗老化性　在沥青混合料使用过程中，空气中氧、水、紫外线等介质的作用，促使沥青发生许多复杂的物理化学变化，逐渐老化或硬化，致使沥青混合料变脆易裂，从而导致沥青路面出现各种裂纹或裂缝。

沥青混合料老化与外界环境因素和压实空隙率有关。在气候温暖、日照时间较长的地区，沥青的老化速率快，而在气温较低、日照时间短的地区，沥青的老化速率相对较慢。沥青混合料的空隙率越大，环境介质对沥青的作用就越强烈，其老化程度也越高。因此从耐老化角度考虑，应增加沥青用量，降低沥青混合料的空隙率，以防止水分渗入并减少阳光对沥青材料的老化作用。

（2）沥青混合料的水稳定性　水能使沥青与矿料分离，并使可溶性化合物溶解流失，使沥青混合料强度降低。渗入混合料中的水分还会使路面体积膨胀，干燥后路面又再收缩，反复循环导致路面开裂，松散的集料颗粒被滚动的车轮带走，在路表形成独立的大小不等的坑槽，即所谓的沥青路面“水损害”。

沥青混合料的水稳定性除了与沥青的黏附性、矿料的化学性质有关外，还受沥青混合料压实空隙率大小及沥青膜厚度的影响。当空隙率较大时，外界水分容易进入沥青混合料结构内部，在高速行车造成的动水压力作用下集料表面的沥青发生迁移甚至剥落。当沥青混合料中沥青膜较薄时，水可能穿透沥青膜层导致沥青从集料表面剥落，使沥青混合料松散。

沥青与矿料的黏附性试验有水煮法和静态水浸法等。沥青混合料的水稳定性试验方法有浸水马歇尔试验、冻融劈裂试验等。

1）浸水马歇尔试验。将标准马歇尔试件在规定温度恒温水槽中保温48h后测得稳定度值MS_1，与正常马歇尔试验测得的稳定度值MS的百分比值，即残留稳定度MS_0（%），用以评价沥青混合料的水稳定性。

2）真空饱水马歇尔试验。将标准马歇尔试件放入真空干燥器（真空度达到97.3kPa以上）中，维持15min，然后靠负压进入冷水流，使试件全部浸入水中，浸水15min后恢复常压，取出试件再放入已达到规定温度的恒温水槽中保温48h，测得稳定度值MS_2，与正常马歇尔试验测得的稳定度值MS的百分比值，即残留稳定度MS_0（%），用以评价沥青混合料的水稳定性。

3）冻融劈裂试验。将沥青混合料试件分为两组，一组试件用于测定常规状态下的劈裂强度，另一组试件首先进行真空饱水，然后置于-18℃条件下冷冻16h，再在60℃水中浸泡24h，最后进行劈裂强度测试，以沥青混合料试件在常规状态下的劈裂强度与冻融后的劈裂强度的百分比*TSR*（%）反映沥青混合料的水稳定性。

4. 抗滑性

随着现代高速公路的发展，对沥青路面的抗滑性提出了更高要求。为保证长期高速行车安全，配料时要特别注意粗集料的耐磨光性，应选择硬质有棱角的集料。但表面粗糙、坚硬耐磨的集料多为酸性集料，与沥青黏附性不好，应掺加抗剥剂或采用石灰水处理集料表面等。

沥青用量对抗滑性的影响非常敏感，沥青用量超过最佳用量时的0.5%即可使抗滑系数明显降低。

含蜡量对沥青混合料抗滑性也有明显影响，我国现行行业标准《公路沥青路面施工技术规范》（JTG F40—2004）对道路石油沥青提出的技术要求是：A级沥青含蜡量应不大于2.2%，B级沥青不大于3.0%，C级则不大于4.5%。

5. 施工和易性

沥青混合料应具备良好的施工和易性，能够在拌和、摊铺与碾压过程中，集料颗粒保持分布均匀，表面被沥青膜完整地裹覆，并能被压实到规定的密度，这是保证沥青使用质量的必要条件。

影响施工和易性的主要材料因素是矿料的级配、沥青的用量和矿粉的质量。粗细集料的大小相距过大时，混合料易分层、离析；细料太少，粗集料表面不容易形成沥青砂浆层，细料过多，则拌和困难。沥青用量过少，或矿粉用量过多，混合料容易疏松，不易压实；沥青用量过多，或矿粉质量不好，则混合料容易结团，不易摊铺。

施工条件对施工和易性有很大的影响。沥青混合料应在一定的温度下进行施工，以便沥青结合料能够达到要求的流动性，在拌和过程中能够充分均匀地黏附在矿料颗粒表面，在压实期间，矿料颗粒能够克服沥青的黏滞力及自身内摩擦力相互移动就位，达到规定的压实密度。然而施工温度过高、拌和时间过长则会引起沥青老化。因此，沥青混合料的拌和与压实温度应根据沥青黏度与温度的关系曲线确定，而拌和时间可通过试拌确定，要求所有集料颗粒全部被沥青裹覆，无花白颗粒，颜色均匀一致，无结团成块和粗细颗粒离析现象。

此外，气候情况、机械性能、施工能力等外部条件也不同程度地影响施工和易性，应结合施工方式和施工条件给予考虑。

二、沥青混合料的技术标准

1. 马歇尔试验技术标准

普通热拌沥青混合料，采用马歇尔试验方法进行配合比设计。在进行配合比设计时，沥青混合料马歇尔试件的体积特征参数、稳定度与流值试验结果应符合表5-1和表5-2的技术要求。

2. 沥青混合料的高温稳定性指标

对用于高速公路、一级公路和城市快速路、主干路沥青路面上面层和中面层的沥青混合料进行配合比设计时，应进行车辙试验检验。

沥青混合料的动稳定度应符合表5-3的要求。对于交通量特别大，超载车辆特别多的运煤专线、厂矿道路，可以通过提高气候分区等级来提高对动稳定度的要求。对于以轻型交通为主的旅游区道路，可以根据情况适当降低要求。

表5-1 密级配沥青混凝土马歇尔试验技术标准（JTG F40—2004）

（本表适用于公称最大粒径≤26.5mm的密级配沥青混凝土混合料）

试验指标		单位	高速公路、一级公路				其他等级公路	行人道路
			夏炎热区（1-1、1-2、1-3、1-4区）		夏热区及夏凉区（2-1、2-2、2-3、2-4、3-2区）			
			中轻交通	重载交通	中轻交通	重载交通		
击实次数（双面）		次	75				50	50
试件尺寸		mm	Φ101.6mm×63.5mm					
空隙率 *VV*	深约90mm以内	%	3~5	4~6	2~4	3~5	3~6	2~4
	深约90mm以下	%	3~6		2~4	3~6	3~6	—
稳定度 *MS*，不小于		kN	8				5	3
流值FL		mm	2~4	1.5~4	2~4.5	2~4	2~4.5	2~5
矿料间隙率 *VMA*（%），≥	空隙设计率（%）		相对于以下公称最大粒径（mm）的最小 *VMA* 以及 *VFA* 技术要求（%）					
			26.5	19.0	16.0	13.2	9.5	4.75
	2		10.0	11.0	11.5	12.0	13.0	15.00
	3		11.0	12.0	12.5	13.0	14.0	16.00
	4		12.0	13.0	13.5	14.0	15.0	17.00
	5		13.0	14.0	14.5	15.0	16.0	18.00
	6		14.0	15.0	15.5	16.0	17.0	19.00
沥青饱和度 *VFA*（%）			55~70	65~75			70~85	

注：1. 对空隙率大于5%的夏炎热区重载交通路段，施工时应至少提高压实度1%。

2. 当设计的空隙率不是整数时，由内插确定要求的 *VMA* 最小值。

3. 对改性沥青混合料，马歇尔试验的流值可适当放宽。

表 5-2 沥青稳定碎石混合料马歇尔试验配合比设计技术标准（JTG F40—2004）

试验指标	单位	密级配基层（ATB）		半开级配面层（AM）	排水式开级配磨耗层（OGFC）	排水式开级配基层（ATPB）
公称最大粒径	mm	26.5	≥31.5	≤26.5	≤26.5	所有尺寸
马歇尔试件尺寸	mm	φ101.6×63.5	φ152.4×95.3	φ101.6×63.5	φ101.6×63.5	φ152.4×95.3
击实次数（双面）	次	75	112	50	50	75
空隙率 *VV*①	%	3~6		6~10	≥18	≥18
稳定度，≥	kN	7.5	15	3.5	3.5	—
流值	mm	1.5~4	实测	—	—	—
沥青饱和度 *VFA*	%	55~70		40~70	—	—
密级配基层 ATB 的矿料间隙率 *VMA*（%），≥		设计空隙率（%）		ATB-40	ATB-30	ATB-25
		4		11	11.5	12
		5		12	12.5	13
		6		13	13.5	14

① 在干旱地区，可将密级配沥青稳定碎石基层的空隙率适当放宽到 8%。

表 5-3 沥青混合料车辙试验动稳定度技术要求（JTG F40—2004）

气候条件与技术指标		相应于下列气候分区所要求的动稳定度/（次/min）								
七月平均最高气温及气候分区		>30℃				20~30℃				<20℃
		1. 夏炎热区				2. 夏热区				3. 夏凉区
		1-1	1-2	1-3	1-4	2-1	2-2	2-3	2-4	3-2
普通沥青混料，≥		800		1000		600	800			600
改性沥青混料，≥		2400		2800		2000	2400			1800
SMA 混合料	非改性，≥	1500								
	改性，≥	≥3000								
OGFC 混合料		1500（一般交通路段），3000（重交通路段）								

注：1. 如果其他月份的平均最高气温高于 7 月时，可使用该月平均最高气温。

2. 在特殊情况下，如钢桥面铺装、重载车特别多或纵坡较大的长距离上坡路段、厂矿专用道路，可酌情提高动稳定度的要求。

3. 对因气候寒冷确需使用针入度很大的沥青（如大于 100），动稳定度难以达到要求，或因采用石灰岩等不很坚硬的石料，改性沥青混合料的动稳定度难以达到要求等特殊情况，可酌情降低要求。

4. 为满足炎热地区及重载车要求，在配合比设计时采取减少最佳沥青用量的技术措施时，可适当提高试验温度或增加试验荷载进行试验，同时增加试件的碾压成型密度和施工压实度要求。

5. 车辙试验不得采用二次加热的混合料，试验必须检验其密度是否符合试验规程的要求。

6. 如需要对公称最大粒径大于或等于 26.5mm 的混合料进行车辙试验，可适当增加试件的厚度，但不宜作为评定合格与否的依据。

3. 沥青混合料的水稳定性指标

沥青混凝土混合料应具有良好的水稳定性。在进行沥青混合料配合比设计及性能评价时，其浸水马歇尔试验和冻融劈裂试验应符合表 5-4 的要求，达不到要求时必须采取抗剥落措施，调整最佳沥青用量后再次试验。

表 5-4　沥青混合料稳定性检验技术要求（JTG F40—2004）

气候条件与技术指标		相应于下列气候分区的技术要求（%）			
年降雨量及气候分区		>1000mm	500～1000mm	250～500mm	<250mm
		1. 潮湿区	2. 湿润区	3. 半干区	4. 干旱区
浸水马歇尔试验残留稳定度（%），≥					
普通沥青混料		80		75	
改性沥青混料		85		80	
SMA 混合料	普通沥青	75			
	改性沥青	80			
冻融劈裂试验的残留强度比（%），≥					
普通沥青混合料		75		70	
改性沥青混合料		80		75	
SMA 混合料	普通沥青	75			
	改性沥青	80			

4. 沥青混合料的低温抗裂性指标

对密级配沥青混合料应进行 -10℃、加载速率 50mm/min 的弯曲试验，测定破坏强度、破坏应变、破坏劲度模量，并根据应力 - 应变曲线的形状，综合评价沥青混合料的低温抗裂性能。其中沥青混合料的破坏应变宜满足表 5-5 的要求。

表 5-5　沥青混合料低温弯曲试验破坏应变（$\mu\varepsilon$）技术要求（JTG F40—2004）

气候条件与技术指标	相应于下列气候分区所要求的破坏应变（$\mu\varepsilon$）								
年极端最低气温及气候分区	< -37.0℃		-37.0～-21.5℃			-21.5～-9.0℃		> -9.0℃	
	1. 冬严寒区		2. 冬寒区			3. 冬冷区		4. 冬温区	
	1-1	2-1	1-2	2-2	3-2	1-3	2-3	1-4	2-4
普通沥青混合料，≥	2600		2300			2000			
改性沥青混合料，≥	3000		2800			2500			

5. 沥青混合料渗水试验的要求

利用轮碾机成型的车辙试验试件，脱模架起进行渗水试验，并符合表 5-6 的要求。

表 5-6　沥青混合料试件渗水系数技术要求（JTG F40—2004）

级配类型	渗水系数要求/（mL/min）
密级配沥青混凝土，≤	120
SMA 混合料，≤	80
OGFC 混合料，≥	实测

第四节　沥青混合料配合比设计

沥青混合料配合比设计的任务就是通过确定粗集料、细集料、矿粉和沥青之间的比例关系，使沥青混合料的各项指标达到工程要求。

沥青混合料配合比设计包括目标配合比设计、生产配合比设计和生产配合比验证（试验路试铺阶段）三个阶段。只有通过这三个阶段的配合比设计，才能真正提出工程上的实际使用的沥青混合料配合比。

生产配合比设计和生产配合比验证是在目标配合比设计的基础上进行的，需借助施工单位的拌和设备、摊铺和碾压设备完成。因此，这里主要介绍目标配合比设计。

一、目标配合比设计

目标配合比设计分为矿质混合料配合组成和沥青最佳用量确定两部分。

密级配沥青混合料目标配合比设计采用马歇尔试验配合比设计方法，其设计流程如图5-8所示。

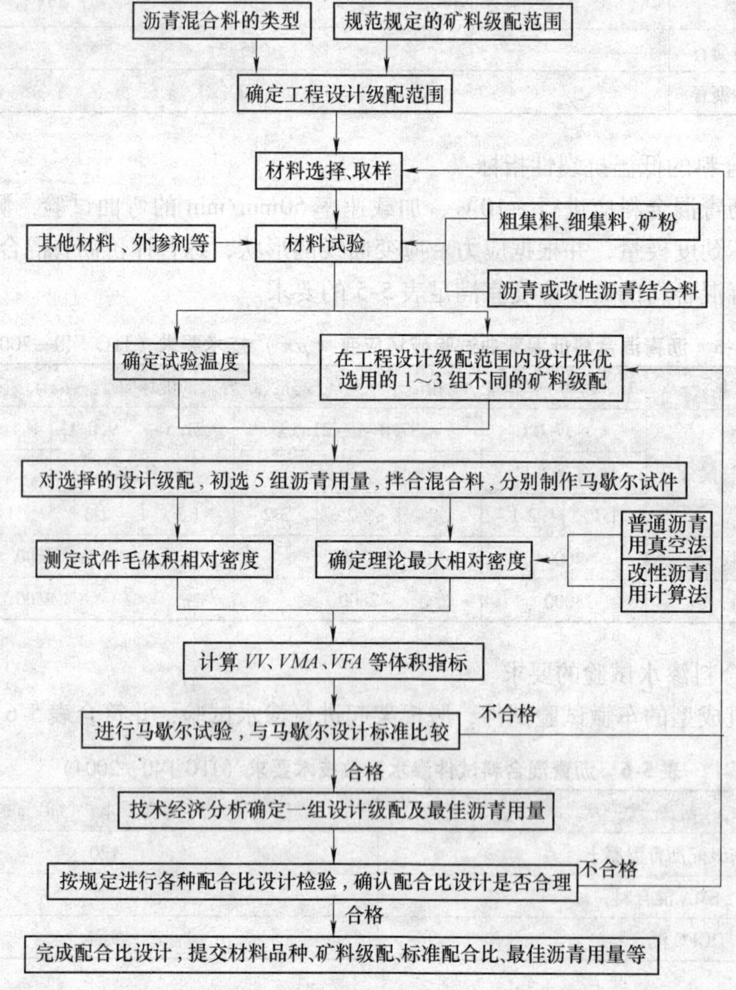

图5-8 密级配沥青混合料目标配合比设计流程图

1. 矿质混合料配合组成设计

（1）选择热拌沥青混合料种类 热拌沥青混合料（HMA）适用于各种等级公路的沥青

路面，其种类按集料的公称最大粒径、矿料级配、空隙率划分，分类见表5-7。

表5-7　热拌沥青混合料种类（JTG F40—2004）

混合料类型	密级配			开级配		半开级配	公称最大粒径/mm	最大粒径/mm
	连续级配		间断级配	间断级配				
	沥青混凝土	沥青稳定碎石	沥青玛瑞脂碎石	排水式沥青磨耗层	排水式沥青碎石基层	沥青碎石		
特粗式	—	ATB-40	—	—	ATPB-40	—	37.5	53.0
粗粒式	—	ATB-30	—	—	ATPB-30	—	31.5	37.5
	AC-25	ATB-25	—	—	ATPB-25	—	26.5	31.5
中粒式	AC-20	—	SMA-20	—	—	AM-20	19.0	26.5
	AC-16	—	SMA-16	OGFC-16	—	AM-16	16.0	19.0
细粒式	AC-13	—	SMA-13	OGFC-13	—	AM-13	13.2	16.0
	AC-10	—	SMA-10	OGFC-10	—	AM-10	9.5	13.2
砂粒式	AC-5	—	—	—	—	AM-5	4.75	9.5
设计空隙率①（%）	3~5	3~6	3~4	> 18	> 18	6~12	—	—

① 设计空隙率可按配合比设计要求适当调整。

各层沥青混合料应满足所在层位的功能性要求，便于施工，不容易离析。各层应连续施工并连接成为一个整体。当发现混合料结构组合及级配类型的设计不合理时应进行修改、调整，以确保沥青路面的使用性能。

沥青面层集料的最大粒径宜从上至下逐渐增大，并应与压实层厚度相匹配。对热拌热铺密级配沥青混合料，沥青层一层的压实厚度不宜小于集料公称最大粒径的2.5~3倍，对SMA和OGFC等嵌挤型混合料不宜小于公称最大粒径的2~2.5倍，以减少离析，便于压实。

（2）确定工程设计级配范围　沥青混合料的矿料级配应符合工程规定的设计级配范围。密级配沥青混合料宜根据公路等级、气候及交通条件按表5-8选择采用粗型（C型）或细型（F型）混合料，并在表5-9范围内确定工程设计级配范围，通常情况下工程设计级配范围不宜超出表5-9的要求。其他类型的混合料宜直接以表5-10~表5-14作为工程设计级配范围。

表5-8　粗型和细型密级配沥青混凝土的关键性筛孔通过率（JTG F40—2004）

混合料类型	公称最大粒径/mm	用以分类的关键性筛孔/mm	粗型密级配		细型密级配	
			名称	关键性筛孔通过率（%）	名称	关键性筛孔通过率（%）
AC-25	26.5	4.75	AC-25C	<40	AC-25F	>40
AC-20	19	4.75	AC-20C	<45	AC-20F	>45
AC-16	16	2.36	AC-16C	<38	AC-16F	>38
AC-13	13.2	2.36	AC-13C	<40	AC-13F	>40
AC-10	9.5	2.36	AC-10C	<45	AC-10F	>45

表 5-9 密级配沥青混凝土混合料矿料级配范围（JTG F40—2004）

级配类型		通过下列筛孔（mm）的质量百分率（%）												
		31.5	26.5	19	16	13.2	9.5	4.75	2.36	1.18	0.6	0.3	0.15	0.075
粗粒式	AC-25	100	90~100	75~90	65~83	57~76	45~65	24~52	16~42	12~33	8~24	5~17	4~13	3~7
中粒式	AC-20		100	90~100	78~92	62~80	50~72	26~56	16~44	12~33	8~24	5~17	4~13	3~7
	AC-16			100	90~100	76~92	60~80	34~62	20~48	13~36	9~26	7~18	5~14	4~8
细粒式	AC-13				100	90~100	68~85	38~68	24~50	15~38	10~28	7~20	5~15	4~8
	AC-10					100	90~100	45~75	30~58	20~44	13~32	9~23	6~16	4~8
砂粒式	AC-5						100	90~100	55~75	35~55	20~40	12~28	7~18	5~10

表 5-10 沥青玛瑞脂碎石混合料矿料级配范围（JTG F40—2004）

级配类型		通过下列筛孔（mm）的质量百分率（%）											
		26.5	19	16	13.2	9.5	4.75	2.36	1.18	0.6	0.3	0.15	0.075
中粒式	SMA-20	100	90~100	72~92	62~82	40~55	18~30	13~22	12~20	10~16	9~14	8~13	8~12
	SMA-16		100	90~100	65~85	45~65	20~32	15~24	14~22	12~18	10~15	9~14	8~12
细粒式	SMA-13			100	90~100	50~75	20~34	15~26	14~24	12~20	10~16	9~15	8~12
	SMA-10				100	90~100	28~60	20~32	14~26	12~22	10~18	9~16	8~13

表 5-11 开级配排水式磨耗层混合料矿料级配范围（JTG F40—2004）

级配类型		通过下列筛孔（mm）的质量百分率（%）										
		19	16	13.2	9.5	4.75	2.36	1.18	0.6	0.3	0.15	0.075
中粒式	OGFC-16	100	90~100	70~90	45~70	12~30	10~22	6~18	4~15	3~12	3~8	2~6
	OGFC-13		100	90~100	60~80	12~30	10~22	6~18	4~15	3~12	3~8	2~6
细粒式	OGFC-10			100	90~100	50~70	10~22	6~18	4~15	3~12	3~8	2~6

表 5-12 密级配沥青碎石混合料矿料级配范围（JTG F40—2004）

级配类型		通过下列筛孔（mm）的质量百分率（%）														
		53	37.5	31.5	26.5	19	16	13.2	9.5	4.75	2.36	1.18	0.6	0.3	0.15	0.075
特粗式	ATB-40	100	90~100	75~92	65~85	49~71	43~63	37~57	30~50	20~40	15~32	10~25	8~18	5~14	3~10	2~6
	ATB-30		100	90~100	70~90	53~72	44~66	39~60	31~51	20~40	15~32	10~25	8~18	5~14	3~10	2~6
粗粒式	ATB-25			100	90~100	60~80	48~68	42~62	32~52	20~40	15~32	10~25	8~18	5~14	3~10	2~6

表 5-13 半开级配沥青碎石混合料矿料级配范围（JTG F40—2004）

级配类型		通过下列筛孔（mm）的质量百分率（%）											
		26.5	19	16	13.2	9.5	4.75	2.36	1.18	0.6	0.3	0.15	0.075
中粒式	AM-20	100	90~100	60~85	50~75	40~65	15~40	5~22	2~16	1~12	0~10	0~8	0~5
	AM-16		100	90~100	60~85	45~68	18~40	6~25	3~18	1~14	0~10	0~8	0~5
细粒式	AM-13			100	90~100	50~80	20~45	8~28	4~20	2~16	0~10	0~8	0~6
	AM-10				100	90~100	35~65	10~35	5~22	2~16	0~12	0~9	0~6

表 5-14 开级配沥青稳定碎石混合料矿料级配范围（JTG F40—2004）

级配类型		通过下列筛孔（mm）的质量百分率（%）														
		53	37.5	31.5	26.5	19	16	13.2	9.5	4.75	2.36	1.18	0.6	0.3	0.15	0.075
特粗式	ATPB-40	100	70~100	65~90	55~85	43~75	32~70	20~65	12~50	0~3	0~3	0~3	0~3	0~3	0~3	0~3
	ATPB-30		100	80~100	70~95	53~85	36~80	26~75	14~60	0~3	0~3	0~3	0~3	0~3	0~3	0~3
粗粒式	ATPB-25			100	80~100	60~100	45~90	30~82	16~70	0~3	0~3	0~3	0~3	0~3	0~3	0~3

调整工程设计级配范围宜遵循下列原则。

首先按照表 5-8 确定采用粗型（C 型）或细型（F 型）的混合料。对夏季温度高、高温持续时间长，重载交通多的路段，宜选用粗型密级配沥青混合料（AC-C 型），并取较高的设计空隙率。对冬季温度低且低温持续时间长的地区，或者重载交通较少的路段，宜选用细型密级配沥青混合料（AC-F 型），并取较低的设计空隙率。

为确保高温抗车辙能力，同时兼顾低温抗裂性能的需要，配合比设计时宜适当减少公称最大粒径附近的粗集料用量，减少 0.6mm 以下部分细粉的用量，使中等粒径集料较多，形成 S 型级配曲线，并取中等或偏高水平的设计空隙率。

确定各层的工程设计级配范围时应考虑不同层位的功能需要，经组合设计的沥青路面应能满足耐久、稳定、密水、抗滑等要求。

根据公路等级和施工设备的控制水平，确定的工程设计级配范围应比规范级配范围窄，其中 4.75mm 和 2.36mm 通过率的上下限差值宜小于 12%。

沥青混合料的配合比设计应充分考虑施工性能，使沥青混合料容易摊铺和压实，避免造成严重的离析。

（3）矿质混合料配合组成设计计算

1）材料选择与准备。配合比设计的各种矿料必须按现行《公路工程集料试验规程》（JTG E42—2005）规定的方法，从工程实际使用的材料中取代表性样品。各种材料必须符合气候和交通条件的需要，其质量应符合本《公路沥青路面施工技术规范》（JTG F40—2004）规定的技术要求。当单一规格的集料某项指标不合格，但不同粒径规格的材料按级配组成的集料混合料指标能符合规范要求时，允许使用。

2）矿料配合比设计。高速公路和一级公路沥青路面矿料配合比设计宜借助计算机的电子表格用试配法或图解法进行，其他等级公路沥青路面也可参照进行，对高速公路和一级公路，宜在工程设计级配范围内计算 1 ~ 3 组粗细不同的配比，绘制设计级配曲线，分别位于工程设计级配范围的上方、中值及下方。设计合成级配不得有太多的锯齿形交错，且在 0.3 ~ 0.6mm范围内不出现“驼峰”。当反复调整不能满意时，宜更换材料设计。

2. 确定最佳沥青用量

（1）制备马歇尔试件

1）预估油石比或沥青用量。制备马歇尔试件，首先应根据沥青混合料的合成毛体积相对密度和合成表观密度等物理常数，预估沥青混合料适宜的沥青掺量。沥青掺量可以用油石比（沥青占矿料总量的百分比）或沥青用量（沥青占沥青混合料总量的百分比）表示。

按式（5-4）计算矿料混合料的合成毛体积相对密度 γ_{sb}：

$$\gamma_{sb}=\frac{100}{\frac{P_1}{\gamma_1}+\frac{P_2}{\gamma_2}+\cdots+\frac{P_n}{\gamma_n}} \tag{5-4}$$

式中 P_1、$P_2\cdots P_n$——各种矿料成分的配比，其和为 100；

γ_1、$\gamma_2\cdots\gamma_n$——各种矿料相应的毛体积相对密度，矿粉（含消石灰、水泥）以表观相对密度代替。

按式（5-5）计算矿料混合料的合成表观相对密度 γ_{sa}：

$$\gamma_{sa}=\frac{100}{\frac{P_1}{\gamma'_1}+\frac{P_2}{\gamma'_2}+\cdots+\frac{P_n}{\gamma'_n}} \tag{5-5}$$

式中 P_1、$P_2\cdots P_n$——各种矿料成分的配比，其和为 100；

γ'_1、$\gamma'_2\cdots\gamma'_n$——各种矿料按实验规程方法测定的表观相对密度。

按式（5-6）或式（5-7）预估沥青混合料的适宜的油石比 P_a 或沥青用量 P_b：

$$P_a=\frac{P_{a1}\gamma_{sb1}}{\gamma_{sb}} \tag{5-6}$$

$$P_b=\frac{P_a}{100+P_a}\times 100 \tag{5-7}$$

式中 P_a——预估的最佳油石比（与矿料总量的百分比），%；

P_b——预估的最佳沥青用量（占混合料总量的百分数），%；

P_{a1}——已建类似工程沥青混合料的标准油石比，%；

γ_{sb}——矿料的合成毛体积相对密度；

γ_{sb1}——已建类似工程矿料的合成毛体积相对密度。

以预估的油石比为中值，按一定间隔（对密级配沥青混合料通常为 0.5%，对沥青碎石混合料可适当缩小间隔为 0.3% ~ 0.4%），取 5 个或 5 个以上不同的油石比分别成型马歇尔试件。每一组试件的试样数按现行试验规程的要求确定，通常为 4 ~6 块试件/组，对粒径较大的沥青混合料，宜增加试件数量。当缺少可参考的预估沥青掺量时，可以考虑以 5.0% 的油石比作为基准。

2）按已确定的矿质混合料的配合比，计算并称取各组马歇尔试件的矿料用量。

3）按马歇尔试验规定的击实方法成型试件。

（2）测定计算体积指标　通过试验测定沥青混合料试件的最大理论相对密度和毛体积

相对密度，并计算沥青混合料试件的空隙率、矿料间隙率、有效沥青饱和度等体积指标。

1）测定压实沥青混合料试件的毛体积相对密度 γ_f。毛体积密度是指沥青混合料单位毛体积（含沥青混合料实体矿物成分体积、不吸收水分的闭口孔隙、能吸收水分的开口孔隙等颗粒表面轮廓所包围的全部毛体积）的干质量。通常采用表干法测定沥青混合料的毛体积密度，对于吸水率大于2%的沥青混合料试件宜改用蜡封法测定。用表干法测定的毛体积密度又称“饱和面干毛体积密度”，按式（5-8）计算：

$$\gamma_f = \frac{m_a}{m_d - m_w} \tag{5-8}$$

式中　γ_f——试件的毛体积相对密度；

m_a——沥青混合料干燥试件在空气中的质量，g；

m_w——沥青混合料吸水状态试件在水中的质量，g；

m_d——沥青混合料饱和面干状态试件在空气中质量，g。

2）沥青混合料的最大理论相对密度 γ_{ti}。最大理论相对密度是假设沥青混合料试件被压实至完全密实，没有空隙的理想状态下的最大密度，即压实沥青混合料试件全部为矿料（包括矿料内部孔隙）和沥青所占有，空隙率为零时的最大密度。

① 对非改性沥青混合料，可以采用真空法实测各组沥青混合料的最大理论相对密度；当只对其中一组油石比测定最大理论相对密度时，也可按式（5-9）或式（5-10）计算其他不同油石比的最大理论相对密度。

② 对改性沥青混合料，按式（5-9）或式（5-10）计算最大理论相对密度。

$$\gamma_{ti} = \frac{100 + P_{ai}}{\dfrac{100}{\gamma_{se}} + \dfrac{P_{ai}}{\gamma_b}} \tag{5-9}$$

$$\gamma_{ti} = \frac{100}{\dfrac{P_{si}}{\gamma_{se}} + \dfrac{P_{bi}}{\gamma_b}} \tag{5-10}$$

式中　γ_{ti}——相对于计算沥青用量 P_{bi}；时沥青混合料的最大理论相对密度，无量纲；

P_{ai}——所计算的沥青混合料中的油石比，%；

P_{bi}——所计算的沥青混合料的沥青用量，$P_{bi} = P_{ai}/(1 + P_{ai})$，%；

P_{si}——所计算的沥青混合料的矿料含量，$P_{si} = 100 - P_{bi}$，%；

γ_b——沥青的相对密度（25℃/25℃），无量纲；

γ_{se}——矿料的有效相对密度，按式（5-11）计算，无量纲。

$$\gamma_{se} = \frac{100 - P_b}{\dfrac{100}{\gamma_t} - \dfrac{P_b}{\gamma_b}} \tag{5-11}$$

式中　P_b——试验采用的沥青用量（占混合料总量的百分数），%；

γ_t——试验沥青用量条件下实测得到的最大相对密度，无量纲。

3）沥青混合料试件的空隙率 *VV*（%）。沥青混合料试件的空隙率是指压实状态下沥青混合料内矿料与沥青实体之外的空隙（不包括矿料本身或表面已被沥青封闭的孔隙）的体积占试件总体积的百分率，根据压实沥青混合料试件毛体积密度（或表现密度）和理论最大密度按式（5-12）计算。

$$VV=\left(1-\frac{\gamma_{\mathrm{f}}}{\gamma_{\mathrm{t}}}\right)\times 100 \tag{5-12}$$

符号意义同前。

4）沥青混合料试件的矿料间隙率 *VMA*（%）。矿料间隙率是指压实沥青混合料试件中矿料 实体以外的空间体积占试件总体积的百分率，按式（5-13）计算。

$$VMA=\left(1-\frac{\gamma_{\mathrm{f}}}{\gamma_{\mathrm{sb}}}\frac{P_{\mathrm{s}}}{100}\right)\times 100 \tag{5-13}$$

式中 P_s——各种矿料占沥青混合料总质量的百分率之和，即 $P_s=100-P_b$，%；

其他符号意义同前。

5）沥青混合料试件的有效沥青饱和度 *VFA*（%）。有效沥青饱和度是指压实沥青混合料试件矿料间隙中，扣除被集料吸收的沥青以外的有效沥青结合料部分的体积在矿料间隙率中所百分率，按式（5-14）计算。

$$VFA=\frac{VMA-VV}{VMA}\times 100 \tag{5-14}$$

符号意义同前。

（3）测定力学指标　进行马歇尔试验，测定马歇尔稳定度及流值。

（4）确定最佳沥青用量（或油石比）

1）绘制沥青用量（或油石比）与物理力学指标关系图。以沥青用量（或油石比）为横坐标，沥青混合料试件的密度、空隙率、沥青饱和度、马歇尔稳定度和流值等指标为纵坐标，将试验结果绘制成关系曲线，如图5-9所示。

2）确定最佳沥青用量的初始值 OAC_1。

① 根据图5-9，求取相应于密度最大值、稳定度最大值、目标空隙率（或中值）、沥青饱和度范围中值的沥青用量 a_1、a_2、a_3、a_4，由式（5-15）计算它们的平均值，从此作为最佳沥青用量的初始值 OAC_1。

$$OAC_1=\frac{a_1+a_2+a_3+a_4}{4} \tag{5-15}$$

② 如果在所选择的沥青用量范围内，未涵盖沥青饱和度的要求范围，按式（5-16）求取三者的平均值作为最佳沥青用量的初始值 OAC_1。

$$OAC_1=\frac{a_1+a_2+a_3}{3} \tag{5-16}$$

③ 如果在所选择的沥青用量范围内，密度或稳定度没有出现峰值，可直接以目标空隙率所对应的沥青用量 a_3 作为 OAC_1，但 OAC_1 必须介于 $OAC_{\min}\sim OAC_{\max}$ 的范围内。

3）确定沥青最佳用量的初始值 OAC_2。由表5-1、表5-2沥青混合料的马歇尔试验技术标准，在图5-9上求出各项指标均符合技术标准（不含 *VMA*）的沥青用量范围为 $OAC_{\min}\sim OAC_{\max}$，由式（5-17）计算沥青最佳用量的初始值 OAC_2。

$$OAC_2=\frac{OAC_{\min}+OAC_{\max}}{2} \tag{5-17}$$

4）根据 OAC_1 和 OAC_2 综合确定最佳沥青用量 *OAC*。首先检查在沥青用量为初始值

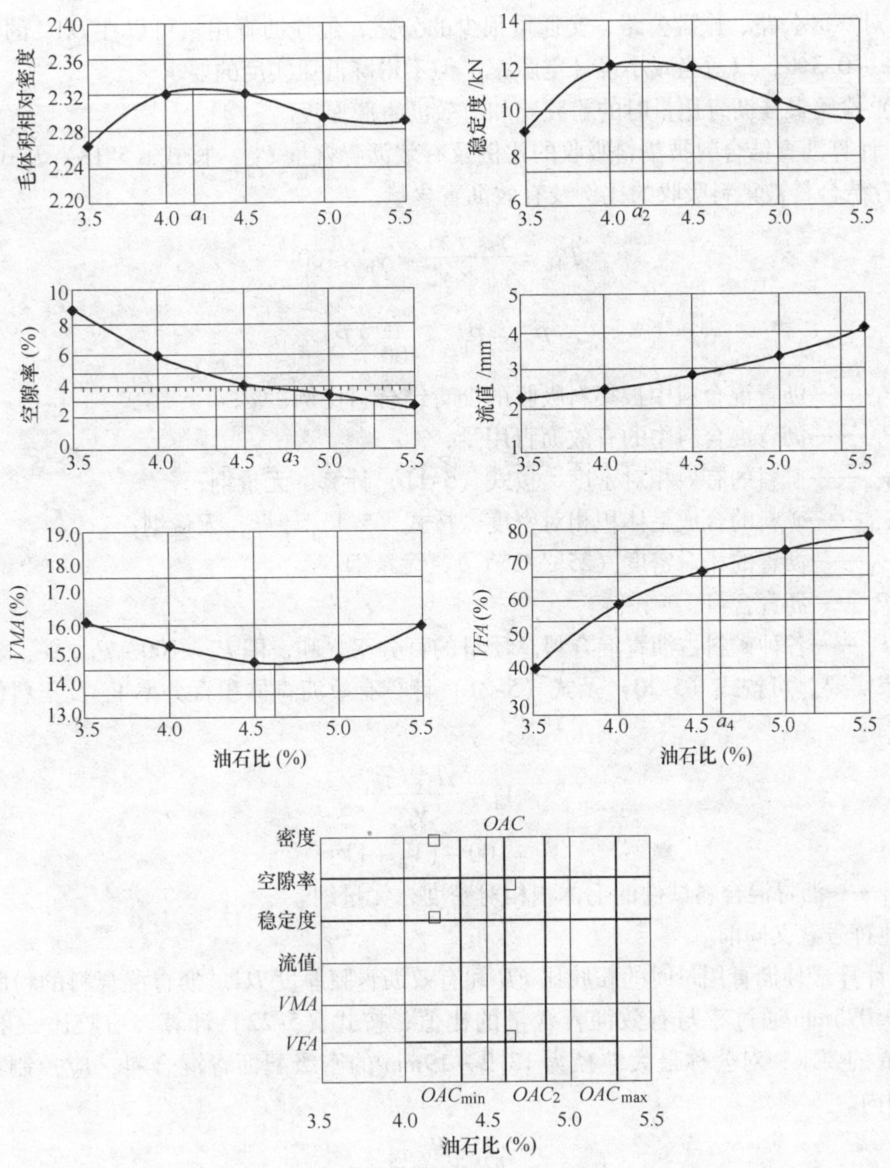

图 5-9　沥青用量与马歇尔稳定度试验物理力学指标关系图

注：图中 $a_1=4.2\%$，$a_2=4.25\%$，$a_3=4.8\%$，$a_4=4.7\%$，$OAC_1=4.49\%$，（由 4 个平均值确定），$OAC_{min}=4.3\%$，$OAC_{max}=5.3\%$，$OAC_2=4.8\%$，$OAC=4.64\%$。此例相对于空隙率 4% 的油石比为 4.6%。

OAC_1 时，沥青混合料的各项指标是否满足设计要求。当符合要求时，由 OAC_1 和 OAC_2 综合决定最佳沥青用量 OAC。否则应调整级配，重新进行马歇尔试验配合比设计，直至各项指标均能符合要求为止。

① 通常情况下，可取 OAC_1 及 OAC_2 的平均值作为最佳沥青用量 OAC。

② 对炎热地区公路以及高速公路、一级公路的重载交通路段，山区公路的长大坡度路段，预计有可能产生较大车辙时，宜在空隙率符合要求的范围内将计算的最佳沥青用量减小 0.1% ~0.5% 作为设计沥青用量。

③ 对寒区公路、旅游公路、交通量很少的公路，最佳沥青用量可以在 OAC 的基础上增加0.1% ~0.3%，以适当减小设计空隙率，但不得降低压实度的要求。

（5）检验最佳沥青用量时的粉胶比和有效沥青膜厚度

1）计算沥青结合料被集料吸收的比例及有效沥青含量 P_{be}。按式（5-18）及式（5-19）计算沥青结合料被集料吸收的比例及有效沥青含量。

$$P_{ba}=\frac{\gamma_{se}-\gamma_{b}}{\gamma_{se}\times\gamma_{sb}}\times\gamma_{b}\times100 \tag{5-18}$$

$$P_{be}=P_{b}-\frac{P_{ba}}{100}\times P_{s} \tag{5-19}$$

式中 P_{ba}——沥青混合料中被集料吸收的沥青结合料比例，%；

P_{be}——沥青混合料中的有效沥青用量，%；

γ_{se}——矿料的有效相对密度，按式（5-11）计算，无量纲；

γ_{sb}——矿料的合成毛体积相对密度，按式（5-4）计算，无量纲；

γ_{b}——沥青的相对密度（25℃/25℃），无量纲；

P_{b}——沥青含量，%；

P_{s}——各种矿料占沥青混合料总质量的百分率之和，即 $P_{s}=100-P_{b}$，%。

如果需要，可按式（5-20）及式（5-21）计算有效沥青体积百分率 V_{b} 及集料体积百分率 V_{g}。

$$V_{b}=\frac{\gamma_{f}\cdot P_{be}}{\gamma_{b}} \tag{5-20}$$

$$V_{g}=100-(V_{b}+VV) \tag{5-21}$$

式中 γ_{f}——沥青混合料试件的毛体积相对密度，无量纲。

其他符号意义同前。

2）计算最佳沥青用量时的粉胶比 FB 和有效沥青膜厚度 DA。沥青混合料的粉胶比，即矿料中0.075mm 通过率与有效沥青含量的比值，按式（5-22）计算。粉胶比一般应符合0.6~1.6的要求，对公称最大粒径为13.2~19mm 的密级配沥青混合料，应控制在0.8~1.2范围内。

$$FB=\frac{P_{0.075}}{P_{be}} \tag{5-22}$$

式中 $P_{0.075}$——矿料级配中0.075mm 的通过率（水洗法），%。

其他符号意义同前。

按式（5-23）计算集料的比表面，按式（5-24）估算沥青混合料的沥青膜有效厚度。各种集料粒径的表面积系数按表5-15采用。

$$SA=\sum(P_{i}\times FA_{i}) \tag{5-23}$$

$$DA=\frac{P_{be}}{\gamma_{b}\times SA}\times10 \tag{5-24}$$

式中 SA——集料的比表面积总和，m^2/kg；

DA——沥青膜有效厚度，μm；

P_{i}——各种粒径集料的通过百分率，%；

FA_i——相应于各种粒径集料的表面积系数，见表5-15。

其他符号意义同前。

表5-15　集料的表面积系数计算示例

筛孔尺寸/mm	19	16	13.2	9.5	4.75	2.36	1.18	0.6	0.3	0.15	0.085	集料比表面积总和 SA/（m^2/kg）
表面积系数 FA_i	0.0041	—	—	—	0.0041	0.0082	0.0164	0.0287	0.0614	0.1229	0.3277	
通过百分率 P_i（%）	100	92	85	76	60	42	32	23	16	12	6	
比表面 $FA_i \times P_i$/（m^2/kg）	0.41	—	—	—	0.25	0.34	0.52	0.66	0.98	1.47	1.97	6.60

3. 配合比设计检验

对用于高速公路和一级公路的密级配沥青混合料，需在配合比设计的基础上按现行规范要求进行各种使用性能的检验，不符合要求的沥青混合料，必须更换材料或重新进行配合比设计。

（1）高温稳定性检验　对公称最大粒径等于或小于19mm的混合料，按最佳沥青用量*OAC*制作车辙试验试件，在规定的条件下进行车辙试验，检验设计沥青混合料的高温抗车辙能力，动稳定度应符合表5-3的要求。当其动稳定度不符合规定时，应对集料级配或沥青用量进行调整，重新进行配合比设计。

（2）水稳定性检验　按最佳沥青用量*OAC*制作马歇尔试件进行浸水马歇尔试验和冻融劈裂试验，检验试件的残留稳定度及残留强度比是否满足表5-4的要求。

（3）低温抗裂性检验　对公称最大粒径小于或等于19mm的混合料，应按照最佳沥青用量*OAC*制作车辙试验试件，再用切割机将试件锯成规定尺寸的棱柱体试件，按照规定方法进行低温弯曲试验，其破坏应变应符合表5-5的要求，否则应对集料级配或沥青用量进行调整，必要时更换改性沥青品种重新进行配合比设计。

（4）渗水系数检验　利用轮碾机成型的车辙试件进行渗水试验，渗水系数应符合表5-6的要求。

二、生产配合比设计

对间歇式拌和机，应按规定方法取样测试各热料仓的材料级配，确定各热料仓的配合比，供拌和机控制室使用。同时选择适宜的筛孔尺寸和安装角度，尽量使各热料仓的供料大体平衡。并取目标配合比设计的最佳沥青用量*OAC*、*OAC*±0.3%等3个沥青用量进行马歇尔试验和试拌，通过室内试验及从拌和机取样试验综合确定生产配合比的最佳沥青用量，由此确定的最佳沥青用量与目标配合比设计的结果的差值不宜大于±0.2%。

对连续式拌和机可省略生产配合比设计步骤。

三、生产配合比验证

拌和机按生产配合比结果进行试拌、铺筑试验段，并取样进行马歇尔试验，同时从路上钻取芯样观察空隙率的大小，由此确定生产用的标准配合比。标准配合比的集料合成级配中，至少应包括0.075mm、2.36mm、4.75mm及公称最大粒径筛孔的通过率接近优选的工程设计级配范围的中值，并避免在0.3~0.6mm处出现“驼峰”。对确定的标准配合比，宜再次进行车辙试验和水稳定性检验。

经设计确定的标准配合比在施工过程中不得随意变更。但生产过程中应加强跟踪检测，严格控制进场材料的质量，如遇材料发生变化并经检测沥青混合料的矿料级配、马歇尔技术指标不符要求时，应及时调整配合比，使沥青混合料的质量符合要求并保持相对稳定，必要时重新进行配合比设计。

四、设计实例

试设计某高速公路沥青路面上面层沥青混合料的配合比。

1. 设计资料

1）该高速公路沥青路面为二层式结构，上面层结构设计厚度为4cm。

2）气候条件：7月份平均最高气温为32℃，年极端最低气温为-6.5℃，年降雨量为1500mm。

3）沥青材料：沥青相对密度为1.016，经检验各项技术性能均符合要求。

4）矿质材料：集料的级配组成见表5-16。集料采用石灰石轧制，抗压强度120MPa，洛杉矶磨耗率12%，黏附性等级为5级。碎石、石屑和砂的毛体积相对密度分别为2.75、2.72、2.70。矿粉采用石灰石磨细石粉，粒度范围符合技术要求，无团粒结块，表观相对密度为2.68。

2. 设计要求

1）确定沥青混合料类型，并进行矿质混合料配合比设计。

2）确定最佳沥青用量。

3）根据高速公路用沥青混合料要求，检验水稳定性和抗车辙能力。

3. 设计步骤

（1）矿质混合料配合比设计

1）确定沥青混合料类型以及矿质混合料的级配范围。

根据设计资料，所铺筑道路为高速公路，沥青路面上面层结构层设计厚度为4cm。选用AC-13I型沥青混合料，设计级配范围和中值见表5-16。

表5-16 矿质集料级配与设计及配范围

材料名称	下列筛孔（mm）的通过百分率（%）									
	16.0	13.2	9.5	4.75	2.36	1.18	0.6	0.3	0.15	0.075
碎石A	100	33	17	0						
石屑B			100	84	11	8	4	0		
砂C				100	92	82	42	21	11	4
矿粉D								100	96	87
AC-13I的级配范围	100	95~98	70~88	48~68	36~53	24~41	18~30	12~22	8~16	4~8
级配范围中值	100	98	79	57	45	33	24	17	12	66

2）采用图解法进行矿质混合料配合比设计。

① 绘制图解法用图。根据表5-16中AC-13I沥青混合料的级配范围中值数据，确定各筛孔尺寸在横坐标上的位置。然后将各档集料与矿粉的级配曲线绘制于图5-10中。

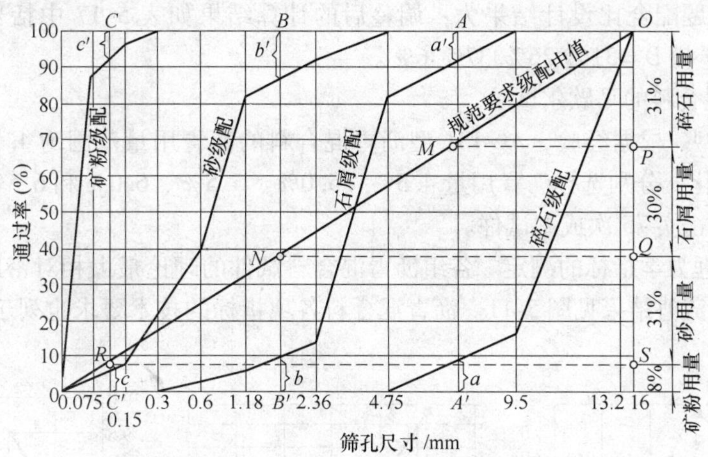

图5-10 矿质混合料配合比计算图

② 确定各种集料用量。在集料A（碎石）与集料B（石屑）级配曲线相重叠部分作一垂线AA'，使垂线截取这两条级配曲线的纵坐标值相等（即$a=a'$）。垂线AA'与对角线OO'有一交点M，过M引一水平线，与纵坐标交于P点，OP的长度$X=31\%$，即为集料A的用量。同理，求出集料B的用量$Y=30\%$，集料C（砂）用量$Z=31\%$，矿粉D的用量$W=8\%$。

③ 配合比校核与调整。按照集料A:集料B:集料C:矿粉D=31%:30%:31%:8%的比例，计算矿质混合料的合成级配，结果见表5-17。从计算结果可以看出，合成级配中筛孔2.36mm的通过量偏低，筛孔0.075mm的通过量偏高，曲线呈锯齿状，需要对各集料比例进行调整。通过试算，采用减少集料B、增加集料C并减少矿粉D用量的方法来调整配合比。

表5-17 矿质混合料合成级配校核计算用表

材料组成		筛孔尺寸（方孔筛）/mm									
		16.0	13.2	9.5	4.75	2.36	1.18	0.6	0.3	0.15	0.075
		通过百分率（%）									
各矿质材料在混合料中的级配	碎石31% (31%)	31.0 (31.0)	28.8 (28.8)	5.3 (5.3)	0 (0)						
	石屑30% (26%)	30.0 (26.0)	30.0 (26.0)	30.0 (26.0)	25.2 (21.8)	4.2 (3.6)	2.4 (2.1)	1.2 (1.1)	0 (0)		
	砂31% (37%)	31.0 (37)	31.0 (37)	31.0 (37)	31.0 (37)	28.5 (34.0)	25.4 (30.3)	13.0 (15.5)	6.5 (7.8)	3.4 (4.1)	1.2 (1.5)
	矿粉8% (6%)	8.0 (6.0)	8.0 (6.0)	8.0 (6.0)	8.0 (6.0)	8.0 (6.0)	8.0 (6.0)	8.0 (6.0)	8.0 (6.0)	7.9 (5.8)	7.0 (5.2)
合成级配		100 (100)	97.8 (97.8)	74.3 (74.3)	58.8 (64.2)	40.7 (43.6)	35.8 (38.4)	22.2 (22.6)	14.5 (13.8)	11.3 (9.9)	8.2 (6.7)
级配范围		100	95~100	70~88	48~68	36~53	24~41	18~30	12~22	8~16	4~8
级配中值		100	98	79	57	45	33	24	17	12	6

经调整后的配合比为：集料 A 的用量 $X=31\%$、集料 B 的用量 $Y=26\%$、集料 C 的用量 $Z=37\%$，矿粉 D 的用量 $W=6\%$。配合比调整后，矿质混合料的合成级配见表 5-17 中括号内的数值，可以看出，合成级配曲线完全在设计要求的级配范围之内，并且接近中值。

因此，本例题配合比设计结果为：调整后的计算结果如表 5-17 中括号内数值。碎石 A∶石屑 B∶砂 C∶矿粉 D＝31%∶26%∶37%∶6%。

（2）沥青混合料的马歇尔试验

1）试件成型。根据经验，AC-131 型沥青混合料的沥青用量范围为 4.5%～6.5%。采用 0.5% 间隔变化，分别选择沥青用量 4.5%、5.0%、5.5%、6.0% 和 6.5% 拌制 5 组沥青混合料，每面各击实 75 次成型试件。

2）试件物理力学指标的测定。各组沥青混合料试件的理论最大相对密度、毛体积相对密度及稳定度、流值结果见图 5-11。沥青混合料各项指标的技术要求也列于表 5-18 中，供对照评定。

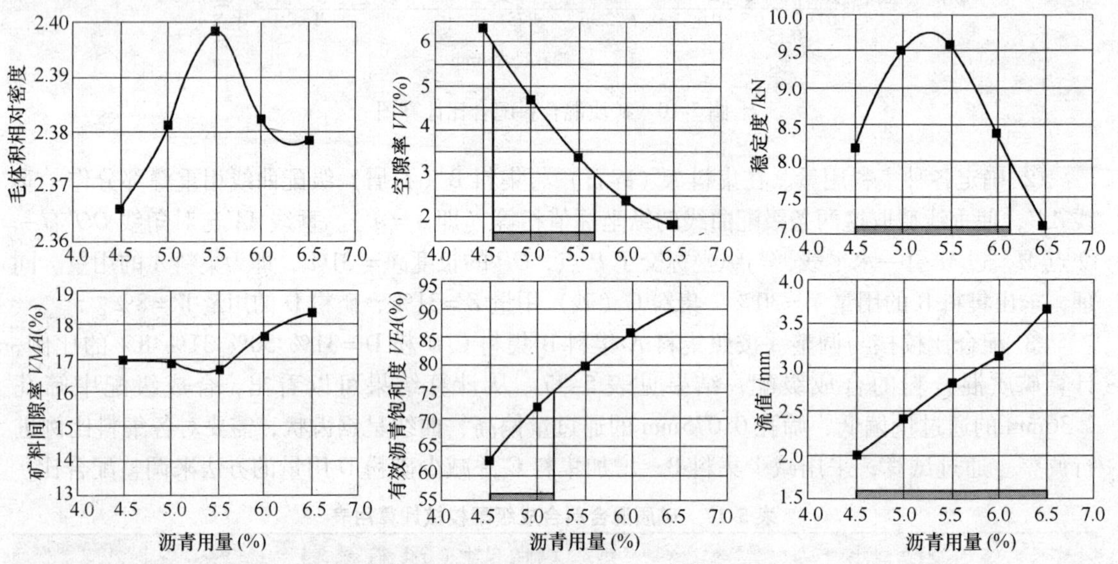

图 5-11 沥青用量与马歇尔试验各项指标关系图

3）计算矿质混合料合成毛体积相对密度 γ_{sb}。

$$\gamma_{sb}=\frac{100}{\frac{31}{2.75}+\frac{26}{2.72}+\frac{37}{2.70}+\frac{6}{2.68}}=2.72$$

4）计算各组沥青混合料的空隙率、矿料间隙率和有效沥青饱和度。

（3）确定最佳沥青用量

1）绘制沥青混合料试件各项指标与沥青用量的关系图。

绘制沥青用量与毛体积密度、空隙率、有效沥青饱和度、马歇尔稳定度和流值等指标的关系曲线图，如图 5-11 所示。

2）确定最佳沥青用量初始值 OAC_1。

由图 5-11 求出相应于马歇尔稳定度最大值、毛体积相对密度最大值、规定空隙率范围中值和有效沥青饱和度范围中值的沥青用量 $a_1=5.3\%$、$a_2=5.5\%$，$a_3=5.05\%$，$a_4=$

4.75%，从而得最佳沥青用量初始值 OAC_1：

$OAC_1 = (5.3\% + 5.5\% + 5.05\% + 4.75\%)/4 = 5.15\%$

3）确定最佳沥青用量初始值 OAC_2。

确定各项指标（不含 *VMA*）均符合沥青混合料技术标准要求的沥青用量范围，见图 5-11 中阴影部分，其中 $OAC_{min} = 4.65\%$，$OAC_{max} = 5.2\%$，从而得最佳沥青用量初始值 OAC_2：

$OAC_2 = (4.65\% + 5.2\%)/2 = 4.93\%$

4）综合确定最佳沥青用量 *OAC*。

一般情况下，以 OAC_1 和 OAC_2 的平均值作为最佳沥青用量：

$OAC = (5.15\% + 4.93\%)/2 = 5.04\%$

5）空隙率和矿料间隙率的检验。

从图 5-11 中可知，对应于 $OAC = 5.04\%$，空隙率 $VV = 4.4\%$，矿料间隙率 $VMA = 16.8\%$，满足技术标准的要求，并且各项指标均符合技术要求。

（4）最佳沥青用量检验

1）水稳定性检验。采用沥青用量 5.04% 和 5.34% 分别制备沥青混合料试件，按照规定方法进行浸水马歇尔试验和冻融劈裂强度试验，试验结果见表 5-18。从表 5-18 试验结果可知，两个沥青用量的沥青混合料，浸水残留稳定度均大于 80%，冻融劈裂强度大于 75%，满足对沥青混合料水稳定性的技术要求。

2）抗车辙能力检验。采用沥青用量 5.04% 和 5.34% 分别制作车辙试件，按照规定方法进行车辙试验，试验结果见表 5-18。在两种沥青用量下，试件的动稳定度均大于1000 次/mm，符合高等级道路对沥青混合料抗车辙性能的技术要求。

表 5-18　沥青混合料水稳定性和车辙试验结果

沥青用量（%）	水稳定性试验		车辙试验
	浸水残留稳定度 MS_0（%）	冻融劈裂强度比 *TSR*（%）	动稳定度（次/mm）
OAC = 5.34	89	82	1130
OAC = 5.04	82	75	1380
1-4 区要求值	≥80	≥75	≥1000

由以上试验结果可见，当沥青用量为 5.04% 时，水稳定性能够符合要求，且沥青混合料的动稳定度较高，因此可以选择沥青用量 5.04% 作为最佳沥青用量。

第五节　沥青玛琋脂碎石沥青混合料

沥青玛琋脂碎石混合料（Stone Mastic Asphalt，简称“SMA”）是一种由沥青、纤维稳定剂、矿粉及少量细集料组成的沥青玛琋脂填充间断级配的粗集料骨架间隙而成的沥青混合料。在 SMA 的组成中，粗集料颗粒之间形成良好嵌锁结构，玛琋脂填充粗集料的空隙。

一、组成特点

1）粗集料含量较高（2.36mm 筛上存留量为 70% ～ 80%）且为间断级配。粗集料必须特别坚硬、表面粗糙，针片状颗粒少。

2）细集料少，一般不用天然砂，宜采用坚硬的机制砂。

3）沥青用量多（6% ~ 7%），且要求沥青黏度大，软化点高，温度稳定性好，最好采用改性沥青。

4）增加矿粉用量（8% ~ 13%），必须使用磨细石灰石粉。

5）掺加纤维素纤维作为稳定剂。

总体来说，SMA 组成特点是“三多一少”，即粗集料多，矿粉多，沥青多，细集料少，并掺有纤维稳定剂，材料要求高，使用性能全面提高。

二、组成材料及技术要求

1. 沥青结合料

在 SMA 中，要求沥青具有较高的黏度，与集料有良好的黏附性。对于高速公路、承受繁重交通的重大工程道路、夏季特别炎热或冬季特别寒冷地区的道路，最好采用改性沥青配制 SMA 混合料。当以提高沥青混合料抗车辙能力作为主要目标时，改性沥青的软化点最好高于当地年最高路面温度。

2. 粗集料

用于 SMA 中的粗集料应是高质量的轧制碎石，其岩石应坚韧，具有较高的强度和刚度。应严格控制集料中的针片状颗粒含量，集料的颗粒形状应接近立方体，富有棱角，纹理粗糙、其他技术要求见表 5-19。当粗集料与沥青的黏附性等级不能满足要求时，必须采取有效的抗剥落措施。

表 5-19 SMA 用粗集料技术要求

技术指标	技术要求	技术指标		技术要求
石料压碎值（%）	≤25	坚固性（%）		≤12
洛杉矶磨耗损失（%）	≤30	针片状颗粒含量（%）		≤15
石料磨光值（PSV）	≥42	水洗法 <0.075mm 颗粒含量（%）		≤1
表观密度/(t/m^3)	≥2.60	软石含量（%）		≤1
吸水率（%）	≤2.0	破碎砾石的百分率（%）	一个破碎面	100
与沥青的黏附性等级	≥4		两个破碎面	≥90

3. 细集料

细集料最好使用坚硬的机制砂，也可以从洁净的石屑中筛取粒径范围 0.5 ~ 3mm 部分作为机制砂使用。当采用普通石屑作为细集料时，宜采用石灰岩石屑，石屑中不得含有泥土类杂物。当与天然砂混用时，天然砂的含量不宜超过机制砂或石屑的比例。细集料质量除了满足普通热拌沥青混合料对细集料的要求外，棱角性最好大于 45%。

4. 填料

填料必须采用石灰石等碱性岩石磨细的矿粉，矿粉质量应满足普通热拌沥青混合料对矿粉的要求。粉煤灰不得作为 SMA 的填料使用。回收粉尘的比例不得超过填料总量的 25%。其他要求同普通热拌沥青混合料。SMA 路面对矿粉的质量要求见表 5-20。

表 5-20 SMA 路面对矿粉质量的技术要求

项 目	质量要求
表观相对密度/（t/m³）	≥2.50
含水量（%）	≤1
粒度范围（%） < 0.6mm	100
< 0.15mm	90~100
< 0.075mm	75~100
外观	无团粒结块
亲水系数	≤1
回收粉尘的用量	≤填料总量的 25%
掺加回收粉以后的填料的塑性指数	≤4

5. 纤维稳定剂

纤维在 SMA 中具有加筋作用、分散作用、吸附及吸收沥青的作用、稳定作用、增黏作用，并提高 SMA 混合料高温下的抗剪强度。SMA 中的常用纤维材料有木质素纤维、矿物纤维、腈纶纤维、涤纶纤维、玻璃纤维等聚合物化学纤维。

选择纤维时主要应考虑其吸油性、耐热性、与沥青的黏附性等指标。纤维应能承受 240℃的高温条件，不变形、不变质、不脆化，化学稳定好，对环境无污染。表 5-21 为美国 AASHTO 对木质素纤维的技术要求。

表 5-21 美国 AASHTO 对木质素纤维的技术要求

试验内容		技术指标
充气筛分析	纤维长度（mm）	≤6
	0.150mm 筛通过率（%）	70±10
普通网筛分析	纤维长度（mm）	≤6
	0.850mm 筛通过率（%）	85±10
	0.425mm 筛通过率（%）	65±10
	0.106mm 筛通过率（%）	30±10
灰分含量（%）		18±5，无挥发物
pH 值		7.5±1.0
吸油量（纤维质量的倍数）		5.0±1.0
含水量（%）		≤5.0

三、技术特性

1. 高温稳定性好

SMA 由相互嵌挤的粗集料骨架和沥青玛蹄脂两部分组成，粗颗粒之间有着良好的嵌锁作用，沥青玛蹄脂起胶结作用并填充粗集料的骨架空隙，所以 SMA 抵抗荷载变形的能力较强，即使在高温条件下，沥青玛蹄脂的黏度下降，对混合料抗变形能力的影响不大，因而 SMA 有着较强的高温抗车辙能力。

2. 低温抗裂性高

在低温条件下，沥青混合料的抗裂性能主要由结合料的性质决定。由于在SMA中有着相当数量的沥青玛琋脂，当温度下降混合料收缩使集料颗粒被拉开时，沥青玛琋脂具有较高的黏结能力，它的韧性和柔性使得混合料具有良好的低温变形能力。

3. 良好的耐久性

在SMA中，粗集料骨架空隙被富含沥青的玛琋脂密实填充，并将集料颗粒黏结在一起，沥青在集料表面形成较厚的沥青膜。此外，SMA空隙率较小，沥青与水或空气的接触较少，因而SMA的水稳定性和抗老化性较普通沥青混合料为好。又由于SMA基本是不透水的，对中、下面层和基层有着较好的保护作用和隔水作用，因此沥青路面能保持较高的整体强度和稳定性。

4. 高的耐磨和抗滑性

SMA由于全部采用轧制的具有粗糙表面的高强碎石，同时间断级配混合料构成的沥青面层，压实后表面形成的构造深度大，一般超过1mm，因此，具有良好的抗滑耐磨性能，并能减少溅水，减少噪声。

5. 施工和易性好

由于沥青用量较多，且纤维稳定剂也保证沥青混合料在生产、运输、摊铺过程中保持良好的和易性，均匀不离析。

四、SMA的配合比设计

1. SMA的配合比设计指标

（1）SMA设计级配范围　SMA级配范围的建议值见表5-10。SMA混合料的最大粒径应与面层结构设计厚度相匹配，结构设计厚度为集料的公称最大粒径的2 ~ 2.5倍。

（2）SMA的体积结构参数　SMA是石－石接触的骨架嵌挤结构，沥青玛琋脂填充于骨架间隙中，并将骨架胶结成整体，构成的混合料将具有较高的强度、柔韧性和耐久性，因此在SMA中必须具有足够数量的粗集料以形成骨架嵌挤、互不干涉的体积结构。在进行配合比设计时，首先应考虑的因素是与集料级配有关的体积结构参数。

1）粗集料骨架间隙率VCA。粗集料骨架间隙率是指粗集料实体之外的空间体积占整个试件体积的百分率，用于评价按照嵌挤原则设计的骨架型沥青混合料的体积特征，主要用于SMA混合料或OGFC混合料的组成设计。

① 捣实状态下粗集料骨架的松装间隙率VCA_{DRC}。捣实状态下粗集料骨架的松装间隙率是将4.75mm（或2.36mm）以上的干燥粗集料按照规定条件在容量筒中捣实，所形成的粗集料骨架实体以外的空间体积占容量筒体积的百分率，按式（5-25）计算。

$$VCA_{DRC}=\left(1-\frac{\gamma_s}{\gamma_{CA}}\right)\times 100 \tag{5-25}$$

式中　VCA_{DRC}——捣实状态下粗集料骨架的松装间隙率，%；

γ_{CA}——粗集料骨架部分的平均毛体积相对密度；

γ_s——粗集料骨架的松方毛体积相对密度。

② 沥青混合料试件的粗集料骨架间隙率VCA_{mix}。沥青混合料试件中的粗集料骨架间隙率VCA_{mix}，是指压实沥青混合料试件内粗集料骨架以外的体积占整个试件体积的百分率，按

式（5-26）计算。对于SMA-16和SMA-13，粗集料通常是指粒径大于4.75mm的粗集料；对于SMA-10粗集料是指粒径大于2.36mm的粗集料。

$$VCA_{mix} = \left(1 - \frac{\gamma_f}{\gamma_{CA}} \times \frac{P_{CA}}{100}\right) \times 100 \tag{5-26}$$

式中　VCA_{mix}——压实状态下沥青混合料试件的粗集料骨架间隙率，%；

P_{CA}——沥青混合料中粗集料的比例，%；

γ_{CA}——粗集料骨架部分的平均毛体积相对密度；

γ_f——沥青混合料试件的毛体积相对密度，由表干法测定。

SMA是按照骨架嵌挤原则设计的，为了充分发挥SMA中粗集料石－石骨架的嵌挤作用，在压实状态下，沥青混合料试件中的粗集料骨架间隙率VCA_{mix}必须满足式（5-27）的要求。粗集料骨架松装间隙率VCA_{DRC}能否大于沥青混合料试件中的粗集料骨架间隙率VCA_{mix}是检验粗集料能否形成嵌挤骨架的关键。当不能满足式（5-27）的条件时，混合料的粗集料骨架实际上是被所填充沥青玛瑞脂撑开了，表明在混合料中或者沥青玛瑞脂过多或者粗集料骨架间隙过小。所以，沥青混合料试件中的粗集料骨架间隙率VCA_{mix}实际上控制了SMA混合料中沥青玛瑞脂的总体积。

$$VCA_{mix} < VCA_{DRC} \tag{5-27}$$

式中　VCA_{mix}——压实状态下沥青混合料试件中的粗集料骨架间隙率，%；

VCA_{DRC}——捣实状态下粗集料骨架的松装间隙率，%。

2）马歇尔试件的体积参数。矿料间隙率*VMA*足够大是保证加入足量的沥青的前提，否则，在路面使用的压密过程中，过多的沥青会浮于混合料的表面，出现泛油或油斑等病害。由于在SMA中沥青用量高于普通沥青混合料，所以对其矿料间隙率的要求较大。

沥青饱和度*VFA*的大小反映沥青混合料中沥青用量是否合适。沥青用量过大会导致路面的泛油和车辙等；沥青用量过小，沥青路面的耐久性不足。

压实后SMA的空隙率*VV*对沥青路面的使用性能和耐久性有着较大的影响。由于SMA的粗级配及高沥青用量特征，较低的空隙率将导致沥青路面出现油斑、泛油或发生车辙，而空隙率过大会降低SMA的耐久性。我国现行规范建议：SMA的空隙率*VV*宜控制在3%～4%，在实际使用时，应根据气温和荷载情况综合确定。

（3）SMA的力学性能指标　由于马歇尔试验的局限性，在相同的试验条件下，与密级配DAC型混合料相比，SMA混合料通常表现为马歇尔稳定度低，而流值高，但试验结果与这两种混合料在实际路面中的表现不相符，所以马歇尔试验的稳定度和流值不是SMA配合比设计的主要指标。马歇尔试验的目的是检测试件的各项体积结构参数，以确定SMA的矿料级配。

1）采用浸水试件的残留稳定度评价SMA的水稳定性。

2）SMA的高温抗车辙能力通过车辙试验进行检测，动稳定度应满足要求。

（4）析漏试验和飞散试验

1）谢伦堡沥青析漏试验。谢伦堡沥青析漏试验用以检测沥青结合料在高温状态下从沥青混合料中析出的数量，是确定SMA中沥青用量的一种辅助试验方法。谢伦堡沥青析漏试验在施工最高温度下进行，一般非改性沥青混合料的试验温度为170℃，聚合物改性沥青混合料的试验温度为185℃。将拌和好的沥青混合料试样倒入800mL的烧杯中，在规定温度的烘箱中静置60min，按式（5-28）计算沥青析漏损失量。

$$\Delta m = \frac{m_2 - m_0}{m_1 - m_0} \times 100 \quad (5\text{-}28)$$

式中 Δm——沥青析漏损失量，%；

m_0——烧杯质量，g；

m_1——烧杯与沥青混合料试样的总质量，g；

m_2——将沥青混合料倒出后，烧杯及黏附在烧杯上的沥青玛琋脂的总质量，g。

沥青析漏量随着沥青用量增加而增加，根据沥青析漏量的多少，可以确定沥青混合料中有无多余的自由沥青或过多的沥青玛琋脂，用以限定SMA的最大沥青用量。在SMA中虽然需要使用较多的沥青，但无论如何不能超过所有矿料表面所能吸附的最大沥青用量。过多的自由沥青，将成为集料颗粒间的润滑剂，造成沥青玛琋脂上浮，影响路表构造深度，降低混合料的高温稳定性，产生泛油等病害。

2）肯塔堡飞散试验。肯塔堡飞散试验用以检验SMA中集料与沥青结合料的黏结力的辅助试验，用于确定最低沥青用量。在压实的SMA表面，构造深度较大，粗集料外露，在交通荷载的反复作用下，若混合料中沥青用量或黏结力不足，会引起集料的脱落、掉粒或飞散，进而发展为坑槽，造成路面损坏。肯塔堡飞散试验采用沥青混合料的马歇尔试件在洛杉矶磨耗试验机中进行，标准试验温度为20℃，水中养生时间为20h。在多雨潮湿地区，也可进行浸水试验，标准试验温度为60℃，水中养生时间为48h。飞散损失是以试件在洛杉矶磨耗试验机中旋转撞击规定次数后的损失质量百分率表示，由式（5-29）计算。

$$\Delta S = \frac{m_0 - m_1}{m_0} \times 100 \quad (5\text{-}29)$$

式中 ΔS——沥青混合料的飞散损失，%；

m_0——磨耗试验前试件的质量，g；

m_1——磨耗试验后试件的残留质量，g。

谢伦堡试验和肯塔堡试验往往是同时进行的，前者用于确定沥青用量的上限，后者用于确定沥青用量的下限。通过对两者的综合分析，可以得出一个较为合理的沥青用量范围。

将上述SMA混合料配合比设计的技术指标及其相应的要求列入表5-22。

表5-22 SMA混合料的物理力学性能指标和技术要求

试验项目		单位	技术要求	
			不使用改性沥青	使用改性沥青
配合比设计马歇尔试验指标	马歇尔试件击实次数①	—	两面各击实50次	
	空隙率 VV②	%	3~4	
	矿料间隙率 VMA②，不小于	%	17.0	
	粗集料骨架间隙率 VCA_{mix}③，不大于	—	VCA_{DRC}	
	沥青饱和度 VFA	%	75~85	
	马歇尔稳定度④	kN	5.5	6.0
	流值	mm	2~5	—

（续）

试验项目		单　位	技术要求	
			不使用改性沥青	使用改性沥青
配合比设计检验指标	谢伦堡沥青析漏试验的结合料损失，不大于	%	0.2	0.1
	肯塔堡飞散试验的混合料损失或浸水飞散试验，不大于	%	20	15
	车辙试验的动稳定度，不小于	次/mm	1500	3000
	残留稳定度，不小于	%	75	80
	残留强度比，不小于	%	75	80
	渗水系数，不大于	mL/min	80	

① 对集料坚硬不易击碎，通行重载交通的路段，也可将击实次数增加为双面75次。

② 对高温稳定性要求较高的重交通路段或炎热地区，设计空隙率允许放宽到4.5%，*VMA* 允许放宽到16.5%（SMA-16）或16%（SMA-19），*VFA* 允许放宽到70%。

③ 试验粗集料骨架间隙率 *VCA* 的关键性筛孔，对SMA-19、SMA-16是指4.75mm，对SMA-13、SMA-10是指2.36mm。VCA_{DRC}是指捣实状态下的粗集料松装间隙率。

④ 稳定度难以达到要求时，允许放宽到5.0kN（非改性）或5.5kN（改性），但动稳定度检验必须合格。

2. SMA的配合比设计方法

SMA的配合比设计原则体现在两个方面：一是粗集料颗粒互相嵌挤组成高稳定性的“石—石骨架”结构；二是由细集料、沥青结合料和稳定剂添加剂组成的沥青玛瑞脂填充骨架间隙，并将骨架胶结在一起，沥青玛瑞脂应略有富余，以使混合料获得较好的柔韧性和耐久性。SMA的配合比设计包括目标配合比设计和生产配合比设计。

（1）原材料选择及其性能测试　精确测定各种原材料的相对密度，其中粗集料为毛体积相对密度，石屑、砂和矿粉为表现相对密度。

（2）确定SMA的初试级配　调整各种集料用量比例，设计3组不同的初试级配，3组级配在4.75mm（如果是SMA-10，则为2.36mm，以下相同）筛的通过率应分别为设计级配范围的中值及中值上4%左右。3组级配的矿粉数量最好相等，使0.075mm通过率为10%左右；在其他筛孔上，3个级配必须符合所选择的级配范围的要求。

（3）试验检测

1）测试粗集料骨架间隙率 VCA_{DRC}。将3组初试级配混合料中小于4.75mm的集料筛除，分别测定4.75mm以上各档粗集料的毛体积相对密度，并按照各档集料比例计算粗集料的平均毛体积相对密度。

用捣实法测定4.75mm以上粗集料的装填相对密度，计算各组初试级配在捣实状态下的粗集料骨架松装间隙率 VCA_{DRC}。

2）制作马歇尔试件。根据矿料的平均毛体积相对密度，选择接近表5-22所规定的最小油石比作为初试油石比，按照初试油石比和矿料级配制作马歇尔试件。

3）试件体积参数的测试。采用表干法测试SMA马歇尔试件的毛体积相对密度，最好采用实测法测定SMA试件的最大毛体积相对密度，当使用改性沥青时用溶剂法测试，使用非改性沥青时也可以采用真空法测定。若采用实测法有困难或难以得到准确结果时，也可以采用SMA的理论最大相对密度代替实测最大毛体积相对密度。

4）确定SMA的设计级配。从3组初试级配的试验结果中选择满足 $VCA_{mix} < VCA_{DRC}$ 和

VMA 满足设计要求的级配作为设计级配。当有 1 组以上的级配同时满足要求时，以 0.075mm 通过率大的级配为设计级配。

5）确定 SMA 的沥青用量。根据所选择的设计级配和初试油石比的空隙率结果，以 0.2% ~0.4% 为间隔，调整 3 个不同的油石比，再次制作马歇尔试件。然后测试密度，并计算试件空隙率等各项体积参数指标。绘制各项体积指标与油石比的关系曲线，根据要求的设计空隙率确定最佳油石比。

在炎热地区可选择表 5-22 规定的空隙率上限值，寒冷地区可选择靠近空隙率中、下限值。如果初试油石比的空隙率恰好接近设计要求，可以省略此步骤。

6）SMA 的性能检验。SMA 的配合比确定后，应对混合料进行谢伦堡沥青析漏试验、肯塔堡飞散试验。SMA 必须进行车辙试验，以验证混合料的高温抗车辙能力。SMA 的水稳定性检验，采用轮碾法成型 SMA 试件，进行表面的渗水系数和构造深度检验。

五、SMA 的施工

SMA 的生产基本上与普通热拌沥青混合料相同。

1. 施工温度

由于 SMA 中需要加入较多数量的冷矿粉，施工温度要高一点，一般出料温度控制为 160 ~170℃。

2. 混合料的拌制

混合料的拌制过程中，关键是纤维的上料，可分为干拌和湿拌两种方式。一种方法是将纤维装在塑料袋内，与集料同时投入拌和锅中，干拌时塑料袋熔化，其本身也是改性剂；另一种方式是将纤维包加入提升斗中，在提升过程中塑料袋溶化。纤维分散的效果湿拌比干拌要好些，所以干拌需增加时间 5 ~10s。拌和好的混合料储存时间不得超过 24h。

3. 混合料的运输和摊铺

为防止运料车面层混合料结成硬壳，运输过程中运料车必须加盖布料。

混合料的摊铺、碾压要一气呵成，在尽可能高的温度下进行，终压温度控制在 140 ~150℃。所有施工工序必须在混合料温度下降至 100℃以前全部结束。

第六节 其他沥青混合料

一、冷铺沥青混合料

冷铺沥青混合料也称“常温沥青混合料”，是指矿料与乳化沥青或稀释沥青在常温状态下拌和、铺筑的沥青混合料。这种混合料一般比较松散，存放时间达 3 个月以上，可随时取料施工。但一般只能适用于低等级公路的面层和其他等级公路沥青路面的联结层或整平层。

1. 冷铺沥青混合料的组成材料

冷铺沥青混合料中对矿料的要求与热铺沥青混合料大致相同，对矿质混合料的级配同样要符合热铺沥青混合料的要求。冷铺沥青混合料中的沥青可采用液体石油沥青、乳化沥青、软煤沥青等。但考虑到制备液体石油沥青要耗费大量轻质油，且在铺筑后由于轻质油的挥发而造成环境污染，而煤沥青中含有致癌物质，且在路面使用中易老化，寿命短，故我国普遍采用乳化沥青。乳化沥青的用量应根据当地实践经验以及交通量、气候、石料情况、沥青标号、施工机械等条件确定，也可以按热拌沥青碎石混合料的沥青用量折算，一般情况较热拌沥青碎石混合料沥青用量减少15%～20%。

2. 冷铺沥青混合料的强度形成

冷铺沥青混合料强度的形成有三方面因素。其一，采用合理的配合比，使矿质集料的级配和沥青的用量均达到最佳值，从而使沥青混合料具有更大的黏聚力和内摩擦力。其二，在摊铺后，随着轻质油的挥发（液体沥青）或乳液的破乳、排水、蒸发（乳化沥青），沥青变得越来越稠，沥青混合料间的黏聚力随之提高。其三，随着碾压的进行，集料颗粒之间排列更加紧密有序，其内摩擦力逐渐增大，冷铺沥青混合料的强度由此而形成。

二、煤沥青混合料

煤沥青混合料是以煤沥青为胶结材料的冷拌型沥青混合料。其组成设计方法与石油沥青混合料大致相同，但技术性能比石油沥青混合料要差，一般用于三级或三级以下公路的沥青面层，这主要与其胶结材料煤沥青有关。煤沥青的温度稳定性和气候稳定性都较差，而且容易老化，使用寿命短，因此，煤沥青混合料在国外的道路中已用得越来越少，但在我国仍有一些使用。

煤沥青混合料在施工时应注意安全。煤沥青中含有致癌物质，对外界环境也会造成污染，因此，尽量少用于路面面层。作为道路用的煤沥青用于透层和黏层的比较多。

煤沥青使用期间，应以70～90℃的温度保存在储油池或沥青罐中。存放时间不能过长，如长期存放，则在使用前应进行抽样检查，质量合格才可使用。

三、桥面铺装材料

对于大中型水泥混凝土桥，为保护桥面板，应在上面铺筑沥青铺装层。铺装层应具有下列要求：与沥青混凝土桥面有良好的黏结性，能防止渗水、抗滑以及有较高抵抗振动变形的能力。对于小桥涵桥面沥青面层的各项要求应与其相接路段的车行道面层一致。

沥青铺装层由黏层、防水层、保护层及沥青面层组成，总厚度为6～10cm。对潮湿多雨、纵坡度较大或设计车速较高的桥面还应加设抗滑表层。下面就其各层要求分述如下。

1. 黏层

黏层沥青可采用快裂的洒布型乳化沥青，或快、中凝液体石油沥青、煤沥青，其种类、标号应与面层所使用沥青相同。在喷洒前，应对桥面进行检查，在桥面达到平整、粗糙、干燥、整洁的条件下，用沥青洒布车喷洒。

2. 防水层

防水层的厚度宜为1.0～1.5cm。可采用三种方法：做沥青涂胶类下封层、用高分子聚合物涂刷或铺设沥青防水卷材。这三种方法都必须达到同样的要求，即无破洞、漏铺、脱干、翘起、皱折现象。

3. 保护层

保护层的厚度宜为1.0cm，主要为防止损伤防水层而设置。保护层一般采用AC-10或AC-5型沥青混凝土或单层式沥青表面处置。人工铺筑，用轻型压路机慢速碾压。

4. 沥青面层

沥青面层可采用高温稳定性好的AC-16或AC-20型中粒式热拌热铺沥青混凝土混合料铺筑。如上面有抗滑层，则沥青面层总厚度为4～10cm，抗滑层厚度为2.5cm。面层所用沥青最好为改性沥青。为防止对桥梁的损坏，宜用轮胎压路机和轻型钢筒压路机碾压。

四、沥青稀浆封层混合料

沥青稀浆封层混合料是由乳化沥青、石屑（或砂）、水泥和水等拌制而成的一种具有流动性的沥青混合料。沥青稀浆封层混合料可以用于路面的养护维修，也可用于路面加铺抗滑层、磨耗层。按用途和适应性，可分为三种类型：

1）ES-1型，适用于较大裂缝的封缝或中、轻交通道路的薄层罩面处理。

2）ES-2型，常用于铺筑中等粗糙度磨耗层，也适用于旧路修复罩面。

3）ES-3型，适用于高速公路、一级公路、城市快速路、主干路的表面抗滑处理，铺筑高粗糙度的磨耗层。

五、多孔抗滑排水式沥青混合料

排水沥青混合料是一种新型的沥青路面结构，具有排水、防滑和降低交通噪声等功能。排水沥青混合料的组成结构为骨架空隙结构，其集料采用间断级配（或称“开级配”），粗集料含量大且粒径单一，细集料含量少，结构空隙率很大，为20%左右，设计沥青用量为3%～5%。排水沥青混合料具有空隙率大、粗集料含量高的特点。它能通过较大的空隙迅速排除路表降水，减小路表水膜厚度，使行车时车轮与路面有足够的接触面积，避免高速行车时产生水滑或水漂现象，保证驾驶安全。车轮在常规的沥青路面上高速转动与路面水相撞击形成水花飞溅进而产生水雾，在强光照射下形成眩光，干扰驾驶员视觉，造成安全事故，而排水沥青路面会大大减少因飞溅产生的水雾，从而提高行车安全。

排水沥青路面起源于欧洲，1960年德国首次兴建此种路面。自20世纪80年代末起，排水沥青路面在欧洲、北美、日本和澳大利亚得到广泛应用。

由于各国道路条件和环境条件不同，所以在配制多孔性沥青混合料时，各国的具体方法都有很多的差别。同时由于多孔性沥青路面与普通沥青路面相比较，在技术上有其难点和复杂性，因此在关键技术上不同国家不尽相同。纵观世界各国对透水式多孔性沥青路面的研究和实际应用的经验，修好这种路面的技术关键在于以下三个方面。

1）保证混合料的高孔隙性。路面的孔隙越大，排水性也越好，抗滑降噪的效果也越好，因此，保证其高孔隙性是必要的。根据理论研究和实际使用经验，这种路面的空隙率必须大于15%，而为了防止孔隙被尘埃所堵塞，混合料的初始孔隙率应达到20%，甚至更大。

2）保证混合料足够的抗松散能力。为透水而要求路面空隙率大，这与普通沥青路面要求防止渗水以求得耐久的使用寿命正好相反。路面透水和水长期滞留在路面内部，对路面的侵蚀是十分严重的，这就容易造成路面剥落，进而使路面出现松散，因此，多孔性沥青混合料必须具备足够的水稳定性，这在混合料设计时应予以足够的重视。

3）保证混合料具有一定的力学强度。多孔性沥青混合料主要是由粗集料组成，细集料少，粗颗粒之间是点接触，不能形成紧密的嵌锁，混合料的强度大为降低。空隙率越大，强度越低。因此，多孔性路面只有具备一定的强度才能承受高速行车的作用。

六、再生沥青混合料

沥青路面的再生利用，就是将需要翻修的路面，经过翻挖、回收、破碎、筛分后，根据工程实际情况和要求，与再生剂、新集料、新沥青材料按适当的比例混合，经过拌和、摊铺、碾压后形成具有一定路用性能的再生面层或基层的一整套技术和工艺。

长期以来，我国沥青路面的设计和施工标准较低，路面养护和翻修工作量倍增，工程材料的需求量巨大。早在20世纪70年代，一些基层养路部门就已经自发地开始进行废旧渣油路面材料再生利用的尝试。1982年，交通部科技局正式将沥青路面再生利用作为重点科技项目下达，由同济大学负责该课题研究的协调工作，开展了比较系统的试验研究，使研究的深度和广度增大。通过室内外大量的试验分析，我国对沥青再生的本质有了深刻的认识，探明了沥青再生的科学途径，并在此基础上建立起沥青路面的再生设计方法。据不完全统计，到1986年，我国铺筑再生沥青路面累计超过600km。到20世纪90年代，我国进入了大规模的高速公路建设时期，沥青路面再生技术的研究和推广暂时被搁置下来。到2000年，我国已建成高速公路累计超过10000km，一些先期建成的高速公路路面陆续进入翻修阶段，沥青路面材料的再生技术必将会被重新重视起来。

铺筑再生沥青路面，由于大大减少了筑路材料的用量，因而节省了工程费用，经济效益十分明显。尤其在缺乏砂石材料的地区，由于砂石材料都是从外地转运过来，成本较高，采用沥青路面再生技术，所节约的工程投资是十分可观的。即使在盛产砂石材料的地区，也能够节约大量的材料费用。根据美国联邦公路管理局的调查，旧沥青路面再生利用，可节约材料费53.4%，降低路面造价25%左右，节约沥青50%。1980年，美国使用了约5000万吨旧路面材料，节约投资达3.95亿美元。我国在20世纪80年代的经验表明，由于铺筑再生沥青路面，其材料费平均节省45%~50%；除去翻挖路面、破碎、过筛、添加再生剂等需要增加费用外，与铺筑新沥青路面相比较，也可降低工程造价20%~25%，大体上与国外许多国家的经验相当。

思考题

5-1　简述沥青混合料的定义及其分类。

5-2　沥青混合料的结构类型有哪几种，它们各有何特点？

5-3　试述沥青混合料强度形成的原理，分析其影响因素。

5-4　简述沥青混合料组成材料的技术要求。

5-5　论述沥青混合料应具备的主要技术性质及其评定方法。

5-6　试述我国热拌沥青混合料马歇尔试验的技术标准，并说明各项指标的含义。

5-7　简述热拌沥青混合料配合比设计的步骤。

5-8　试述密级配沥青混合料目标配合比设计的方法。矿质混合料的组成和沥青最佳用量是如何确定的？

5-9　什么是沥青玛瑞脂碎石混合料？它在材料组成和技术性能上有什么特点？

5-10　什么是冷铺沥青混合料，它的强度是如何形成的？

第六章　工程高聚物材料

随着科技的进步，工程高聚物作为一种新型材料在道路桥梁工程中的应用越来越广泛，这些新型的材料的使用，不仅提供了代替传统材料的新材料，而且作为改性剂能够使得现有材料得到不断的提高和改善。工程高聚物在长期工程实践中以其良好的性能和优势越来越多地受到工程建设者的青睐，因此了解其组成、结构和性能尤为必要。

第一节　概　　述

高聚物指由许多相同的、简单的结构单元通过共价键重复连接而成的高分子量（通常为 $10^3 \sim 10^7$）化合物，又称“高分子化合物”或“聚合物”。高聚物具有高的相对分子量，其结构必须是由多个重复单元组成，并且这些重复单元实际上或概念上是由相应的小分子衍生而来。如图 6-1 所示，聚氯乙烯是由氯乙烯聚合而成，聚乙烯醇是由乙烯醇聚合而成。

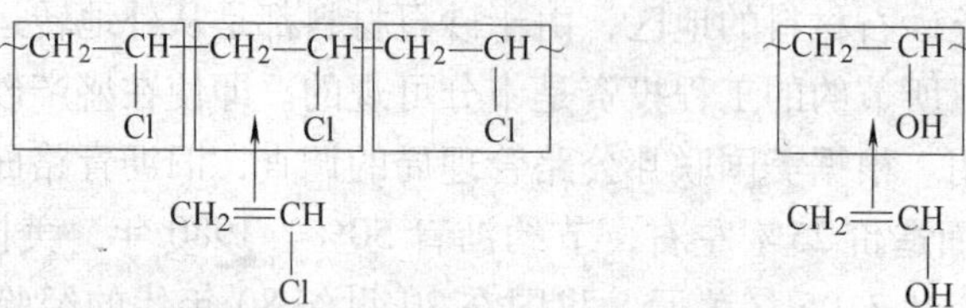

图 6-1　聚氯乙烯和聚乙烯醇分子

高聚物是生产塑料、合成橡胶、合成纤维、胶黏剂和涂料的基础材料，它有天然高聚物和人工合成高聚物，工程中所用大多是人工合成的聚合物。高聚物有其独特的分子链结构和聚集态结构，因此具有与小分子化合物、金属材料和无机非金属材料截然不同的物理和化学特性。表 6-1 列举了日常生活中小分子材料和大分子材料的性质和用途。

表 6-1　从小分子到大分子的认识

链中的碳原子数	材料的状态和性质	用　　途
1 ~ 4	单纯气体	瓶装燃气
5 ~ 11	单纯液体	汽油
16 ~ 25	高黏度液体	油脂
25 ~ 50	结晶固体	石蜡
50 ~ 1000	半结晶固体	胶黏剂与涂料
1000 ~ 5000	韧性塑料固体	容器
30 万 ~ 60 万	纤维	药用手套，防弹背心

一、高聚物的基本概念和特征

1. 基本术语

(1) 单体（Monomer）　单体是能与同种或他种分子聚合的小分子的统称，是能起聚合反应或缩聚反应等合成高分子化合物的简单化合物，是合成聚合物所用的不饱和的、环状的或含有两个或多个官能团的低分子化合物。例如聚乙烯（$\cdots—CH_2—CH_2—CH_2—\cdots$）是由许多低分子化合物乙烯（$CH_2=CH_2$）重复联结而成，因此（$CH_2=CH_2$）称为“单体”。

(2) 链节（Chain Element）　链节是组成高聚物最小的重复结构单元。如［$—CH_2—CH_2—$］是聚乙烯（$\cdots—CH_2—CH_2—CH_2—\cdots$）大分子链中的重复结构单元，则［$—CH_2—CH_2—$］是聚乙烯大分子链的链节。

(3) 聚合度（Degree of Polymerization）　聚合度是指聚合物分子链中连续出现的重复单元（或称“链节”）的次数，是衡量聚合物分子大小的指标，用 n 表示。聚合度大于 10^3 的聚合物称为“高聚物”（High-polymer）。

(4) 分子量　根据高聚物的结构组成，高聚物的分子量 M 为单体分子量 m 与聚合度 n 的乘积。由于在同一聚合物中各个分子的大小并不相同，故聚合物的分子量实际上是大量分子链分子量的统计平均值。

2. 高聚物的特征

(1) 高聚物的结构特征　按研究单元的不同分类，高聚物结构可分为两大类：一类为高聚物的链结构，即分子内的结构，是研究一个分子链中原子或基团之间的几何排列；另一类为高聚物的分子聚集态结构，即分子间的结构，是研究单位体积内许多分子链之间的几何排列。对高聚物材料来说，链结构只是间接影响其性能，而分子聚集态结构才是直接影响其性能的因素。聚合物的结构层次如图 6-2 所示。

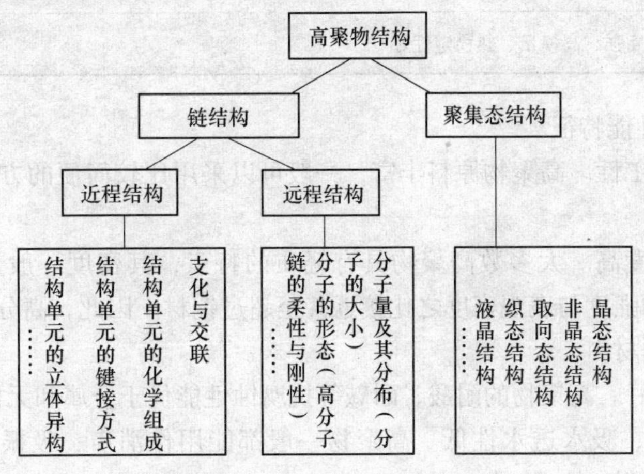

图 6-2　聚合物结构的层次

1) 高聚物的链结构。高聚物的链结构包括近程结构和远程结构。近程结构是指结构单元的化学组成、立体异构、连接顺序以及支化、交联等；远程结构是指高分子链的构象、分子量等。高聚物链结构是决定高聚物基本性质的主要因素，各种高聚物由于链结构不同其性质完全不同。例如，聚乙烯柔软容易结晶，聚苯乙烯硬而脆不能结晶；全同立构聚丙烯在常温下是固体，可以结晶，而无规立构聚丙烯在常温下则为黏稠的液体等。

2）高聚物的分子聚集态结构。高聚物的分子聚集态结构包括晶态、非晶态、液晶态、取向态等。高聚物的分子聚集态结构是在加工成型过程中形成的，是决定高聚物制品使用性能的主要因素。即使具有相同链结构的同一种高聚物，由于加工成型条件的不同，其成型品的使用性能就有很大差别。例如，结晶取向程度不同直接影响纤维和薄膜的力学性能；结晶大小和形态不同可影响塑料制品的耐冲击强度、开裂性能和透明性。

3）高分子链的几何形状。聚合物的链节在空间有不同的几何形状，如图6-3所示主要有线形状、支化状、交联或网状、星形状。不同的高分子链形状其性能也有很大差异（见表6-2）。

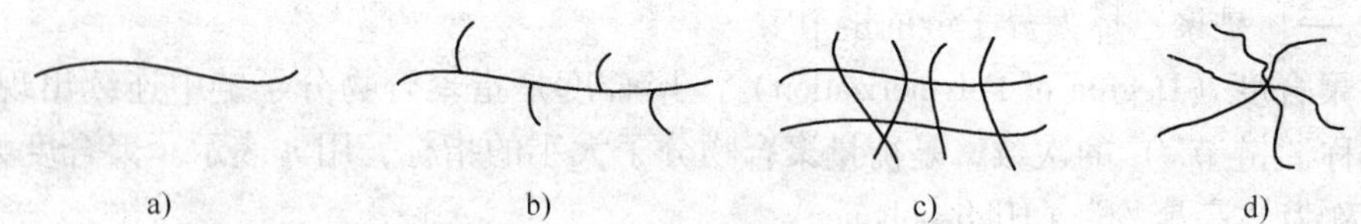

图6-3　高分子链的几何形状
a）线形状　b）支化状　c）交联或网状　d）星形状

表6-2　构造对聚合物性能的影响

高分子链形状	聚合物性能
线形状	分子间无化学键，可溶解，加热熔融易加工
支化状	短支化破坏分子结构规整性，低结晶度；长支化严重影响熔体流动，加工性不好
交联或网状	不溶不熔，当交联不大时，可在适当溶剂中溶胀
梯形状、星形状	高强、高模量、热稳定性好

（2）高聚物的性能特征

1）优良的可加工性。高聚物原料丰富，一般可以采用比较简便的方法加工成多种形状的产品。

2）轻质、比强度高。大多数高聚物具有轻质的特点，其密度一般为0.8～2.2g/cm^3；比强度高，聚合物的强度与表观密度之比接近甚至超过钢材。因此，高分子合成材料是一种很有发展前途的工程材料。

3）化学稳定性好。高聚物的耐酸、耐碱等抗腐蚀性能优于金属和无机材料。

4）导热系数小、吸水透水性低。高聚物一般都能用作消声、吸振、绝缘、透明、绝热、密封、防水等材料。

5）易老化、耐热性低。高聚物在加工、储存和使用过程中易受热、光、氧气等因素的作用而变成脆硬性物质，产生裂纹，力学性能和使用性能逐渐降低。

6）可燃性及毒性。高聚物一般属于可燃性材料，但可燃性受其组织和结构的影响有很大差别。部分高聚物材料在燃烧时发生烟雾，产生有毒气体。虽然可以通过一定的工艺加以改进，但高聚物的防火性能仍然不及无机材料，因此，在工程应用中应予注意。

二、高聚物的命名与分类

1. 高聚物的命名

(1)“聚” + “单体名称” 命名法　这是一种最为简单、并且也最为常用的合成高分子化合物的习惯命名法，无论在国内还是国外都是如此。

(2)“单体名称” + “共聚物” 命名法　该方法适用于两种或两种以上烯类单体制备的加成共聚物的命名，通常情况下不得用于混缩聚物和共缩聚物的命名。例如，可以将苯乙烯与甲基丙烯酸甲酯的共聚物命名为“苯乙烯－甲基丙烯酸甲酯共聚物”。但是，如果将己二酸与己二胺进行缩合聚合反应得到的聚合物命名为“己二酸己二胺共聚物”则是错误的。

(3)“单体简称” + “聚合物用途” 或“物性类别” 命名法　对于三大合成材料，分别以“树脂”“橡胶”或“纶”作为后缀，在前面加上单体的简称或聚合物的全名称即可，如（苯）酚 +（甲）醛→酚醛树脂、尿（素）+（甲）醛→脲醛树脂。

(4) 化学结构类别命名法　此命名法对许多缩聚物的命名尤其重要，使用也最为广泛。该命名法的要点是按照与聚合物相对应的有机化合物的类别，在其前面冠以“聚”字以成为这一类聚合物的名称，如“聚酯”“聚酰胺”“聚氨酯”等。不过，对于一种具体的聚合物而言，必须在命名中既要反映其结构特征，又要反映其与单体之间的联系——这是对聚合物命名的两条基本原则。例如：

① 对苯二甲酸 + 己二醇→聚对苯二甲酸乙二（醇）酯（涤纶，一种聚酯）

② 己二酸 + 己二胺→聚己二酰己二胺（尼龙－66，一种聚酰胺）

③ 甲苯 2，4－二异氰酸酯 + n－丁二醇→聚甲苯－2，4－二氨基甲酸丁二（醇）酯（一种聚氨酯）

(5) 商业命名法　商业以及学术专著中，可以使用其英语商品名称“nylon”的音译词“尼龙”作为聚酰胺的通称。为了体现聚合物与原料单体之间的关系，在“尼龙”这个类名称之后，依次再加上原料单体“二元胺”和“二元酸”的碳原子数。

(6) IUPAC 系统命名法　这是国际纯粹与应用化学联合会于 1972 年提出的以大分子的结构为基础的一种系统命名法，同时建议高分子专业工作者特别是在国际学术交流活动中尽量采用这种命名法。该命名法与有机化合物的系统命名法相似，具体要点如下：确定聚合物的重复结构单元；将重复结构单元中的次级单元（即取代基）按照从小到大、由简单到复杂的排列顺序进行书写；命名重复结构单元，并在前面冠以“聚”字，即完成命名。由此可见，按照 IUPAC 命名原则书写乙烯类加聚物的重复单元时，应该先写带有取代基的一端，先写原子数少的取代基。

2. 高聚物的分类

高分子材料种类繁多，根据来源可将高聚物分为天然高分子、半天然高分子、合成高分子；根据主链元素组成可将高聚物分为碳链高分子、杂链高分子、元素有机高分子；根据性质和用途可将高聚物分为塑料、纤维、橡胶、涂料、胶黏剂、功能高分子等。

3. 高聚物的合成方法

合成高聚物是由不饱和的低分子单体在热、光、催化剂作用下聚合而成的，通常用的聚合方法主要有加聚反应和缩聚反应。

(1) 加聚反应　加聚反应是指由一种或两种以上的单体结合成高聚物的反应。加聚反应的特点是：单体必须是含有双键、三键等不饱和键的化合物，如烯、二烯、炔、醛等含不饱和键的有机物；发生加聚反应的过程中，没有副产物产生；聚合物链节的化学组成与单体的化学组成相同，聚合物相对分子质量为单体相对分子质量的整数倍。

（2）缩聚反应　缩聚反应指由一种或两种以上单体相互结合成聚合物，同时有小分子生成的反应。缩聚反应的特点是：单体往往是具有双官能团（如 -OH、-COOH、$-NH_2$、-X 及活泼氢原子等）或多官能团的小分子；生成聚合物的同时，还有小分子副产物（如 H_2O、NH_3、HCl 等）生成；所得聚合物链节的化学组成与单体的化学组成不同。

（3）加聚反应与缩聚反应的区别　加聚反应与缩聚反应，虽是合成高分子化合物的两大反应，但区别很大：

1）加聚反应是由不饱和的单体聚合成高分子的反应，其产物只有一种高分子化合物。

2）参加缩聚反应的单体一般含有两种或两种以上能相互作用的官能团（两个或两个以上易断裂的共价键）的化合物，产物中除一种高分子化合物外，还生成有小分子，如 H_2O、HCl、NH_3 等。产物组成与参加反应的任何一种单体均不相同。

3）从反应机理上看，加聚反应是不饱和分子中的双键或三键发生的，实质还是加成反应，所以，双键、三键是发生加聚反应的内因。缩聚反应是单体中的官能团相互作用经缩合生成小分子，同时又聚合成大分子的双线反应。发生缩聚反应的内因是相互能作用的官能团（或较活动的原子）。

4）发生加聚反应的单体不一定是一种物质，也可以是两种或两种以上。如丁苯橡胶就是由单体 1，3-丁二烯和苯乙烯加聚而成；缩聚反应的单体不一定就是两种，也有一种的，如单糖缩聚成多糖、氨基酸缩聚成多肽，也可以是两种以上的。

第二节　高聚物的力学性能

高聚物材料的使用性能包括物理、化学、力学等性能。对于用于工程中作为构件和零件的结构高分子材料，人们最关心的是它的力学性能。力学性能也称为“机械性能”。任何材料受力后都要产生变形，变形到一定程度即发生断裂。这种在外力作用下材料所表现的变形与断裂的行为称作“力学行为”，它是由材料内部的物质结构决定的，是材料固有的属性。同时，环境如温度、介质和加载速率对于高分子材料的力学行为有很大的影响。因此高分子材料的力学行为是外加荷载与环境因素共同作用的结果。聚合物材料力学性能是材料抵抗外加荷载引起的变形和断裂的能力。在力学性能方面，它的高弹性、黏弹性和其力学性能对时间与温度有强烈的依赖关系，是这类材料与金属材料显著的差别。

聚合物材料的力学性能通过材料的强度、刚度、硬度、塑性、韧性等方面来反映。定量描述这些性能的是力学性能指标。力学性能指标包括屈服强度、抗拉强度、延伸率、截面收缩率、冲击韧性、疲劳极限、断裂韧性等。

一、高聚物的拉伸应力-应变特性

测量材料的应力-应变特性是研究材料强度和破坏的重要试验手段。一般是将材料制成标准试样，以规定的速度均匀拉伸，测量试样上的应力、应变的变化，直到试样破坏。常用的哑铃形标准试样如图 6-4 所示，试样中部为测试部分，标距长度为 l_0，初始截面积为 A_0。

设以一定的力 F 拉伸试样，使两标距间的长度增至 l，定义试样中的应力和应变为：

$$\sigma = \frac{F}{A_0} \tag{6-1}$$

$$\varepsilon = \frac{l-l_0}{l_0} = \frac{\Delta l}{l_0} \tag{6-2}$$

注意此处定义的应力 σ 等于拉力除以试样原始截面积 A_0，这种应力称为“工程应力”或“公称应力”，并不等于材料所受的真实应力。同样这儿定义的应变 ε 为工程应变，属于应变的 Euler 度量。典型高分子材料拉伸应力－应变曲线如图 6-5 所示。

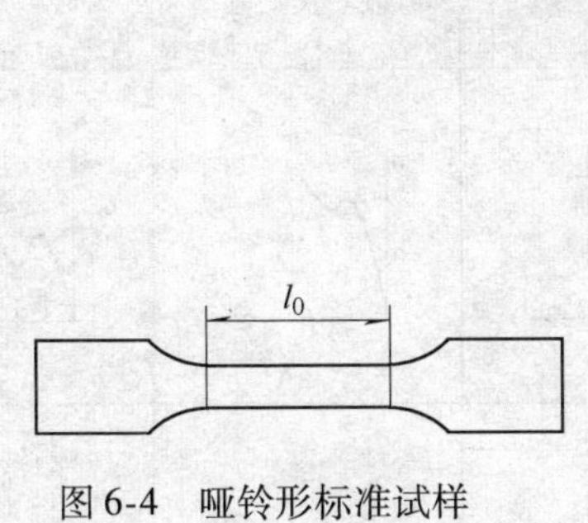

图 6-4　哑铃形标准试样

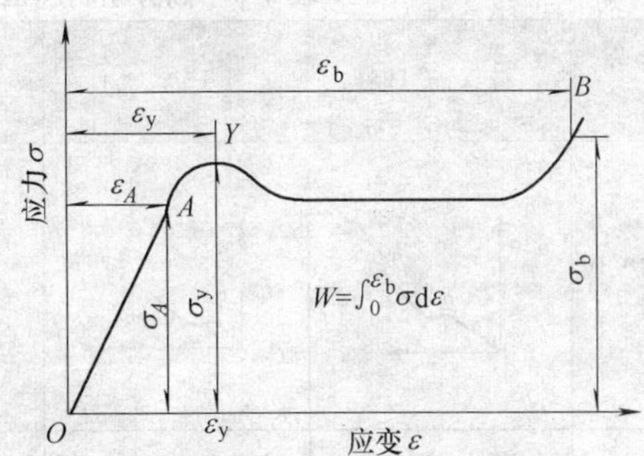

图 6-5　典型的拉伸应力－应变曲线

图 6-5 中曲线有以下几个特征：OA 段，为符合胡克定律的弹性形变区，应力－应变呈直线关系变化，直线斜率$\frac{d\sigma}{d\varepsilon}=E$ 相当于材料弹性模量。越过 A 点，应力－应变曲线偏离直线，说明材料开始发生塑性形变，极大值 Y 点称为“材料的屈服点”，其对应的应力、应变分别称“屈服应力”（或“屈服强度”）σ_y 和“屈服应变” ε_y。发生屈服时，试样上某一局部会出现“细颈”现象，材料应力略有下降，发生“屈服软化”。而后随着应变增加，在很长一个范围内曲线基本平坦，细颈区越来越大。直到拉伸应变很大时，材料应力又略有上升(成颈硬化)，到达 B 点发生断裂。与 B 点对应的应力、应变分别称为材料的“拉伸强度”（或“断裂强度”）σ_b 和“断裂伸长率” ε_b，它们是材料发生破坏的极限强度和极限伸长率。曲线下的面积等于 $W = \int_0^{\varepsilon_b}\sigma d\varepsilon$，相当于拉伸试样直至断裂所消耗的能量，单位为 $J \cdot m^{-3}$，称为“断裂能”或“断裂功”。它是表征材料韧性的一个物理量。

由于高分子材料种类繁多，实际得到的材料应力－应变曲线具有多种形状。归纳起来，可分为五类（见表 6-3）。

（1）软而弱型　此类材料弹性模量低，断裂强度低，断裂伸长率也不大。一些聚合物软凝胶和干酪状材料具有这种特性。

（2）软而韧型　此类材料弹性模量和屈服应力较低，断裂伸长率大（20%～1000%），断裂强度可能较高，应力－应变曲线下的面积大。各种橡胶制品和增塑聚氯乙烯具有这种应力－应变特征。

（3）硬而脆型　此类材料弹性模量高（OA 段斜率大）而断裂伸长率很小。在很小应变下，材料尚未出现屈服已经断裂，断裂强度较高。在室温或室温之下，聚苯乙烯、聚甲基丙烯酸甲酯、酚醛树脂等表现出硬而脆的拉伸行为。

（4）硬而强型　此类材料弹性模量高，断裂强度高，断裂伸长率小。通常材料拉伸到屈服点附近就发生破坏（ε_B 大约为 5%）。硬质聚氯乙烯制品属于这种类型。

（5）硬而韧型　此类材料弹性模量、屈服应力及断裂强度都很高，断裂伸长率也很大，应力－应变曲线下的面积很大，说明材料韧性好，是优良的工程材料。硬而韧的材料，在拉伸过程中显示出明显的屈服、冷拉或细颈现象，细颈部分可产生非常大的形变。随着形变的增大，细颈部分向试样两端扩展，直至全部试样测试区都变成细颈。很多工程塑料如聚酰胺、聚碳酸酯以及醋酸纤维素、硝酸纤维素等属于这种材料。

表 6-3　高分子材料应力-应变曲线的类型

聚合物力学类型		软而弱	软而韧	硬而脆	硬而强	硬而韧
聚合物应力－应变曲线		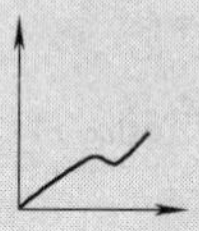	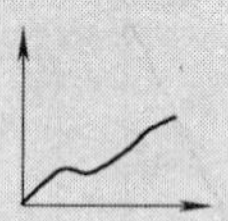	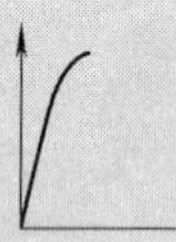	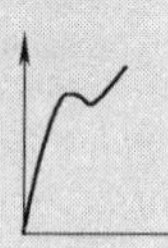	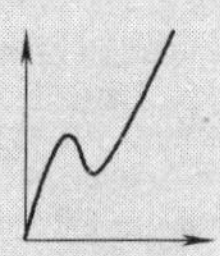
应力-应变	模量（刚性）	低	低	高	高	高
	屈服应力（强度）	低	低	高	高	高
曲线特点	极限强度（强度）	低		中	高	高
	断裂伸长（延性）	中等	按屈服应力	低	中	高
	应力－应变曲线下面积（韧性）	小	中	小	中	大

实际高分子材料的拉伸行为非常复杂，可能不具备上述典型性，或是几种类型的组合。例如有的材料拉伸时存在明显的屈服和细颈，有的则没有；有的材料断裂强度高于屈服强度，有的则屈服强度高于断裂强度等。材料拉伸过程还明显地受环境条件（如温度）和测试条件（如拉伸速率）的影响，硬而强型的硬质聚氯乙烯制品在很慢速率下拉伸也会发生大于 100% 的断裂伸长率，显现出硬而韧型特点。因此规定标准的试验环境温度和标准拉伸速率是很重要的。

二、高聚物的断裂和强度

1. 脆性断裂和韧性断裂

从断裂的性质来分，高分子材料的宏观断裂可分为脆性断裂和韧性断裂两大类。发生脆性断裂时，断裂表面较光滑或略有粗糙，断裂面垂直于主拉伸方向，试样断裂后，残余形变很小。发生韧性断裂时，断裂面与主拉伸方向多成 45°，断裂表面粗糙，有明显的屈服（塑性变形、流动等）痕迹，形变不能立即恢复。

已知不同的高分子材料具有不同的抗拉伸和抗剪切能力。我们定义材料的最大抗拉伸能力为临界抗拉伸强度 σ_{nc}；最大抗剪切能力为临界抗剪切强度 σ_{tc}。若材料的 $\sigma_{nc} < \sigma_{tc}$，则在外应力作用下，往往材料的抗拉伸能力首先支持不住，而抗剪切能力尚能坚持，此时材料破坏主要表现为以主链断裂为特征的脆性断裂，断面垂直于拉伸方向（$\theta = 0°$），断面光滑。若材料的 $\sigma_{tc} < \sigma_{nc}$，应力作用下材料的抗剪切能力首先破坏，抗拉伸能力尚能坚持，则往往首先发生屈服，分子链段相对滑移，沿剪切方向取向，继之发生的断裂为韧性断裂，断面粗糙，通常与拉伸方向的夹角 $\theta = 45°$。几种典型高分子材料在室温下 σ_{nc}、σ_{tc} 的值见表 6-4。

表 6-4 几种典型高分子材料在室温下 σ_{nc}、σ_{tc} 的值（$T = 23℃$）

聚合物	σ_{nc}/MPa	σ_{tc}/MPa
PS（聚苯乙烯）	40	48
SAN（苯乙烯丙烯腈）	56	73
PMMA（聚甲基丙烯酸甲酯）	74	49
PVC（聚氯乙烯）	67	39
PC（聚碳酸酯）	87	40
PES（聚醚砜树脂）	80	56
PEEK（聚醚醚酮）	120	62

另外，高分子材料在外力作用下发生脆性断裂还是韧性屈服，还依赖于试验条件，主要是温度、应变速率和环境压力等。

2. 高分子材料的强度

高分子材料的强度包括理论强度和实际强度。理论强度是人们从化学结构上期望的材料极限强度。由于高分子材料的破坏是由化学键断裂引起的，因此可从拉断化学键所需做的功计算其理论强度。实际上高分子材料的强度比理论强度小得多，仅为几个到几十兆帕。为什么实际强度与理论强度差别如此之大？研究表明，材料内部微观结构的不均匀和缺陷是导致强度下降的主要原因。实际高分子材料中总是存在这样那样的缺陷，如表面划痕、杂质、微孔、晶界及微裂缝等，这些缺陷尺寸很小但危害很大。试验观察到在玻璃态聚合物中存在大量尺寸在 100nm 的孔穴，聚合物生产和加工过程中又难免引入许多杂质和缺陷。在材料使用过程中，由于孔穴的应力集中效应，有可能使孔穴附近分子链承受的应力超过实际材料所受的平均应力几十倍或几百倍，以至达到材料的理论强度，使材料在这些区域首先破坏，继而扩展到材料整体。

总之，影响高聚物材料的因素很多，除了材料本身的结构因素外，还与外界条件有关，如温度、湿度、光照、氧化老化、作用时间长短等。不同材料的力学性能比较见表 6-5。

表 6-5 不同材料的力学性能比较

材料	抗拉强度/（$\times10^6$Pa）	杨氏模量/（$\times10^9$Pa）
铝	62	70
铸铁	103	90
软钢	415	220
玻璃	69	60
聚苯乙烯	42	3.4
聚甲基丙烯酸甲酯	48	3.7
聚酰胺-66	69	2
低密度聚乙烯	14	0.24
聚碳酸酯	65	2.8
橡胶	14	2×10^{-3}
70%玻璃增强的环氧树脂	1200	40
70%碳纤维增强的环氧树脂	7000	500

第三节 常用的工程高聚物材料

工程聚合物是以聚合物为主要原料加工而成的塑料、合成橡胶、合成纤维、高分子胶结剂、高分子涂料和高分子基复合材料等，也被称为“高分子建材”。本节主要介绍塑料、合成橡胶、合成纤维和高聚物合金的基础知识。

一、塑料

塑料是以高分子量合成树脂为主要成分，在一定条件下（如温度、压力等）可塑制成一定形状且在常温下保持形状不变的材料。塑料都以合成树脂为基本原料，并加入填料、增塑剂、染料、稳定剂等各种辅助料而组成。因此，不同品种牌号的塑料，由于选用树脂及辅助料的性能、成分、配比及塑料生产工艺不同，其使用及工艺特性也各不相同。正是这些不同的材料性质为现代建筑工程提供了展示的舞台，越来越多的轻质量、高强度的塑料应用于工程建设，它也显示了其无可比拟的优越性。

1. 塑料的分类

塑料的品种很多，从不同角度按照不同原则，其分类的方式也各不相同，常用的塑料分类方法有按照合成树脂的分子结构和受热行为分类、按照塑料的应用范围分类两种。

（1）按照合成树脂的分子结构和受热行为分类

1）热塑性塑料 热塑性塑料的合成树脂都是线形或带有支链线形结构的聚合物，因而受热会变软，成为可流动的黏稠液体，在此状态下具有可塑性，可塑制成一定形状的塑件，并可经冷却定型，如再加热，又可变软塑制成另一形状，如此可以反复进行多次。热塑性塑料在成型加工过程中，一般只有物理变化，因而其变化过程是可逆的。聚乙烯、聚丙烯、聚氯乙烯（PVC 管道如图 6-6 所示）、聚苯乙烯等均属此类。

2）热固性塑料 热固性塑料的合成树脂是带有体形网状结构的聚合物，在加热之初，因分子呈线形结构，具有可溶性和可塑性，可塑制成一定形状的塑件；当继续加热，温度达到一定程度后，分子呈现网状结构，树脂变成不熔的体形结构，形状就会固定下来不再变化；如再加热，也不再软化，不再具有可塑性。在这一变化过程中既有物理变化，又有化学变化，因而其变化过程是不可逆的。酚醛塑料（酚醛塑料水龙头如图6-7所示）、氨基塑料、环氧树脂、有机硅塑料、不饱和聚酯塑料等均属此类。

图6-6 热塑性塑料

图6-7 热固性塑料

（2）按照塑料的应用范围分类

1）通用塑料。通用塑料主要指产量大、用途广、价格低的一类塑料。其中聚乙烯、聚丙烯、聚苯乙烯、聚氯乙烯、酚醛塑料合称“五大通用塑料”。其他聚烯烃、乙烯基塑料、丙烯酸塑料、氨基塑料等也都属于通用塑料。它们的产量占塑料总产量的一大半以上，构成了塑料工业的主体。

2）工程塑料。工程塑料是指那些具有突出的力学性能和耐热性，或具有优异的耐化学试剂、耐溶剂性，或在变化的环境条件下可保持良好绝缘介电性能的塑料。工程塑料一般可作为承载结构件、耐热件、耐腐蚀件、绝缘件等使用。工程塑料的生产批量小，价格较昂贵，用途范围相对狭窄。从广义来说，几乎所有的塑料都可作为工程塑料使用，但实际上目前常用的工程塑料仅包括聚酰胺、聚甲醛、ABS、聚碳酸酯等几种。不同的工程塑料有其不同的特性及用途，见表6-6。

表6-6 常用工程塑料的名称代号、特性及用途

名称（代号）	主要特性	用途举例
聚乙烯（PE）	高压聚乙烯柔软、透明、无毒；低压聚乙烯刚硬、耐磨、耐蚀，电绝缘性较好	高压聚乙烯：薄膜、软管、塑料瓶 低压聚乙烯：化工设备、管道，承载不高的齿轮、轴承等
聚丙烯（PP）	强度、硬度、弹性均高于聚乙烯，密度小，耐热性良好，电绝缘性能和耐蚀性能优良，韧性差，不耐磨，易老化	法兰、齿轮、风扇叶轮、泵叶轮、把手、电视机（收录机）壳体以及化工管道、容器、医疗器械等
聚氯乙烯（PVC）	较高的强度和较好的耐蚀性 软质聚氯乙烯的伸长率高，制品柔软，耐蚀性和电绝缘性良好	废气排污排毒塔、气体液体输送管，离心泵、通风机、接头 软质PVC：薄膜、雨衣、耐酸碱软管、电缆包皮、绝缘层等

（续）

名称（代号）	主要特性	用途举例
聚苯乙烯（PS）	耐蚀性、电绝缘性、透明性好，强度、刚度较大，耐热性、耐磨性不高，抗冲击性差，易燃、易脆裂	纱管、纱锭、线轴；仪表零件、设备外壳；储槽、管道、弯头；灯罩、透明窗；电工绝缘材料等
ABS 塑料	较高强度和冲击韧度，良好的耐磨性和耐热性，较高的化学稳定性和绝缘性，易成形，机械加工性好，耐高、低温性能差，易燃，不透明	齿轮、轴承、仪表盘壳、冰箱衬里，各种容器、管道，飞机舱内装饰板、窗框、隔音板等，也可制作小轿车车身及挡泥板、扶手、热空气调节导管等汽车零件
聚酰胺（PA）（尼龙或锦纶）	强度、韧性、耐磨性、耐蚀性、吸振性、自润滑性良好，成形性好，无毒、无味。蠕变值较大，导热性较差，吸水性高，成形收缩率大	尼龙 610、66、6 等，制造小型零件（齿轮、蜗轮等）；芳香尼龙制作高温下耐磨的零件、绝缘材料和太空服等
聚碳酸酯（PC）	抗拉、抗弯强度高，冲击韧度及抗蠕变性能好，耐热性、耐寒性及尺寸稳定性较高，透明度高，吸水性小，绝缘性和加工成形性良好，化学稳定性差	垫圈、垫片、套管、电容器等绝缘件；仪表外壳、护罩；航空及宇航工业中的信号灯、挡风玻璃、座舱罩、帽盔等
聚四氟乙烯（塑料王）（PTFE）	优异的耐化学腐蚀性，优良的耐高、低温性能，摩擦因数小，吸水性小，硬度、强度低，抗压强度不高，成本较高	减摩密封零件、化工耐蚀零件与热交换器以及高频或潮湿条件下的绝缘材料，如化工管道、电气设备、腐蚀介质过滤器等
聚甲基丙烯酸甲酯（有机玻璃）（PMMA）	透光率92%，相对密度为玻璃的一半，强度、韧性较高，耐紫外线、防大气老化，易成形，硬度不高，不耐磨，易溶于有机溶剂，耐热性、导热性差，膨胀系数大	飞机座舱盖、炮塔观察孔盖、仪表灯罩及光学镜片、防弹玻璃、电视和雷达标图的屏幕、汽车风挡、仪器设备的防护罩等
酚醛塑料（PE）	一定的强度和硬度，较高的耐磨性、耐热性，良好的绝缘性和耐蚀性，刚度大，吸湿性低，变形小，成形工艺简单，价格低廉。缺点是质脆，不耐碱	插头、开关、电话机、仪表盒、汽车刹车片、内燃机曲轴、皮带轮、纺织机和仪表中的无声齿轮、化工用耐酸泵、日用用具等
环氧塑料（EP）	比强度高，韧性较好，耐热、耐寒、耐蚀、绝缘，防水、防潮、防霉，良好的成形工艺性和尺寸稳定性。有毒，价格高	塑料模具、精密量具、灌封电器、配制飞机漆、油船漆、罐头涂料、印刷线路等

3）特种塑料。特种塑料又称为“功能塑料”，指具有某种特殊功能的塑料，如用于导电、压电、热电、导磁、感光、防辐射、光导纤维、液晶、高分子分离膜、减摩、耐磨等的塑料。特种塑料一般是由通用塑料或工程塑料用树脂经特殊处理或改性获得的，但也有一些是由专门合成的特种树脂制成的。

2. 塑料的主要性能

（1）质轻、比强度高　塑料质轻，一般塑料的密度为 $0.9 \sim 2.3 g/cm^3$，只有钢铁的 1/8 ~ 1/4、铝的 1/2 左右，而各种泡沫塑料的密度更低，约为 $0.01 \sim 0.5 g/cm^3$。按单位质量计算的强度称为“比强度”，有些增强塑料的比强度接近甚至超过钢材。例如合金钢材，其单位质量的拉伸强度为 160MPa，而用玻璃纤维增强的塑料为 170 ~ 400MPa。

（2）优异的电绝缘性能　几乎所有的塑料都具有优异的电绝缘性能，如极小的介电损耗和优良的耐电弧特性，这些性能可与陶瓷媲美。

（3）优良的化学稳定性能　一般塑料对酸碱等化学药品均有良好的耐腐蚀能力，特别是聚四氟乙烯的耐化学腐蚀性能比黄金还要好，甚至能耐“王水”等强腐蚀性电解质的腐蚀，被称为“塑料王”。

（4）减摩、耐磨性能好　大多数塑料具有优良的减摩、耐磨和自润滑特性。许多工程塑料制造的耐摩擦零件就是利用塑料的这些特性，在耐磨塑料中加入某些固体润滑剂和填料，以降低其摩擦系数或进一步提高其耐磨性能。

（5）透光及防护性能　多数塑料都可以用于制作透明或半透明物品，其中聚苯乙烯和丙烯酸酯类塑料像玻璃一样透明。有机玻璃化学名称为“聚甲基丙烯酸甲酯”，可用作航空玻璃材料。聚氯乙烯、聚乙烯、聚丙烯等塑料薄膜具有良好的透光和保暖性能，大量用作农用薄膜。塑料具有多种防护性能，因此常用作防护包装用品，如塑料薄膜、箱、桶、瓶等。

（6）减振、消声性能优良　某些塑料柔韧而富于弹性，当它受到外界频繁的机械冲击和振动时，内部产生黏性内耗，将机械能转变成热能，因此，在工程上用作减振消声材料。如用工程塑料制作的轴承和齿轮可减小噪声，各种泡沫塑料更是广泛使用的优良减振消声材料。

上述塑料的优良性能，使它在工农业生产和人们的日常生活中具有广泛用途。塑料已从过去作为金属、玻璃、陶瓷、木材和纤维等材料的代用品，一跃而成为现代生活和尖端工业不可缺少的材料。

然而，塑料也有不足之处。例如，耐热性比金属等材料差，一般塑料仅能在100℃以下温度使用，少数200℃左右使用；塑料的热膨胀系数要比金属大3~10倍，容易受温度变化而影响尺寸的稳定性；在荷载作用下，塑料会缓慢地产生黏性流动或变形，即蠕变现象；此外，塑料在大气、阳光、长期的压力等作用下会发生老化，使性能变坏等。塑料的这些缺点或多或少地影响或限制了它的应用。但是，随着塑料工业的发展和塑料材料研究工作的深入，这些缺点正被逐渐克服，性能优异的新颖塑料和各种塑料复合材料正不断涌现。

3. 塑料添加剂

在塑料中除了合成树脂外，还加入填料、增塑剂、染料、稳定剂等各种添加剂。主要有填料、增塑剂、固化剂、稳定剂、着色剂、润滑剂、抗氧剂等（见图6-8）。

（1）填料　填料又叫“填充剂”，它可以提高塑料的强度和耐热性能，并降低成本。例如，酚醛树脂中加入木粉后可大大降低成本，使酚醛塑料成为最廉价的塑料之一，同时还能显著提高其机械强度。填料可分为有机填料和无机填料两类，前者如木粉、碎布、纸张和各种织物纤维等，后者如玻璃纤维、硅藻土、石棉、炭黑等。

（2）增塑剂　凡添加到聚合物体系中能使聚合物体系的塑性增加的物质都可以称为“增塑剂”。增塑剂的主要作用是削弱聚合物分子之间的次价健，即范德华力，从而增加了聚合物分子链的移动性，降低了聚合物分子链的结晶性，即增加了聚合物的塑性，表现为聚合物的硬度、模量、软化温度和脆化温度下降，而伸长率、曲挠性和柔韧性提高。增塑剂可增加塑料的可塑性和柔软性，降低脆性，使塑料易于加工成型。增塑剂一般是能与树脂混溶，无毒、无臭，对光、热稳定的高沸点有机化合物，最常用的是邻苯二甲酸酯类。例如，生产聚氯乙烯塑料时，若加入较多的增塑剂便可得到软质聚氯乙烯塑料；若不加或少加增塑剂（用量小于10%），则得硬质聚氯乙烯塑料。

a) b) c) d)

图 6-8 塑料添加剂

a）着色剂 b）填料（玻璃纤维） c）PVC 增塑剂（邻苯二甲酸酯） d）抗氧剂（PDOP）

（3）固化剂 固化剂又名“硬化剂”“熟化剂”或“变定剂”，是一类增进或控制固化反应的物质或混合物。树脂固化是经过缩合、闭环、加成或催化等化学反应，使热固性树脂发生不可逆的变化过程，固化是通过添加固化（交联）剂来完成的。

（4）稳定剂 为了防止合成树脂在加工和使用过程中受光和热的作用分解和破坏，延长使用寿命，要在塑料中加入稳定剂。常用的有硬脂酸盐、环氧树脂等。

（5）着色剂 任何可以使物质显现设计需要颜色的物质都称为“着色剂”，它可以是有机或无机的，可以是天然的或合成的。塑料着色剂是为了美化和装饰塑料而在物料中加入的含色料的添加剂。按来源分为化学合成色素和天然色素两类。常用有机染料和无机颜料作为着色剂。我国允许使用的化学合成色素有：苋菜红、胭脂红、赤藓红、新红、柠檬黄、日落黄、靛蓝、亮蓝，以及为增强上述水溶性酸性色素在油脂中分散性的各种色素。我国允许使用的天然色素有：甜菜红、紫胶红、越橘红、辣椒红、红米红等 45 种。

（6）润滑剂 润滑剂的作用是防止塑料在成型时黏在金属模具上，同时可使塑料的表面光滑美观。常用的润滑剂有硬脂酸及其钙镁盐等。

（7）抗氧剂 防止塑料在加热成型或在高温使用过程中受热氧化，而使塑料变黄、开裂等。

除了上述助剂外，塑料中还可加入阻燃剂、发泡剂、抗静电剂等，以满足不同的使用要求。

二、合成橡胶

橡胶是在外力作用下可以发生较大的变形，当外力消除后能迅速恢复原状的高聚物。橡胶分为天然橡胶和合成橡胶。天然橡胶主要来源于三叶橡胶树，当这种橡胶树的表皮被割开时，就会流出乳白色的汁液，称为“胶乳”，胶乳经凝聚、洗涤、成型、干燥即得天然橡胶。合成橡胶是由人工合成的高弹性聚合物，也称“合成弹性体”，采用不同的原料（单体）可以合成出不同种类的橡胶（见图 6-9）。合成橡胶它具有高弹性、绝缘性、气密性、耐油、耐高温或低温等性能，因而广泛应用于工农业、国防、交通及日常生活中。

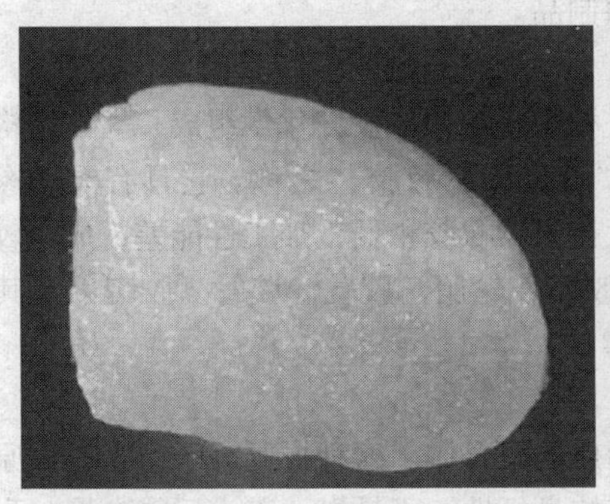

丁苯橡胶：$-\!\!\left[CH_2-CH=CH-CH_2\right]_m\!\!\left[CH_2-\underset{\displaystyle C_6H_5}{\underset{|}{CH}}\right]_n-$

a)

氯丁橡胶：$-\!\!\left[CH_2-\overset{\displaystyle Cl}{\overset{|}{C}}=CH-CH_2\right]_n-$

b)

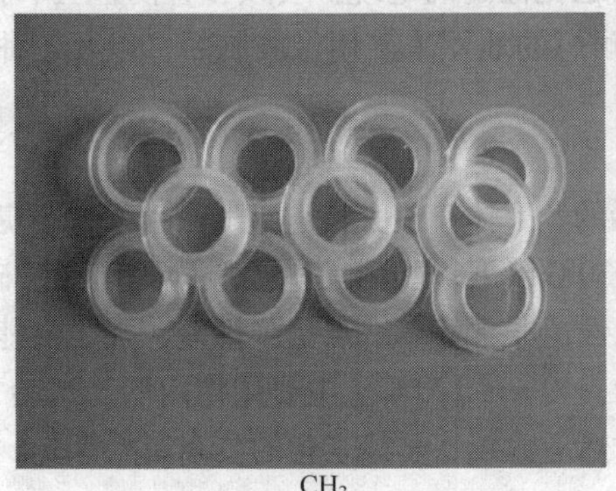

硅橡胶：$\left[\ O-\underset{\displaystyle CH_3}{\underset{|}{\overset{\displaystyle CH_3}{\overset{|}{Si}}}}\ \right]_n$

c)

顺丁橡胶：$\left[\begin{matrix} H & & H \\ C & = & C \\ -CH_2 & & H_2C- \end{matrix}\right]_n$

d)

图 6-9　常用的合成橡胶

常用的合成橡胶主要有以下几种。

1. 丁苯橡胶（SBR）

丁苯橡胶是丁二烯和苯乙烯的共聚体。其性能接近天然橡胶，是目前产量最大的通用合成橡胶。其特点是：耐磨性、耐老化和耐热性超过天然橡胶，质地也较天然橡胶均匀。缺点是：弹性较低，抗屈挠、抗撕裂性能较差；加工性能差，特别是自黏性差、生胶强度低。使用温度范围为 -50 ~ +100℃。主要用以代替天然橡胶制作轮胎、胶板、胶管、胶鞋及其他通用制品。

2. 顺丁橡胶（BR）

顺丁橡胶是由丁二烯聚合而成的顺式结构橡胶。优点是：弹性与耐磨性优良，耐老化性好，耐低温性优异，在动态负荷下发热量小，易与金属黏合。缺点是强度较低，抗撕裂性差，加工性能与自黏性差。使用温度范围为 -60 ~ +100℃。一般多和天然橡胶或丁苯橡胶并用，主要制作轮胎胎面、运输带和特殊耐寒制品。

3. 异戊橡胶（IR）

异戊橡胶是由异戊二烯单体聚合而成的一种顺式结构橡胶。化学组成、立体结构与天然橡胶相似，性能也非常接近天然橡胶，故有“合成天然橡胶”之称。它具有天然橡胶的大部分优点，耐老化优于天然橡胶，弹性和强度比天然橡胶稍低，加工性能差，成本较高。使用温度范围为 -50 ~ +100℃。可代替天然橡胶制作轮胎、胶鞋、胶管、胶带以及其他通用制品。

4. 氯丁橡胶（CR）

氯丁橡胶是由氯丁二烯做单体乳液聚合而成的聚合体。这种橡胶分子中含有氯原子，所以与其他通用橡胶相比，它具有优良的抗氧、抗臭氧性，不易燃，着火后能自熄，耐油、耐溶剂、耐酸碱以及耐老化、气密性好等优点，其物理机械性能也比天然橡胶好，故可用作通用橡胶，也可用作特种橡胶。主要缺点是耐寒性较差，比重较大、相对成本高，电绝缘性不好，加工时易黏滚、易焦烧及易黏模。此外，生胶稳定性差，不易保存。使用温度范围为 -45 ~ +100℃。主要用于制造要求抗臭氧、耐老化性高的电缆护套及各种防护套、保护罩，耐油、耐化学腐蚀的胶管、胶带和化工衬里，耐燃的地下采矿用橡胶制品，以及各种模压制品、密封圈、垫、胶黏剂等。

5. 丁基橡胶（IIR）

丁基橡胶是异丁烯和少量异戊二烯或丁二烯的共聚体。最大特点是气密性好，耐臭氧、耐老化性能好，耐热性较高，长期工作温度可在 130℃以下；能耐无机强酸（如硫酸、硝酸等）和一般有机溶剂，吸振和阻尼特性良好，电绝缘性也非常好。缺点是弹性差，加工性能差，硫化速度慢，黏着性和耐油性差。使用温度范围为 -40 ~ +120℃。主要用作内胎、水胎、气球、电线电缆绝缘层、化工设备衬里及防震制品、耐热运输带、耐热老化的胶布制品等。

6. 丁腈橡胶（NBR）

丁腈橡胶是丁二烯和丙烯腈的共聚体。特点是耐汽油和脂肪烃油类的性能特别好，仅次于聚硫橡胶、丙烯酸酯和氟橡胶，而优于其他通用橡胶。其耐热性好，气密性、耐磨及耐水性等均较好，黏结力强。缺点是耐寒及耐臭氧性较差，强度及弹性较低，耐酸性差，电绝缘性不好，耐极性溶剂性能也较差。使用温度范围为 -30 ~ +100℃。主要用于制造各种耐油制品，如胶管、密封制品等。

7. 氢化丁腈橡胶（HNBR）

氢化丁腈橡胶是通过全部或部分氢化 NBR 的丁二烯中的双键而得到的。其特点是机械强度和耐磨性高，用过氧化物交联时耐热性比 NBR 好，其他性能与丁腈橡胶一样。缺点是价格较高。使用温度范围为 -30 ~ +150℃。主要用于耐油、耐高温的密封制品。

8. 乙丙橡胶（EPM）

乙丙橡胶是乙烯和丙烯的共聚体，一般分为二元乙丙橡胶和三元乙丙橡胶。特点是：抗臭氧、耐紫外线、耐天候性和耐老化性优异，居通用橡胶之首；电绝缘性、耐化学性、冲击弹性很好，耐酸碱，比重小，可进行高填充配合；耐热可达 150℃，耐极性溶剂酮、酯等，但不耐脂肪烃和芳香烃；其他物理机械性能略次于天然橡胶而优于丁苯橡胶。缺点是自黏性和互黏性很差，不易黏合。使用温度范围为 -50 ~ +150℃。主要用作化工设备衬里、电线电缆包皮、蒸汽胶管、耐热运输带、汽车用橡胶制品及其他工业制品。

9. 硅橡胶（Q）

硅橡胶为主链含有硅、氧原子的特种橡胶，其中起主要作用的是硅元素。其主要特点是：既耐高温（最高 300℃）又耐低温（最低 -100℃），是目前最好的耐低寒、耐高温橡胶；同时电绝缘性优良，对热氧化和臭氧的稳定性很高，化学惰性大。缺点是：机械强度较低，耐油、耐溶剂和耐酸碱性差，较难硫化，价格较贵。使用温度范围为 -60 ~ +200℃。主要用于制作耐高低温制品（胶管、密封件等）、耐高温电线电缆绝缘层。由于其无毒无味，还用于食品及医疗工业。

三、合成纤维

合成纤维是将人工合成的、具有适宜分子量并具有可溶（或可熔）性的线形聚合物，经纺丝成形和后处理而制得的化学纤维。通常将这类具有成纤性能的聚合物称为“成纤聚合物”。与天然纤维和人造纤维相比，合成纤维的原料是由人工合成方法制得的，生产不受自然条件的限制。合成纤维除了具有化学纤维的一般优越性能，如强度高、质轻、易洗快干、弹性好、不怕霉蛀等外，不同品种的合成纤维各具有某些独特性能。

工程用合成纤维是一种细而长的聚合物材料，其长径比一般在 100 以上，并且具有一定的抗拉强度、弹性模量和极限伸长率。工程用合成纤维按材质分类常见的有：聚丙烯纤维、聚丙烯腈纤维、聚乙烯醇纤维、聚酰胺纤维、聚酯纤维等。

1. 聚丙烯纤维。

聚丙烯纤维（图 6-10）是由丙烯聚合得到的等规度 97% ~98% 的聚丙烯树脂经熔融挤压法制成的纤维。聚丙烯纤维是当今在全世界混凝土工程中用量最大、使用范围最广的合成纤维。这是因为聚丙烯纤维具有优良的物理机械性能和优异的耐酸、耐碱等化学稳定性，且原料来源广、制作技术不复杂、价格相对较低。

图 6-10　聚丙烯纤维

聚丙烯纤维常见品种按所用原料与纤维的尺度可分为两类，一类是用等规聚丙烯制成的尺度较小的纤维，可称之为“聚丙烯细纤维”；另一类是用改性聚丙烯或聚丙烯与聚乙烯的共聚物制成的尺度较大的纤维，可称之为“聚烯烃粗纤维”。这两类纤维在混凝土中所起的作用不同，各有侧重。为了使混凝土的性能达到全面增强的效果，近年来在国外某些混凝土工程中已同时掺加聚丙烯纤维与聚烯烃粗纤维。聚丙烯纤维主要适用于：工业与民用建筑的抗裂，防渗砂浆；抗裂防渗要求较高的地下室和地下工程，海堤水坝等盐水工程；各种预制混凝土产品；高速公路、桥梁、隧道、机场跑道等混凝土；对耐碱和化学腐蚀要求较高等化工厂等。

2. 聚丙烯腈纤维

聚丙烯腈纤维又称“腈纶纤维”，通常指含丙烯腈在85%以上的丙烯腈共聚物或均聚物纤维。聚丙烯腈纤维作为水泥、混凝土制品和路面用沥青混凝土中的增强材料，比聚丙烯纤维有更高的抗拉强度，更好的抗紫外线能力和耐高温耐严寒能力。聚丙烯腈纤维在水泥混凝土和沥青混凝土中起着不同的作用。聚丙烯腈纤维用于水泥混凝土时：增加耐久性纤维，大大减少混凝土中毛细孔的尺度和连通毛细孔的数量，有效提高水泥混凝土的抗冻性和抗渗性；降低混凝土的脆性，使已开裂的混凝土强度得到保障；提高混凝土的耐磨能力、抗拉强度和韧性；提高混凝土的抗冲击性、抗震、抗龟裂能力；有效提高耐久性。聚丙烯腈纤维用于沥青混凝土时：提高沥青混凝土混合料的分散作用；在沥青混合物中起到加强筋作用；增加沥青混合物的含油率，提高黏结强度和稳定性；提高沥青混合物的韧性和抗低温能力；减少永久变形，提高防滑耐磨能力；减少温度对沥青路面的影响，提高沥青路面的水稳定性。

3. 聚乙烯醇纤维

聚乙烯醇纤维又称“维纶纤维”。因聚乙烯醇纤维的生产成本相对低于聚丙烯腈纤维，替代石棉掺入水泥制品中使用性能基本类同，所以很快就得到国际上的认同和使用。高强高模聚乙烯醇纤维作为增强纤维用于建筑用水泥制品，如：制作楞形瓦、屋顶彩瓦、装饰墙板、室内外轻质墙板、地板、地砖、室内吊顶、大口径下水道管、水管及接头等。

4. 聚酰胺纤维

聚酰胺纤维是由聚酰胺树脂经熔融纺丝制成的纤维。聚酰胺纤维常见产品有聚己二酸己二胺纤维（尼龙66）和聚己内酰胺纤维（尼龙6）。这两种聚酰胺纤维是世界上最早实现工业化生产的合成纤维，在建筑业的应用主要是被掺入砂浆混凝土中，用以阻止混凝土的早期开裂等。但由于这两种纤维的生产成本相对比较高，所以在国内外建筑业的应用量不是很大。

5. 聚酯纤维

聚酯纤维是改性聚酯切片经特殊工艺加工制成的短切纤维。一般建筑工程用聚酯纤维采用中速纺丝和高速拉伸变形的纺丝工艺，可以纺制55～88dtex的变形丝。由此方法得到的聚酯纤维再经过特殊的亲油、抗电表面处理后，具有较高的抗拉强度和弹性模量以及良好的分散性能。而且聚酯纤维具有一定的亲油、亲水性能，所以聚酯纤维与沥青混凝土具有较好的握裹力。因此，聚酯纤维在沥青混凝土中得到了大量的应用。聚酯工程纤维还可提高沥青混凝土的高温稳定性、低温抗裂性、抗疲劳性能、抗拉强度、抗剪强度、抗冲击强度。同时改善沥青混凝土的水稳性、抗剥落性、耐磨性和耐久性，有效抵抗反射裂缝的产生，从而大大地提高路面的质量，延长路面的使用寿命。聚酯纤维的熔点为255～260℃，在高温拌和及高温养护条件下性能仍然比较稳定。聚酯工程纤维主要适用于：沥青路面面层，旧沥青路面罩面，旧水泥路罩面，路面冷补、灌缝，桥面铺装、收费站路面铺装等。

随着工程用合成纤维在工程领域的大量应用，工程用合成纤维的性能对基体材料性能的影响越来越引起人们的关注。工程用合成纤维的性能直接影响着建筑材料的性能。工程用合成纤维最主要的使用性能是力学性能（强度、伸长率和弹性模量），同时还要考虑在热湿条件下的稳定性、在混凝土基体中好的分散性、与基体好的黏合性以及长时间的耐碱性。常用工程用合成纤维的力学性能见表6-7。

表6-7 常用工程用合成纤维的力学性能

纤维种类		抗拉强度/MPa	弹性模量/GPa	极限伸长率（%）
聚丙烯纤维	膜裂网状纤维	280~550	3.4~4.8	15~18
	束状单丝纤维	560~770	3.5~3.8	15~16
	聚烯烃粗纤维	500~750	7.3~10.6	13~15
聚丙烯腈纤维		360~510	4.0~10.0	12~20
聚酯纤维		650~850	10.0~15.0	7~17
聚乙烯醇纤维		550~750	4.0~6.0	9~17
聚酰胺纤维		590~950	2.5~6.6	16~28

四、高聚物合金

高聚物合金是指由两种或两种以上高分子材料构成的复合体系，在熔融状态下，由于机械剪切力和交联等相互作用，分子链之间产生再接枝或嵌段，或基团与链段交换反应，从而形成聚合物与聚合物之间的复合新材料。这种材料具有比强度高、寿命长、抗氧化、阻燃、绝缘、防水的特点。

1. 丙烯腈-丁二烯-苯乙烯共聚物（ABS）

ABS树脂是丙烯腈（A）、丁二烯（B）和苯乙烯（S）的三元共聚物（见图6-11）。ABS塑料的性能特点是：具有优良的抗冲击性，特别是在低温下仍然较好；优良的抗蠕变性能，能在较高应力下使用；在有冲击荷载的情况下，能保持良好的抗拉强度、弯曲强度和硬度。ABS主要缺点是耐热性较差。为克服这一缺点，用氯化乙烯与苯乙烯和丙烯腈接枝得ACS树脂。此外，为改善其透明度，还开发有MBS、XABS等合金产品。ABS塑料具有综合机械性能，优级ABS抗拉强度可达40.00MPa，弯曲强度可达66.00MPa，可用于桥梁结构中替代钢材、木材等结构材料。

2. 高冲击聚苯乙烯（HIPS）

高冲击聚苯乙烯树脂是由顺丁橡胶（或丁苯橡胶）与苯乙烯接枝聚合而成，故也称“接枝型抗冲击聚苯乙烯”（见图6-12）。呈乳白色半透明或不透明颗粒，密度约1.05g/cm^3。具有高的韧性，其冲击强度比普通聚苯乙烯高7倍以上。HIPS树脂再与其他高分子材料组成合金，用于改性沥青时可得综合性能优良的沥青。

图 6-11 ABS 树脂

图 6-12 高冲击聚苯乙烯 HIPS

3. 苯乙烯－丁二烯－苯乙烯嵌段共聚物（SBS）

SBS 是苯乙烯（S）和丁二烯（B）的嵌段共聚物。SBS 产品外观为白色（或微黄色），呈多孔小颗粒（见图 6-13）。它的性能兼有橡胶和塑料的特性，具有弹性好、抗拉强度高、低温变性性能好等优点。SBS 是沥青优良的改性剂，可提高沥青的高温稳定性和低温抗裂性，被广泛应用于高级路面和屋面防水材料。苯乙烯类嵌段共聚物仍在不断开发出具有更优性能的新品种。例如，为提高黏结力，开发出苯乙烯－异戊丁烯－苯乙烯三嵌段共聚物（SIS）；为改善 SBS 的耐候性和耐老化性，开发了饱和型 SBS（即 SEBS）。

图 6-13 苯乙烯－丁二烯嵌段共聚物 SBS

第四节 高聚物材料在土木工程中的应用

在土木工程中，高分子材料不仅可以直接用作防水材料，还可以作为水泥混凝土或沥青混合料的一个组分，用以改善水泥混凝土或沥青混合料的性能。

一、高分子防水材料

1. 三元乙丙－丁基橡胶卷材

以三元乙丙橡胶为主，掺入适量的丁基橡胶、硫化剂、促硬剂、软化剂和补强剂等，经过密炼、拉片、过滤、挤出（或压延）成型、硫化、检验和分卷等工序加工制成的产品称为“三元乙丙－丁基橡胶卷材”。由于三元乙丙橡胶分子结构中的主链上没有双键（其他类型的橡胶一般都有双键存在），少数的双键仅存在于支链上，当其受到臭氧、光、湿和热等作用时，主链不易断裂，故其耐老化性能最佳，化学稳定性也好。此外，它还具有质量轻（2.00g/cm^3 左右）、抗拉强度高（7.5MPa 以上）、延伸率大（45% 以上）、使用温度范围宽（－40～＋80℃）、使用寿命长（20 年以上）、耐酸、耐碱、耐腐蚀等特点。三元乙丙－丁基橡胶卷材是屋面、地下室和水池防水工程的主体材料，主要用于：各种建筑防水工程的修缝，外露层面的防水工程，各种地下工程的防水，厨房、卫生间及浴室内防水，桥梁、隧道的防水以及其他防水工程。

2. 改性沥青柔性油毡

改性沥青柔性油毡以聚酯纤维无纺布为胎体，以SBS橡胶—沥青为面层，以塑料薄膜为隔离层，油毡表面带有砂粒的防水卷材。SBS橡胶（热塑性）兼有橡胶和塑料的特性，常温下具有橡胶的弹性，在高温下又能像塑料那样熔融流动，成为可塑的材料。所以，用SBS橡胶改性后的沥青油毡耐高、低温性能有明显提高；同时还可以提高卷材的弹性和耐疲劳性，将传统的沥青油毡热施工方法改为冷黏结施工方法。改性沥青柔性油毡、纸胎油毡、玻璃布油毡的性能对比见表6-8。

表6-8　改性沥青柔性油毡、纸胎油毡、玻璃布油毡的性能对比

测试项目	纸胎油毡	玻璃布油毡	改性沥青柔性油毡
抗拉断裂强度/MPa	6.86	13.72	4.41
直角撕裂强度/kPa	17.64	19.40	21.70
断裂伸长率（%）	4.00	6.50	44.00
低温柔度/℃	0.00	0.00	-20.00

由表6-8可知，改性沥青柔性油毡具有良好的抗拉强度、断裂伸长率和低温柔度。因此，它广泛用作屋面及地下室的防水工程。因为改性沥青柔性油毡既可冷贴施工，又可用热熔施工，尤其在冬季使用热熔法施工，可以克服一般材料不能在0℃以下施工的缺点，所以它是冬期施工的较好材料。

3. 密封材料

密封对于建筑物来说就是防水、防尘和隔气。常见的密封材料有如下三种：

（1）聚氯乙烯嵌缝接缝膏和塑料油膏　以煤焦油和聚氯乙烯树脂粉为主要成膜物质，按适当比例掺入增塑剂、稳定剂及填充料，在140℃温度下塑化而成的膏状密封材料，称为“聚氯乙烯嵌缝接缝膏”，简称“PVC嵌缝接缝膏”。用废旧聚氯乙烯塑料代替聚氯乙烯树脂粉（其他原料不变），用同样方法生产的嵌缝接缝膏，称为“塑料油膏”。PVC嵌缝接缝膏和塑料油膏有良好的黏结性、防水性、弹塑性，耐热耐寒和抗老化性能也较好。因此，它们适于各种屋面嵌缝或表面涂布的防水层，也可用于水渠、管道等的接头；用于工业厂房防水屋面嵌缝和大型墙板嵌缝等的效果也很好。PVC嵌缝接缝膏和塑料油膏既可热用，也可冷用。热用时，将膏体用文火加热（加热温度不得超过140℃），达塑化状态后，应立即浇灌于清洁干燥的缝隙或接头处。冷用时，可用溶剂加以稀释。

（2）聚氨酯密封膏　聚氨酯密封膏一般用双组分配制，甲组分是含有异氰酸基的预聚体，乙组分含有多羟基的固化剂、增塑剂、填充料、稀释剂等。使用时，将甲、乙两组分按比例混合，经固化反应生成弹性体。聚氨酯密封膏的弹性、黏结性及耐气候老化性能特别好，与混凝土的黏结性也很好，同时不需要打底。所以，聚氨酯密封材料可以用于屋面、墙面的水平、垂直接缝，尤其适用于游泳池工程。它还是公路及机场跑道的补缝、接缝的好材料，也可用于玻璃、金属材料的嵌缝。

（3）聚氯乙烯胶泥　以煤焦油为主要成膜物质，按一定比例加入聚氯乙烯树脂、增塑剂、稳定剂及填充料，在130～140℃温度下塑化而成的热施工防水接缝材料，称为“聚氯乙烯胶泥”（简称“胶泥”）。它具有质量轻、原料易得、防水性能好、施工简便、成本低等优点。胶泥适用于 -25 ~ +80℃条件下各种坡度的工业厂房与民用建筑屋面工程，也适用于有硫酸、盐酸、硝酸、氢氧化钠气体腐蚀的屋面工程。

二、涂料

涂料是指涂敷于物体表面，并能形成牢固附着、完整保护膜的材料。早期的涂料是以天然的油脂（如桐油、亚麻油）和天然树脂（如松香、柯巴树脂）为主要原料制成的，通称为“油漆”。随着科学技术的发展，各种高分子合成树脂广泛用作涂料原料，使油漆产品的面貌发生根本的变化。现在通常将以合成树脂（包括无机高分子材料）为主要成膜物质的材料称为“涂料”，而将以天然油脂、树脂为主要成膜物质或经合成树脂改性的材料称为“油漆”。建筑涂料则是指适用于建筑物起装饰作用、保护作用及其他特殊功能作用的一类涂料。

1. 涂料的组成

涂料的品种虽然很多，但就其组成而言，大体上可分为三个部分，即主要成膜物质、次要成膜物质和辅助成膜物质，见表 6-9。

表 6-9　涂料的基本组成

涂料	主要成膜物质	油基漆	干性油
			不干性油
			半干性油
		树脂基漆	天然树脂
			合成树脂
	次要成膜物质	着色颜料	
		防锈颜料	
		体质颜料	
	辅助成膜物质	稀料	溶剂
			稀释剂
		辅助材料	催干剂，固化剂
			增塑剂，触变剂

除了常用的建筑涂料外，还有一些具有特种功能的建筑涂料，如可以使墙面具有防止真菌生长、能使被涂覆的建筑物具有防火特性、能够降低建筑物的能耗、防静电功能等的涂料。

2. 防水涂料

防水涂料大多是以液态高分子材料为主体的防水材料，有溶剂性和水乳性两种。通常用涂布的方法将防水涂料涂刮在防水基层上，在常温下固化，形成具有一定弹性的涂膜防水层。涂膜防水层可以由几层防水涂层的涂膜组成，也可以在几层防水涂层之间放置玻璃纤维网格布或聚酯纤维无纺布，形成增强的涂膜防水层。涂膜防水层的特点是施工操作简便、无污染、冷操作、无接缝，能适应复杂基层，防水性能好，因此其发展较快。

（1）聚氨酯防水涂料　聚氨酯防水涂料属双组分反应型涂料。甲组分是含有异氰酸基的预聚体，乙组分含有多羟基的固化剂与增塑剂、稀释剂等。甲、乙两组分混合后，经固化反应，形成均匀富有弹性的防水涂膜。聚氨酯防水涂料是反应型防水涂料，固化的体积收缩很小，可形成较厚的防水涂膜，并具有弹性高、延伸率大、耐高低温性好、耐油、耐化学药品腐蚀等优异性能。聚氨酯涂料具有较大的弹性和延伸能力，对在一定范围内的基层裂缝有较强的适应性，并且采用冷施工法作业。它用于一般工业与民用建筑中的屋面、地下室、浴室、卫生间地面等防水工程，也可以用于水池的防水等。

（2）氯丁胶乳沥青防水涂料　以氯丁橡胶和沥青为主要成膜物质，经加工合成的一种水乳型防水涂料称为“氯丁胶乳沥青防水涂料”。它兼有橡胶的高弹性、耐温性和沥青的黏结性、憎水性的双重优点，克服了热淌冷脆的缺陷；具有防水、抗渗、不延燃、无毒、抗基层变形能力强、耐老化等特点，而且可以冷作业施工，操作方便，防水寿命可达10年以上。这种涂料可代替二毡三油的屋面防水、地下室墙面和地面防水，可作厕所、厨房及室内地面防水；对于复杂的屋面、天沟及有振动的屋面尤为适宜；还适用于对伸缩缝、天沟等处的漏水进行修补；此外，还可用作防腐地坪的防水隔离层。氯丁胶乳沥青防水涂料为水乳型涂料，雨天、刮风天、冰冻期不能施工，施工温度以5~35℃为宜。

（3）氯丁橡胶-海帕伦涂料　以氯丁橡胶和海帕伦橡胶（海帕伦为商标名，合成橡胶的一种）为主要成膜物质合成的防水涂料称为“氯丁橡胶-海帕伦涂料”。两种材料的耐候性及抗基层发丝裂纹的能力较好，而且都是非常耐久的弹性体材料。通常氯丁橡胶的弹性比海帕伦的好，后者的颜色稳定性好，但价格贵，因此，两种材料结合起来使用最佳。通常基底涂料是氯丁橡胶，而面层涂料则由海帕伦组成。氯丁橡胶的配方是：普通橡胶15.00%，酚醛树脂5.00%，炭黑15.00%，固化剂3.00%，混合二甲苯62.00%。海帕伦的配方是：海帕伦15.00%、癸二酸二丁酯3.00%、碳酸钙粉9.00%、二氧化钛12.00%、固化剂3.00%、溶剂8.00%、混合二甲苯50.00%。

三、建筑胶

建筑胶是一种能在两个物体的表面间形成薄膜，并能把它们紧密地黏结起来的材料，又称为胶黏剂、黏结剂或黏合剂。建筑胶在土木工程中主要用于室内装修、预制构件组装、室内设备安装等。此外，混凝土裂缝和破损也常采用建筑胶进行修补。目前，建筑胶的用途越来越广，品种和用量日益增加，已成为土木工程材料中的一个不可缺少的组成部分。

1. 建筑胶的组成、要求及分类

建筑胶一般都是多组分材料，除基本成分为合成高分子材料（俗称“黏料”）外，为了满足使用要求，还需要加入各种助剂，如填料、稀释剂、固化剂、增塑剂、防老化剂等。对建筑胶的基本要求是：具有足够的流动性，能充分浸润被黏物表面，黏结强度高，胀缩变形小，易于调节其黏结性和硬化速度，不易老化失效。按所用黏料的不同，可将建筑胶分为热固型、热塑性、橡胶型和混合型四种。

2. 土木工程中常用的建筑胶

建筑胶品种很多，常用建筑胶的性能及用途如下：

（1）聚乙酸乙烯建筑胶（乳白胶）　聚乙酸乙烯建筑胶的黏结性好、无毒、无味、快干、耐油、施工简易、安全；但价格较贵、耐水性和耐热性较差、易蠕变。主要用于黏结墙纸、木质或塑料地板、陶瓷饰面材料、玻璃和混凝土等。

（2）聚乙烯醇缩甲醛建筑胶（改性107胶，又称“801胶”） 聚乙烯醇缩甲醛建筑胶的黏结强度高、无毒、无味、耐油、耐水、耐磨、耐老化、价廉。主要用于粘贴墙纸、墙布、瓷砖、马赛克；加入水泥砂浆中可减少地板起尘，在装修工程中用途最广。

（3）丙烯酸酯类建筑胶（502） 丙烯酸酯类建筑胶的黏结强度高、固化速度快、用量少，用于金属和非金属材料的黏结。

（4）环氧树脂建筑胶 环氧树脂建筑胶的黏结强度高、耐热、电绝缘性好、柔韧、耐化学腐蚀。适用水中作业和耐酸碱场合，广泛用于黏结金属、非金属材料及建筑物的修补，有“万能胶”之称。

（5）不饱和聚酯树脂建筑胶 不饱和聚酯树脂建筑胶的黏结强度高，耐水性和耐热性较好，可在室温或低压下固化，无挥发物产生，但固化时收缩率较大。主要用于制作玻璃钢，黏结陶瓷、玻璃、金属、木材和混凝土等。

（6）聚氨酯建筑胶 聚氨酯建筑胶的黏结力强、胶膜柔软、耐溶剂、耐油、耐水、耐酸、耐振，能在室温下固化。适用于黏结塑料、木材、皮革、玻璃、金属等，特别适合防水、耐酸、耐碱工程。

（7）氯丁橡胶建筑胶 氯丁橡胶建筑胶的黏结力较强，对水、油、弱酸、弱碱及有机溶剂有良好的抵抗性，可在室温下固化；但易蠕变，易老化。适用于黏结多种金属和非金属材料，常用于在水泥砂浆墙面或地面上粘贴橡胶和塑料制品。

四、土工布

土工布是以高分子聚合物为原料的透水性平面土工合成材料（见图6-14）。其主要作用有：

1）作为多孔隙透水材料，埋在土中可以将吸收的水分顺其平面进行传输排放。土工布常用于修建路面的排水设施、挡土墙、隧洞衬砌后排水系统。

图6-14 土工布

2）土工布铺设在边坡或堤岸上，水分顺其平面渗透通过，实现土工布下土粒的稳固性。

3）土工布设置在两种材料间，可防止因材料性质不同而发生相互渗透或作用。土工布铺设在路面基层与土基之间，中断了土壤间毛细作用，防止路面翻浆。

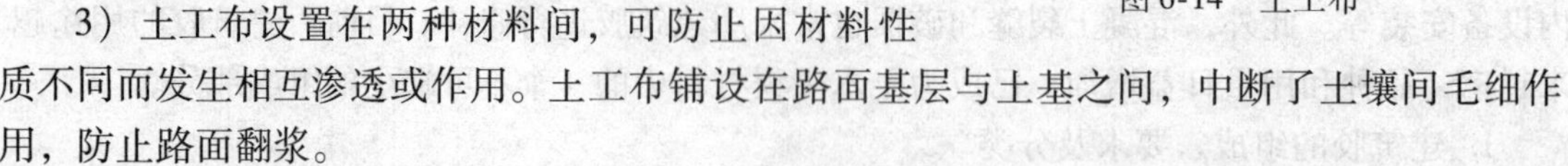

4）土工布具有抗拉、抗变形能力，置于路面结构层中后，可把荷载或应力均匀扩散在更大的面积范围内。土工布有助于软弱地基处理、修筑加筋挡土墙及桥台、加固高填方土基或坡度很陡的边坡、滑坡处理、加固柔性路面、修补沥青路面、防止反射裂缝和车辙。

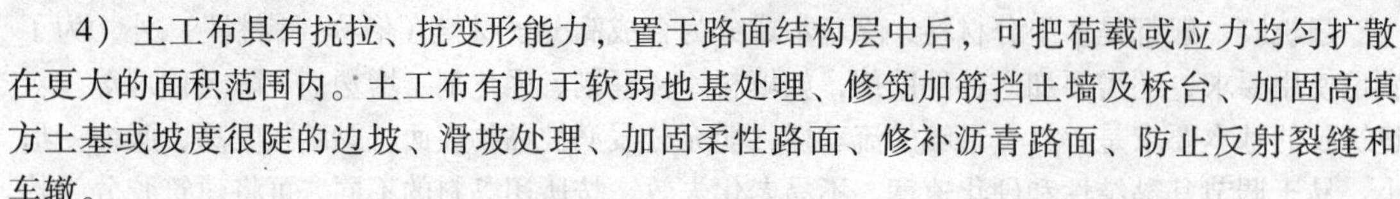

5）土工布的防护性能可用于道路边坡、泥石流和悬崖侧建筑物障墙防冲、涵洞工程护底、沙漠地区滞沙和固沙、防止土基冻害、防止道路盐渍化、边坡加固、防止沥青路面开裂。

五、高分子改性水泥混凝土

水泥混凝土具有许多优良的技术品质，所以广泛应用于高等级路面和大型桥梁以及建筑工程。但是它最主要的缺点是抗拉（或抗弯）强度与抗压强度比值较低，相对延伸率小，是一种典型的强而脆的材料。如能借助高分子材料的特性，采用高分子材料改性水泥混凝土，则可弥补上述缺点，使水泥混凝土成为强而韧的材料。

目前采用高分子材料改性水泥混凝土主要有以下三种方法：

1. 聚合物浸渍混凝土

聚合物浸渍混凝土是高分子材料浸渍已硬化的混凝土（基材）经干燥后，用加热或辐射等方法使混凝土孔隙内的单体聚合而成的一种混凝土。聚合物浸渍混凝土由于聚合物充盈了混凝土的毛细管孔和微裂缝所组成孔隙系统，改变了混凝土的孔结构，因而使其物理、力学性状得到明显改善。一般情况下，聚合物浸渍混凝土的抗压强度为普通混凝土的3～4倍，抗拉强度提高约3倍，抗弯强度提高2～3倍，弹性模量提高约1倍，抗冲击强度提高约0.7倍。此外，徐变大大减小，抗冻性、耐硫酸盐、耐酸和耐碱等性能也都有很大改善。主要缺点是耐热性较差，高温时聚合物易分解。

2. 聚合物水泥混凝土

聚合物水泥混凝土是以聚合物（或单体）和水泥共同起胶结作用的一种混凝土。生产工艺与聚合物浸渍混凝土不同，它是在拌和混凝土混合料时将聚合物（或单体）掺进去的。因此，生产工艺简单，与普通混凝土相似，便于施工现场使用。硬化后的聚合物混凝土与普通混凝土相比，在技术性能上有下列特点：

（1）抗弯、抗拉强度高　掺加聚合物后，混凝土的抗压、抗拉和抗弯强度均有提高，特别是作为路面混凝土强度指标的抗弯、抗拉强度，提高更为明显。

（2）抗冲击性好　由于掺加聚合物，混凝土的脆性降低，柔韧性增加，因而抗冲击能力也有明显的提高。这对作为承受动荷载的路面和桥梁用的混凝土是非常有利的。

（3）耐磨性好　聚合物对矿物集料具有优良的黏附性，因而可以采用硬质耐磨的岩石作为集料，这样可以提高路面混凝土的耐磨性和抗滑性。

（4）耐久性好　聚合物在混凝土中能起到阻水和填隙的作用，因而可以提高混凝土的抗水性、耐冻性和耐久性。

3. 聚合物胶结混凝土

聚合物胶结混凝土是完全以聚合物为胶结材料的混凝土，常用的聚合物为各种树脂或单体，所以也称“树脂混凝土”。聚合物混凝土是以聚合物为黏结料的混凝土，由于聚合物的特征，使混凝土具有以下技术性能：

（1）表观密度小　由于聚合物的密度比水泥密度小，所以聚合物混凝土的表观密度也较小，通常为2～3g/cm^3。如采用轻集料配制混凝土，则能减少结构断面和增大跨度，达到轻质高强的要求。

（2）强度高　聚合物混凝土与普通水泥混凝土相比较，抗压、抗拉或抗折强度都有显著的提高，特别是抗拉和抗折强度尤为突出。这对减薄路面厚度或减少桥梁结构断面都有显著的效果。

（3）与集料的黏附性强　由于聚合物与集料的黏附性强，因此可以采用硬质石料制作混凝土路面的抗滑层，以提高路面抗滑性。此外，还可以做成空隙式路面防滑层，以防止高速公路路面的飘滑现象并降低噪声。

（4）结构密实　聚合物不仅可以填充集料间的空隙，而且可以浸入集料的孔隙，使混凝土结构密实，从而提高了混凝土的抗渗性、抗冻性和耐久性。

聚合物混凝土具有许多优良的技术性能，除了应用于特殊要求的道路与桥梁工程结构外，也经常用于路面和桥梁的修补工程。

六、高分子改性沥青

目前应用于改善沥青性能的高分子材料主要有树脂类、橡胶类和树脂－橡胶共聚物等三类。

1. 热塑性树脂类改性沥青

用作改性沥青的树脂，主要是热塑性树脂，最常用的是聚乙烯（PE）和聚丙烯（PP）。由它们所组成的改性沥青，主要是提高了沥青的黏度、改善了高温稳定性，同时可以增大沥青的韧性，但是低温性能的改善有时并不明显。此外，无规聚丙烯（APP），由于它具有更为优越的经济性，所以也经常被用来改善沥青的性能，它与前述相似，改善抗高温流动性效果较好，但低温改善效果不明显，并且抗疲劳性能较差。最新研究表明：单价低廉和耐寒性好的低密度聚乙烯与其他高分子材料组合并经处理，可以得到优良的改性沥青。

2. 橡胶类改性沥青

橡胶类改性沥青的性能主要取决于沥青原材料的性能、橡胶的种类和制备工艺等因素。目前，合成橡胶类改性沥青中，通常认为改性效果较好的是丁苯橡胶（SBR）。丁苯橡胶改性沥青的性能主要表现为：①在常规指标中，针入度值减小，软化点升高，常温（25℃）延度稍有增加，特别是低温（5℃）延度有较明显的增加；②不同温度下的黏度均有增加，随着温度降低，黏度逐渐增大；③热流动性降低，热稳定性明显提高；④韧性明显提高；⑤黏附性也有所提高。

3. 热塑性弹性体改性沥青

热塑性弹性体改性沥青的性能优于树脂和橡胶改性沥青。例如，A－100 沥青掺入 5% 的 SBS（苯乙烯－丁二烯－苯乙烯嵌段共聚物）及助剂，其改性沥青比原始沥青性能上主要有下列改善：

（1）提高低温变形能力　若5℃时延度为3.8cm，脆点为－10.0℃的原始沥青，当掺加5%的SBS高聚物及助剂后，5℃时的延度可增加至36.0cm，脆点降低至－23℃，故改性沥青具有较好的低温变形能力。

（2）提高高温使用的黏度　掺加SBS高分子的改性沥青，60℃的黏度可由115Pa·s提高为224Pa·s，同时软化点也可以从48℃提高至51℃。

（3）提高温度敏感性　改性沥青在低温时的黏度比原始沥青降低，而高温（60℃）时的黏度提高。在更高温度（90℃以上），黏度与原始沥青相近。

（4）提高耐久性　由于高分子材料中掺入防老化剂，可提高耐久性。

思考题

6-1　什么是高聚物？它有哪些特性？

6-2　聚合物材料的力学性能指标有哪些？简述高聚物的拉伸应力－应变特性。

6-3　塑料的主要性能有哪些？

6-4　常用的合成橡胶和合成纤维有哪些？

6-5　什么是土工布？简述土工布在道路工程中的应用。

6-6　聚合物浸渍混凝土、聚合物水泥混凝土、聚合物胶结混凝土在组成和工艺上有什么不同？简述它们在道路桥梁中的用途。

6-7　常用的改性沥青的聚合物有哪几类？它们在改善沥青性能方面各有什么优缺点。

6-8　SBS改性沥青与原始沥青相比，有哪些技术性能的改善？

第七章　建筑钢材和木材

第一节　建筑钢材

建筑钢材是指用于建筑工程方面的各种钢材，一般分为型材、板材、线材和管材等。型材包括钢结构用的角钢、工字钢、槽钢、方钢、吊车轨、钢板桩等。板材包括用于建造房屋、桥梁及建筑机械的中、厚钢板，用于屋面、墙面、楼板等的薄钢板。线材包括钢筋混凝土和预应力混凝土用的钢筋、钢丝和钢绞线等。管材包括钢桁架和供水、供气（汽）管线等。钢材强度高、品质均匀，具有一定的弹性和塑性变形能力，能够承受冲击、振动等荷载。钢材的可加工性能好，可以进行各种机械加工，也可以通过铸造的方法，将钢铸造成各种形状，还可以通过切割、铆接或焊接等多种方式的连接，进行装配法施工。因此，钢材是最重要的建筑材料之一。

一、钢材的冶炼

钢是由生铁冶炼而成。生铁是由铁矿石、熔剂（石灰石）、燃料（焦炭）在高炉中经过还原反应和造渣反应而得到的一种铁碳合金，其中碳、磷和硫等杂质的含量较高。生铁脆、强度低、塑性和韧性差，不能用焊接、锻造、轧制等方法加工。炼钢是把熔融的生铁进行氧化，使含碳量降低到预定的范围，其他杂质含量降低到允许范围的过程。理论上凡含碳量在2%以下，含有害杂质较少的铁碳合金可称为“钢”。在炼钢的过程中，采用的炼钢方法不同，除去杂质的速度就不同，所得到的钢的质量也有所不同。目前，炼钢方法主要有转炉炼钢法、平炉炼钢法和电炉炼钢法三种。

1. 转炉炼钢法

转炉炼钢法以熔融的铁水为原料，不需要燃料，由转炉底部或侧面吹入高压热空气，使铁水中的杂质在空气中氧化，从而除去杂质。空气转炉炼钢法的缺点是吹炼时容易混入空气中的氮、氢等杂质，同时熔炼时间短，杂质含量不易控制，国内已不采用。采用以纯氧气代替空气吹入炉内的纯氧气顶吹转炉炼钢法，克服了空气转炉法的一些缺点，能有效地去除磷、硫等杂质，使钢的质量明显提高。转炉吹炼示意如图7-1所示。

2. 平炉炼钢法

平炉炼钢法是以铁液或固体生铁、废钢铁和适量的铁矿石为原料，以煤气或重油为燃料，靠废钢铁、铁矿石中的氧或空气中的氧（或吹入的氧气），使杂质氧化而被除去。该方法冶炼时间长（4～12h）、易调整和控制成分、杂质少、质量好。但投资大、需用燃料、成本高。用平炉炼钢法可生产优质碳素钢和合金钢或有特殊要求的钢种。

3. 电炉炼钢法

电炉炼钢法是以电为能源迅速加热生铁或废钢原料。该方法熔炼温度高、温度可自由调节、消除杂质容易，因此，炼得的钢质量好，但成本最高。主要用来冶炼优质碳素钢及特殊合金钢。

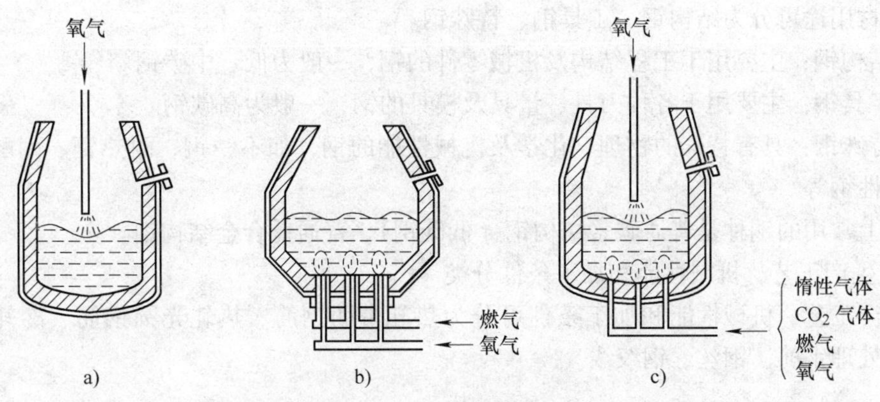

图 7-1　转炉吹炼示意图

a）顶吹法　b）底吹法　c）顶底复吹法

二、钢材的分类

1. 按化学成分分类

钢中主要含有碳（C）、硅（Si）、锰（Mn）、磷（P）、硫（S）和其他合金元素，按化学成分可以把钢分为碳素钢和合金钢两大类。

按照含碳量不同，碳素钢可分为低碳钢（含碳量 < 0.25%）、中碳钢（含碳量为 0.25% ~ 0.60%）、高碳钢（含碳量 > 0.60%）。

按照合金元素的含量不同，合金钢可分为低合金钢（合金元素含量 < 5%）、中合金钢（合金元素含量为 5% ~ 10%）、高合金钢（合金元素含量 > 10%）。

2. 按脱氧程度的不同分类

按脱氧程度的不同可将钢材分为沸腾钢、镇静钢和半镇静钢三种。

1）沸腾钢脱氧不完全，钢中含氧量较高，浇铸后钢液在冷却和凝固的过程中氧化铁与碳发生化学反应，生成 CO 气体外逸，气泡从钢液中冒出呈“沸腾”状，故称“沸腾钢”。其因仍有不少气泡残留在钢中，故钢的质量较差。沸腾钢中碳和有害杂质（磷、硫等）的偏析较严重，钢的致密程度较差，因此，沸腾钢的冲击韧性和焊接性差，尤其是低温冲击韧性更差。但钢锭收缩孔减少，成品率较高，成本低。

2）镇静钢脱氧比较完全，在冷却和凝固时，没有气体析出，无“沸腾”现象。镇静钢质量好，但钢锭的收缩孔大，成品率低，成本高。

3）半镇静钢是加入适量的锰铁、硅铁、铝作为脱氧剂，脱氧程度介于沸腾钢和镇静钢之间。

3. 按品质（杂质含量）分类

按照钢材中磷、硫等有害杂质含量不同，可将钢分为普通钢、优质钢、高级优质钢。

1）普通钢：磷含量不大于 0.045%，硫含量不大于 0.050%。

2）优质钢：磷含量不大于 0.035%，硫含量不大于 0.035%。

3）高级优质钢：磷含量不大于 0.025%，硫含量不大于 0.025%。

4）特级优质钢：磷含量不大于 0.025%，硫含量不大于 0.015%。

4. 按钢材用途分类

按钢材用途可分为结构钢、工具钢、特殊钢。

1）结构钢：主要用于工程结构及机械零件的钢，一般为低、中碳钢。

2）工具钢：主要用于各种刀具、量具及模具的钢，一般为高碳钢。

3）特殊钢：具有特殊的物理、化学及机械性能的钢，如不锈钢、耐热钢、耐酸钢、耐磨钢、磁性钢等。

工程上常用的钢种是普通碳素结构钢（低碳钢）、普通低合金结构钢。

5. 按生产工艺、机械性能和加工条件分类

按生产工艺、机械性能和加工条件可分为热轧带肋钢筋、热轧光圆钢筋、冷轧带肋钢筋、余热处理钢筋、钢丝、钢绞线。

三、钢材的组织及其化学成分对钢材性能的影响

1. 钢材的组织

钢材中铁和碳原子的结合有三种基本形式：固溶体、化合物和机械混合物。固溶体是以铁为溶剂、碳为溶质所形成的，铁保持原来的晶格，碳溶解其中。化合物是 Fe、C 化合成渗碳体（Fe_3C），其晶格与原来的晶格不同。机械混合物是由上述固溶体和化合物混合而成。

钢的组织就是由以上三种基本形式的单一形式或多种形式的构成。其基本组织有铁素体、珠光体和渗碳体三种。三种基本组织成分及力学性质见表 7-1。

表 7-1 钢材的基本组织成分及力学性质

名　称	组织成分	抗拉强度/MPa	延伸率（%）	硬度 HBW
铁素体	钢的晶体中溶有少量的碳，接近于钝铁	343	40	80
珠光体	由一定比例的铁素体和渗碳体所组成，碳含量为 0.80%	833	10	200
渗碳体	碳化铁晶粒 Fe_3C	343 以下	0	600

铁素体是碳在铁中的固溶体，由于铁原子间的空隙很小，对碳的溶解度也很小，接近于钝铁，因此铁素体的强度、硬度很小，但它赋予钢材以良好的延展性、塑性和韧性。渗碳体是铁和碳的化合物（Fe_3C），碳含量达 6.67%，性质硬而脆，是碳钢的主要强度组分。珠光体是铁素体和渗碳体的混合物，其性质介于以上二者之间，取决于二者的含量比。

钢具有何种组织取决于碳含量。当碳含量为 0.8% 时，全部具有珠光体的钢称为“共析钢”；碳含量低于或高于 0.8% 的钢分别称为“亚共析钢”和“过共析钢”。碳含量与钢的组织成分的关系见表 7-2。

表 7-2 碳含量与钢的组织成分的关系

名　称	碳含量（%）	组织成分
亚共析钢	<0.80	珠光体 + 铁素体
共析钢	0.80	珠光体
过共析钢	>0.80	珠光体 + 渗碳体

2. 化学成分对钢材性能的影响

碳素钢中除了铁和碳元素之外，还含有硅、锰、磷、硫、氮、氧、氢等元素。它们的含量决定了钢材的性能，尤其是某些元素为有害杂质（如磷、硫等），在冶炼时，应通过控制和调节限制其含量，以保证钢的质量。

（1）碳（C）　碳是影响钢材性能的主要元素之一。在碳素钢中，随着碳含量的增加，其强度和硬度提高，塑性和韧性降低。当碳含量大于1%后，脆性增加，硬度增加，强度下降。碳含量大于0.3%时，钢的焊接性显著降低。此外，碳含量增加，钢的冷脆性和时效敏感性增大，耐大气锈蚀性降低。碳含量对热轧碳素钢性质的影响如图7-2所示。

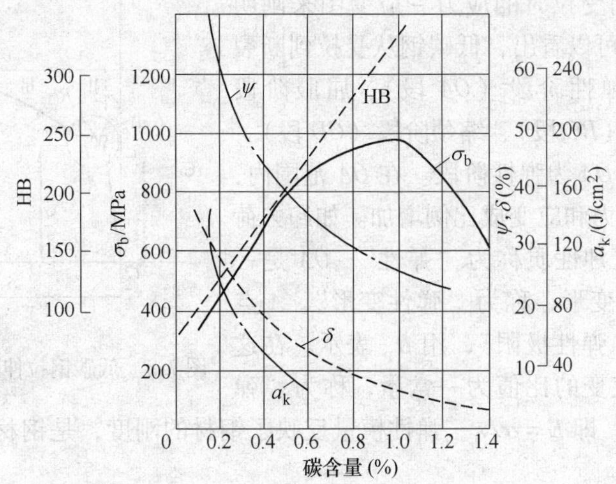

图7-2　碳含量对热轧碳素钢性质的影响

（2）硅（Si）　含量在1%以内时，可提高钢的强度、疲劳极限、耐腐蚀性及抗氧化性，对塑性和韧性影响不大，但对焊接性和冷加工性能有所影响。硅可作为合金元素，用以提高合金钢的强度。

（3）锰（Mn）　可提高钢材的强度、硬度及耐磨性；能消减硫和氧引起的热脆性，改善钢材的热加工性能。锰可作为合金元素，提高合金钢的强度。

（4）磷（P）　是碳素钢中的有害杂质。常温下能提高钢的强度和硬度，但塑性和韧性显著下降，低温时更甚，即引起所谓“冷脆性”。磷可提高钢的耐磨性和耐腐蚀性能。

（5）硫（S）　是碳素钢中的有害杂质。在焊接时，使钢易产生脆裂现象，称为“热脆性”，显著降低焊接性。含硫过量，还会降低钢的韧性、耐疲劳性等机械性能及耐腐蚀性能。

（6）氧（O）　是碳素钢中的有害杂质。氧含量增加，使钢的机械强度降低，塑性和韧性降低，可促进时效作用，还能使热脆性增加，焊接性变差。

（7）氮（N）　能使钢的强度提高，塑性特别是韧性显著下降。氮还会加剧钢的时效敏感性和冷脆性，使焊接性变差。但若在含氮的钢中，适量加入铝（Al）、钛（Ti）、钒（V）等元素形成它们的氮化物，可达到细化晶粒，改善性能的目的。

四、钢材的技术性质

建筑钢材的技术性质主要包括其力学性能和工艺性能。力学性能又称为“机械性能”，是钢材最重要的使用性能，主要包括抗拉性能、冲击韧性、疲劳强度及硬度等。工艺性能主要包括冷弯性能、焊接性、冷加工强化及时效强化等。只有掌握了钢材的各种性能，才能做到正确、经济、合理地选择和使用钢材。

（一）力学性能

1. 抗拉性能

抗拉性能是建筑钢材最主要的技术性能，通过拉伸试验，可以测得屈服强度、抗拉强度和断后伸长率，这些是钢材的重要技术性能指标。低碳钢的抗拉性能可用受拉时的应力－应变图来阐明（见图 7-3）。从图上可以看出，低碳钢从受拉到断裂经历了四个阶段：弹性阶段（*OA* 段）、屈服阶段（*AB* 段）、强化阶段（*BC* 段）、缩颈阶段（*CD* 段）。

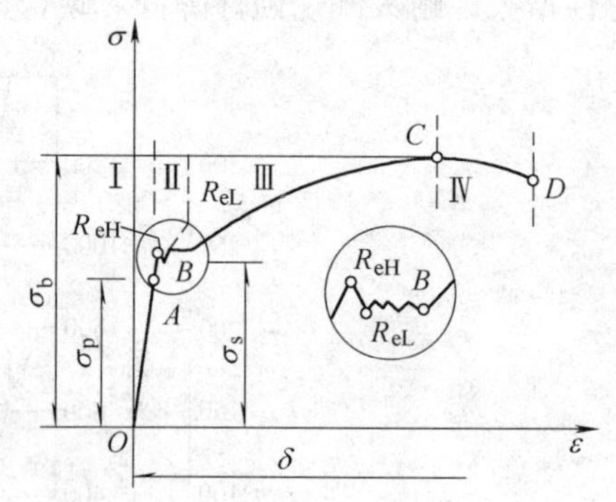

图 7-3　低碳钢拉伸时的应力－应变曲线

（1）弹性阶段　*OA* 为弹性阶段。在 *OA* 范围内，随着荷载的增加，应力和应变成比例增加。如卸去荷载，则恢复原状，这种性质称为“弹性”。*OA* 是一直线，在此范围内的变形，称为“弹性变形”。*A* 点所对应的应力称为“弹性极限”，用 σ_p 表示。在这一范围内，应力与应变的比值为一常量，称为“弹性模量”，用 *E* 表示，即 $E=\sigma/\varepsilon$。弹性模量反映了钢材的刚度，是钢材在受力条件下计算结构的重要指标之一。

（2）屈服阶段　*AB* 为屈服阶段。在 *AB* 曲线范围内，应力与应变不能成比例变化。应力超过 σ_p 后，即开始产生塑性变形。应力到达 R_{eH} 后，变形急剧增加，应力则在不大的范围内波动，直到 *B* 点止。R_{eH} 是上屈服强度，R_{eL} 是下屈服强度，也可称为“屈服极限”。当应力到达点 B_{eH} 时，钢材抵抗外力能力下降，发生“屈服”现象。R_{eL} 是屈服阶段应力波动的次低值，它表示钢材在工作状态下允许达到的应力值，即在 R_{eL} 之前，钢材不会发生较大的塑性变形。故在设计中一般以下屈服强度作为屈服强度取值的依据，用 σ_s 表示。《钢筋混凝土用钢　第 1 部分：热轧光圆钢筋》（GB 1499.1—2008）中规定 HPB300 钢筋的 σ_s 应不小于 300MPa。

对于碳含量及合金元素含量较高的中碳钢和高碳钢（硬钢），在外力作用下应力－应变曲线没有明显的屈服阶段，通常以 0.2% 残余变形时对应的应力值作为屈服强度，用 $\sigma_{0.2}$ 表示（见图 7-4）。

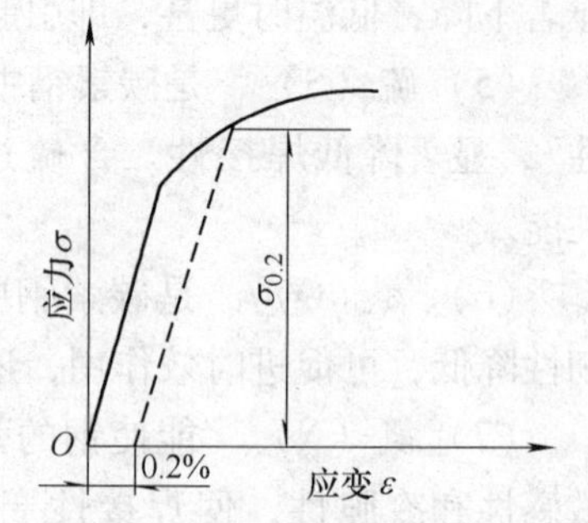

图 7-4　硬钢的屈服强度 $\sigma_{0.2}$

（3）强化阶段　*BC* 为强化阶段，过 *B* 点后，抵抗塑性变形的能力又重新提高，变形发展速度比较快，随着应力的提高而增加，对应用于最高点 *C* 的应力，称为“抗拉强度”或“强度极限”，用 σ_b 表示。HPB300 钢筋的 σ_b 应不小于 420MPa。抗拉强度不能直接利用，但屈服强度和抗拉强度的比值（即屈强比 σ_s/σ_b）却能反映钢材的利用率和安全性。σ_s/σ_b 越高，钢材的利用率高，但易发生危险的脆性断裂，安全性降低。如果屈强比太小，安全性高，但利用率低，造成钢材浪费。建筑结构钢合理的屈强比一般为 0.6～

0.75，工程中常采用冷拉的方法来提高钢材的屈强比。

（4）颈缩阶段　CD 为颈缩阶段。过 C 点，材料抵抗变形的能力明显降低，在 CD 范围内，应变速度增加，而应力则反而下降，并在某处会发生颈缩现象，直至断裂。

（5）断后伸长率与断面收缩率的计算　将拉断的钢材拼合后，测出标距部分的长度（见图 7-5），便可按下式求得断后伸长率 A

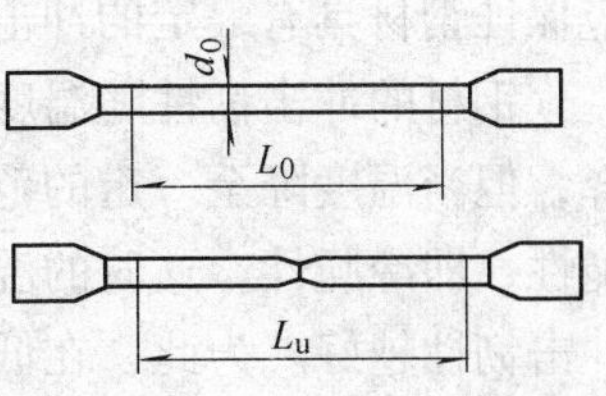

图 7-5　拉断前后的试件

$$A=\frac{L_u-L_0}{L_0}\times 100\% \tag{7-1}$$

式中　L_0——试件原始标距长度，mm；

L_u——试件拉断后标距部分的长度，mm。

以 A_5 和 A_{10} 分别表示 $L_0=5d_0$ 和 $L_0=10d_0$ 时的断后伸长率，d_0 为试件的原直径或厚度。一般情况下对于同一钢材应 $A_5>A_{10}$。

钢材的塑性也可以用断面收缩率表示

$$Z=\frac{S_0-S_u}{S_0}\times 100\% \tag{7-2}$$

式中　S_0——试件原始截面积；

S_u——试件拉断后颈缩处的截面积。

伸长率和断面收缩率表示钢材断裂前经受塑性变形的能力。伸长率越大或断面收缩率越高，说明钢材塑性越大。钢材塑性大，不仅便于进行各种加工，而且能保证钢材在建筑上的安全使用。因为钢材的塑性变形能调整局部高峰应力，使之趋于平缓，以免引起建筑结构的局部破坏及其所导致的整个结构的破坏；钢材在塑性破坏前，有很明显的变形和较长的变形持续时间，便于人们发现和补救。

2. 冲击韧性

冲击韧性是指钢材抵抗冲击荷载而不被破坏的能力。钢材的冲击韧性是用标准试件（中部加工有 V 形或 U 形缺口），在试验机上进行冲击韧性试验（见图 7-6）后确定。试件缺口处受冲击，以缺口处单位面积上所消耗的功作为冲击韧性指标，用冲击韧性值 α_k（J/cm²）表示。

$$\alpha_k=\frac{P\,(h_1-h_2)}{A} \tag{7-3}$$

式中　α_k——冲击韧性，J/cm²；

h_1、h_2——摆锤冲击前后的高度，m；

A——试件槽口处最小横截面面积，cm²；

P——摆锤的力，N。

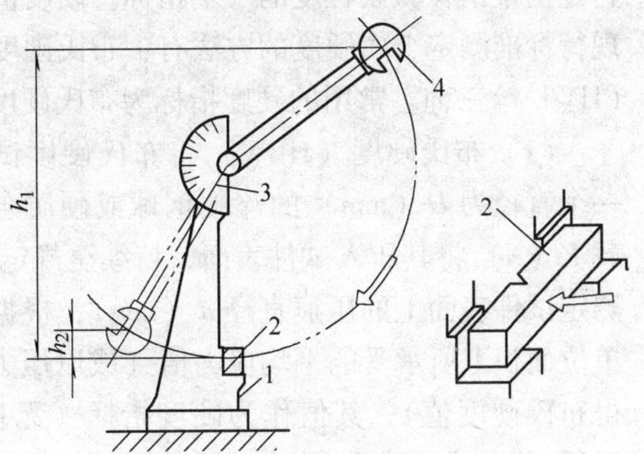

图 7-6　钢材冲击韧性试验

1—支座　2—试件　3—度盘　4—摆锤

影响钢材冲击韧性的主要因素有：化学成分、冶炼质量、冷作及时效、环境温度等。α_k 越大，表示冲断试件消耗的能量越大，钢材的冲击韧性越好，即其抵抗冲击作用的能力越强，脆性破坏的危险性越小。对于重要的结构物以及承受动荷载作用的结构，特别是当其处于低温条件下时，为了防止钢材的脆性破坏，应保证钢材具有一定的冲击韧性。

钢材的冲击韧性随温度的降低而下降，其规律是：开始冲击韧性随温度的降低而缓慢下降，但当温度降至一定的范围（狭窄的温度区间）时，钢材的冲击韧性骤然下降很多而呈脆性，即冷脆性，这时的温度称为“脆性转变温度”。脆性转变温度越低，表明钢材的低温冲击韧性越好。为此，在低温下使用的结构，设计时必须考虑钢材的冷脆性，应选用脆性转变温度低于最低使用温度的钢材，并满足规范规定的 -20℃或 -40℃条件下冲击韧性指标的要求。含锰低碳钢的 α_k 值与温度的关系如图 7-7 所示。

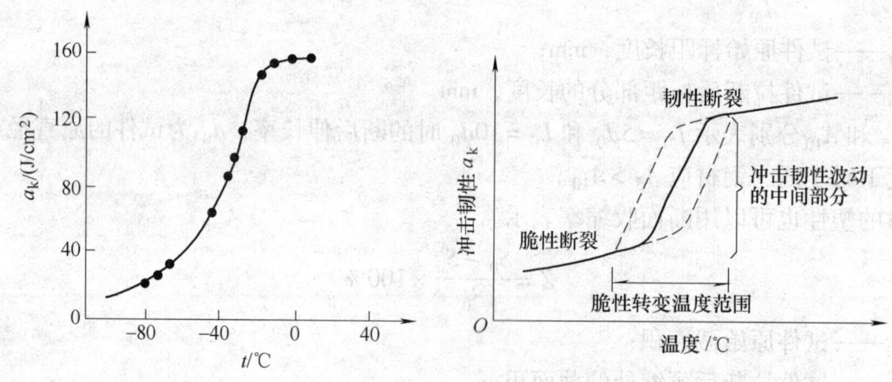

图 7-7　含锰低碳钢的 α_k 值与温度的关系

材料在实际使用过程中，可能承受多次重复的小量冲击荷载，因此冲击试验所得的一次冲击破坏的冲击韧性与这种情况不相符合。材料承受多次小量重复冲击荷载的能力，主要取决于其强度的高低，而不是其冲击韧性值的大小。

3. 硬度

硬度是指钢材抵抗硬物压入表面的能力。即表示钢材表面局部体积内抵抗变形的能力。它是衡量钢材软硬程度的一个指标。硬度值与钢材的力学性能之间有着一定的相关性。我国现行标准测定金属硬度的方法有：布氏硬度法（HBW）、洛氏硬度法（HR）和维氏硬度法（HV）等三种。常用的硬度指标为布氏硬度和洛氏硬度。

（1）布氏硬度（HBW）　布氏硬度试验是按规定选择一个直径为 D（mm）的淬硬钢球或硬质合金球，以一定荷载 F（N）将其压入试件表面，持续至规定时间后卸去荷载，测定试件表面上的压痕直径 d（mm），根据计算或查表确定单位面积上所承受的平均应力值（或以压力除以压痕面积即得布氏硬度值），其值作为硬度指标（无量纲），称为“布氏硬度”，代号为 HBW。其试验原理如图 7-8 所示。布氏硬度值越大表示钢材越硬。布氏硬度法比较准确，但压痕较大，不宜用于成品检验。

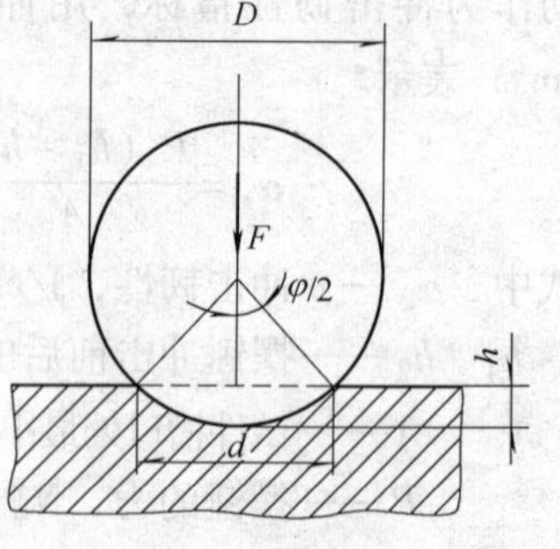

图 7-8　布氏硬度试验原理示意图

各类钢材的 HBW 值与抗拉强度之间有较好的相关关系。材料的强度越高，塑性变形抵抗力越强，硬度值也就越大。对于碳素钢，当 HBW < 175 时，

$\sigma_b=3.6HBW$；当 HBW > 175 时，$\sigma_b=3.5HBW$。根据这些关系，可以在钢结构的原位上测出钢材的 HBW 值，并估算出该钢材的 σ_b，而不破坏钢结构本身。

（2）洛氏硬度（HR） 洛氏硬度试验是将金刚石圆锥体或钢球等压头，按一定试验力压入试件表面，以压头压入试件的深度来表示硬度值（无量纲），称为“洛氏硬度”，代号为 HR。洛氏硬度法的压痕小，所以常用于判断工件的热处理效果。

4. 疲劳强度

（1）疲劳破坏和疲劳极限 在交变应力作用下的结构构件，钢材往往在应力远低于抗拉强度时发生断裂，这种现象称为“钢材的疲劳破坏”。疲劳破坏的危险应力用疲劳极限 σ_t 来表示，它是指在疲劳试验中，试件在交变应力作用下，于规定的周期数内不发生断裂所能承受的最大应力。设计承受反复荷载且须进行疲劳验算的结构时，应测定所用钢材的疲劳极限。测定疲劳极限时，应根据结构的使用条件确定所采用的应力类型和循环基数。应力循环类型可分为等幅应力循环和变幅应力循环两类。

（2）等幅应力循环 等幅应力循环的特性可应用应力比值、应力幅及平均应力来表示。

1）应力比值。应力比值 ρ 为循环应力中最大应力 σ_{max} 与 σ_{min} 之比，以拉应力为正值。当 $\rho=-1$ 时，为完全对称循环（见图 7-9a）；当 $\rho=0$ 时，为脉冲应力循环（见图 7-9c）；当 $-1<\rho<+1$ 时，为以正应力为主的应力循环（见图 7-9b）；当 $\rho=+1$ 时，相当于静载状态（见图 7-9d）。

2）应力幅。应力幅 $\Delta\sigma$ 为应力变化的幅度（$\Delta\sigma=\sigma_{max}-\sigma_{min}$），应力幅总为正值。

3）平均应力。平均应力 σ_m 表示某种循环下平均受力的大小，即 $\sigma_m=(\sigma_{max}+\sigma_{min})/2$，其值可正可负。任何一种循环应力都可看成是平均应力 σ_m 与应力幅 $\Delta\sigma$ 的完全对称循环应力的叠加。

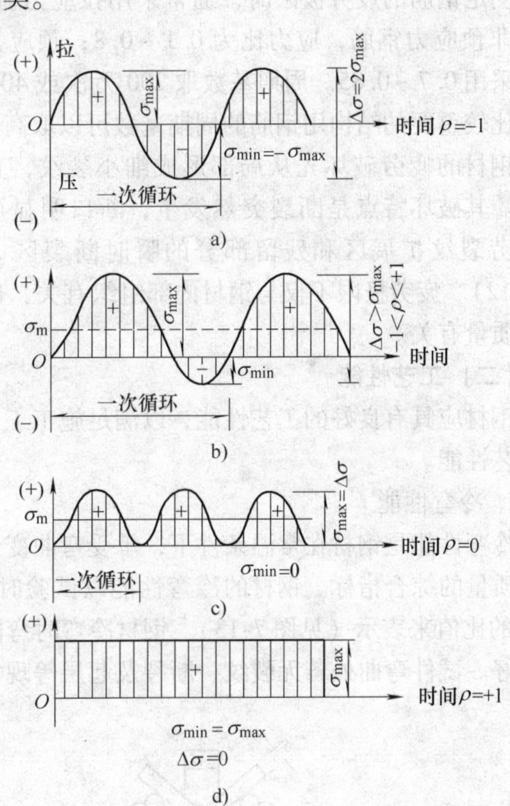

图 7-9 疲劳试验时的等幅应力循环

（3）变幅应力循环 变幅应力循环的应力幅值是一随机变量，在工程中变幅应力循环更为常见。通常将其变换为等效应力幅，然后按等幅应力循环进行试验和验算。根据试验数据可以画出试件的应力幅 $\Delta\sigma$ 与致损循环次数 n 的关系曲线（见图 7-10），然后通过与典型的疲劳寿命曲线（见图 7-11）对比，就可确定材料的无限寿命区所对应的循环次数 n 和应力幅 σ。在曲线中可看出疲劳极限及一定应力幅下所对应的极限循环次数，即疲劳寿命。一般情况应力循环次数小于 5×10^4，不需要进行疲劳计算。

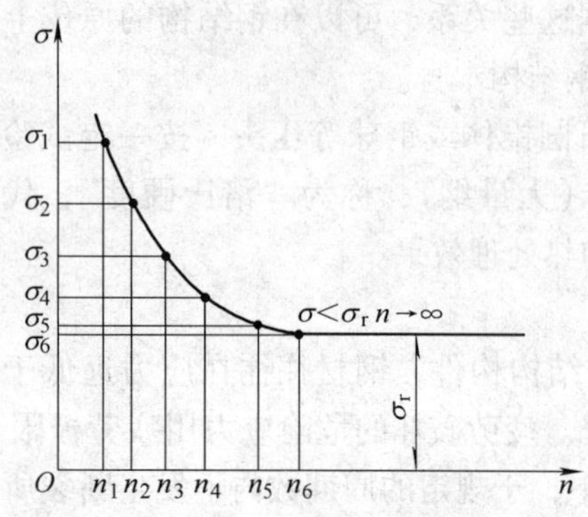

图 7-10 疲劳曲线示意图

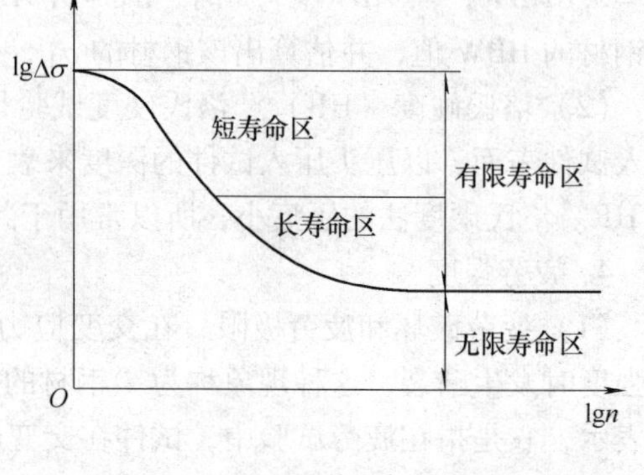

图 7-11 典型的疲劳寿命曲线

测定钢筋的疲劳极限时，通常采用拉应力循环。对于非预应力钢筋，应力比为 0.1 ~ 0.8；预应力钢筋则采用 0.7 ~ 0.85。周期基数取 200 万次或 400 万次，比较重要的结构用钢筋的周期基数可以取高值。

钢材的疲劳破坏先从局部形成细小裂纹，直到破坏。其破坏特点是断裂突然发生，断口明显可看到疲劳裂纹扩展区和残留部分的瞬时断裂区（见图 7-12）。疲劳极限不仅与钢材内部组织有关，也和表面质量有关。

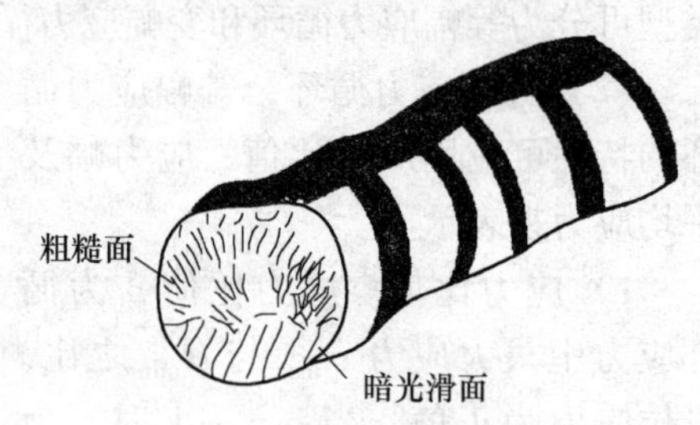

图 7-12 钢筋疲劳断裂面形状

（二）工艺性能

钢材应具有良好的工艺性能，以满足施工工艺的要求。冷弯性能和焊接性能是钢材重要的工艺性能。

1. 冷弯性能

冷弯性能是钢材在常温条件下，承受弯曲变形而不破裂的能力，是钢材塑性变形能力及冶金质量的综合指标。钢材的冷弯性能以试验时的弯曲角度和弯心直径对试件厚度（或直径）的比值来表示（见图 7-13）。钢材冷弯时弯曲角度越大，弯心直径越小，则表示冷弯性能越好。试件弯曲处若无裂纹、断裂及起层等现象，则认为其冷弯性能合格。

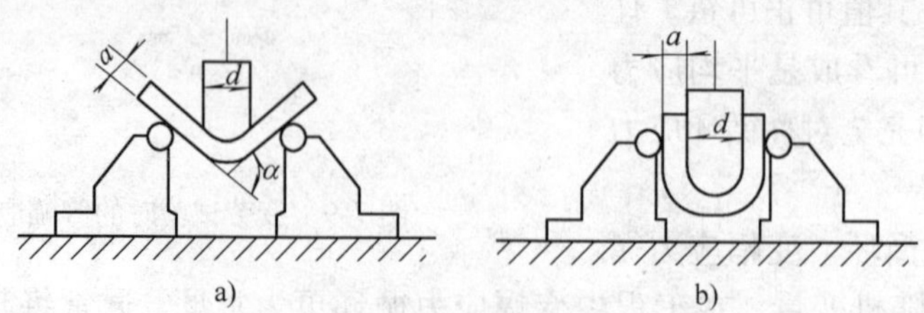

图 7-13 钢材冷弯示意图

a—试件厚度或直径 d—弯心直径

钢材的冷弯性能与伸长率一样，也是反映钢材在静荷载作用下的塑性，而且冷弯是在更苛刻的条件下对钢材塑性的严格检验，它能反映钢材内部组织是否均匀、是否存在内应力及夹杂物等缺陷。在工程中，冷弯试验还被用作对钢材焊接质量进行严格检验的一种手段。

2. 焊接性能

焊接是把两块金属局部加热并使其接缝处迅速呈熔融或半熔融状态，从而使之牢固地连接起来。焊接性能是指钢材在通常的焊接方法与工艺条件下获得良好焊接接头的性能。建筑工程中，钢材间的连接绝大多数采用焊接方式来完成。因此要求钢材具有良好的焊接性能（见图7-14）。

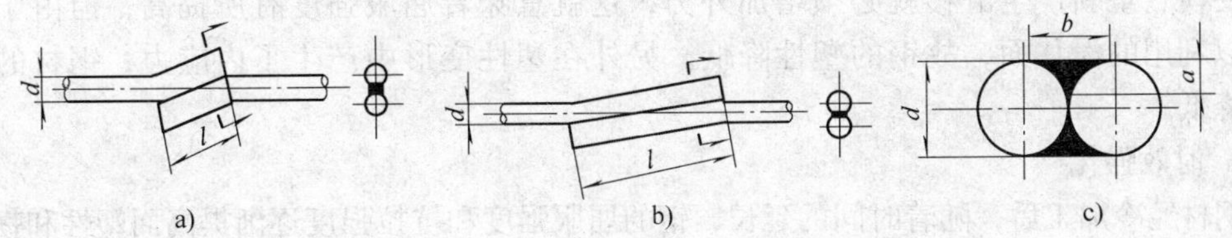

图7-14　钢材的焊接

a）双面焊接　b）单面焊接　c）焊接横断面

在焊接中，由于高温作用和焊接后急剧冷却作用，焊缝及附近的过热区将发生晶体组织及结构变化，产生局部变形及内应力，使焊缝周围的钢材产生硬脆倾向，降低了焊接的质量。焊接性良好的钢材，焊缝处性质应与钢材尽可能相同，这样焊接才能牢固可靠。

钢的化学成分、冶炼质量及冷加工等都可影响焊接性能。含碳量小于0.25%的碳素钢有良好的焊接性。含碳量超过0.3%的碳素钢焊接性变差。硫、磷及气体杂质会使焊接性降低，加入过多的合金元素也会使焊接性降低。对于高碳钢及合金钢，为改善焊接质量，一般需要预热和焊后处理。此外，正确的焊接工艺也是保证焊接质量的重要措施。

钢筋焊接应注意：冷拉钢筋的焊接应在冷拉之前进行；焊接部位应清除铁锈、熔渣、油污等；应尽量避免不同国家进口的钢筋之间或进口钢筋与国产钢筋之间的焊接。

五、钢材的冷加工强化与时效强化

1. 冷加工强化

将钢材在再结晶温度下（一般为常温）进行冷加工（冷拉、冷拔和冷轧），使之产生塑性变形，从而提高了屈服强度，相应地降低了塑性和韧性，这种加工方法称为钢筋的“冷加工处理”。

（1）冷拉　冷拉加工就是将热轧钢筋用冷拉设备进行张拉（张拉控制应力应超过屈服强度）。通过冷拉，其屈服强度提高20%～30%，而抗拉强度基本不变，塑性和韧性相应降低（见图7-15）。

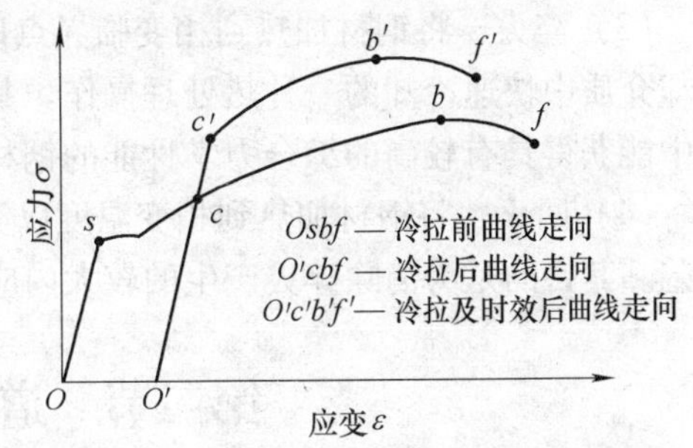

图7-15　钢材的冷拉及时效强化示意图

（2）冷拔　冷拔加工是强力拉拔钢筋使其通过截面小于钢筋截面的拔丝模。冷拔作用比纯拉伸的作用强烈，钢筋不仅受拉，同时还受到挤压作用。经过一次或多次冷拔后得到的冷拔低碳钢丝，其屈服强度可提高40%～60%，但其已失去软钢的塑性和韧性，具有硬钢的性能。

（3）冷轧　冷轧是将圆钢在轧钢机上轧成断面按一定规律变化的钢筋，从而提高其强度及与混凝土的凝聚力。钢筋在冷轧时，纵向和横向同时产生变形，因而能较好地保持塑性及内部结构的均匀性。

钢材在冷加工变形时，由于晶粒间产生滑移，晶粒形状改变，有的被拉长，有的被压扁，甚至变成纤维状，同时在滑移区域，晶粒破碎，晶格歪扭，从而对继续滑移造成阻力。要使它重新产生滑移就必须增加外力，这就意味着屈服强度有所提高，但由于减少了可以利用的滑移面，故钢的塑性降低。另外在塑性变形中产生了内应力，钢材的弹性模量降低。

2. 时效强化

钢材经冷加工后，随着时间的延长，钢的屈服强度和抗拉强度逐渐提高而塑性和韧性逐渐降低，这种现象称为“应变时效”，简称“时效”。经过冷拉的钢筋在常温下存放15～20d，或加热到100～200℃并保持一定时间，这个过程称为时效处理。前者称为“自然时效”，后者称为“人工时效”。通常对强度较低的钢筋可采用自然时效，强度较高的钢筋则需采用人工时效。

冷拉以后再经时效处理的钢筋，其屈服强度进一步提高，抗拉强度也有增长，塑性继续降低。由于时效过程中内应力消减，故弹性模量可基本恢复。钢材中氮、氧含量高，时效敏感性大。受动荷载作用或经常处于中温条件下工作的钢结构，为避免脆性过大、防止出现突然断裂，应选用时效敏感性较小的钢材。

六、钢材的热处理

热处理是将钢材在固态范围内进行加热、保温和冷却，从而改变其金相组织和显微结构组织，获得需要性能的一种综合工艺。土木工程所用钢材一般在生产厂家进行热处理。在施工现场有时需要对焊接进行热处理。

（1）退火　将钢材加热到一定温度，保温后缓慢冷却（随炉冷却）的一种热处理工艺，按加热温度可分为重结晶退火和低结晶退火。其目的是细化晶粒，改善组织，降低硬度，提高塑性，消除组织缺陷和内应力，防止变形、开裂。

（2）正火　退火的一种特例，两者仅冷却速度不同，正火是在空气中冷却。与退火相比，正火后钢的硬度、强度较高，而塑性减少。其目的是细化晶粒，消除组织缺陷等。

（3）淬火　将钢材加热到相变临界点以上（一般为900℃以上），保温后放入水或油等冷却介质中快速冷却的一种热处理操作。其目的是得到高强度、高硬度的组织，在随后的回火中能获得具有较高的综合力学性能的钢材。淬火会使钢的塑性和韧性显著降低。

（4）回火　将钢材加热到相变温度以下（150～650℃），保温后在空气中冷却的热处理工艺。其目的是为消除淬火产生的较大内应力，降低脆性，改善机械性能等。

第二节　道桥工程常用钢材

道桥工程中常用的钢材一般为钢筋混凝土用钢材（钢筋、钢丝）和钢结构用型钢。根据工程使用条件和特点，这类钢材应具备良好的综合力学性能、良好的焊接性能和良好的抗腐蚀性能。

一、钢筋混凝土用钢材

钢筋混凝土结构用钢筋和钢丝，是由碳素结构钢和低合金高强度结构钢加工而成的。一般把直径 3～5mm 的称为“钢丝”，6～12mm 的称为“细钢筋”，大于 12mm 的称为“粗钢筋”。为了便于识别，钢筋直径一般都相差 2mm 及 2mm 以上。主要品种有热轧钢筋、冷拉钢筋、冷拔钢筋、冷拔钢丝、热处理钢筋、碳素钢丝、刻痕钢丝和钢绞线等。按直条或圆盘供货。直条钢筋长度一般为 6m 或 9m。

1. 热轧钢筋

热轧钢筋按轧制的外形分为热轧光圆钢筋和热轧带肋钢筋，见表 7-3。

表 7-3　钢筋牌号的构成及其含义

产品名称	牌　号	牌号构成	英文字母含义
热轧光圆钢筋	HPB300	由 HPB＋屈服强度特征值构成	HPB—热轧光圆钢筋的英文（Hot Rolled Plain Bars）缩写
普通热轧带肋钢筋	HRB335 HRB400 HRB500	由 HRB＋屈服强度特征值构成	HRB—热轧带肋钢筋的英文（Hot Rolled Ribbed Bars）缩写。E—地震的英文（Earthquake）缩写
	HRB335E HRB400E HRB500E	由 HRB＋屈服强度特征值＋E 构成	
细晶粒热轧带肋钢筋	HRBF335 HRBF400 HRBF500	由 HRBF＋屈服强度特征值构成	HRBF—在热轧带肋钢筋的英文缩写后加“细”的英文（Fine）首位字母 E—地震的英文（Earthquake）缩写
	HRBF335E HRBF400E HRBF500E	由 HRB＋屈服强度特征值＋E 构成	

（1）热轧光圆钢筋　根据《钢筋混凝土用钢第 1 部分热轧光圆钢筋》（GB 1499. 1—2008/XG1—2012），热轧直条光圆钢筋牌号为 HPB300。由 HPB＋屈服强度特征值构成（HPB—热轧光圆钢筋的英文 Hot Rolled Plain Bars 缩写）。钢筋的公称直径范围为 6～22mm，该标准推荐的钢筋公称直径为 6mm、8mm、10mm、12mm、16mm、20mm。

（2）热轧带肋钢筋　根据《钢筋混凝土用钢第 2 部分热轧带肋钢筋》（GB 1499. 2—2007/XG1—2009）的规定，热轧带肋钢筋的牌号由 HRB 及 HRBF＋屈服强度特征值（＋E）构成。热轧带肋钢筋包括 HRB335、HRB400、HRB500、HRBF335、HRBF400、HRBF500 及其后牌号带 E 的多个牌号（对于热轧带肋钢筋，钢筋实测抗拉强度与实测屈服强度之比不小于 1. 25、钢筋实测屈服强度与表 7-4 规定的屈服强度特征值之比不大于 1. 30、钢筋的最大力总伸长率不小于 9% 的钢筋其牌号后可加 E）。钢筋的公称直径范围为 6～50mm。该标准推荐的钢筋公称直径为 6mm、8mm、10mm、12mm、16mm、20mm、25mm、32mm、40mm、50mm。

各牌号钢筋的力学性能和工艺性能应符合表 7-4 的规定。热轧带肋钢筋要求按表 7-4 中规定的弯心直径，经弯曲 180°后钢筋受弯部位的表面不准出现裂纹。热轧钢筋中应用最多的是 HPB300 热轧光圆钢筋，它的强度虽然不高，但塑性、焊接性能都好，便于加工成型。盘圆钢筋不仅用于中型构件的受力筋，而且用于一般构件的构造筋，还可用于制作冷拔低碳钢丝。

表 7-4 热轧钢筋的力学性能和工艺性能

牌号	R_{eL}/MPa	R_m/MPa	A（%）	A_{gt}（%）	R_m^0/R_{eL}^0	R_{eL}^0/R_{eL}
	不小于					
HRB335 HRBF335	335	455	17	7.5	—	—
HRB335E HRBF335E				9.0	1.25	1.30
HRB400 HRBF400	400	540	16	7.5	—	—
HRB400E HRBF400E				9.0	1.25	1.30
HRB500 HRBF500	500	630	15	7.5	—	—
HRB500E HRBF500E				9.0	1.25	1.30

注：1. R_{eL}为钢筋的屈服强度，R_m 为抗拉强度，A 为断后伸长率，A_{gt}为最大率总伸长率，R_m^0 为钢筋实测抗拉强度，R_{eL}^0为钢筋实测屈服强度。

2. HRB 及 HRBF 钢筋：直径为 28 ~ 40mm 的钢筋的断后伸长率可降低 1%，直径大于 40mm 的钢筋的断后伸长率可降低 2%。

2. 冷轧带肋钢筋

《冷轧带肋钢筋》（GB 13788—2008）规定，冷轧带肋钢筋是用低碳钢热轧盘圆钢筋在其表面沿长度方向均匀地冷轧成两面或三面带有横肋的钢筋。冷轧带肋钢筋用代号 CRB（Cold Rolling Ribbed Steel Bar）表示，按抗拉强度的不同将冷轧带肋钢筋划分成四个牌号：CRB550、CRB650、CRB800、CRB970。其中 CRB550 钢筋的公称直径范围为 4 ~ 12mm；CRB650 及以上牌号钢筋的公称直径为 4mm、5mm、6mm。各牌号钢筋的力学性能和工艺性能见表 7-5。CRB550 可作为普通混凝土结构的配筋，其他牌号则可作为预应力混凝土结构配筋。由于钢筋表面轧有肋痕，故有效地克服了冷拉、冷拔钢筋与混凝土握裹力低的缺点，同时还具有与冷拉、冷拔钢筋（丝）相接近的强度。

表 7-5 冷轧带肋钢筋的力学性能和工艺性能

牌号	屈服强度/MPa，不小于	抗拉强度/MPa，不小于	伸长率（%），不小于		弯曲试验（180°）	反复弯曲次数	应力松弛 初始应力应相当于公称抗拉强度的 70%
			$A_{11.3}$	A_{100}			1000h 松弛率（%），不大于
CRB550	500	550	8.0	—	$D=3d$	—	—
CRB650	585	650	—	4.0	—	3	8

（续）

牌　号	屈服强度/MPa，不小于	抗拉强度/MPa，不小于	伸长率（%），不小于		弯曲试验（180°）	反复弯曲次数	应力松弛 初始应力应相当于公称抗拉强度的70%
			$A_{11.3}$	A_{100}			1000h松弛率（%），不大于
CRB800	720	800	—	4.0	—	3	8
CRB970	875	970	—	4.0	—	3	8

注：D为弯心直径，d为钢筋公称直径。

3. 预应力混凝土用热处理钢筋

预应力混凝土用热处理钢筋是用普通热轧中碳低合金钢经淬火和回火调质而成，按外形分为有纵肋和无纵肋两种（均有横肋）。通常有三个规格，即公称直径6mm（牌号$40Si_2Mn$）、8.2mm（牌号$48Si_2Mn$）和10mm（牌号$45Si_2Cr$）。各牌号钢筋的力学性能和工艺性能见表7-6。这种钢筋不能冷拉和焊接。因其具有高强度、高韧性和高黏结力及塑性降低少等优点，特别适用于预应力混凝土构件的配筋。

表7-6　预应力混凝土用热处理钢筋的力学性能和工艺性能

牌　号	公称直径/mm	屈服强度/MPa	抗拉强度/MPa	伸长率（%）	松弛性能	
					1000h	10h
$40Si_2Mn$	6	≥1325	≥1470	≥6	松弛值≤3.5%	松弛值≤1.5%
$48Si_2Mn$	8.2					
$45Si_2Cr$	10					

4. 钢丝与钢绞线

大型预应力混凝土构件，由于受力很大，常采用强度很高的预应力高强钢丝和钢绞线作为主要受力钢筋。

（1）预应力混凝土用钢丝　预应力高强钢丝是用优质碳素结构钢盘条，经冷加工和热处理等工艺制成。根据《预应力混凝土用钢丝》（GB/T 5223—2014）对预应力混凝土用钢丝规定如下：

1）钢丝按加工状态分为冷拉钢丝和消除应力钢丝两类。消除应力钢丝按松弛性能又分为低松弛钢丝和普通松弛钢丝，其代号为：冷拉钢丝（WCD）、低松弛钢丝（WLR）。钢丝按外形分为光圆、螺旋肋、刻痕三种，其代号为：光圆钢丝（P）、螺旋肋钢丝（H）、刻痕钢丝（I）。

2）压力管道用冷拉钢丝的力学性能应符合表7-7的规定。0.2%屈服力$F_{p0.2}$值不小于最大力的特征值F_m的75%。另外，对压力管道用钢丝还需进行断面收缩率、扭转次数、松弛率的检验；对其他用途钢丝还需进行断后伸长率、弯曲次数的检验。

3）消除应力的光圆、螺旋肋、划痕钢丝的力学性能应符合表7-8、表7-9的规定。规定消除应力的光圆、螺旋肋钢丝0.2%屈服力$F_{p0.2}$值不小于最大力的特征值F_m的88%。

表 7-7 压力管道用冷拉钢丝的力学性能

公称直径 d_n/mm	公称抗拉强度 R_m/MPa	最大力的特征值 F_m/kN	最大力的最大值 $F_{m,max}$/kN	0.2%屈服力 $F_{p0.2}$/kN ≥	每210mm扭矩的扭转次数 N≥	断面收缩率 Z（%）≥	氢脆敏感性能负载为70%的最大力时，断裂时间 t/h≥	应力松弛性能初始力为最大力70%时，1000h应力松弛率 r（%）≤
4.00	1470	18.48	20.99	13.86	10	35	75	7.5
5.00		28.86	32.79	21.65	10	35		
6.00		41.56	47.21	31.17	8	30		
7.00		56.57	64.27	42.42	8	30		
8.00		73.88	83.93	55.41	7	30		
4.00	1570	19.73	22.24	14.80	10	35		
5.00		30.82	34.75	23.11	10	35		
6.00		44.38	50.03	33.29	8	30		
7.00		60.41	68.11	45.31	8	30		
8.00		78.91	88.96	59.18	7	30		
4.00	1670	20.99	23.50	15.74	10	35		
5.00		32.78	36.71	24.59	10	35		
6.00		47.21	52.86	35.41	8	30		
7.00		64.26	71.96	48.20	8	30		
8.00		83.93	93.99	62.95	6	30		
4.00	1770	22.25	24.76	16.69	10	35		
5.00		34.75	38.68	26.06	10	35		
6.00		50.04	55.69	37.53	8	30		
7.00		68.11	75.81	51.08	6	30		

表 7-8 消除应力的光圆及螺旋肋钢丝的力学性能

公称直径 d_n/mm	公称抗拉强度 R_m/MPa	最大力的特征值 F_m/kN	最大力的最大值 $F_{m,max}$/kN	0.2%屈服力 $F_{p0.2}$/kN≥	最大力总伸长率（L_0=200mm）A_{gt}(%)≥	反复弯曲性能		应力松弛性能	
						弯曲次数/(次/180°)≥	弯曲半径 R/mm	初始力相当于实际最大力的百分数（%）	1000h应力松弛率 r(%)≤
4.00	1470	18.48	20.99	16.22	3.5	3	10	70	2.5
4.80		26.61	30.023	23.35		4	15		
5.00		28.86	32.78	25.32		4	15		
6.00		41.56	47.231	36.47		4	15		
6.25		45.10	51.24	39.58		4	20		
7.00		56.57	64.26	49.64		4	20	80	4.5
7.50		64.94	73.78	56.99		4	20		
8.00		73.88	83.93	64.84		4	20		
9.00		93.52	106.25	82.07		4	25		
9.50		104.19	118.37	91.44		4	25		

（续）

公称直径 d_n/mm	公称抗拉强度 R_m/MPa	最大力的特征值 F_m/kN	最大力的最大值 $F_{m,max}$/kN	0.2%屈服力 $F_{p0.2}$/kN≥	最大力总伸长率（L_0=200mm）A_{gt}(%)≥	反复弯曲性能		应力松弛性能	
						弯曲次数/（次/180°）≥	弯曲半径 R/mm	初始力相当于实际最大力的百分数（%）	1000h应力松弛率 r(%)≤
10.00		115.45	131.16	101.32		4	25		
11.00	1470	139.69	158.70	122.59		—	—		
12.00		166.26	188.88	145.90		—	—		
4.00		19.73	22.24	17.37		3	10		
4.80		28.41	32.03	25.00		4	15		
5.00		30.82	34.75	27.12		4	15		
6.00		44.38	50.03	39.06		4	15		
6.25		48.17	54.31	42.39		4	20		
7.00		60.41	68.11	53.16		4	20		
7.50	1570	69.36	78.20	61.04		4	20		
8.00		78.91	88.96	69.44		4	20		
9.00		99.88	112.60	87.89		4	25		
9.50		111.28	125.46	97.93		4	25		
10.00		123.31	139.02	108.51		4	25		
11.00		149.20	168.21	131.30		—	—		
12.00		177.57	200.19	156.26		—	—	70	2.5
4.00		20.99	23.50	18.47	3.5	3	10		
5.00		32.78	36.71	28.85		4	15	80	4.5
6.00		47.21	52.86	41.54		4	15		
6.25	1670	51.24	57.38	45.09		4	20		
7.00		64.26	71.95	56.55		4	20		
7.50		73.78	82.62	64.93		4	20		
8.00		83.93	93.98	73.86		4	20		
9.00		106.25	118.97	93.50		4	25		
4.00		22.25	24.76	19.58		3	10		
5.00		34.75	38.68	30.58		4	15		
6.00	1770	50.04	55.69	44.03		4	15		
7.00		68.11	75.81	59.94		4	20		
7.50		78.20	87.04	68.81		4	20		
4.00		23.38	25.89	20.57		3	10		
5.00	1860	36.51	40.44	32.13		4	15		
6.00		53.58	58.23	46.27		4	15		
7.00		71.57	79.27	62.98		4	20		

表 7-9　消除应力的刻痕钢丝的力学性能

公称直径 d_n/mm	公称抗拉强度 R_m/MPa	最大力的特征值 F_m/kN	最大力的最大值 $F_{m,max}$/kN	0.2%屈服力 $F_{p0.2}$/kN≥	最大力总伸长率 (L_0=200mm) A_{gt} (%) ≥	反复弯曲性能		应力松弛性能	
						弯曲次数/(次/180°) ≥	弯曲半径 R/mm	初始力相当于实际最大力的百分数(%)	1000h 应力松弛率 r (%) ≤
4.00		18.48	20.99	16.22		4	10		
4.80		26.61	30.023	23.35		4	15		
5.00		28.86	32.78	25.32		4	15		
6.00		41.56	47.231	36.47		4	15		
6.25		45.10	51.24	39.58		4	20		
7.00		56.57	64.26	49.64		4	20		
7.50	1470	64.94	73.78	56.99		4	20		
8.00		73.88	83.93	64.84		4	20		
9.00		93.52	106.25	82.07		4	25		
9.50		104.19	118.37	91.44		4	25		
10.00		115.45	131.16	101.32		4	25		
11.00		139.69	158.70	122.59		4	—		
12.00		166.26	188.88	145.90		4	—		
4.00		19.73	22.24	17.37		4	10		
4.80		28.41	32.03	25.00		4	15	70	2.5
5.00		30.82	34.75	27.12	3.5	4	15		
6.00		44.38	50.03	39.06		4	15	80	4.5
6.25		48.17	54.31	42.39		4	20		
7.00		60.41	68.11	53.16		4	20		
7.50	1570	69.36	78.20	61.04		4	20		
8.00		78.91	88.96	69.44		4	20		
9.00		99.88	112.60	87.89		4	25		
9.50		111.28	125.46	97.93		4	25		
10.00		123.31	139.02	108.51		4	25		
11.00		149.20	168.21	131.30		4	—		
12.00		177.57	200.19	156.26		4	—		
4.00		20.99	23.50	18.47		4	10		
5.00		32.78	36.71	28.85		4	15		
6.00	1670	47.21	52.86	41.54		4	15		
6.25		51.24	57.38	45.09		4	20		
7.00		64.26	71.95	56.55		4	20		

（续）

公称直径 d_n/mm	公称抗拉强度 R_m/MPa	最大力的特征值 F_m/kN	最大力的最大值 $F_{m,max}$/kN	0.2%屈服力 $F_{p0.2}$/kN≥	最大力总伸长率（L_0=200mm）A_{gt}（%）≥	反复弯曲性能		应力松弛性能	
						弯曲次数/（次/180°）≥	弯曲半径 R/mm	初始力相当于实际最大力的百分数（%）	1000h应力松弛率 r（%）≤
7.50	1670	73.78	82.62	64.93	3.5	4	20	70 80	2.5 4.5
8.00		83.93	93.98	73.86		4	20		
9.00		106.25	118.97	93.50		4	25		
4.00	1770	22.25	24.76	19.58		4	10		
5.00		34.75	38.68	30.58		4	15		
6.00		50.04	55.69	44.03		4	15		
7.00		68.11	75.81	59.94		4	20		
7.50		78.20	87.04	68.81		4	20		
4.00	1860	23.38	25.89	20.57		4	10		
5.00		36.51	40.44	32.13		4	15		
6.00		53.58	58.23	46.27		4	15		
7.00		71.57	79.27	62.98		4	20		

预应力混凝土用钢丝产品标记应包含下列内容：预应力钢丝、公称直径、抗拉强度等级、加工状态代号、外形代号、标准号。如直径为4mm、抗拉强度为1670MPa冷拉光圆钢丝，标记为：预应力钢丝4.00-1670-WCD-P-GB/T 5223—2014。

预应力混凝土用钢丝质量稳定、安全可靠、无接头、施工方便，主要用于大跨径的屋架、薄腹架、桥梁等大型预应力混凝土构件上，还可用于轨枕、压力管道等预应力混凝土构件上。

（2）预应力混凝土用钢绞线　根据《预应力混凝土用钢绞线》（GB/T 5224—2014）的规定，钢绞线按结构分为8类，其外形示意图如图7-16所示，其尺寸及允许偏差、每米参考质量应符合规范要求，如1×7结构钢绞线、1×19结构钢铰线的尺寸及允许偏差、每米参考质量应符合表7-10、表7-11的规定。

钢绞线按结构分为以下8类，结构代号为：

1）用两根钢丝捻制的钢绞线　1×2

2）用三根钢丝捻制的钢绞线　1×3

3）用三根刻痕钢丝捻制的钢绞线　1×3I

4）用七根钢丝捻制的标准型钢绞线　1×7

5）用六根刻痕钢丝和一根光圆中心钢丝捻制的钢绞线　1×7I

6）用七根钢丝捻制又经模拔的钢绞线　（1×7）C

7）用十九根钢丝捻制的1+9+9西鲁式钢绞线　1×19S

8）用十九根钢丝捻制的1+6+6/6瓦林吞式钢绞线　1×19W

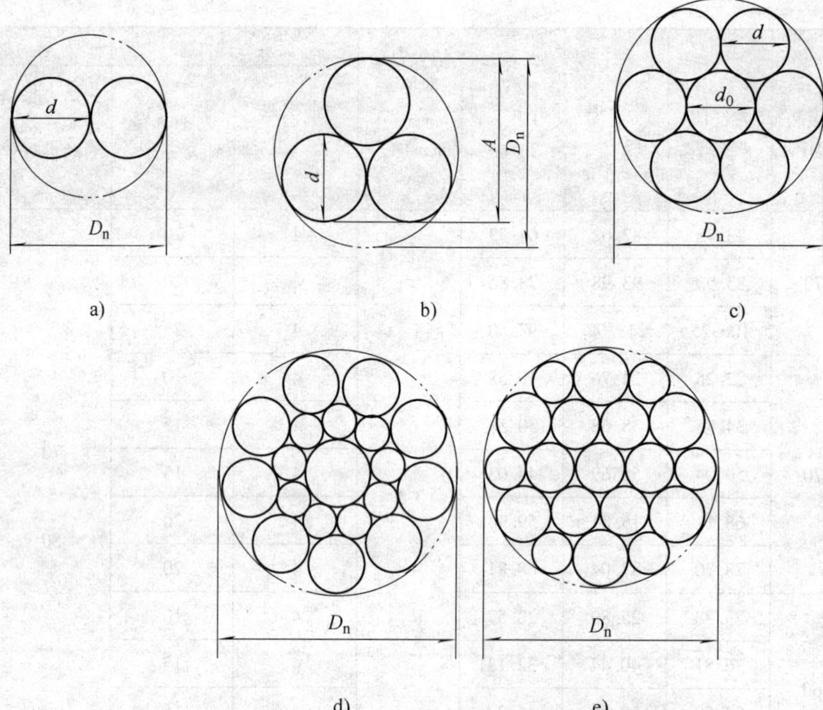

图 7-16　1×2、1×3、1×7、1×19 结构钢绞线外形示意图

a）1×2 结构　b）1×3 结构　c）1×7 结构　d）1×19 结构西鲁式　e）1×19 结构瓦林吞式

表 7-10　1×7 结构钢绞线的尺寸及允许偏差、每米参考质量

钢绞线结构	公称直径 D_n/mm	直径允许偏差/mm	钢绞线公称横截面积 S_n/mm²	每米理论质量/(g/m)	中心钢丝直径 d_0 加大范围/(%)≥
1×7	9.50 (9.53)	+0.30 −0.15	54.8	430	2.5
	11.10 (11.11)		74.2	582	
	12.70	+0.40 −0.15	98.7	775	
	15.20 (15.24)		140	1 101	
	15.70		150	1 178	
	17.80 (17.78)		191 (189.7)	1 500	
	18.90		220	1 727	
	21.60		285	2 237	
1×7I	12.70	+0.40 −0.15	98.7	775	
	15.20 (15. 24)		140	1 101	
(1×7) C	12.70	+0.40 −0.15	112	890	
	15.20 (15. 24)		165	1 295	
	18.00		223	1 750	

注：可按括号内规格供货。

表 7-11　1×19 结构钢绞线的尺寸及允许偏差、每米参考质量

钢绞线结构	公称直径 D_n/mm	直径允许偏差/mm	钢绞线公称横截面积 S_n/mm²	每米理论质量/（g/m）
1×19S（1+9+9）	17.8	+0.40 -0.15	208	1 652
	19.3		244	1 931
	20.3		271	2 149
	21.8		313	2 482
	28.6		532	4 229
1×19W（1+6+6/6）	28.6		532	4 229

注：1×19 钢绞线的公称直径为钢绞线的外接圆的直径。

预应力钢绞线产品标记应包含下列内容：预应力钢绞线，结构代号，公称直径，强度级别，标准号。例如公称直径为 15.20mm，强度级别为 1860MPa 的七根钢丝捻制的标准型钢绞线其标记为：预应力钢绞线 1×7—15.20—1860—GB/T 5224—2014；公称直径为 8.74mm，强度级别为 1670MPa 的三根刻痕钢丝捻制的钢绞线其标记为：预应力钢绞线 1×3 Ⅰ—8.74—1670—GB/T 5224—2014；公称直径为 12.70mm，强度级别为 1860MPa 的七根钢丝捻制又经模拔的钢绞线其标记为：预应力钢绞线（1×7）C—12.70—1860—GB/T 5224—2014。

不同结构的预应力钢绞线具有不同的力学性能，1×2、1×3、1×7 结构钢绞线的力学性能应符合表 7-12、表 7-13、表 7-14、表 7-15 规定。

表 7-12　1×2 结构钢绞线力学性能

钢绞线结构	钢绞线公称直径 D_n/mm	公称抗拉强度 R_m/MPa	整根钢绞线最大力 F_m/kN≥	整根钢绞线最大力的最大值 $F_{m,max}$/kN≤	0.2%屈服力 $F_{p0.2}$/kN≥	最大力总伸长率（L_0≥400mm）A_{gt}（%）≥	应力松弛性能	
							初始负荷相当于实际最大力的百分数(%)	1000h 应力松弛率 r(%)≤
1×2	8.00	1470	36.9	41.9	32.5	对所有规格	对所有规格	对所有规格
	10.00		57.8	65.6	50.9			
	12.00		83.1	94.4	73.1			
	5.00	1570	15.4	17.4	13.6			
	5.80		20.7	23.4	18.2			
	8.00		39.4	44.4	34.7			
	10.00		61.7	69.6	54.3			
	12.00		88.7	100	78.1		70	2.5
	5.00	1720	16.9	18.9	14.9	3.5		
	5.80		22.7	25.3	20.0		80	4.5
	8.00		43.2	48.2	38.0			
	10.00		67.6	75.5	59.5			
	12.00		97.2	108	85.5			

（续）

钢绞线结构	钢绞线公称直径 D_n/mm	公称抗拉强度 R_m/MPa	整根钢绞线最大力 F_m/kN≥	整根钢绞线最大力的最大值 $F_{m,max}$/kN≤	0.2%屈服力 $F_{p0.2}$/kN≥	最大力总伸长率（L_0≥400mm）A_{gt}（%）≥	应力松弛性能	
							初始负荷相当于实际最大力的百分数（%）	1000h应力松弛率 r（%）≤
1×2	5.00	1860	18.3	20.2	16.1	对所有规格	对所有规格	对所有规格
	5.80		24.6	27.2	21.6			
	8.00		46.7	51.7	41.1			
	10.00		73.1	81.0	64.3			
	12.00		105	116	92.5		70	2.5
	5.00	1960	19.2	21.2	16.9	3.5		
	5.80		25.9	28.5	22.8		80	4.5
	8.00		49.2	54.2	43.3			
	10.00		77.0	84.0	67.8			

表 7-13　1×3 结构钢绞线力学性能

钢绞线结构	钢绞线公称直径 D_n/mm	公称抗拉强度 R_m/MPa	整根钢绞线最大力 F_m/kN≥	整根钢绞线最大力的最大值 $F_{m,max}$/kN≤	0.2%屈服力 $F_{p0.2}$/kN≥	最大力总伸长率（L_0≥400mm）A_{gt}（%）≥	应力松弛性能	
							初始负荷相当于实际最大力的百分数（%）	1000h应力松弛率 r（%）≤
1×3	8.60	1470	55.4	63.0	48.8	对所有规格	对所有规格	对所有规格
	10.80		86.6	98.4	76.2			
	12.90		125	142	110			
	6.20	1570	31.1	35.0	27.4			
	6.50		33.3	37.5	29.3			
	8.60		59.2	66.7	52.1			
	8.74		60.6	68.3	53.3			
	10.80		92.5	104	81.4			
	12.90		133	150	117			
	8.74	1670	64.5	72.2	56.8		70	2.5
	6.20	1720	34.1	38.0	30.0			
	6.50		36.5	40.7	32.1			
	8.60		64.8	72.4	57.0	3.5		
	10.80		101	113	88.9		80	4.5
	12.90		146	163	128			
	6.20	1860	36.8	40.8	32.4			
	6.50		39.4	43.7	34.7			
	8.60		70.1	77.7	61.7			
	8.74		71.8	79.5	63.2			
	10.80		110	121	96.8			
	12.90		158	175	139			

（续）

钢绞线结构	钢绞线公称直径 D_n/mm	公称抗拉强度 R_m/MPa	整根钢绞线最大力 F_m/kN≥	整根钢绞线最大力的最大值 $F_{m,max}$/kN≤	0.2%屈服力 $F_{p0.2}$/kN≥	最大力总伸长率（L_0≥400mm）A_{gt}（%）≥	应力松弛性能 初始负荷相当于实际最大力的百分数（%）	应力松弛性能 1000h 应力松弛率 r（%）≤
1×3	6.20	1960	38.8	42.8	34.1	对所有规格	对所有规格	对所有规格
	6.50		41.6	45.8	36.6			
	8.60		73.9	81.4	65.0			
	10.80		115	127	101		70	2.5
	12.90		166	183	146			
1×31	8.70	1570	60.4	68.1	53.2	3.5		
		1720	66.2	73.9	58.3		80	4.5
		1860	71.6	79.3	63.0			

表 7-14　1×7 结构钢绞线力学性能

钢绞线结构	钢绞线公称直径 D_n/mm	公称抗拉强度 R_m/MPa	整根钢绞线最大力 F_m/kN≥	整根钢绞线最大力的最大值 $F_{m,max}$/kN≤	0.2%屈服力 $F_{p0.2}$/kN≥	最大力总伸长率（L_0≥500mm）A_{gt}（%）≥	应力松弛性能 初始负荷相当于实际最大力的百分数（%）	应力松弛性能 1000h 应力松弛率 r(%)≤
1×7	15.20 (15.24)	1470	206	234	181	对所有规格	对所有规格	对所有规格
		1570	220	248	194			
		1670	234	252	206			
	9.50 (9.53)	1720	94.3	105	83.0			
	11.10 (11.11)		128	142	113			
	12.70		170	190	150			
	15.20 (15.24)		241	269	212			
	17.80 (17.78)		327	365	288		70	2.5
	18.90	1820	400	444	352			
	15.70	1770	266	296	234	3.5		
	21.60		504	561	444			
	9.50 (9.53)	1860	102	113	89.9		80	4.5
	11.10 (11.11)		138	163	121			
	12.70		184	203	162			
	15.20 (15.24)		260	288	229			
	15.70		279	309	246			
	17.80 (17.78)		355	391	311			

（续）

钢绞线结构	钢绞线公称直径 D_n/mm	公称抗拉强度 R_m/MPa	整根钢绞线最大力 F_m/kN≥	整根钢绞线最大力的最大值 $F_{m,max}$/kN≤	0.2%屈服力 $F_{p0.2}$/kN≥	最大力总伸长率（L_0≥500mm）A_{gt}（%）≥	应力松弛性能	
							初始负荷相当于实际最大力的百分数（%）	1000h应力松弛率 r（%）≤
1×7	18.90	1860	409	453	360	对所有规格	对所有规格	对所有规格
	21.60		530	587	466			
	9.50（9.53）	1960	107	118	94.2			
	11.10（11.11）		145	160	128			
	12.70		193	213	170		70	2.5
	15.20（15.24）		274	302	241	3.5		
1×7I	12.70	1860	184	203	162			
	15.20（15.24）		260	288	229		80	4.5
（1×7）C	12.70	1860	208	231	183			
	15.20（15.24）	1820	300	333	264			
	18.00	1720	384	428	338			

表7-15 1×19结构钢绞线力学性能

钢绞线结构	钢绞线公称直径 D_n/mm	公称抗拉强度 R_m/MPa	整根钢绞线最大力 F_m/kN≥	整根钢绞线最大力的最大值 $F_{m,max}$/kN≤	0.2%屈服力 $F_{p0.2}$/kN≥	最大力总伸长率（L_0≥500mm）A_{gt}（%）≥	应力松弛性能	
							初始负荷相当于实际最大力的百分数（%）	1000h应力松弛率 r（%）≤
1×19S（1+9+9）	28.6	1720	915	1021	805	对所有规格	对所有规格	对所有规格
	17.8	1770	368	410	334			
	19.3		431	481	379			
	20.3		480	534	422			
	21.8		554	617	488			
	28.6		942	1048	829			
	20.3	1810	491	545	432	3.5	70	2.5
	21.8		567	629	499			
	17.8	1860	387	428	341			
	19.3		454	503	400			
	20.3		504	558	444		80	4.5
	21.8		583	645	513			
1×19W（1+6+6/6）	28.6	1720	915	1021	805			
		1770	942	1048	829			
		1860	990	1096	854			

除非有特殊要求，钢绞线表面不得有油脂等物质。钢绞线允许有轻微的浮锈，但不得有目视可见的锈蚀麻坑。钢绞线表面允许有回火颜色。

预应力钢丝和钢绞线强度高，并具有较好的柔韧性，质量稳定，施工简便，使用时可根据要求的长度切断。它主要适用于大荷载、大跨度、曲线配筋的预应力钢筋混凝土结构。

二、钢结构用型钢

钢结构构件一般直接采用各种型钢，构件之间可直接或附连接钢板进行连接，连接方式有铆接、螺栓连接或焊接。

1. 热轧型钢

常用的热轧型钢有角钢、槽钢、工字钢、L 型钢和 H 型钢等。

角钢分等边角钢和不等边角钢两种。等边角钢的规格用边宽 × 边宽 × 厚度的毫米数表示，如 100 ×100 ×10 为边宽 100mm、厚度 10mm 的等边角钢。不等边角钢的规格用长边宽 ×短边宽 ×厚度的毫米数表示。如 100 ×80 ×8 为长边宽 100mm、短边宽 80mm、厚度 8mm 的不等边角钢。我国目前生产的最大等边角钢的边宽为 200mm，最大不等边角钢的两个边宽为 200mm ×125mm。角钢的长度一般为 4 ~19m（规格小者短，大者长）。

L 型钢的外形类似于不等边角钢，其主要区别是两边的厚度不等。规格表示方法为“腹板高 ×面板宽 ×腹板厚 ×面板厚”单位为 mm，如 L250 ×90 ×9 ×13。其通常长度为 6 ~12m，共有 11 种规格。

普通工字钢，其规格用腰高度（单位为 cm）来表示，也可以“腰高度 ×腿宽度 ×腰宽度”表示，单位为 mm。如型号为 30a，表示腰高为 300mm 的工字钢；20 号和 30 号以上的普通工字钢，同一号数中又分 a、b 和 a、b、c 类型。其腹板厚度和翼缘宽度均分别递增 2mm；其中 a 类腹板最薄，翼缘最窄，b 类较厚较宽，c 类最厚、最宽。工字钢翼缘的内表面均有倾斜度，翼缘外薄而内厚。我国生产的最大普通工字钢为 63C 号。工字钢的通常长度为 5 ~19m。工字钢由于宽度方向的惯性相应回转半径比高度方向的小得多，因而在应用上有一定的局限性，一般宜用于单向受弯构件。

热轧普通槽钢以腰高度的厘米数编号，也可以“腰高度 ×腿宽度 ×腰厚度”表示，单位为 mm。规格从型号 5 ~40 有 30 种，14 号和 24 号以上的普通槽钢同一号数中，根据腹板厚度和翼宽度不同也有 a、b 和 a、b、c 的分类，其腹板厚度和翼缘宽度均分别递增 2mm。槽钢翼缘内表面的斜度较工字钢为小，紧固螺栓比较容易。我国生产的最大槽钢为 40C 号，长度为 5 ~19m（规格小者短，大者长）。槽钢主要用作承受轴向力的构件、承受横向弯曲的梁，以及联系杆件。

热轧 H 型钢分为宽翼缘 H 型钢（代号为 HK）、窄翼缘 H 钢（HZ）和 H 型钢桩〔HU〕三类。规格以公称高度（单位为 mm）表示，其后标注 a、b、c，表示该公称高度下的相应规格，也可采用“腹板高 ×翼缘宽 ×腹板厚 ×翼缘厚”表示，单位为 mm。热轧 H 型钢的通常长度为 6 ~35m。H 型钢翼缘内表面没有斜度，与外表面平行。H 型钢的翼缘较宽且等厚，截面形状合理，使钢材能高效地发挥作用，其内、外表面平行，便于和其他的钢材交接。HK 型钢适用于轴心受压构件和压弯构件，HZ 型钢适用于压弯构件和梁构件。

2. 冷弯薄壁型钢

建筑工程中使用的冷弯型钢常用厚度为 2 ~6mm 薄钢板或钢带（一般采用碳素结构钢或

低含金结构钢）经冷弯或模压而成，故也称冷弯薄壁型钢。其表示方法与热轧型钢相同。冷弯型钢属于高效经济截面材料，由于壁薄、刚度好，能高效地发挥材料的作用，节约钢材，主要用于轻型钢结构。

3. 钢板、压型钢板

建筑钢结构使用的钢板，按轧制方式可分为热轧钢板和冷轧钢板两类，其种类视厚度的不同，有薄板、厚板、特厚板和扁钢（带钢）之分。热轧钢板按厚度划分为厚板（厚度大于4mm）和薄板（厚度为0.35～4mm）两种；冷轧钢板只有薄板（厚度为0.2～4mm）一种。建筑用钢板主要是碳素结构钢，一些重型结构、大跨度桥梁、高压容器等也采用低合金钢板。一般厚板可用于焊接结构；薄板可用作屋面或墙面等围护结构，以及涂层钢板的原材料。

钢板还可以弯曲成型钢。薄钢板经冷压或冷轧成波形、双曲形、V形等形状，称为压型钢板。彩色钢板（又称为有机涂层薄钢板）、镀锌薄钢板、防腐薄钢板等都可用来制作压型钢板。压型钢板具有单位质量轻、强度高、抗震性能好、施工快、外形美观等特点，主要用于围护结构、楼板、屋面等，还可将其与保温材料等制成复合墙板，用途非常广泛。

第三节　钢材的选用、腐蚀与防护

一、钢材的选用原则

（1）荷载性质　对经常承受动力或振动荷载的结构，易产生应力集中而引起疲劳破坏，须选用材质高的钢材。

（2）使用温度　经常处于低温状态的结构，钢材容易发生冷脆断裂，特别是焊接结构的冷脆倾向更加显著，要求钢材具有良好的塑性和低温冲击韧性。

（3）连接方式　焊接结构在温度变化和受力性质改变时，易导致焊缝附近的母体金属出现冷、热裂纹，促使结构早期破坏。因此，焊接结构对钢材化学成分和机械性能要求较严。

（4）钢材厚度　钢材力学性能一般随厚度增大而降低，钢材经多次轧制后，钢的内部结晶组织更为紧密，强度更高，质量更好。故一般结构用的钢材厚度不宜超过40mm。

（5）结构的重要性　选择钢材要考虑结构使用的重要性，如大跨度结构、重要的建筑物结构，须相应选用质量更好的钢材。

二、钢材的腐蚀

钢材在使用中，经常与环境中的介质接触，由于环境介质的作用，其中的铁与介质产生化学作用或电化学作用而逐步被破坏，导致钢材腐蚀，也可称为“锈蚀”。钢材的腐蚀，轻者使钢材性能下降，重者导致结构破坏，造成工程损失。尤其是钢结构，在使用期间应引起重视。

钢材受腐蚀的原因很多，主要影响因素有环境湿度、侵蚀介质性质及数量、钢材材质及表面状况等。根据其与环境介质的作用分为化学腐蚀和电化学腐蚀两类。

1. 化学腐蚀

化学腐蚀是由电解质溶液或各种干燥气体（如O_2、CO_2、SO_2等）所引起的一种纯化学性质的腐蚀，无电流产生。这种锈蚀多数是氧化作用，在钢材表面形成疏松的氧化铁。常温下，钢材表面可形成一薄层钝化能力很弱的氧化保护膜，其疏松、易破裂，有害介质可进一步渗入而发生反应，造成锈蚀。在干燥环境下，锈蚀进展缓慢。但在温度或湿度较高的环境条件下，这种锈蚀进展加快。

2. 电化学腐蚀

电化学腐蚀也称“湿腐蚀”，是由于电化学现象在钢材表面产生局部电池作用的腐蚀。例如在水溶液中的腐蚀和在大气、土壤中的腐蚀等。

钢材在潮湿的空气中，由于吸附作用，在其表面覆盖一层极薄的水膜，由于表面成分或者受力变形等的不均匀，使邻近的局部产生电极电位的差别，形成了许多微电池。在阳极区，铁被氧化成 Fe^{2+} 离子进入水膜。因为水中溶有来自空气中的氧，在阴极区氧被还原为 OH^- 离子，两者结合成为不溶于水的 $Fe(OH)_2$，并进一步氧化成为疏松易剥落的红棕色铁锈 $Fe(OH)_3$。在工业大气的条件下，钢材较容易锈蚀。

钢材在大气中的腐蚀，实际上是化学腐蚀和电化学腐蚀同时作用所致，但以电化学腐蚀为主。

三、腐蚀防护

钢材的腐蚀有材质的原因，也有使用环境和接触介质等原因，因此，防止腐蚀的方法也有所侧重。目前所采用的防腐蚀方法有：

1. 保护层法

在钢材表面施加保护层，使钢与周围介质隔离，从而防止锈蚀。保护层可分为金属保护层和非金属保护层两类。

金属保护层是用耐腐蚀性能好的金属，以电镀或喷镀的方法覆盖在钢材的表面，提高钢材的耐腐蚀能力。如镀锌、镀铬、镀铜和镀镍等。

非金属保护层是在钢材表面用非金属材料作为保护膜，与环境介质隔离，以避免或减缓腐蚀。如喷涂涂料、搪瓷和塑料等。钢结构防止腐蚀用得最多的方法是表面刷漆。常用底漆有：红丹防锈底漆、环氧富锌漆、铁红环氧底漆等。底漆要求有比较好的附着力和防锈蚀能力。常用面漆有：灰铅漆、醇酸磁漆、酚醛磁漆等。面漆是为了防止底漆老化，且有较好的外观色彩，因此，面漆要求有比较好的耐候性、耐湿性及耐热性，且化学稳定性要好，光敏感性要弱，不易粉化和龟裂。涂刷保护层之前，应先将钢材表面的铁锈清除干净，目前一般的除锈方法有：钢丝刷除锈、酸洗除锈及喷砂除锈。

2. 合金化

在钢材中加入能提高抗腐蚀能力的合金元素，如铬、镍、锡、钛和铜等，制成不同的合金钢，能有效地提高钢材的抗腐蚀能力。

防止混凝土中钢筋的腐蚀可以采用上述方法，但最经济有效的方法是提高混凝土的密实度及碱度，并保证钢筋有足够的保护层厚度。

第四节 建筑木材

木材是人类使用最早的建筑材料之一，也是性能优良、人们最喜爱的建筑材料，早在古代，我国就采用木材建筑桥梁和栈道，取得了辉煌的成就。随着现代建筑材料的生产和应用，在桥梁工程中单纯采用木材建造的桥梁少之又少，但在道路与桥梁工程中，各种木结构在工程中还是会经常遇到。

木材具有轻质高强，易加工，导电、导热性低，弹性和塑性好，能承受冲击和振动等作用，在干燥环境或长期置于水中均有很好的耐久性等性质。木材与水泥、钢材并列为建筑工程中的三大材料。由于木材具有美丽的天然花纹，给人以淳朴、古雅、亲切的质感，作为装饰与装修材料，仍有其独特的功能和价值，因而被广泛应用。木材也有使其应用受到限制的缺点，如构造不均匀性，各向异性，易吸湿吸水从而导致形状、尺寸、强度等物理、力学性能变化；长期处于干湿交替环境中，其耐久性变差；易燃、易腐、天然疵病较多等。

一、木材的分类及构造

1. 木材的分类

木材是由树木加工而成的，树木根据树叶形状分为针叶树和阔叶树两大类，建筑中应用最多的是针叶树。另外，根据原木的加工方式可将木材分为板材、方材和微薄木片。按木材的材质分类可分为实木板和人造板两大类。

（1）针叶树　针叶树树干通直而高大，易得大材，纹理平顺，材质均匀，木质较软而易于加工，故又称为“软木材”。这类木材表观密度和胀缩变形较小，耐腐性较强，为建筑工程中主要用材，多用作承重构件。常用树种有松、杉、柏等。

（2）阔叶树　阔叶树树干通直部分一般较短，材质较硬，较难加工，故又称为“硬木材”。这类木材一般较重，强度较大，胀缩、翘曲变形较大，较易开裂，建筑上常用作尺寸较小的构件。有些树种具有美丽的纹理，适于作内部装修、家具及胶合板等。常用树种有榆木、水曲柳、柞木等。

2. 木材的构造

木材的构造是决定木材性质的主要因素。在宏观下，树木可分为树皮、木质部和髓心三个部分，而木材主要使用木质部。为便于了解木材的构造，将树木切成三个不同的切面，如图7-17所示。横切面是垂直于树轴的切面；径切面是通过树轴的切面；弦切面是和树轴平行与年轮相切的切面。

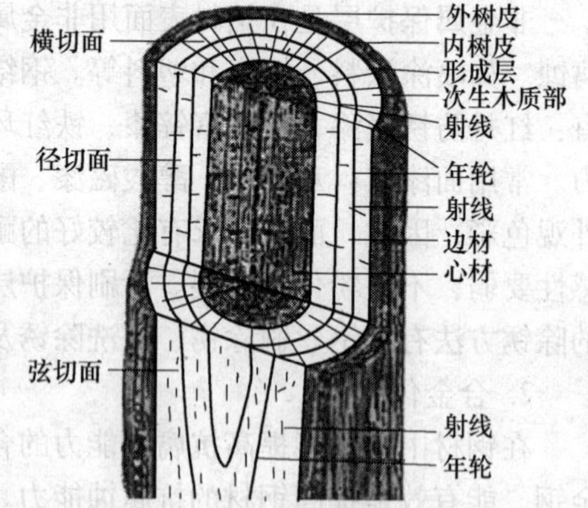

图7-17　树干的三个切面

（1）树皮　包裹在树木的干、枝、根次生木质部外侧的全部组织统称为“树皮”，分为内树皮和外树皮。

（2）形成层　形成层位于树皮和木质部之间，是包裹着整个树干、树枝和树根的一个连续的鞘状层。通常，形成层只有一列细胞层，其细胞特点是它具有反复分生能力；生长季节，形成层向外分生新的次生韧皮部细胞，向内分生新的次生木质部细胞，是树皮和木质部产生的源泉。

（3）木质部　木质部位于形成层和髓之间，是树干的主要部分。根据细胞的来源，木质部分为初生木质部和次生木质部。初生木质部起源于顶端分生组织，常与树干的髓紧密相连接，合成髓心。初生木质部占很小一部分，在髓的周围。次生木质部来源于形成层的逐年分裂，占绝大部分，是木材的主体，加工利用的木材就是这一部分。

（4）髓心　髓心俗称“树心”，位于树干（横切面）的中央，也有偏离中央的。颜色较深或浅，质地松软。它和第一年生的木材构成髓心。由于它是轴向薄壁组织构成，因此髓心部分木材的力学性质低，又易于开裂和腐朽，在航空、造船及特殊用材中须除去。

（5）年轮、早材、晚材　年轮是树木在（直径）生长过程中，由于气候交替的明显变化而形成的轮状结构，亦是形成层向内分生的一层次生木质部围绕着髓心构成的同心圆。年轮中浅色部分是树木在春季生长的，由于生长快，细胞大而排列疏松，细胞壁较薄，颜色较浅，称为“春材（早材）”；深色部分是树木在夏季生长的，由于生长迟缓，细胞小，细胞壁较厚，组织紧密坚实，颜色较深，称为“夏材（晚材）”。每一年轮内就是树木一年的生长部分。年轮中夏材所占的比例越大，木材的强度越高。

（6）边材、心材　在木质部中，靠近髓心的部分颜色较深，称为“心材”。心材含水量较少，不易翘曲变形，抗蚀性较强。外面部分颜色较浅，称为“边材”。边材含水量高，易干燥，也易被湿润，所以容易翘曲变形，抗蚀性也不如心材。

（7）射线　木材横切面上可以看到一些颜色较浅或略带有光泽的线条，它们沿着半径方向呈辐射状穿过年轮，这些线条称为“木射线”。木射线可从任一年轮处发生，一旦发生，它随着直径的增大而延长，直到形成层止。木射线是木材中唯一呈射线状的横向排列的组织，它在立木中主要起横向输导和贮藏养分的作用。

二、木材的性质

1. 化学性质

木材细胞的组成成分分为主要成分和次要成分两种，主要成分是纤维素、半纤维素和木质素，木材纤维素含量为40%～50%；次要成分有树脂、单宁、香精油、色素、生物碱、果胶、蛋白质等。组成木材基本元素和平均含量分别是：碳49.5%～50%、氢6.3%～6.4%、氧42.6%～44%、氮0.1%～0.2%。此外，还有总含量为0.2%～1.7%的少量无机物，主要是钾、钠、钙、磷、镁、铁、锰等元素。由此可见，木材的组成主要是一些天然高分子化合物。

木材的化学性质复杂多变。在常温下木材对稀的盐溶液、稀酸、弱碱有一定的抵抗能力，但随着温度升高，木材的抵抗能力显著降低。而强氧化性的酸、强碱在常温下也会使木材发生变色、湿胀、水解、氧化、酯化、降解、交联等反应。在高温下即使是中性水也会使木材发生水解等反应。木材的上述化学性质也正是木材某些处理、改性以及综合利用的工艺基础。

2. 物理性质

（1）实质密度与气干密度　木材的实质密度指的是构成木材细胞壁的密度。各种木材的实质密度近于相同，为1.50～1.56g/cm^3。气干密度指在气干状态下木材单位体积的质量。测定气干密度时可用测微仪按几何形状求其体积，用分析天平称其质量。

木材密度大小反映出木材细胞壁中物质含量的多少，是木材性质的一个重要指标。木材密度与强度之间成正比，即在含水率相同的情况下，木材密度大则其强度大，它是判断木材强度的最佳指标。影响木材密度大小变化的主要因素有树种、晚材率、含水率、树干部位等。

就目前所知，国产木材最重的是蚬木，气干密度1.130g/cm^3，最轻的为轻木，气干密度0.24g/cm^3。泡桐只有0.27g/cm^3。世界上木材密度最轻的为髓木，气干密度0.04g/cm^3，最重的为胜斧木，气干密度为1.42g/cm³。

(2) 含水率　由于纤维素、半纤维素、木质素的分子均含有羟基（—OH基），所以木材很容易从周围环境中吸附水分。木材中所含的水根据其存在形式可分为自由水、吸附水和化合水三类。自由水是存在于细胞腔中和细胞间隙中的水，自由水含量影响木材的表观密度、燃烧性和抗腐蚀性。吸附水是被吸附在细胞壁内细纤维间的水，吸附水含量影响到木材体积的胀缩和强度。化合水即木材化学组成中的结合水，这部分水分含量极少，而且相对稳定，是木材的组成成分之一。

木材中水分的质量和木材自身质量之百分比称为木材的含水率。木材含水率分为绝对含水率和相对含水率两种。以全干木材的质量为基准计算含水率称为绝对含水率，以湿木材的质量为基准计算的含水率称为相对含水率。

$$W = \frac{m_1 - m_2}{m_2} \times 100\% \tag{7-4}$$

$$W' = \frac{m_1 - m_2}{m_1} \times 100\% \tag{7-5}$$

式中　W——绝对含水率；

W'——相对含水率；

m_1——试件未干燥前的质量，g；

m_2——试件干燥后的质量，g。

当木材细胞腔和细胞间隙中的自由水完全脱去，而细胞壁吸附水尚未饱和时，木材的含水率称为“木材的纤维饱和点”。纤维饱和点随树种而异，一般在25%~30%，平均为30%左右。

木材含水量与木材的密度（见图7-18）、强度、耐久性、加工性、导热性、导电性等有关。尤其是纤维饱和点是木材物理力学性质发生变化的转折点（见图7-19）。潮湿的木材能在较干燥的空气中失去水分，干燥的木材也能从周围的空气中吸收水分。当木材长时间处于一定温度和湿度的空气中，则会达到相对稳定的含水率，即水分的蒸发和吸收趋于平衡，这时木材的含水率称为“平衡含水率”（见图7-20），它随大气的温度和相对湿度而变化。新伐木材含水率在35%以上，长期处于水中的木材含水率更高，风干木树含水率为15%~25%，室内干燥的木材含水率常为8%~15%。

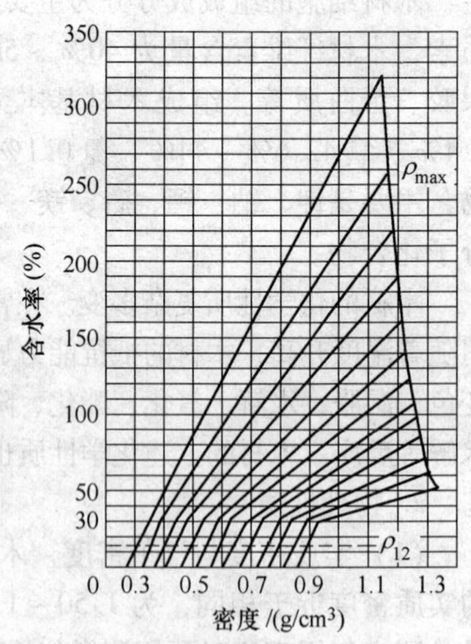

图7-18　木材密度与含水率的关系

(3) 湿胀干缩　木材具有显著的湿胀干缩性。当木材从潮湿状态干燥至纤维饱和点时，自由水蒸发，其尺寸不改变，继续干燥，而当细胞壁中吸附水蒸发时，则发生体积收缩。反之，干燥木材吸湿时，将发生体积膨胀，直到含水量达纤维饱和点时为止。此后，木材含水量继续增大，也不再膨胀。木材的这种湿胀干缩性随树种而有差异，一般来讲，表观密度大的，夏材含量多的，胀缩就较大。木材含水率与胀缩变形的关系如图7-21所示。

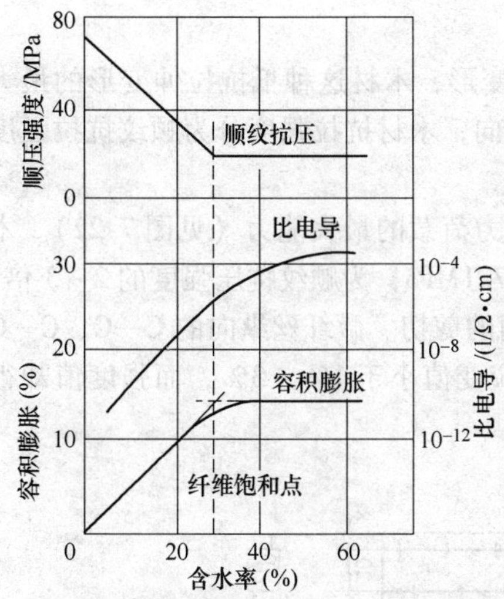

图 7-19　木材纤维饱和点与材性间的关系

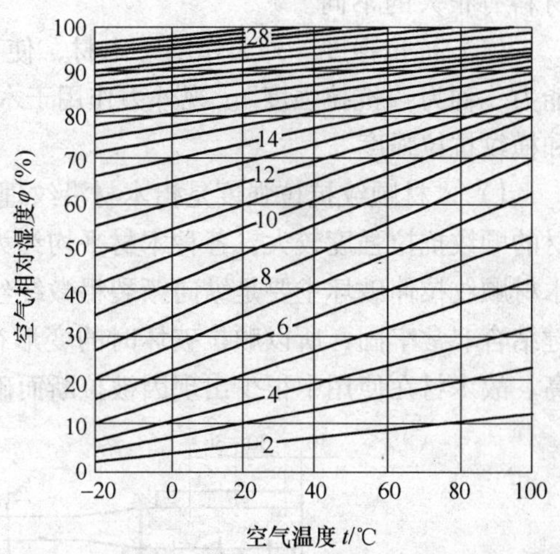

图 7-20　木材的平衡含水率

木材由于构造不均匀，使各方向胀缩也不一样，在同一木材中，这种变化沿弦向最大，径向次之，纤维方向最小。木材干燥时，弦向干缩为 6% ~ 12%，径向干燥 3% ~6%，纤维方向干缩 0.1% ~ 0.35%，这主要是受髓线影响所致。由此可知，湿材干燥后，将改变其截面形状和尺寸，这是实际应用上极为不利的现象。木材的湿胀干缩对木材的使用有严重影响，干缩使木结构构件连接处发生隙缝而导致接合松弛，湿胀则造成凸起。为了避免这种情况，最根本的办法是预先将木材进行干燥，使木材的含水率与将做成的构件使用时所处的环境湿度相适应，即将木材预先干燥至平衡含水率后再加工使用。

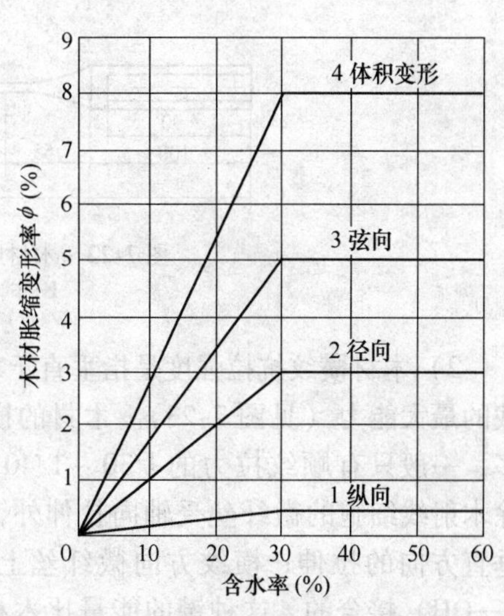

图 7-21　木材的胀缩变形率

（4）其他物理性质

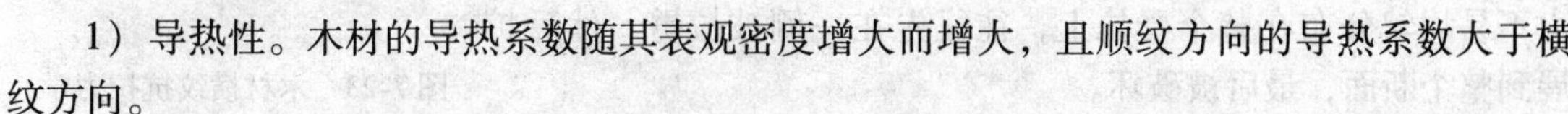

1）导热性。木材的导热系数随其表观密度增大而增大，且顺纹方向的导热系数大于横纹方向。

2）导电性。干材具有很高的电阻，当木材的含水量提高或温度升高时，木材电阻会降低。

3）吸声性。木材具有较好的吸声性能，故常用软木板、木丝板、穿孔板等作为吸声材料。

3. 木材的力学性质

木材力学性质是指木材抵抗使之改变其大小和形状外力的能力，也即木材适应外力作用的能力。木材的力学性质主要分为弹性、塑性、蠕变、松弛、抗拉强度、抗压强度、抗弯强度、抗剪强度、冲击韧性、抗劈力、抗扭强度、硬度和耐磨性等，其中以抗拉强度、抗压强度、抗弯强度、抗剪强度等较为重要。木材是生物材料，其构造导致木材的各向异性，因此木材的力学性质也是各向异性的，这与各向同性的金属材料和人工合成材料有很大的不同。

（1）抗拉强度　外力作用于木材，使其发生拉伸变形，木材这种抵抗拉伸变形的最大能力，称为“抗拉强度”。视外力作用于木材纹理的方向，木材抗拉强度分为顺纹抗拉强度和横纹抗拉强度。

1）木材顺纹抗拉强度是指木材沿纹理方向承受拉力荷载的最大能力（见图7-22）。木材的顺纹抗拉强度较大，各种木材平均约为117.7～147.1MPa，为顺纹抗压强度的2～3倍。木材顺纹拉伸破坏主要是纵向撕裂粗微纤丝和微纤丝间的剪切。微纤丝纵向的C—C、C—O键结合非常牢固，所以顺拉破坏时的变形很小，通常应变值小于1%～3%，而强度值却很高。故木材在使用中很少出现因被拉断而破坏。

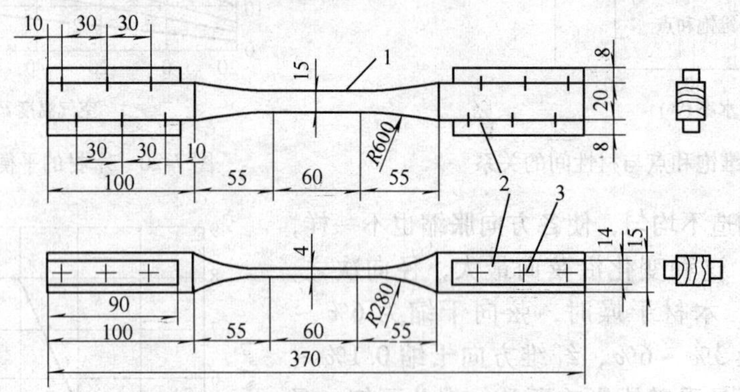

图7-22　木材顺纹抗拉力学试样及其受力方向
1—试样　2—模垫　3—固定钉

2）木材横纹抗拉强度是指垂直于木材纹理方向承受拉力荷载的最大能力（见图7-23）。木材的横纹拉力比顺纹拉力低得多，一般只有顺纹拉力的1/30～1/40。因为木材径向受拉时，除木射线细胞的微纤丝受轴向拉伸外，其余细胞的微纤丝都受垂直方向的拉伸；横纹方向微纤丝上纤维素链间是以氢氧键（—OH）接合的，这种键的能量比木材纤维素纵向分子间C—C、C—O键接合的能量要小得多。此外，横纹拉力试验时，应力不易均匀分布在整个受拉上，往往先在一侧被拉劈，然后扩展到整个断面，最后被破坏。

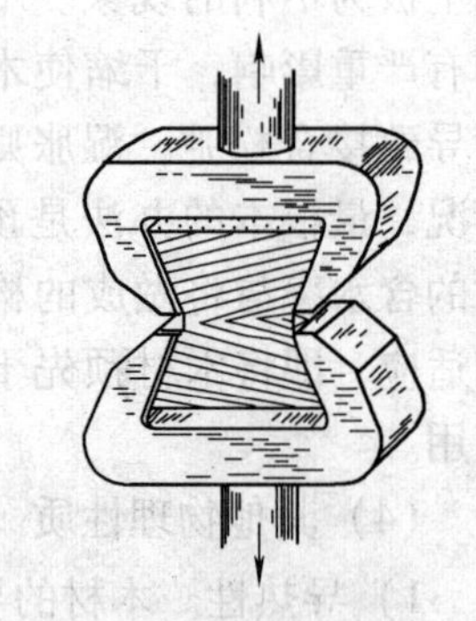

图7-23　木材横纹抗拉力学试样及其受力方向

（2）抗压强度　木材的抗压强度包括木材的顺纹抗压强度和横纹抗压强度。

1）木材顺纹抗压强度是指木材沿纹理方向承受压力荷载的最大能力，主要用于诱导结构材和建筑材的榫接合等类似用途的允许工作应力计算和柱材的选择等，如拱桥木结构支架、斜撑等构件所承受的压力。木材顺纹抗压强度是重要的力学性质指标之一，它比较单纯而稳定，并且容易测定，常用以研究不同条件和处理对木材强度的影响。根据试样长度与直径之比值，木柱有长柱与短柱之分。当长度与最小断面的直径之比小于或等于11时为短柱，大于11时为长柱，长柱也称“欧拉柱”。长柱以材料刚度为主要因素，受压不稳定，其破坏不是单纯的压力所致，而是纵向上会发生弯曲，产生扭矩，最后导致破坏，它已不属于顺纹抗压的范畴。我国木材顺压强度的平均值约为45MPa；顺压比例极限与强度的比值约为0.7，针叶树材该比值约为0.78，软阔叶树材为0.70，硬阔叶树材为0.66。

2）横纹抗压强度指垂直于木材纹理方向承受压力荷载，在比例极限时的纤维应力。木材横纹抗压只测定比例极限时的压缩应力，难以测定出最大压缩荷载。木材横向与纵向构造上有着显著的差异，其最大压缩荷载不可能在试样破坏时瞬间测得，这主要与木材管状细胞的排列结构有关。横纹抗压强度的测定有两种方式：横纹全部拉压和横纹局部抗压强度。荷载作用于试样的全部称为“横纹全部拉压强度”；荷载作用于试样的局部称为“横纹局部抗压强度”。按荷载作用于年轮的方向，分为弦向抗压和径向抗压。外力相切于年轮的方向为弦向，垂直于年轮的方向为径向。因此横纹抗压强度有径向全部抗压、弦向全部抗压与径向局部抗压、弦向局部抗压四种形式。不同的受力方式，其比例极限应力大小不同。木材的横纹抗压强度以使用中所限制的变形量来决定，通常只有其顺纹抗压强度的10%～20%。

（3）抗弯强度　木材抗弯强度是指木材承受逐渐施加弯曲荷载的最大能力，可以用曲率半径的大小来度量。它与树种、树龄、部位、含水率和温度等有关。木材抗弯强度也称“静曲强度”或“弯曲强度”，是重要的木材力学性质之一，主要用于家具中各种柜体的横梁、建筑物的桁架、地板和桥梁等易于弯曲构件的设计。静力荷载下，木材弯曲特性主要决定于顺纹抗拉和顺纹抗压强度之间的差异。因为木材承受静力抗弯荷载时，常常因为压缩而破坏，并因拉伸而产生明显的损伤。对于抗弯强度来说，控制着木材抗弯比例极限的是顺纹抗压比例极限时的应力，而不是顺纹抗拉比例极限时应力。木材承受弯曲荷载时受力方式与应力分布情况如图7-24所示。根据国产40种木材的抗弯强度和顺纹抗压强度的分析得知：抗弯比例极限强度与顺纹抗压比例极限强度的比值约为1.72；最大荷载时的抗弯强度与顺纹抗压强度的比值约为2.0；针叶树材的比值低于阔叶树材；密度小的木材，其比值也低。

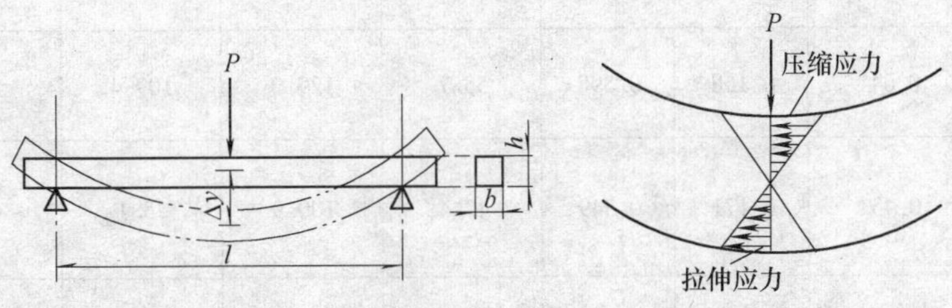

图7-24　木材承受弯曲荷载时受力方式与应力分布情况

各树种木材抗弯强度平均值约为90MPa。针叶树材径向和弦向抗弯强度间有一定的差异，弦向比径向高出10%～12%；阔叶树材两个方向上的差异一般不明显。

（4）抗剪强度　木材抵抗剪切应力的最大能力，称为“抗剪强度”。木材抗剪强度视外力作用于木材纹理的方向，分为顺纹抗剪强度和横纹抗剪强度（见图7-25）。在实际应用中发生横纹剪切的现象不仅罕见，而且横纹剪切总是要横向压坏纤维产生拉伸作用而并非单纯的横纹剪切，因此通常不作为材性指标进行测定。木材的横纹抗剪强度为顺纹抗剪强度的3～4倍。

木材各种强度间的关系见表7-16。常用树种的木材主要力学性能见表7-17。

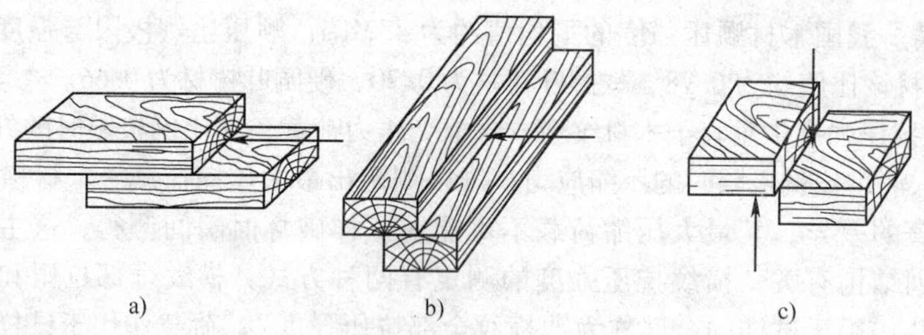

图 7-25　木材的剪切

a）顺纹剪切　b）横纹剪切　c）横纹切断

表 7-16　木材各种强度间的关系

抗压		抗拉		抗弯	抗剪	
顺纹	横纹	顺纹	横纹		顺纹	横纹
1	1/10 ~ 1/3	2 ~ 3	1/20 ~ 1/3	1.5 ~ 2	1/7 ~ 1/3	1/10 ~ 1/5

注：表中数值是以顺纹抗压强度极限为 1，其他各种强度皆为其倍数。

表 7-17　常用树种的木材主要物理力学性能

树种名称	产地	气干表观密度/(g/cm³)	干缩系数		顺纹抗压强度/MPa	顺纹抗拉强度/MPa	抗弯强度/MPa	顺纹抗剪强度/MPa	
			径向	弦向				径面	弦面
杉木	湖南	0.371	0.123	0.277	38.8	77.2	63.8	4.2	4.9
	四川	0.416	0.136	0.286	39.1	93.5	68.4	6.0	5.0
红松	东北	0.440	0.122	0.321	32.8	98.1	65.3	6.3	6.9
马尾松	安徽	0.533	0.140	0.270	41.9	99.0	80.7	7.3	7.1
落叶松	东北	0.641	0.168	0.398	55.7	129.9	109.4	8.5	6.8
鱼鳞云杉	东北	0.451	0.171	0.349	42.4	100.9	75.1	6.2	6.5
冷杉	四川	0.433	0.174	0.341	38.8	97.3	70.0	5.0	6.5
蒙古栎	东北	0.766	0.199	0.316	55.6	155.4	124.0	11.8	12.9
白栎	安徽	0.930	0.210	0.389	52.1	155.4	128.6	15.9	18.0
水曲柳	东北	0.686	0.197	0.353	52.5	138.1	118.6	11.3	10.5
榔榆	浙江	0.818	——	——	49.1	149.4	103.8	16.4	18.4

4. 影响木材力学性质的因素

木材是变异性很大的天然生物高分子材料，其构造和性质不仅因树种而不同，而且随林木的立地条件而变异。木材的力学性质与木材的构造密切相关，同时还受木材水分、木材缺陷、木材密度以及大气温湿度变化的影响。

（1）含水率　木材含水率对木材力学性质的影响，是指纤维饱和点以下木材水分变化，给木材力学性质带来的影响。含水率在纤维饱和点以下，木材强度随着木材水分的减少而增高，随着水分的升高而降低（见图 7-26），这主要是由于单位体积内纤维素和木素分子的数目增多，分子间的结合力增强所致。含水率高于纤维饱和点，自由水含量增加，其强度值不再减小，基本保持恒定。经过长期的研究证实，含水率在纤维饱和点以下，强度的对数值与含水率成一直线关系。

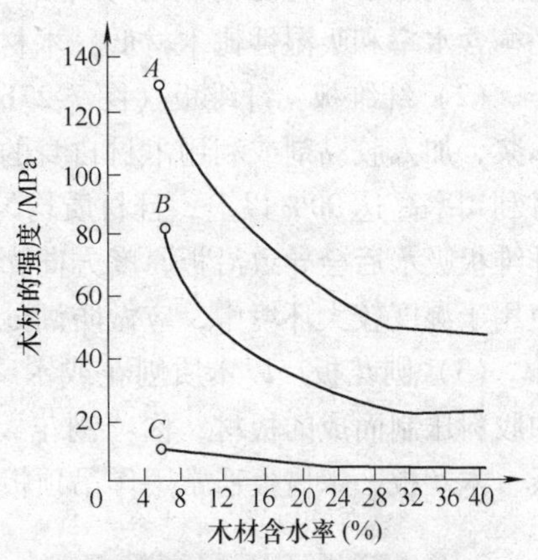

图 7-26　含水率对松木力学强度的影响

A—横向抗弯　*B*—顺纹抗压　*C*—顺纹抗剪

（2）密度　木材密度是决定木材强度和刚度的物质基础，是判断木材强度的最佳指标。密度增大，木材强度和刚性增高；密度增大，木材的弹性模量呈线性增高；密度增大，木材韧性也成比例地增长。

（3）温度　温度对木材力学性能影响比较复杂。一般情况下，室温范围内，影响较小，但在高温和极端低温情况下，影响较大。正温度的变化，在导致木材含水率及其分布产生变化同时，会造成木材内产生应力和干燥等缺陷。正温度除通过它们对木材强度的有间接影响外，还对木材强度有直接影响。主要原因在于热促使细胞壁物质分子运动加剧，内摩擦减少，微纤丝间松动增加，引起木材强度下降。总之，木材大多数力学强度随温度升高而降低。温度对力学性质的影响程度由大至小的顺序为：压缩强度、弯曲强度、弹性模量，最小为拉伸强度。

（4）木材缺陷　木材由于生长条件、生理及生物危害等原因，使木材的正常构造发生变异，以致影响木材性质，降低木材利用价值，这部分被称为木材的“缺陷”，如木节、斜纹、裂纹、虫眼、变色和腐朽等。木材缺陷破坏了木材的正常构造，必然影响木材的力学性质，其影响程度视缺陷的种类、质地、尺寸和分布等而不同。

（5）荷载持续时间　试验表明，由于木材的流变特性，木材的强度与加荷速度有关，在不同的加荷速度条件下，木材具有不同的破坏强度。在荷载长期作用下，木材强度要比荷载短期作用状态下低得多，同时变形也随时间而增长。而建筑结构一般都有部分恒载，因此在木材容许应力取值时，必须考虑长期荷载的影响，否则会危及结构的安全。木材的持久强度系指木构件在最大荷载永久作用下不产生破坏的强度。持久强度与暂时强度的比值因材质而异，一般为 1/2 ~2/3。

三、人造板材

将木材加工过程中的边角、碎料、刨花、木屑、锯末等，经过再加工处理，制成各种人造板材，可有效提高木材的综合利用率。人造板材经常应用于桥梁涵洞建筑过程中的模板工程。

（1）胶合板　胶合板（图7-27a）是将原木沿年轮方向切成薄片，经干燥处理后上胶，将数张薄片（一般为3~13层）按其纤维方向互相垂直叠放，再经热压而制成的。针叶树和阔叶树均可制作胶合板。常用的胶黏剂有酚醛树脂、脲醛树脂、血胶、豆胶等。胶合板的优点是克服了木材各向异性的缺点；导热系数小，绝热性能好；无明显的纤维饱和点存在；平衡含水率和吸湿性比木材低；木材的疵病被剔除，板面质量好等。

（2）纤维板　纤维板（图7-27b）是将树皮、刨花、树枝等废料，经破碎浸泡、研磨成木浆，加入胶黏剂或利用木材自身的胶黏物质，再经热压、干燥等工序而制成的。纤维板木材利用率高达90%以上，且材质均匀，各向强度一致，弯曲强度大，不易胀缩和翘曲开裂。纤维板吸水后会导致沿板厚度方向膨胀，而强度下降，且板面发生变形翘曲，因此纤维板若使用于湿度较大环境中，应做防潮处理。

（3）刨花板　以木质刨花或木质纤维材料（如木片、锯屑、亚麻等）为原料，加或不加胶料压制而成的板材，称“刨花板”（图7-27c）。同类产品还有木丝板、木屑板等。刨花板、木丝板、木屑板通常用作吊顶板材，隔断、隔热板和吸声板等。

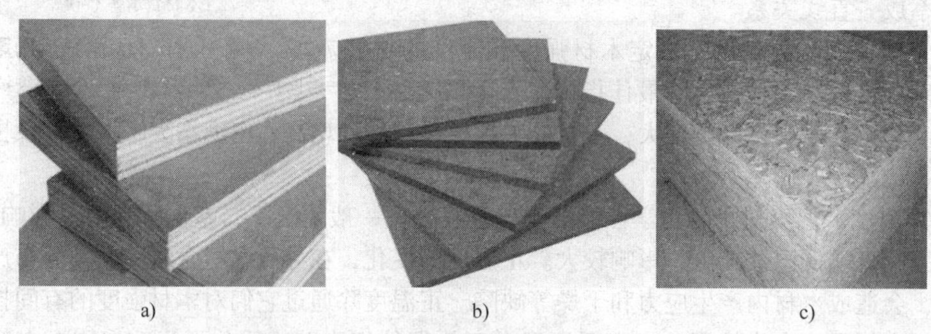

a)　b)　c)

图7-27　人造板材

a）胶合板　b）纤维板　c）刨花板

思考题

7-1　简述钢的分类。

7-2　建筑钢材的化学成分对其性能有何影响？

7-3　建筑钢材的技术性质包括哪些内容？简要论述低碳钢的受拉时的应力-应变情况。

7-4　什么是屈强比？其在工程实践中有何实际意义？

7-5　什么是钢筋的冷加工和时效？经冷加工处理和时效处理后其性能有何变化？

7-6　热轧钢筋分为哪几类？各有哪些牌号？

7-7　钢筋锈蚀的原因有哪些？如何防锈？

7-8　简述木材的构造。木材的物理性质主要有哪些？

7-9　木材的主要力学性质有哪些？影响木材力学性质的因素有哪些？

第八章　道路标线材料

第一节　概　述

道路标线材料主要是指道路标线涂料、道钉、预成型标线带等，其中道路标线涂料是最重要的组成部分，在着重介绍道路标线涂料之前，先对道钉、预成型标线带做一简要介绍。

一、道钉

道钉分为铁路用道钉和公路用道钉。这里所说的道钉主要是指公路用道钉，又叫作“突起路标”，是一种交通安全设施。主要安装在道路的标线中间或双黄线中间，通过其逆反射性能提醒驾驶员按车道行驶。道钉的规格一般为10mm×100mm×20mm，高度最高不超过25mm。反射器有多种，有反光片、反光珠，Led发光、反光膜等。道钉的安装一般采用环氧树脂安装。

按照材质可以分为：铸铝道钉、塑料道钉、陶瓷道钉、玻璃球道钉、反光珠道钉（分21珠和43珠，可以合并到铸铝和塑料道钉里面）。

按照功能可以分为：普通道钉、太阳能道钉、隧道有线道钉、无线道钉。

根据反光面数可以分为：单面道钉和双面道钉。

二、预成型标线带

预成型标线带在德国和法国使用时间较长，它属于一种特殊的标线材料，在工厂制作成型，施工时直接粘贴在路面上，主要用于制作文字、箭头和临时性标线。因其价格昂贵、用量较少。德国规定白色为永久性标线，黄色为临时性标线。因此，在道路的修建过程中，德国临时划制的标线多采用黄色预成型标线带，待施工完毕后，标线带可撕下回收。

工程级预成型反光标线带的主要成分为柔韧聚合物、颜料、玻璃微珠。其施工方法简单，施工作业不影响交通；基材里本身含有玻璃微珠，即使表面玻璃微珠磨损掉仍能反光，夜间反射性好；在水泥路面以及优质的沥青路面都有很强的黏结能力；感官上色彩突出，立体感很强，减速效果很明显。

压敏型预成型反光标线带在各种反光标线带的背面预涂压敏胶，施工简便，易于清除，可用于临时标识之用。

振荡型预成型反光标线带为凸凹结构，贴于路面，当车辆快速经过时能感到振动，提醒驾驶员减速慢行，注意前方，可与立体减速标志配合使用，减速效果更佳。

第二节　涂料的基本性质

涂料俗称“油漆”，这是因为我国古代长久以来使用桐油、生漆等作为金属和木材的保护用材料，后来发展的涂料也多以亚麻油、豆油等油料作为主要的原材料。现在以合成树脂为主要原材料，所以称之为“涂料”更为恰当。作为道路标线材料的知识基础，这里对涂料基本性质及其成膜机理的基本知识进行介绍。

一、涂料的基本性质

1. 涂料的基本组成

涂料是由成膜物质、分散介质（溶剂）、颜料和助剂组成的多相分散体系（见表8-1）。把这四种基本成分以正确的方式合理地混合在一起，就生产出了涂料。当然这一过程并不简单。规模生产通常要使用上千种原材料，配方原理也十分复杂，生产过程非常讲究。

表8-1 涂料的基本组成

组分类型	成膜物质	颜料	分散介质（溶剂）	助剂
组分内容	主要树脂 改性树脂	着色颜料 防锈颜料 体质颜料 其他功能性颜料	主溶剂 助溶剂 稀释剂	消泡剂 润湿分散剂 催干剂 触变剂 流平剂 增塑剂 其他添加剂

2. 成膜物质

涂料中的树脂等黏结剂，即成膜物质，在液态的时候可以分散或悬浮固体的颜料。它将所有的涂料组分黏结在一起形成整体均一的涂层或涂膜，同时对底材或底涂层发挥润湿、渗透和相互作用从而产生必要的附着力，并基本满足涂层的性能要求。

成膜物质是涂料中的主体，它的性能决定了涂料的基本性能。由于不同的树脂有不同的化学结构，其化学物理性质和力学性能各异，有的耐候性好，有的耐溶剂性好，有的力学性能好。不同的黏结剂对涂料的施工也有着很大的影响。正因为如此，常常以不同的黏结剂来区分并称呼涂料的类别名称，如环氧树脂涂料、沥青涂料、醇酸树脂涂料、有机硅耐热涂料等。

成膜物质可以从多个角度来进行类别划分。

（1）按有机、无机分类　可以分为有机成膜物质、无机成膜物质和有机－无机杂化树脂。天然和合成聚合物，化学改性的天然树脂等，构成了有机涂层材料，它们是涂料工业的主体。无机成膜物主要是指以聚合硅酸盐或磷酸盐等黏结剂为主体的涂层材料，如硅酸锂、高模数硅酸钾和聚合磷酸锌等。有机－无机杂化树脂是近十几年来的新型树脂成膜物质，如环氧丙烯酸聚硅氧烷等。

（2）按其固化成膜的方式　可以分为热塑性和热固性两大类。

1）热塑性成膜物质多是分子量较大的天然或合成聚合物树脂，例如聚合改性松香、沥青、硝基纤维素、氯化橡胶等天然及化学改性树脂，丙烯酸、氯磺化聚乙烯、过氯乙烯、高氯化聚乙烯及聚丙烯等合成氯化聚烯烃树脂等。通常将它们溶解在适当的溶剂体系中配成树脂溶液制备涂料产品，通过溶剂蒸发后固化成膜。树脂的化学结构成膜前后基本不变（物理状态如分子缠绕等可能有变化）。热塑型树脂的溶解度有限，很难制备高固体分涂料，有

机挥发物含量 *VOC* 较高。热塑性溶剂涂料具有单组分、快干、施工方便的特点。

2）热固性成膜树脂或交联型成膜树脂，是分子量较低，带有一定数量的可参加交联成膜反应的基团的低聚物树脂，在成膜过程中与外加固化剂交联成膜（如环氧涂料和聚氨酯涂料等），或者吸收空气中的氧与醇酸树脂的不饱和酯键氧化交联，或者吸收湿气交联（如溶剂型无机硅酸锌涂料与单组分聚氨酯涂料），或者吸收空气中二氧化碳交联（水性硅酸锌涂料）。还有常温下惰性、高温烘烤反应成膜的氨基树脂，粉末涂料中的环氧、聚酯树脂等。热固性树脂大量应用在高性能工业涂料和特种功能涂料领域，可以加工成高固体分含量、低 *VOC* 涂料。大多数热固性树脂涂料的基料与固化剂分别包装，使用时混合，因此存在施工使用时间等问题，固化成膜与环境条件关系很大，对涂装控制要求较高。

根据《涂料产品分类和命名》（GB/T 2705—2003），我国对于涂料的分类采用两种方法：

方法一：主要是以涂料产品的用途为主线，并辅以主要成膜物的分类方法，即将涂料产品划分为三个主要类别：建筑涂料、工业涂料和通用涂料及辅助材料。

方法二：除建筑涂料外，主要以涂料产品的主要成膜物为主线，并适当辅以产品主要用途的分类方法，即将涂料产品划分为两个主要类别：建筑涂料、其他涂料及辅助材料。

与建筑及道路相关的涂料见表 8-2。

表 8-2 建筑涂料及铁路公路涂料

<table>
<tr><th colspan="3">主要产品类别</th><th>主要成膜物类型</th></tr>
<tr><td rowspan="4">建筑涂料</td><td>墙面涂料</td><td>合成树脂乳液内墙涂料
合成树脂乳液外墙涂料
溶剂型外墙涂料
其他墙面涂料</td><td>丙烯酸酯类及其改性共聚乳液
醋酸乙烯及其改性共聚乳液
聚氨酯、氟碳等树脂
无机黏结剂等</td></tr>
<tr><td>防水涂料</td><td>溶剂型树脂防水涂料
聚合物乳液防水涂料
其他防水涂料</td><td>EVA、丙烯酸酯类乳液、聚氨酯、沥青、PVC胶泥或油膏、聚丁二烯等树脂</td></tr>
<tr><td>地坪涂料</td><td>水泥基等非木质地面用涂料</td><td>聚氨酯、环氧等树脂</td></tr>
<tr><td>功能性建筑涂料</td><td>防火涂料
防霉（藻）涂料
保温隔热涂料
其他功能性建筑涂料</td><td>聚氨酯、环氧、丙烯酸酯类
乙烯类、氟碳等树脂</td></tr>
<tr><td>工业涂料</td><td>铁路公路涂料</td><td>铁路车辆涂料
道路标志涂料
其他铁路、公路设施用涂料</td><td>丙烯酸酯类、聚氨酯、
环氧、醇酸、乙烯类等树脂</td></tr>
</table>

3. 颜料

颜料是固体成分，可以增加涂料的物理或化学性能。颜料对涂料分别起着着色、防锈、遮盖等作用，按其化学结构可分为无机颜料和有机颜料；按其性质可分为着色颜料、防锈颜料和体质颜料。

（1）着色颜料　着色颜料是涂料中使用品种最多的一类，在涂料中主要起遮盖和装饰作用。除了要求不溶于水、油和溶剂外，在色彩方面要求鲜艳美丽，着色力要强，遮盖力要强，对光、热的稳定性好。着色颜料的分类和种类见表 8-3。

表 8-3 着色颜料的分类和种类

颜 色	分 类	颜 料 品 种
白色颜料	无机	钛白粉、氧化锌、锌钡白、锑白、铅白和碱性硫酸钡
红色颜料	有机	颜料猩红（甲苯胺红）、蓝光色淀性红（立索尔红）、颜料红
	无机	银朱、镉红、钼红、氧化铁红、锑红
黄色颜料	有机	颜料耐晒黄（汉沙黄）、联苯胺黄、槐黄
	无机	铅铬黄、镉黄、锑黄、铁黄
紫色颜料	有机	甲基紫、苄基紫、颜料枣红（酱紫）、茜素紫
	无机	群青紫、钴紫、锰紫、亚铁氰化铜
蓝色颜料	有机	酞菁蓝、孔雀蓝、靛蓝
	无机	铁蓝、群青、钴蓝
绿色颜料	有机	孔雀石绿、维多利亚绿、亮绿
	无机	铬绿、锌绿、钴绿、铬翠绿、氧化铬绿、镉绿、铁绿
黑色颜料	有机	苯胺黑，磺化苯胺黑
	无机	炭黑、松烟、石墨
金属光泽颜料		铝银粉、铜粉、锌粉
珠光颜料		结晶碱式碳酸铅、云母钛、砷酸铅及磷酸铅、氯氧化铋

钛白粉无毒，呈化学惰性，它可以代替其他所有的白色颜料。钛白粉的遮盖力很好，是锌钡白的5倍多。在耐光、耐热、耐碱和耐稀酸性方面，钛白粉都很好。钛白粉可以分为金红石型和锐钛型两类。金红石型钛白粉具有最稳定的晶体结构，其抗粉化性、耐候性十分优异，在所有白色颜料中遮盖力最高。锐钛型钛白粉在耐候性、抗粉化性和遮盖力方面不如金红石型，但是白度比金红石型高，成本要低。锐钛型钛白粉主要用于室内环境的涂料。

镉红色泽鲜艳，着色力强，耐光耐热，耐硫化性好，遮盖力强，但是红色越深着色力越差，而耐光性越强。由于价格较高，仅在耐高温涂料和特殊的涂料中使用。

红色颜料中常用的是氧化铁红，耐光性好、耐碱、着色力强，遮盖力很强，仅次于炭黑。氧化铁红的颜色不够鲜艳，红中带黑。

甲苯胺红具有高度的耐光性、耐水性和耐油性、耐酸碱性能，是一种优良的红色颜料。

在黄色颜料中，铁黄的遮盖力最好。其耐光、耐碱，但不耐酸，色彩不鲜艳，所以不用在装饰性面漆中。当温度达到150℃以上时，即会脱水变色而转变成铁红颜料。

铬黄多年来一直是涂料中主要使用的黄色颜料，主要成分是铬酸铅或铬酸铅和不同比例的硫酸铅的混合结晶体。其颜色鲜艳，遮盖力和着色力都很好，大气中不粉化，但是耐光性不好，遇强光会变暗。

酞菁蓝是用邻苯二甲酸酐、尿素、氯化亚铜，借助于钼酸铵的催化作用缩合而成的铜酞菁化合物。颜色鲜艳，着色力强，耐光耐候性好，化学性能稳定，耐溶剂性能良好。

铬绿是由铁蓝和铅铬黄共同沉淀而成的绿色颜料。铬绿为暗绿色调，遮盖力强，着色力好，耐光和耐腐蚀，在高于1000℃的温度下也能稳定存在。但是铬绿不耐酸也不耐碱。

群青在蓝色颜料中的色调非常艳丽，是其他颜料无法调配出来的，具有优良的耐光、耐碱、耐酸性能，耐高温可达700℃，而且耐腐蚀性气体，如SO_2，H_2S等，在日光下不变色。

酞菁绿又称氯化酞菁铜，为橄榄绿色。遮盖力、着色、耐光和耐酸性都很好。它只能用作绿色颜料，不宜与其他颜料调配。

金属色中使用的铝粉，俗称银粉，是由铝熔化后喷成细雾，再经研磨而成的细小鳞片。铝粉质轻，极易遇火星而起爆，即使在倾倒铝粉时，因摩擦也会起火爆炸，所以要特别注意。漂浮型铝粉可以反射阳光和紫外线，隔绝水分的渗透，遮盖力强，耐热性强。对片状铝粉着色进行表面处理，可以得到有色铝粉。

珠光颜料是一种高折射率的片状颜料，光泽好，可以呈现出闪烁的金属质感，广泛用于轿车、家具、机器等涂料的使用。常用的珠光颜料有云母钛、氯氧化铋、磷酸铅和结晶式碱式碳酸铅等。要注意的是珠光颜料要和透明、遮盖力低的颜料配合使用。

(2) 防锈颜料　防锈颜料主要用于底漆中配制防锈底漆，用来防止金属腐蚀，提高涂膜对金属表面的保护作用。防锈颜料的作用可以分为两类：物理性防锈和化学性防锈。其中化学性防锈颜料又可以分为缓蚀型和电化学作用型两种颜料。

物理性防锈颜料是借助其细密的颗粒填充涂膜结构，提高了涂膜的致密性，起到屏蔽作用，降低了涂膜渗透性，从而起到了防锈作用。最常用的物理性防锈颜料有氧化铁红等。

结构呈片状的颜料如云母粉、铝粉、玻璃鳞片和云母氧化铁等，在涂料干燥时重叠在一起，在涂膜中形成薄片相隔，增加涂膜的封闭性，提高了涂膜的抗老化性能。同时在面漆中也能对紫外线进行有效的反射，从而提高涂膜的耐老化作用。片状颜料是现代重防腐蚀涂料的主要选用颜料成分之一。

化学缓蚀作用的防锈颜料，依靠化学反应改变表面的性质或反应生成物的特性来达到防锈目的。化学缓蚀作用的防锈颜料能与金属表面发生钝化、磷化等作用，产生新的表面膜层钝化膜、磷化膜等。与原金属相比，这些薄膜的电极电位为正，使金属表面部分或全部避免成为阳极；另外薄膜上存在许多微孔，便于涂膜的附着。防锈颜料还可以与某些涂料中的成分进行化学反应，生成性能稳定、耐水性好、渗透性小的化合物。有些颜料成膜过程中形成阻蚀型络合物，提高了防锈效果。化学缓蚀颜料一般不能用于水下，否则容易起泡。常用的化学缓蚀颜料有铅系颜料、铬酸盐颜料、磷酸盐颜料等。

起电化学作用的防锈颜料最主要的是锌粉。富锌涂料目前是大气环境和海洋工程中最普遍、最重要的防锈底漆。酸性环境下，腐蚀介质易与锌粉生成氢气，需使用其他涂料。以锌粉为颜料的富锌涂料，在钢铁表面形成导电的保护涂层，锌的化学反应在涂层表面形成锌盐及锌的络合物等极难溶的稳定化合物，这些化合物沉积在涂层表面上，防止氧、水和盐类的侵蚀，从而起到防锈效果，使钢铁得到保护。

(3) 填料　又称“体质颜料”，不具有着色和遮盖力。早期体质颜料的应用目的是增加涂料体积，起到填充作用，以降低涂料成本。随着涂料技术的发展，体质颜料还可以提高涂料各方面的性能。在涂料膜中，体质颜料用来改善涂料的流平性、不渗透性、光泽度等，也起着改善涂膜力学性能的作用，使涂膜经久坚硬且耐磨。体质颜料可以更有效地提高钛白粉的遮盖力，增加涂料的固体分含量，降低涂料的*VOC*值。

体质颜料主要有天然和人工合成两种，体质颜料的分类见表8-4。

表 8-4　体质颜料的分类

化合物种类	天然体质颜料	合成体质颜料
氧化物和氢氧化物	氧化铝、氧化镁	氢氧化铝、氢氧化镁
二氧化硅和硅酸盐	石英砂、硅藻土、滑石粉、高岭土、云母	煅烧二氧化硅、沉淀二氧化硅、硅铝酸钙
碳酸盐	方解石、白垩、白云石、菱镁石	沉淀碳酸钙
硫酸盐	重晶石、石膏	沉淀硫酸钡
其他体质颜料	软木粉、褐块石棉	玻璃珠、玻璃纤维、聚合物纤维

滑石粉（硅酸镁，$3MgO \cdot 4SiO_2 \cdot H_2O$），是天然滑石和透闪石的混合物经加工而成。它轻软细腻，密度小，吸油量大。在涂料中能防止沉降，对涂膜光泽有降低作用。常用于腻子中。

高岭土（白土，$Al_2O_3 \cdot 2SiO_2 \cdot H_2O$），即瓷土，由高岭石、正长石等风化而成的黏土层，经水洗加热干燥而制得。质地柔软细腻，密度小，吸油量大。常用于高黏度低颜料分的涂料中，可以增加涂膜厚度，防止颜料沉降。

石英粉（SiO_2），由石英砂加工而成，可以增强涂膜的耐磨性能。

碳酸钙（大白粉，$CaCO_3$），由大理石、方解石等粉碎后加水研磨，再经水洗加热干燥后制得。密度小，吸油量大，稳定性好，价格低，是最为常用的一种填料。

硫酸钡（$BaSO_4$），由重晶石矿粉碎后加水研磨，加热水洗后得到的白色粉末。它耐酸耐碱，密度大，吸油量低。

云母粉（$K_2O_3 \cdot 3Al_2O_3 \cdot 6SiO_2 \cdot 2H_2O$），由云母矿冲击成粉状，经水漂洗、过滤、干燥而成。密度小、吸油量大，在涂料中能增加涂膜的韧性，阻止紫外线及水分透过，可以提高涂料的户外耐候性。

4. 助剂

助剂也称添加剂，在涂料中用量很少。在现代涂料生产中，广泛使用助剂改善涂料的生产、贮存、施工性能以及涂膜性能等。一种涂料中可以使用多种不同的助剂，以发挥其不同的作用。

润湿剂和分散剂都是表面活性剂，可以帮助获得良好的涂料分散体系。润湿剂在颜料润湿过程中发挥作用，降低液、固之间的界面张力，可以提高颜料的分散效率，缩短研磨时间。分散剂在颜料分散过程中发挥作用，能够吸附在颜料粒子的表面上构成电荷斥力、空间位阻效应，使分散体处于稳定状态，是新型的高分子表面活性剂，同时具有润湿和分散作用。

液态的涂料在生产、运输、施工等过程中，都会受到外力作用而可能产生气泡。消泡剂能以微细粒子渗入到泡沫体系之中，在接触到泡沫后即捕获泡沫表面的憎水链端，再经过迅速铺展，形成很薄的双膜层，然后进一步侵入到泡沫体系中。低表面张力的消泡剂总会带动部分液体进入高表面张力的泡沫体系中，促使膜壁逐渐变薄，最终导致气泡的破裂。

油性涂料、醇酸树脂涂料和酚醛树脂涂料等自干性涂料中，要加入催干剂加速涂膜的干燥过程。如亚麻仁油未加催干剂时要 140h 才可干燥，且干燥不彻底，加入催干剂后，12 ~ 16h 即可干燥成膜，并且涂膜的外观、手感等均有改善。

氧化聚合型涂料在长期存放过程中，由于表面与氧气接触，导致涂料表面因凝胶化而结上一层厚皮，为了防止这种现象发生，常常添加能溶解凝胶或阻止氧化结皮的物质，此种物质称为“防结皮剂”。常用的防结皮剂有：甲乙酮肟、乙醛肟、邻甲氧基苯酚、对苯二酚等。一般甲乙酮肟适用于油性涂料，乙醛肟和酚类适用醇酸、环氧、聚氨酯涂料等。它们的涂料固体分约为0.1%~0.4%。另外，强溶剂由于对涂膜表面轻微凝胶有溶解作用，也可以作为防结皮剂使用。

触变剂的作用是控制、增加液体的黏度和触变性，防止流挂、沉降等，从而可制成厚浆型涂料，增加涂膜厚度。常用的触变剂有气相二氧化硅、氢化蓖麻油、改性膨润土等。

消光剂用于制造不同级别光泽的表面装饰涂料，光泽低，光反射少，以减少表面眩光，减少视觉错乱。消光剂的颗粒能改变光反射，使得只有少量的光线能正常地反射出来。

能抑制或延缓有机高分子材料在紫外线照射下发生老化的功能性助剂称为“光稳定剂”。光稳定剂按其作用原理的不同，可以分为紫外线屏蔽剂、吸收剂、自由基扑灭剂和过氧化物分解剂等。紫外线屏蔽剂通过吸收或反射紫外线而起到屏蔽紫外线的作用，如炭黑、氧化铁红、金红石型钛白粉等。紫外线吸收剂比聚合物分子中易于光氧化的基团更能吸收紫外线，并将其转化成无害的低能量材料，如苯丙甲酮类、苯丙三唑类、芳香酯类等。

5. 溶剂

溶剂用于溶解黏结剂，有助于生产和施工，它们为涂料的挥发成分，在施工和涂膜干燥过程中挥发掉。为了获得令人满意的效果，在实际生产中，常常使用混合溶剂。

在涂料制造中，选择合适的溶剂要考虑两个基本性能，即溶解能力和挥发速度。溶解能力是指用溶剂溶解涂料并降低黏度，达到应用目的的能力。挥发速度指涂料成膜时溶剂挥发的快慢，它主要控制涂膜干燥过程中涂料黏度的变化。溶剂的挥发速度决定涂膜流动时间的长短。溶剂的挥发速度必须适应涂膜的形成，挥发太快，涂膜表面干燥太快，会造成发白、橘皮、鼓泡等问题；挥发太慢，涂膜表面会出现指触干时间长、流挂、针孔等毛病。这些问题可以用混合溶剂来解决，混合溶剂在涂料干燥的初始阶段挥发速度相对地快些，能防止涂膜产生流挂等病态，但在涂料干燥后期慢些，使之有足够的流平时间。

有许多溶剂不能单独地溶解涂料用树脂，但是将它们与某种良溶剂混合，能获得与良溶剂相同或更大的溶解力，这类溶剂称为助溶剂，也称潜溶剂。例如醇类溶剂单独不能溶解硝基纤维素，但它与酮类、酯类溶剂以一定比例混合，能获得更大的溶解能力，因此醇类溶剂是硝基纤维素的助溶剂。

水是水性涂料的溶剂。水性涂料可以分成两大类。一类是水溶性涂料，由水溶性树脂为基料制成的涂料，如水溶性自干或烘干涂料、电沉积涂料（包括阳极电泳和阴极电泳涂料）。另一类是水分散涂料，是以水为分散介质合成聚合物乳状液为基本组成的水分散系统，如乳胶涂料、水溶胶涂料等。其中以电沉积涂料和乳胶涂料占主导地位，已普遍应用。以水作为溶剂既节约资源又减少污染，因此以水替代有机溶剂已成为涂料开发的重点。

在涂料的施工过程中，可能还要加入稀释剂稀释涂料，以达到便于施工的目的。它是多种溶剂组合成的混合溶剂。稀释剂与溶剂的区别首先在于它们对特定主要成膜物质的溶解能力有差别。稀释剂只稀释现成涂料，降低涂料的黏度，并且一般是在施工过程中才加入涂料。而溶剂能独立溶解涂料中的成膜物质，且作为涂料的组成部分，已按一定的比例加入涂料产品中了。其次涂料中含有的溶剂都有可能作为该涂料的稀释剂，但是有的稀释剂不一定可以作为溶剂使用。

常用涂料的稀释剂成分举例说明如下：

1）油性涂料，采用200号溶剂汽油或松节油即可，如果涂料中树脂含量高，油含量低，可以加入少量二甲苯。

2）醇酸树脂涂料，长油度的可以用200号溶剂汽油；中油度的用200号溶剂汽油与二甲苯按1∶1混合；短油度的可以用二甲苯。

3）氨基涂料，一般采用丁醇与二甲苯的混合溶剂，按1∶1混合；或者是80%的二甲苯、10%的丁醇再加上10%的醋酸丁酯混合而成的溶剂。

4）沥青涂料，多用200号溶剂汽油、200号煤焦溶剂和二甲苯。

5）环氧树脂涂料，用二甲苯与丁醇，按7∶3混合配比。

6）聚氨酯涂料，用无水二甲苯、无水环已酮和无水醋酸丁酯，按7∶2∶1配比。

二、涂料的成膜机理

1. 涂料成膜的方式

防腐蚀涂料涂装在被涂物、钢铁或混凝土表面，经干燥或固化形成涂膜后才能发挥其保护作用。各种涂料由于采用的成膜物质不同，其成膜机理也不相同。正确了解涂料的成膜机理，可以进一步理解涂料的性能，便于正确地使用涂料。

涂料的成膜方式主要有两大类，物理干燥型和化学固化型。化学固化型又可以分为氧气聚合、固化剂固化、水汽固化等。常见涂料的成膜方式分类见表8-5。

表8-5 常见涂料的成膜方式分类

物理干燥型	溶剂型	沥青涂料、氯化橡胶涂料、热塑性丙烯酸树脂涂料、乙烯树脂涂料
	水溶性分散型	乳胶涂料、水性涂料
化学固化型	氧化聚合	油性涂料、醇酸树脂涂料、油改性酚醛树脂涂料
	水汽固化	单组分聚氨酯涂料、正硅酸乙酯锌粉涂料
	固化剂固化	环氧涂料、聚氨酯涂料
	二氧化碳固化	水性无机富锌涂料
	热固化	有机硅耐热涂料、氨基涂料
	辐射固化	不饱和聚酯涂料、环氧丙烯酸酯涂料、聚氨酯丙烯酸酯涂料

2. 物理干燥型

物理干燥型有两种形式，分别是溶剂的挥发和聚合物粒子凝聚成膜。

（1）溶剂型的涂料　经涂装后，溶剂挥发到大气中，完成涂膜干燥的过程。常见的涂料产品有沥青涂料、乙烯树脂涂料、氯化橡胶涂料和热塑性丙烯酸树脂涂料等。这一类涂料的共性如下：

1）可逆性，涂膜在几天甚至几个月后，还能被本身或更强的溶剂所溶解。溶剂分子会渗进黏结剂的分子间，迫使它们分离而分解黏结剂。

2）溶剂敏感性，作为可逆性的结果，这些涂料不耐本身的溶剂或更强的溶剂。

3）涂膜成型不依赖于温度，这是因为涂膜成型中没有化学反应发生。

4）热塑性，物理干燥的涂料在高温下会变软。

（2）水溶性分散型涂料　如乳胶涂料等，在水的挥发过程中，聚合物粒子彼此接触挤压成型，由粒子状聚集成团状而形成连续的涂膜。这一类涂料的共性如下：

1）在一定温度下的可逆性，因为其本身的或更强的接合剂或溶剂能够重新溶解涂膜，所以，只加水不能重新分散涂膜。

2）对溶剂的敏感性，相对前述而言，相似或更强的溶剂会对涂膜有一定的侵蚀性。

3）涂膜成型有温度依赖性，在软化点黏结剂粒子能融合在一起，通常是5℃或更高的温度，对于施工温度来说，最好是在10℃以上。

4）热塑性，如同溶剂型涂料一样，分散型涂料也具有热塑性。

5）重涂性，分散型涂料的重涂性能较好。

3. 化学固化型

化学固化型的涂料，由转化型成膜物质组成，主要依靠化学反应方式成膜，成膜物质在施工过程中聚合为高聚物涂膜。

（1）氧化聚合　以天然油脂为成膜物的涂料，含有油脂成分的天然树脂涂料，以油料为原料合成的醇酸树脂涂料、油改性酚醛树脂涂料和环氧涂料等，都是依靠氧化聚合成膜，这是一种自由基链式聚合反应。这些涂料中的不饱和脂肪酸通过氧化而使分子量增加，其氧化聚合速度与其所含亚甲基基团的数量、位置以及氧的传递速度有关，利用某些金属盐（如钴、锰、铅）可以促进氧的传递，加速含有干性油组分涂料的成膜。

（2）固化剂固化　需要用固化剂反应成膜的涂料，通常为双组分包装，一个组分为基料，含树脂、溶剂、颜料和填料等，另一组分为固化剂。使用时，把固化剂倒入基料中搅拌均匀才能使用。常见的有环氧涂料、聚氨酯涂料和不饱和聚酯涂料等。

（3）其他固化机理　涂料的固化机理还有其他几种化学反应或聚合过程，如水汽固化、二氧化碳固化和高温触发固化等。

1）水汽固化主要是基料的分子与水汽反应，如无机硅酸锌涂料和湿气固化单组分聚氨酯涂料。

2）二氧化碳固化是基料的分子与空气中的二氧化碳反应，例如自固化型水性无机硅酸钾富锌涂料，其所含的硅酸钾、锌粉与空气中的水分和二氧化碳起反应，完成涂膜的固化。

3）热固化。氨基涂料、有机硅耐热涂料一般要进行加温才能干燥成膜。例如，有机硅耐热涂料，要求在230℃下经过1h才能达到最佳耐热性能。热固化实际上是一种成膜工艺，它根据涂料性质和被涂物情况而决定其温度、时间等工艺条件。加热固化（即烘干）工艺常用的有蒸汽、电、远红外加热等方式。

4）辐射固化涂料体系主要包括紫外线UV固化、电子束固化（EB）等。其中UV固化的应用较为广泛。它首先是光引发剂受到波长为200～400nm的紫外线辐射而被激活，断裂为自由基，自由基与树脂中的双键作用形成长链自由基，增长的长链进一步反应形成聚合物。UV辐射固化类涂料主要有不饱和聚酯、环氧丙烯酸酯低聚物和聚氨酯丙烯酸酯等。

（4）化学固化型涂料的基本性能

1）不可逆转性，固化后的涂膜是不可溶解的。

2）耐溶剂性，是不可逆转性的结果。

3）成膜速度受温度影响，有些涂料对于最低成膜温度有一定的要求，低于该温度涂膜将不会固化。

4）非热塑性，黏结剂的分子在高交联状态下不会有移动或振动，即使是在高温状态下也不会发生变化，非热塑性使涂膜在高温下不会变软。

5）严格的重涂间隔。涂层间的重涂，必须是在固化完全结束之前进行。已经达到完全固化程度的涂层表面必须进行拉毛处理后才能涂下道涂料。

第三节 道路标线涂料

一、标线涂料的分类

道路标线涂料按施工温度可分为常温型（冷用）、加热型和熔融型三类。常温和加热（51~80℃）型属于溶剂型涂料，呈液态供应。加热型涂料固体成分略多一些，黏度也高。熔融型涂料呈粉末状，需加高温（180~220℃）使其熔解才可涂敷于路面，西方国家把这种涂料称为热塑涂料（Thermoplastic Marking Materials）。另外还有双组分涂料和水性涂料。

道路标线涂料除用作标线材料外，还有各种粘贴材料，如预成型标线带、铝箔标带、突起路标、分离器等。有关道路标线涂料的具体分类见表8-6。

表8-6 道路标线涂料的分类

型 号	规 格	玻璃珠含量和使用方法	状 态
溶剂型	普通型	涂料中不含玻璃珠，施工时也不撒布玻璃珠	液态
	反光型	涂料中不含玻璃珠，施工时涂布涂层后立即将玻璃珠撒布在其表面	
热熔型	普通型	涂料中不含玻璃珠，施工时也不撒布玻璃珠	固态
	反光型	涂料中含18%~25%的玻璃珠，施工时涂布涂层后立即将玻璃珠撒布在其表面	
	突起型	涂料中含18%~25%的玻璃珠，施工时涂布涂层后立即将玻璃珠撒布在其表面	
双组分	普通型	涂料中不含玻璃珠，施工时也不撒布玻璃珠	液态
	反光型	涂料中不含（或含18%~25%）玻璃珠，施工时涂布涂层后立即将玻璃珠撒布在其表面	
	突起型	涂料中含18%~25%的玻璃珠，施工时涂布涂层后立即将玻璃珠撒布在其表面	
水性	普通型	涂料中不含玻璃珠，施工时也不撒布玻璃珠	液态
	反光型	涂料中不含（或含18%~25%）玻璃珠，施工时涂布涂层后立即将玻璃珠撒布在其表面	

二、道路标线涂料的性能

道路标线主要划设于道路面层，经受日晒雨淋、风雪冰冻及车辆的冲击磨耗。因此，道路标线涂料的性能应当满足以下几方面的要求：

1）鲜明的确认效果。不论是哪一类标线或哪一种颜色的涂料，都要求鲜明醒目，给驾驶员和行人以良好的条件反射。如在高速公路上，车道两侧鲜明的标线可以帮助驾驶员自然平稳地驾驶，既可以保证行车安全，又可提高行车效率。

2）夜间反光性能。现代交通不仅要求昼时效应，也注重夜间的效果。夜间反光标线可大幅增加夜间行车的安全性，同时也可提高夜间行车的效率。

3）施工时干燥迅速。由于道路涂料应用于不间断的交通流量环境下，因此要求道路涂料尽快迅速干燥。根据道路涂料类型的不同，一般3～15min内要求实干通车。

4）附着力强。为充分保证标线的完整和清晰，要求道路涂料与地面间具有较强附着性能。

5）经久耐用。好的道路涂料应耐磨损、具有较长的使用寿命，这样才能保证标线在较长时间内完整、清晰；同时，这样也可省去多次施工造成的人力、物力浪费，并减少对正常交通的阻碍和影响。

6）耐候性好，抗污染，抗变色。要求道路涂料能长期保持鲜明度，自然老化程度缓慢。

7）施工方便容易，安全性好。一方面要求道路涂料在具体使用时容易操作；另一方面要求在具体施工时道路涂料比较安全稳定，发生危险和意外的可能性小。

8）所涂标线安全、防滑。

9）经济合理。要求道路涂料成本低，售价便宜。

三、道路标线涂料的特征及适用范围

道路标线涂料的特征见表8-7。贴附材料、标线器（包括突起路标、分离器）均属于标线的范畴，是标线的派生物。由于它们具有独特的性能而受到重视，其应用范围逐步扩大。贴附材料系工厂化生产，是一种预成型的标带，施工方便迅速。铝箔带可印刷各种图案、文字，很方便地贴于路面或墙上。突起路标有比路面标线更优越的观察角度，在恶劣天气条件下具有更好的可见性，安装容易、经久耐用。

表8-7　道路标线涂料的特征

特　性	常 温 性	加 热 性	熔 融 性
主要成分	合成树脂、体质颜料、骨材	着色颜料、添加剂、溶剂	合成树脂、着色颜料、体质颜料、骨材、添加剂、玻璃珠
树脂组成代表示例	醇酸系、丙烯酸系、乙烯基系、氯化橡胶	醇酸系、丙烯酸系、聚酯系	石油树脂系、松香醇系、聚酯系
涂料状态	液状	液状	分块状
密度/(g/cm^3)	1.3～1.6	1.4～1.7	1.8～2.3
加热后剩余物	>60%	>65%	>99%
涂敷时底漆	不需要	不需要	需要
涂料温度	常温	升温（50～80℃）	熔融加热（180～220℃）
涂敷方法	辊筒、刷子、喷射	空气喷射、无气喷射	料斗（槽）画线（人工推、拉）、自动式机械、无气法、离心法
对操作人员的要求	无特殊要求	必须经培训合格	必须经培训合格

（续）

特　性	常 温 性	加 热 性	熔 融 性
夜间反射性	良	优	优
白色	良	优	优～良
黄色	良	优	优～良
黏结力	强	中（为使涂料快干，减少溶剂数量，故黏度高，在水泥混凝土面上有黏结不良的表现）	中（不宜在龟裂多的水泥混凝土路面施工，在龟裂处易产生黏结不良现象）
干燥速度（开放交通）	慢（由于品种及气温不同，干燥速度也有差别，一般为3～20min）	中（3～5min）	快（1～3min）
白色程度	强	中（玻璃珠散布量过大，昼夜均成黑色）	中
玻璃珠的效果	中	好	好
灰尘污染程度	中	大	中
湿润的防滑	中	中	中
耐磨耗性	弱	中	强
对清除积雪作业的影响	无	无	几乎没有影响（施工后有些突起）
耐候（含变色）性	强	强	中
有效寿命	4～8个月	8～15个月	10～20个月
对各种标线的适应性	大（适用于各种路面标线）	小（适用于路面纵向标线）	中（适用于斑马线、文字符号，也适用于横向、纵向标线）
施工中对轮胎和尘土附着度	有	有	少
施工和易性	好	差	中
一次施工厚度范围	小（0.12～0.2mm）	小（0.2～0.3mm）	大（1～2.5mm）
施工速度	中（使用涂敷机进行纵向标线施工，速度快，其他标线施工速度较慢）	快（仅指路面纵向标线施工）	快（纵向标线施工速度较快、斑马线、文字符号等施工速度慢）
妨碍交通的程度	大	中	小（由于施工机械不同，也有影响大的情况）

标线涂料适用性：由于各种标线涂料具有不同的特性，耐久性和养护时间各不相同，因此各种标线涂料适用性也不同。

（1）常温型涂料　常温型涂料适宜于交通量小的道路中心线、车道分界线，边缘线及立面标线施工。可用于砂石路面、砖路面、临时路面以及遭受重大损伤的路面标线施工，也可在积雪的严寒地带使用。

（2）加热型涂料　加热型涂料适用于道路纵向标线（实线和虚线）如高速公路车行道

中心线、车道分界线及车行道外边线的施工，且适用于积雪的严寒地带。

(3) 熔融型涂料 熔融型涂料适宜于车轮碾压频繁的中心线、车道分界线、边缘线及导流标线的施工；适宜于因车辆而磨耗较多的临时停车线、曲线路段和交叉口及人行横道标线的施工；不适宜用于石子路面、砖砌路面及在半年以内拟进行罩面的路面等。

四、标线涂料的组成

1. 常温型涂料与加热型涂料

常温型涂料和加热型涂料的原料组成见表8-8。

表8-8 常温型涂料和加热型涂料的原料组成

涂料类型	溶剂	体质材	着色颜料	合成树脂	添加剂
常温型涂料	30%~40%	15%~38%	15%~20%	15%~20%	2%~5%
加热型涂料	20%~30%	25%~48%	15%~20%	15%~20%	2%~5%

常温型涂料与加热型涂料的构成要素如下：

(1) 合成树脂 合成树脂在原料组成中占15%~20%。合成树脂与着色颜料、体质材(充填料)结合可提高与路面的黏结牢度，增强涂膜的耐久性。对合成树脂有以下要求：色相，要求颜色较淡；不挥发成分占40%~60%；黏度0.5~6Pa·s。合成树脂选用种类有醇酸树脂、乙烯树脂、丙烯树脂、石油树脂等。

(2) 添加剂 在原料组成中约占2%~5%。添加剂具有以下作用：

1) 增加涂膜可塑性，用作可塑剂加入涂料中。

2) 防止涂料中的固质材料和着色颜料沉淀，用作防沉淀剂加入涂料中。

3) 使树脂和着色颜料分散，在涂料中均匀分布，用作分散剂加入涂料中。

4) 防止涂料在保护管表面结皮，用作防结皮剂加入涂料中。

(3) 着色颜料 目前，标线的颜色主要是白色和黄色两种。颜料要求着色力强，遮盖率好，加入涂料后不会急剧地增加黏度。经常使用的着色颜料有：白色有钛白(二氧化铁)、氧化锌、锌钡白(立德粉)等，主要是钛白；黄色有黄铅、有机系黄色颜料、氧化铁、铁黄等，主要是黄铅。

(4) 体质材(充填料) 体质材作为涂料的充填料加入，可以改变涂膜的机械强度、耐磨性及色相。另外，体质材的粒径大小对涂料的流动性、沉淀性及遮盖率也有影响。因此，体质材的加入比例和粒径大小应根据涂膜的机械强度、耐磨性及施工性能的要求进行选配。常温型涂料与加热型涂料的体质材所含比例不同。通常使用的有碳酸钙和滑石粉两种，可单独及合并使用。

(5) 溶剂 溶剂的主要作用是稀释涂料，使其易于涂敷。溶剂的主要性能是：挥发迅速；能很好地溶解树脂；对环境污染小，对人畜无害。通常使用的种类有：芳香族系(甲苯等)、酮系(丙酮系、甲乙酮等)、酯系(醋酸酯、甲酸乙酸等)、醇系(甲醇等)。

2. 熔融型涂料

熔融型涂料的原料组成见表8-9。

表 8-9 熔融型涂料的原料组成

涂料类型	玻璃珠	体质材	着色颜料	合成树脂	添加剂
普通型热熔涂料	<15%	47% ~66%	2% ~10%	15% ~20%	2% ~5%
反光型或突起型热熔涂料	18% ~25%	42% ~61%	2% ~10%	15% ~20%	2% ~5%

熔融型涂料的构成要素如下：

(1) 合成树脂 合成树脂的热可塑性使熔融型涂料具有快干性。合成树脂可以与着色颜料、体质材（充填料）、玻璃珠等相结合，利用合成树脂的热熔性，使标线与路面黏结牢固。

1) 对合成树脂有以下要求：软化点 80 ~ 120℃；色相，要求颜色较淡；具有耐热性，在高温（180 ~ 230℃）时不会急剧热劣化；具有很好的耐候性，不因在室外暴露而显著地变黄及产生裂纹等。

2) 合成树脂选用的种类：松香及其衍生物改性树脂（顺丁烯松香酯等）；石油树脂（脂肪族系，芳香族系等）；聚酯树脂。使用两种以上的树脂时，应具有相容性。过热（例如：长期保持在 230℃左右）会引起劣化，如变性、褪色、可塑性降低等，因此，要尽量避免过热，在施工时必须注意温度的管理。

(2) 可塑剂 涂料中加入可塑剂，可使涂膜柔韧，增强耐寒性，提高与路面的黏结牢度，使熔融的涂料黏度适宜。可塑剂应具有以下特性：

① 常温时是液体（也有一部分为固体），高温时挥发少，稳定性好，无毒、无味、无色。

② 具有较好的耐热、耐寒性。

③ 与合成树脂有相容性。

通常使用的可塑剂有邻苯二甲酸酯类，植物油（天然油）、矿物油，植物油变性醇酸树脂（无溶剂型）、环氧化油、液状合成橡胶等。可单独及合并使用。

可塑剂也跟合成树脂一样，过热（例如长期保持在 230℃左右）会引起劣化，应注意避免。

(3) 着色颜料 标线的颜色主要是白色和黄色两种。一般使用的着色颜料有：白色有钛白（二氧化铁）、氧化锌、锌钡白（立德粉）等，主要是钛白；黄色有黄铅、有机系黄色颜料、氧化铁、铁黄等，主要是黄铅。

(4) 体质材（充填料） 体质材作为涂料的充填料加入，对涂膜的机械强度、耐磨性及色相均有影响，粒径的大小对流动性、沉淀性及表面加工等有影响。因此，对体质材要求本身颜色较白，粒径不能过大或过细，否则对沉淀性、流动性、表面加工等会产生不良影响。体质材常用的有碳酸钙、滑石粉、硅石粉、玻璃珠等。

(5) 玻璃珠 涂料中加入玻璃珠的主要目的在于提高夜间标线的识别性，提高标线的亮度和耐久性。玻璃珠是无色透明的小球，对光线具有折射、聚焦和定向反射的作用。将玻璃珠混入涂料中或撒布于涂膜表面，可以将汽车灯光再反射回驾驶员眼睛而大大提高标线可见性，从而增强标线的指引作用。

思考题

8-1　常见的道路标线材料有哪些？它们是如何分类的？

8-2　和其他道路工程材料相比，道路标线涂料有哪些特征？

8-3　简述道路标线涂料的成膜机理。

8-4　道路标线涂料有哪些性能？

8-5　简述标线涂料的适用范围。

第九章　其他道路交通工程设施材料

第一节　道路交通设施材料技术要求

一、交通安全设施的构成

1. 护栏

护栏设于道路两侧及中央分隔带，用以防止车辆驶出公路或闯入对向车道，一旦车辆失控发生事故，可以最大限度地降低对乘客的伤害及对车辆的破坏，同时防撞护栏对驾驶员具有视线诱导的作用。中央分隔带上的防撞护栏是连续的，而道路两侧的护栏仅在路外有深沟、陡坡或有设施的地方设置。

护栏必须坚固，能经受碰撞，以最大限度地减少车辆损伤和（并）使事故路段及时恢复行车，护栏还要经济、美观，有良好的视线诱导性。

防撞护栏有三种基本类型：一是刚性护栏，多用混凝土或石料制成墙式，其特点是防止车辆驶出路外的效果较好，但乘客安全性和视觉的舒适性较差，有较强的行驶压迫感，该类型护栏抗腐蚀性好，沿海及炎热潮湿地区较适用；另一种是柔性护栏，如钢导轨、钢缆等，具有一定的弹性，既能拦挡车辆，又能对车辆冲撞起缓冲作用；第三种是半刚性护栏，具有一定的刚性和柔性，目前应用最广泛的波形梁钢护栏就是其中一种。

2. 交通标志、标线与视线诱导设施

交通标志、标线已在第八章中介绍，这里不再赘述。

为防止在雾、雨天气及夜间行驶时驾驶员因看不清道路标线，而致使汽车失去方向，一般在高等级道路中央分隔带两侧及道路的两侧每隔一定距离设置视线诱导设施。视线诱导设施能将车头灯光反射出十分醒目的橘黄色光，使驾驶员容易看清道路的行进方向。目前广泛使用的线形诱导设施有轮廓标、突起路标、线形诱导标、分合流诱导标等。

3. 隔离设施

用于封闭高速公路的设施，以防止行人、牲畜或野生动物进入高速公路，一般在道路用地边缘设置成金属网或刺钢丝网等。

4. 防眩设施

设于中央分隔带，夜间行车时，可防止对向来车灯光对驾驶员造成眩目，通常采用植树防眩和百叶板式或金属网式防眩栅等方法，设置高度一般为1.4～1.7m。

二、道路交通设施材料技术要求

1. 护栏材料

（1）双、三波形梁护栏的材料

① 护栏板、立柱和防阻块托架端头波形梁垫板等所用基底金属及连接螺栓所用的钢材

为普通碳素结构钢（Q235A），其技术条件应符合《碳素结构钢》（GB/T 700—2006）的规定，钢材屈服强度应不小于235MPa，抗拉强度应为375～460MPa，弯曲半径在不超过1.5倍厚度的条件下不发生裂纹。

②高强螺栓。波形梁是受拉构件，要求拼接螺栓采用高强螺栓，增强接头处的强度。其材料采用优质碳素结构钢或者合金结构钢，其化学成分及力学性能应符合《优质碳素结构钢》（GB/T 699—1999）或《合金结构钢》（GB/T 3077—1999）规定，公称直径16mm，8.8S级抗拉荷载不小于133kN。

③ 埋置于混凝土中的立柱，混凝土强度等级不应小于C15。混凝土用材料应符合《公路桥涵施工技术规范》（JTG/T F50—2011）的规定。

（2）混凝土护栏的材料　混凝土护栏采用水泥、砂石和水及钢筋等材料，应符合现行交通行业标准《公路桥涵施工技术规范》（JTG/T F50—2011）的规定。凡在道路交通工程设施中采用的混凝土材料，包括在混凝土护栏中采用的材料，均已包含在《公路桥涵施工技术规范》（JTG/T F50—2011）和《公路钢筋混凝土及预应力混凝土桥涵设计规范》（JTG D62—2004）中，可遵照有关规范执行。

混凝土护栏的强度一般指的是混凝土抗压强度。选用不同强度等级的水泥、不同级配的集料和不同的配合比，就可以制作出具有不同强度等级的混凝土。由于混凝土在护栏结构中主要起承受压力的作用，因此，抗压强度就成为它所有力学性能中最为重要的性能。根据混凝土护栏的受力特性，参照国内一些高速公路护栏的使用经验，从安全、经济的角度出发，混凝土护栏相应的混凝土强度等级不应低于C25。

混凝土护栏与一般钢筋混凝土构件不同，在护栏中应配置一定数量的钢筋，主要为满足安装起吊的要求。钢筋用量不必太多，钢筋的品种、规格及设计强度应符合现行交通行业标准《公路钢筋混凝土及预应力混凝土桥涵设计规范》（JTG D62—2004）的有关规定。

2. 交通标志材料

道路交通标志一般由标志底板、标志面、立柱、紧固件、基础等几部分组成。各部分所用材料均需满足一定的要求。而且，在同一块标志板上，标志底板和标志面所采用的各种材料应具有相容性，防止因电化作用、不同的热膨胀系数或其他化学反应等造成标志板的锈蚀或损坏。

（1）交通标志底板　道路交通标志用标志底板可用铝合金板、薄钢板、合成树脂类板材等材料制作。大型标志的板面结构在条件许可时，首选挤压成型的铝合金板进行拼装。挤压成型板材应尽量使用最大尺寸，减少接缝，以保持板面的平整度。一般结构的标志板，应采用滑动槽钢加固，以方便与立柱连接，制作标志底板的各种材料应符合如下规定：

1）铝合金板。道路交通标志用铝合金板的板材牌号、规格、力学性能、尺寸及允许偏差应符合《一般工业用铝及铝合金板、带材》（GB/T 3880—2012）等有关标准的规定。高等级公路在条件许可时，首选综合性能等于或优于牌号3A21的铝合金板。大型标志板或用于沿海及多风地区的标志板，在条件许可时，首选综合性能等于或优于牌号5A02的铝合金板。铝合金板用于标志底板时，其最小实测厚度不应小于1.5mm。

2）薄钢板。道路交通标志用碳素结构钢和低合金结构钢冷轧薄钢板、镀锌薄钢板应符合《冷轧钢板和钢带的尺寸、外形、重量及允许偏差》（GB/T 708—2006）、《连续热镀锌钢板和钢带》（GB/T 2518—2008）、《碳素结构钢冷轧薄钢板及钢带》（GB/T 11253—2007）等有关标准的规定。薄钢板的表面防腐处理应符合《公路交通工程钢构件防腐技术条件》

（GB/T 18226—2015）的要求。薄钢板用于标志底板时，其最小实测厚度不应小于1.0mm。

3）合成树脂类板材。道路交通标志用合成树脂类板材包括塑料、硬质聚氯乙烯板材或玻璃钢等材料，其性能应符合以下要求：

① 耐候性能：按规定的方法连续自然暴露两年或进行人工气候老化试验1200h，标志底板不应有裂缝、刻痕、起泡、凹痕、变形、腐蚀、粉化、变色及层间分离现象。

② 耐盐雾腐蚀性能：按规定的方法试验后，标志底板不应有变色、损伤或被侵蚀的痕迹。

③ 机械性能：合成树脂类板材应能满足对标志底板机械强度的设计要求，如抗弯强度、抗冲击强度及刚度等。

④ 若合成树脂类标志底板在制作时加了保护层，则保护层在经受耐候性能、盐雾腐蚀、冲击等试验后，也不应出现开裂、起泡、粉化及剥落等现象。

4）铝合金型材。道路交通标志在使用挤压成型的铝合金型材制作标志底板时，应满足《一般工业用铝及铝合金挤压型材》（GB 6892—2006）的要求及设计要求，同时应具有轻质、高强、耐蚀、耐磨、刚度大等特点，经拼装后应能满足公路大型标志底板的性能要求。在条件许可时，首选综合性能等于或优于牌号2024的铝合金型材。

（2）标志面材料　标志面可用逆反射材料、油漆、油墨、黏结剂、透明涂料及边缘填隙料等材料制造，目前较为广泛的是反光膜。反光膜一般由透明薄膜、黏结剂、高折射率微珠、反射层等材料组成。

1）反光膜的分类。反光膜按其不同的逆反射原理，可分为玻璃珠型和微棱镜型两类；按其光度性能、结构和用途，可分为以下7种类型。

Ⅰ类：通常为透镜埋入式玻璃珠型结构，称“工程级反光膜”，使用寿命一般为7年，可用于永久性交通标志和作业区设施。

Ⅱ类：通常为透镜埋入式玻璃珠型结构，称“超工程级反光膜”，使用寿命一般为10年，可用于永久性交通标志和作业区设施。

Ⅲ类：通常为密封胶囊式玻璃珠型结构，称“高强级反光膜”，使用寿命一般为10年，可用于永久性交通标志和作业区设施。

Ⅳ类：通常为微棱镜型结构，称“超强级反光膜”，使用寿命一般为10年，可用于永久性交通标志、作业区设施和轮廓标。

Ⅴ类：通常为微棱镜型结构，大角度反光性能好，称“大角度反光膜”，使用寿命一般为10年，可用于永久性交通标志、作业区设施和轮廓标。

Ⅵ类：通常为微棱镜结构，有金属镀层，使用寿命一般为3年，主要用于交通器材上，如警示柱、轮廓标等，无金属镀层时也可用于作业区设施和字符较少的交通标志。

Ⅶ类：通常为微棱镜型结构，柔性材质，使用寿命一般为3年，可用于临时性交通标志和作业区设施。

2）反光膜的技术要求。反光膜的技术性能主要包括：光度性能、色度性能、抗冲击性能、耐弯曲性能、附着性能、收缩性能、防黏纸的可剥离性能、抗拉荷载、耐溶剂性能、耐盐雾腐蚀性能、耐高低温性能、耐候性能等。

① 反光膜的光度性能。反光膜的光度性能以逆反射系数表述，各类反光膜的逆反射系数R_A值应符合《道路交通反光膜》（GB/T 18833—2012）规定，即不应低于表9-1～表9-7给出的相应类别的规定。

表 9-1　Ⅰ类反光膜

观测角	入射角	最小逆反射系数 R_A/[cd/(lx·m^2)]							
		白色	黄色	橙色	红色	绿色	蓝色	棕色	灰色
0.2°	-4°	70	50	25	14	9.0	4.0	1.0	42
	15°	50	35	16	11	7.0	3.0	0.6	30
	30°	30	22	7.0	6.0	3.5	1.7	0.3	18
0.5°	-4°	30	25	13	7.5	4.5	2.0	0.2	18
	15°	23	19	8.5	5.3	3.4	1.4	0.2	14
	30°	15	13	4.0	3.0	2.2	0.8	0.2	9.0
1°	-4°	5.0	3.0	1.8	2.0	1.0	0.6	0.2	3.0
	15°	3.0	2.0	1.1	1.0	0.8	0.3	0.2	2.1
	30°	2.0	1.5	0.7	0.6	0.4	0.2	0.1	1.2

表 9-2　Ⅱ类反光膜

观测角	入射角	最小逆反射系数 R_A/[cd/(lx·m^2)]						
		白色	黄色	橙色	红色	绿色	蓝色	棕色
0.2°	-4°	140	100	60	30	30	10	5.0
	15°	110	80	41	22	22	8.0	3.5
	30°	60	36	22	12	12	4.0	2.0
0.5°	-4°	50	33	20	10	9.0	3.0	2.0
	15°	39	27	16	8.0	7.5	2.5	1.5
	30°	28	20	12	6.0	6.0	2.0	1.0
1°	-4°	11	6.0	3.9	2.5	2.5	0.8	0.6
	15°	9.0	4.0	3.2	1.6	1.6	0.6	0.4
	30°	5.0	2.0	1.8	0.8	0.8	0.3	0.2

表 9-3　Ⅲ类反光膜

观测角	入射角	最小逆反射系数 R_A/[cd/(lx·m^2)]										
		白色	黄色	橙色	红色	绿色	蓝色	棕色	灰色	荧光黄绿	荧光黄	荧光橙
0.2°	-4°	250	175	100	50	45	20	12	125	200	150	75
	15°	210	145	84	42	35	16	10	100	170	125	65
	30°	175	120	70	35	25	11	8.5	75	140	105	50
0.5°	-4°	95	66	38	19	15	7.5	5.0	48	75	55	30
	15°	90	62	36	18	13	6.3	4.3	40	70	55	25
	30°	70	50	28	14	10	5.0	3.5	32	55	40	20
1°	-4°	10	7.0	4.0	3.0	3.0	1.0	0.8	5.0	8.0	6.0	3.0
	15°	10	7.0	4.5	2.0	2.0	0.7	0.6	4.8	8.0	6.0	3.0
	30°	9.0	6.0	3.0	1.0	1.0	0.4	0.3	4.5	7.0	5.0	2.0

表 9-4 Ⅳ类反光膜

观测角	入射角	最小逆反射系数 R_A/[cd/(lx·m²)]									
		白色	黄色	橙色	红色	绿色	蓝色	棕色	荧光黄绿	荧光黄	荧光橙
0.2°	-4°	360	270	145	65	50	30	18	290	220	105
	15°	265	202	106	48	38	22	13	212	160	78
	30°	170	135	68	30	25	14	8.5	135	100	50
0.5°	-4°	150	110	60	27	21	13	7.5	120	90	45
	15°	111	82	44	20	16	9.5	5.5	88	65	34
	30°	72	54	28	13	10	6.0	3.5	55	40	22
1°	-4°	35	26	12	5.2	4.0	2.0	1.0	28	22	11
	15°	28	20	9.4	4.1	3.0	1.5	0.8	22	17	8.5
	30°	20	15	6.8	3.0	2.0	1.0	0.6	16	12	6.0

表 9-5 Ⅴ类反光膜

观测角	入射角	最小逆反射系数 R_A/[cd/(lx·m²)]									
		白色	黄色	橙色	红色	绿色	蓝色	棕色	荧光黄绿	荧光黄	荧光橙
0.2°	-4°	580	435	200	87	58	26	17	460	350	175
	15°	348	261	120	52	35	16	10	276	210	105
	30°	220	165	77	33	22	10	7.0	180	130	66
0.5°	-4°	420	315	150	63	42	19	13	340	250	125
	15°	252	189	90	38	25	11	7.8	204	150	75
	30°	150	110	53	23	15	7.0	5.0	120	90	45
1°	-4°	120	90	42	18	12	5.0	4.0	96	72	36
	15°	72	54	25	11	7.2	3.0	2.4	58	43	22
	30°	45	34	16	7.0	5.0	2.0	1.0	36	27	14

表 9-6 Ⅵ类反光膜

观测角	入射角	最小逆反射系数 R_A/[cd/(lx·m²)]					
		白色	黄色	橙色	红色	绿色	蓝色
0.2°	-4°	700	470	280	120	120	56
	15°	550	370	220	96	96	44
	30°	400	270	160	72	72	32
0.5°	-4°	160	110	64	28	28	13
	15°	118	81	47	21	21	10
	30°	75	51	30	13	13	6.0

表 9-7　Ⅶ类反光膜

观测角	入射角	最小逆反射系数 R_A/[cd/(lx·m²)]								
		白色	黄色	橙色	红色	绿色	蓝色	荧光黄绿	荧光黄	荧光橙
0.2°	-4°	500	350	125	70	60	45	400	300	200
	15°	350	245	88	49	42	32	280	210	140
	30°	200	140	50	28	24	18	160	120	80
0.5°	-4°	225	160	56	32	27	20	180	135	90
	15°	155	110	38	22	19	14	124	93	62
	30°	85	60	21	12	10	7.7	68	51	34

② 色度性能。反光膜（包括丝网印刷后的反光膜）在白天表现的各种颜色，即昼间色或表面色的色品坐标和亮度因数应在表 9-8 规定的范围内，各种颜色的色品图如图 9-1 所示。

表 9-8　反光膜颜色（昼间色）

颜色	色品坐标（标准照明体 D_{65}，几何条件：45°，观测角 α：0°，2°视场角）								亮度因数	
	1		2		3		4		无金属镀层	有金属镀层
	x	y	x	y	x	y	x	y		
白	0.350	0.360	0.305	0.315	0.295	0.325	0.34	0.370	≥0.27	≥0.15
黄	0.545	0.454	0.494	0.426	0.444	0.476	0.481	0.518	0.15~0.45	0.12~0.30
橙	0.558	0.352	0.636	0.364	0.570	0.429	0.506	0.404	0.10~0.30	0.07~0.25
红	0.735	0.265	0.681	0.239	0.579	0.341	0.655	0.345	0.02~0.15	0.02~0.11
绿	0.201	0.776	0.285	0.441	0.170	0.364	0.026	0.399	0.03~0.12	0.02~0.11
蓝	0.049	0.125	0.172	0.198	0.210	0.160	0.137	0.038	0.01~0.10	0.01~0.10
棕	0.430	0.340	0.610	0.390	0.550	0.450	0.430	0.390	0.01~0.09	0.01~0.09
灰	0.305	0.315	0.335	0.345	0.325	0.355	0.295	0.325	0.12~0.18	—
荧光黄绿	0.387	0.610	0.369	0.546	0.428	0.496	0.460	0.540	≥0.60	—
荧光黄	0.479	0.520	0.446	0.483	0.512	0.421	0.557	0.442	≥0.40	—
荧光橙	0.583	0.416	0.535	0.4	0.595	0.351	0.645	0.355	≥0.20	—

反光膜在夜间表现的各种颜色，即夜间色或逆反射色的色品坐标和亮度因数应在表 9-9 规定的范围内，各种颜色的色品图如图 9-2 所示。

各种反光膜的色度性能，可按《道路交通反光膜》（GB/T 18833—2012）规定的方法测试。

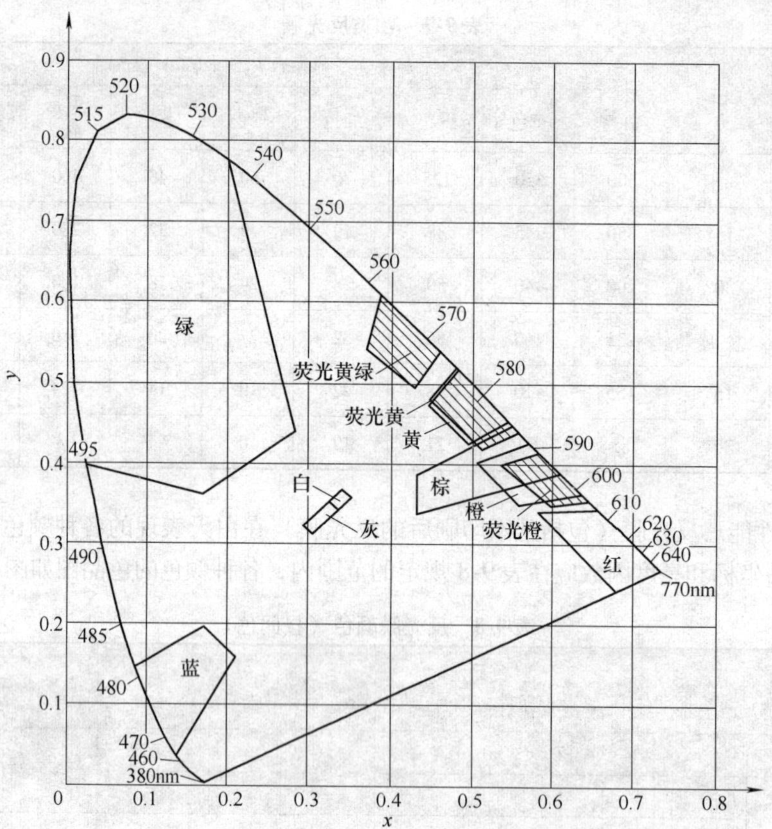

图 9-1　各种反光膜颜色色品图（昼间色）

表 9-9　反光膜颜色（夜间色）

颜　色	色品坐标 （标准照明体 A，2°视场角）							
	1		2		3		4	
	x	y	x	y	x	y	x	y
黄	0.513	0.487	0.500	0.470	0.545	0.425	0.572	0.425
橙	0.595	0.405	0.565	0.405	0.613	0.355	0.643	0.355
红	0.650	0.348	0.620	0.348	0.712	0.255	0.735	0.265
绿	0.007	0.570	0.200	0.500	0.322	0.590	0.193	0.782
蓝	0.033	0.370	0.180	0.370	0.230	0.240	0.091	0.133
棕	0.595	0.405	0.540	0.405	0.570	0.365	0.643	0.355
荧光黄绿	0.480	0.520	0.473	0.490	0.523	0.440	0.550	0.449
荧光黄	0.554	0.445	0.526	0.437	0.569	0.394	0.610	0.390
荧光橙	0.625	0.375	0.589	0.376	0.636	0.330	0.669	0.331

注：对白色和灰色的夜间色不作要求。

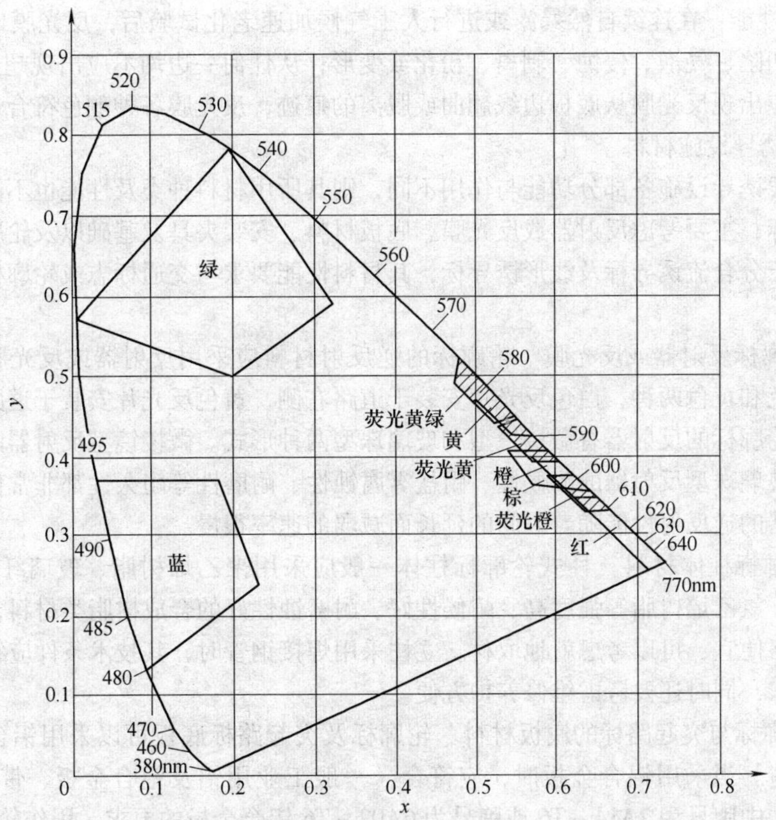

图 9-2　各种反光膜颜色色品图（夜间色）

③ 抗冲击性能：在进行冲击性能试验后，反光膜在受到冲击的表面以外，不应出现裂缝、层间脱离或其他损坏。

④ 耐弯曲性能：在进行弯曲性能试验后，反光膜表面不应出现裂缝、剥落或层间分离的痕迹。

⑤ 附着性能：反光膜背胶应有足够的附着力，反光膜在 5min 后的剥离长度不应大于 20mm。

⑥ 收缩性能：在进行收缩性能试验后，反光膜样品任何一边的尺寸在 10min 内，其收缩不应超过 0.8mm，在 24h 内其收缩不应超过 3.2mm。

⑦ 防黏纸的可剥离性能：在进行剥离性能试验后，反光膜无须用水或其他溶剂浸湿，既可方便地手工剥下防黏纸，防黏纸也不应有破损、撕裂或从反光膜上黏下黏合剂的痕迹。

⑧ 抗拉荷载：每 25mm 宽度反光膜的抗拉荷载值 F 不应小于 24N。

⑨ 耐溶剂性能：经汽油和乙醇浸泡后，反光膜表面不应出现软化、皱纹、渗漏、起泡、开裂或表面边缘被溶溶解等损坏的痕迹。

⑩ 耐盐雾腐蚀性能：进行盐雾试验后反光膜表面不应有变色、渗漏、起泡或被侵蚀的痕迹。

⑪ 耐高低温性能：进行高低温试验后，反光膜表面不应出现裂缝、软化、剥落、皱纹、起泡、翘曲或外观不均匀的痕迹。

⑫ 耐候性能：在连续自然暴露或进行人工气候加速老化试验后，反光膜应无明显的裂缝、刻痕、凹陷、气泡、侵蚀、剥离、粉化或变形；从任何一边均不应出现超过 0.88mm 的收缩，也不应出现反光膜从底板边缘翘曲或脱离的痕迹，反光膜各种颜色符合规范要求。

3. 视线诱导设施材料

由于视线诱导设施各部分功能与作用不同，则其所用材料种类及性能也不同。对于轮廓标及突起路标，主要考虑反射器或反光膜、底板材料、安装夹具及基础以及轮廓标柱体的材料性能。对于分合流诱导标及线形诱导标，其材料性能要求与交通标志或轮廓标材料的要求相同。

（1）轮廓标反射器或反光膜　轮廓标的逆反射材料应采用反射器或反光膜。轮廓标的反射器分白色和黄色两种，白色反光片安装于道路右侧，黄色反光片安装于道路左侧或中央分隔带上。轮廓标的反射器有微棱镜型和玻璃珠型两种形式。微棱镜型反射器的发光强度系数较高，但玻璃珠型反射器的耐候性、耐盐雾腐蚀性、耐磨性等耐久性都非常优越，而且玻璃珠型反射器的逆反射性能随着时间的延长而减弱的速率很慢。

（2）轮廓标柱体材料　柱式轮廓标柱体一般应采用聚乙烯树脂、玻璃纤维增强塑料、聚碳酸树脂、氯乙烯树脂等强度高、耐候性好、耐磨蚀性好的合成树脂类材料，并且加工成型方便，价格便宜，可以考虑就地取材。立柱采用焊接钢管时，其技术条件应符合碳素结构钢的有关要求，同时还要考虑维修养护方便。

（3）轮廓标与突起路标的底板材料　轮廓标及突起路标底板可以采用铝合金板或者钢板及钢带制造。当采用铝合金板时，应符合《一般工业用铝及铝合金板、带材》（GB/T 3880—2012）中牌号为 2A14 - T6 或牌号为 6A02 - T6 铝合金板的要求，用作轮廓标底板时，其最小实测厚度不应小于 2.0mm。当采用钢板及钢带时应符合相关规范对牌号为 RJ255、RJ294、RJ343 或 RJ392 钢板的要求，用作轮廓标底板时，应进行热浸镀锌的表面处理，镀锌层厚度同波形梁钢护栏。轮廓标及突起路标底板也可采用聚乙烯树脂、丙烯腈 - 丁二烯 - 苯乙烯树脂、玻璃纤维、塑料、聚碳酸酯树脂等材料制作。

（4）安装夹具及基础　安装夹具的材料，可采用铝合金、钢材等制作，对材料性质的要求与轮廓标底板所用材料的要求相同。轮廓标混凝土基础所要求的水泥、砂、石等材料可参照《公路钢筋混凝土及预应力混凝土桥涵设计规范》（JTG D62—2004）有关规定执行。当视线诱导设施的部件（底板、夹具、钢管、紧固件等）是用钢材部件时，其各部件表面必须进行防腐处理，可采用热浸镀锌方法。底板、夹具钢管的镀锌量为 $550 \sim 600g/m^2$ 时，紧固件镀锌量为 $350g/m^2$。螺栓、螺母在热镀锌后，必须清理螺纹或进行离心分离处理。条件允许的情况下，螺栓、螺母等紧固件可采用粉镀锌技术。镀锌层应采用优质锌，以保证镀锌质量。不同材质金属构件互相接触时，为防止静电腐蚀，在互相接触部位应使用非金属套、垫或保护层，使两者隔离。

4. 隔离设施材料

为使道路用地范围有效利用，防止横向干扰应设置道路隔离设施。为了便于采购和加工，隔离设施所用的各种材料，其型号、规格、尺寸尽可能选用标准化产品。材料的技术要求应符合国家和部颁标准。考虑到工程造价和经济成本，除特殊需要，一般不选用非标准产品。隔离设施的材料可分为网片材料，立柱、斜撑材料和连接件材料三大类。

（1）网片材料　道路隔离网片因其加工工艺和材质性能的不同可分为钢板网、电焊网、编织网、刺钢丝网。

钢板网是用普通低碳退火薄钢板经专用机床的切削和拉伸一次成型的产品，也可采用低碳冷轧（或热轧）钢板作为加工材料。钢板网的材料应符合《碳素结构钢和低合金结构钢热轧薄钢板及钢带》（GB 912—2008）和《碳素结构钢冷轧薄钢板及钢带》（GB/T 11253—2007）规定的技术条件。钢板网弯曲90°无折断现象。

电焊网是由钢丝机械纺织或经过机械点焊加工而成。电焊网的钢丝在条件许可时，首选低碳钢丝，其力学性能应符合《一般用途低碳钢丝》（YB/T 5294—2009）规定。对于片网，焊点脱落数应小于焊点总数的4%；对于卷网，任意面积为15m^2的卷网上焊点脱落数应小于此面积上焊点总数的4%。焊点抗拉力应符合表9-10的规定。

表9-10 焊点抗拉力性能

钢丝直径/mm	2.2	2.8	3.5	4.0
焊点抗拉力/N	400	650	1010	1320

编织网用金属丝，应采用低碳钢丝，其力学性能应符合《一般用途低碳钢丝》（YB/T 5294—2009）的规定。应采用纵向编织。

刺钢丝网的股线及刺线应采用低碳钢丝，其力学性能应符合《一般用途低碳钢丝》（YB/T 5294—2009）的规定。刺钢丝每个结有4个刺，刺形应直，刺尖角不大于25°，刺夹角为90°±20°，刺长L为（16±3）mm，刺线缠绕股线不得少于1.5圈，捻扎应牢固，刺形应均匀。

（2）立柱、斜撑材料 立柱和斜撑是隔离设施的立体结构，应具有很好的稳定性和结构强度。立柱和斜撑一般采用直缝焊接钢管、型钢、Y形钢、混凝土柱等。钢管材料，以热轧钢带、冷轧钢带焊接或焊后冷加工方法制造，其化学成分及机械性能应满足《直缝电焊钢管》（GB/T 13793—2008）的规定。型钢材料，可用冷加工变形的冷轧或热轧钢带在连续辊式冷弯机组上加工生产，其化学成分及机械性能应满足《碳素结构钢》（GB 700—2006）的规定，连续铺设的型钢立柱上的挂钩经冲压加工而成。Y形钢，用普通碳素钢在普通的轧钢机上热轧而成，其化学成分及机械性能应满足《碳素结构钢》（GB 700—2006）的规定。混凝土立柱用混凝土强度等级不低于C20，拌制混凝土所使用的各项材料及混凝土的配合比、拌制、浇筑、养护应满足有关标准的规定。

（3）连接件材料 隔离设施连接附件一般包括螺栓、螺母、垫片和条形钢片等。由于隔离设施的受力性质决定其通常采用普通低碳钢螺栓、螺母作为紧固件，其机械性能等级应符合《紧固件机械性能》GB 3098系列规范的规定。条形钢片材料是热轧或冷轧钢板（带）经专用设备分割而成。条形钢片和抱箍可采用冷轧或热轧钢板（带），其技术条件符合《碳素结构钢和低合金结构钢热轧薄钢板及钢带》（GB 912—2008）、《碳素结构钢冷轧薄钢板》（GB/T 11253—2007）的规定。

5. 防眩设施材料

高等级道路通过设置防眩设施可有效降低交通事故的发生频率，提高行车安全性。

防眩板各部件可采用钢材、塑料或其他不易变形的耐久材料加工制作。制作防眩板构件时，应选用在自然条件下不易老化、不易褪色和不易变形的高分子材料。防眩设施材料应满足相应的力学性能、耐溶剂性能、环境适应性能等要求。

防眩板纵向构件可采用方形型钢制造，应符合国家现行《冷弯型钢》（GB/T 6725—2008）的有关规定；板条可选用在自然条件下不易老化、不易褪色和不易变形的塑料板加工制作。构件表面可采用镀锌、镀铝、镀锌（铝）后涂塑等方法处理达到防腐的目的。镀锌（铝）的要求同波形梁护栏。防眩板经热浸镀锌（铝）处理后，为改善视觉景观，不可在防眩板锌（铝）层上进行涂塑处理或直接将钢构件进行涂塑处理，应隔离设施，再经镀锌（铝）处理后涂塑。

第二节　道路交通设施防腐涂装材料

道路是一种三维带状线形的交通运输工程空间实体结构物，交通运输所需自然地理环境条件千差万别，不可避免地经受各种复杂腐蚀环境的考验，这些考验包括了大气腐蚀、水腐蚀和土壤腐蚀三种主要的腐蚀环境。

随着现代道路建造技术水平的不断提高，交通需求对道路工程提出越来越高的环境耐受考验，从城市的繁华中心延伸到偏远的乡村，从盆地延伸到高原，沿线环境条件的变化带来了腐蚀环境的多样性和多变性。这就对道路交通工程设施的腐蚀防护提出了更高的要求。本节主要介绍公路桥梁钢结构防腐涂装、公路交通工程钢构件防腐涂装和混凝土桥梁结构表明防腐涂装。

一、防腐涂层体系

涂层体系是根据环境状态设计的配套涂料组合，该组合应由底层、中间层、面层涂料涂膜组成或由底层、面层涂料涂膜组成，选用的配套涂料之间应具有相容性。选用的涂料及涂层厚度应符合国家相关标准。

1. 公路桥梁钢结构防腐涂层体系

根据 IS012944 对自然腐蚀环境的划分，将大气区腐蚀环境分为 6 种类：

C1（很低）：加热的建筑物内部，空气洁净，如办公室、商店、学校和宾馆等。

C2（低）：低污染水平的大气，大部分是乡村地带，冷凝有可能发生的未加热的建筑（如库房，体育馆等）。

C3（中等）：城市和工业大气，中等的二氧化硫污染以及低盐度沿海区域，高湿度和有些空气污染的生产厂房内（如食品加工厂、洗衣场、酒厂、乳制品工厂等），港口区的钢结构（如水闸、锁具、防波堤、码头，海上结构）。

C4（高）：中等含盐度的工业区和沿海区域，化工厂、游泳池、沿海船舶和造船厂等，埋地储罐、钢桩和钢管。

C5-I［很高（工业）］：高湿度和恶劣大气的工业区域，冷凝和高污染持续发生和存在的建筑和区域。

C5-M［很高（海洋）］：高含盐度的沿海和海上区域。冷凝和高污染持续发生和存在的建筑和区域。

桥梁钢结构外表面涂层配套体系有普通型和长效型，见表 9-11 和表 9-12。

表 9-11　桥梁钢结构外表面涂层配套体系（普通型）（JT/T 722—2008）

配套编号	腐蚀环境	涂　层	涂料品种	道数/最低干膜厚/(1/μm)
S01	C3	底涂层	环氧磷酸锌底漆	1/60
		中间涂层	环氧（厚浆）漆	1/80
		面涂层	丙烯酸脂肪族聚氨酯面漆	2/70
		总干膜厚度		210
S02	C4	底涂层	环氧磷酸锌底漆	1/60
		中间涂层	环氧（厚浆）漆	(1 ~ 2)/120
		面涂层	丙烯酸脂肪族聚氨酯面漆	2/80
		总干膜厚度		260
S03	C5-I	底涂层	环氧富锌底漆	1/60
		中间涂层	环氧（云铁）漆	(1 ~ 2)/120
		面涂层	丙烯酸脂肪族聚氨酯面漆	2/80
		总干膜厚度		260
	C5 – M	底涂层	环氧富锌底漆	1/60
		中间涂层	环氧（云铁）漆	(1 ~ 2)/120
		面涂层	丙烯酸脂肪族聚氨酯面漆	2/80
		总干膜厚度		260

表 9-12　桥梁钢结构外表面涂层配套体系（长效型）（JT/T 722—2008）

配套编号	腐蚀环境	涂　层	涂料品种	道数/最低干膜厚/(1/μm)
S04	C3	底涂层	环氧富锌底漆	1/60
		中间涂层	环氧（厚浆）漆	(1 ~ 2)/100
		面涂层	丙烯酸脂肪族聚氨酯面漆	2/80
		总干膜厚度		240
S05	C4	底涂层	环氧富锌底漆	1/60
		中间涂层	环氧（云铁）漆	(1 ~ 2)/140
		面涂层	丙烯酸脂肪族聚氨酯面漆	2/80
		总干膜厚度		280
S06	C5-I	底涂层	环氧富锌底漆	1/80
		中间涂层	环氧（云铁）漆	(1 ~ 2)/120
		面涂层	聚硅氧烷面漆	(1 ~ 2)/100
		总干膜厚度		300
S07	C5-I	底涂层	环氧富锌底漆	1/80
		中间涂层	环氧（云铁）漆	(1 ~ 2)/150
		面涂层（第一道）	丙烯酸脂肪族聚氨酯面漆/氟碳面漆	1/40
		面涂层（第二道）	氟碳面漆	1/30
		总干膜厚度		300

（续）

配套编号	腐蚀环境	涂　层	涂料品种	道数/最低干膜厚/(1/μm)
S08	C5-M	底涂层	无机富锌底漆	1/75
		封闭涂层	环氧封闭漆	1/25
		中间涂层	环氧（云铁）漆	(1~2)/120
		面涂层	聚硅氧烷面漆	(1~2)/100
		总干膜厚度		320
S09	C5-M	底涂层	无机富锌底漆	1/75
		封闭涂层	环氧封闭漆	1/25
		中间涂层	环氧（云铁）漆	(1~2)/150
		面涂层（第一道）	丙烯酸脂肪族聚氨酯面漆/氟碳面漆	1/40
		面涂层（第二道）	氟碳面漆	1/40
		总干膜厚度		330
S10	C5-M	底涂层	热喷铝或锌	1/150
		封闭涂层	环氧封闭漆	(1~2)/50
		中间涂层	环氧（云铁）漆	(1~2)/120
		面涂层	聚硅氧烷面漆	(1~2)/100
		总干膜厚度（涂层）		270
S11	C5-M	底涂层	热喷铝或锌	1/150
		封闭涂层	环氧封闭漆	(1~2)/50
		中间涂层	环氧（云铁）漆	(1~2)/150
		面涂层（第一道）	丙烯酸脂肪族聚氨酯面漆/氟碳面漆	1/40
		面涂层（第二道）	氟碳面漆	1/40
		总干膜厚度（涂层）		280

2. 公路交通工程钢构件防腐涂层体系

防腐涂层体系按钢构件表面保护层的材料可以分为四类：镀锌、镀铝、镀锌（铝）后涂塑、涂塑。

镀锌（铝）后涂塑构件涂层体的第一层（内层）金属镀层应为锌或铝，第二层（外层）非金属涂层可为聚乙烯、聚氯乙烯或聚酯。其各层质量及厚度应符合表9-13的要求。

表9-13　交通工程钢构件镀锌（铝）后涂塑构件涂层体系（GB/T 18226—2000）

钢构件类型		平均锌层质量/($g \cdot m^{-1}$)	平均锌层质量/($g \cdot m^{-1}$)	涂塑层厚度/mm	
				聚乙烯、聚氯乙烯	聚酯
钢管、钢板、钢带		270	61	>0.25	>0.076
紧固件、连接件		120	61	>0.25	>0.076
钢丝直径/mm	>1.8~2.0	75	61	>0.15	>0.076
	>2.0~4.0	90			
	>4.0~5.0	120			

3. 混凝土桥梁结构防腐涂层体系

按照大气相对湿度和大气污染类型将大气腐蚀环境分为四种类型：弱腐蚀（Ⅰ）、中腐蚀（Ⅱ）、强腐蚀（Ⅲ-1）、强腐蚀（Ⅲ-2）。

按水的类型将浸水区腐蚀环境分为两种类型：淡水（Ⅰm1）、海水或盐水（Ⅰm2）。

强腐蚀－淡水（Ⅲ-1）-Ⅰm1 腐蚀环境下的涂层体系见表9-14。

表9-14　强腐蚀－淡水（Ⅲ-1）-Ⅰm1 腐蚀环境下的混凝土涂层体系（JT/T 695—2007）

涂层编号	配套涂层名称	厚度/μm	防腐部位	防腐寿命/年
S3.01	环氧封闭漆	≤50	大气区	10
	环氧树脂漆	80		
	丙烯酸聚氨酯漆	70		
S3.02	环氧封闭漆	≤50		
	环氧树脂漆	80		
	氯化橡胶漆或丙烯酸漆	90		
S3.03	环氧封闭漆	≤50	水位变动区和浪溅区	10
	环氧树脂漆	120		
	丙烯酸聚氨酯漆	70		
S3.04	环氧封闭漆	≤50		
	环氧树脂漆	120		
	氯化橡胶漆	90		
S3.05	环氧封闭漆	≤50	水下区	10
	环氧树脂漆或 环氧煤焦油沥青漆	250 300		
S3.06	环氧封闭漆	≤50	大气区	20
	环氧树脂漆	140		
	丙烯酸聚氨酯漆	80		
S3.07	环氧封闭漆	≤50		
	环氧树脂漆	140		
	氟碳漆	60		
S3.08	环氧封闭漆	≤50	水位变动区和浪溅区	20
	环氧树脂漆	250		
	丙烯酸聚氨酯漆或 氟碳漆	90 70		
S3.09	环氧封闭漆	≤50	水下区	20
	环氧树脂漆或 环氧煤焦油沥青漆	350 400		

二、道路交通工程设施防腐涂料的主要品种

道路交通工程设施用涂料的发展，与涂料用树脂和防锈颜料的开发应用有着密切的联

系。每一种新的树脂或防锈颜料的试用成功，都会取代以前的涂料产品而作为一定时期的代表性涂装体系。

1. 富锌涂料

锌粉具有阴极保护作用，所以被用来制成富锌底漆（Zinc Rich Primer），成为重防腐蚀涂装体系中的首选底漆。富锌底漆主要有环氧富锌底漆和无机硅酸锌涂料两种。无机硅酸锌涂料除了用作重防腐底漆外，还可以作为交通工程设施中栓板的防锈防滑涂料，摩擦系数不低于0.45；无机硅酸富锌车间底漆在道路交通工程设施建筑过程中，取代了以往使用的长效磷化底漆和环氧类车间底漆等，成为道路交通工程设施用钢板预处理的必选车间底漆。

对富锌底漆中的锌粉含量，不同国家和地区有着不同的规范要求。英国的《富锌底漆（有机溶剂）规范》（BS 4652—1995）中规定，干涂膜中锌粉含量不能低于85%（质量）。国际标准化组织的《防护涂料系统》（ISO 12944—5—2007）（英）中规定，富锌底漆，不挥发分中锌粉含量不得低于80%（质量），锌粉颜料要符合《色漆用锌粉颜料规范和实验方法》（ISO 3549—2002）（德）的规定。我国的《富锌底漆》（HG/T 3668—2009）中规定不挥发分中的金属锌的含量，无机富锌底漆不低于80%，有机富锌底漆不低于70%。美国保护涂料协会的标准SSPC—Pain20—2002中规定两类富锌底漆——类型Ⅰ无机富锌涂料和类型Ⅱ有机富锌涂料，并按干膜中的锌粉质量分数规定了三类涂料：Level 1（≥85%）、Level 2（77%～85%）和Level 3（65%～77%）。这些涂料中的主要颜料成分必须满足ASTM D520对金属锌粉的规定。

用于涂料中的锌粉不可能是100%的纯金属锌，会含有一定的氧化锌、氧化铅及其他非金属和金属元素。按《锌粉》（GB/T 6890—2012），其化学成分见表9-15。

表9-15 锌粉的化学成分

等级	化学成分（%）						
	主品位不小于		杂质，不大于				
	全锌	金属锌	Pb	Fe	As	Cd	酸不溶物
一级	98	96	0.1	0.05	0.0005	0.1	0.2
二级	98	94	0.2	0.2	0.0005	0.2	0.2
三级	96	92	0.3	—	0.0005	—	0.2
四级	92	88	—	—	—	—	0.2

《锌粉颜料规定》（ASTM D520—2000）（2005）对作为涂料颜料的金属锌粉规定了三个种类：种类Ⅰ中铅含量最大限量没有规定，为通用等级；种类Ⅱ规定铅含量的质量比不大于0.01%，为高纯度级；种类Ⅲ规定铅含量的质量比不大于0.002%，属最高纯度级。任何等级的金属锌粉都可以用于ASTM D520技术规范所列的锌粉涂料，当然，对于种类Ⅰ的锌粉，如果以后在表面喷砂处理时清除掉锌粉涂层，允许的铅含量可以超出PEL（允许限量）。

道路交通工程设施使用的富锌涂料主要有两种：无机富锌和有机富锌。在多道涂层系统中，富锌涂料直接与钢材表面接触。无机富锌涂料的锌粉混合于硅酸乙酯黏结剂中制成，分两种类型——水性型和溶剂型；锌粉含量大80%时，性能最好。有机富锌由锌粉混合于环氧或聚氨酯等黏结剂中制成，这些涂料中的高锌粉含量使其产生阴极保护作用。最常见的配套方案为：富锌底漆+环氧中间漆+聚氨酯面漆。

美国联邦公路局 FHWA 正在进行和已经完成的研究表明，在喷砂处理的钢材表面（SSPC SP-10 或 SP-5），使用富锌底漆的涂层系统有着相当好的性能，即使在海洋环境中也如此。对涂层系统（环氧－无机富锌底漆－环氧中间漆－聚氨酯面漆）的测试表明，其性能超过了所有其他传统的涂层系统（没有锌粉底漆）。富锌涂料系统和屏蔽型、缓蚀型系统的主要的区别在于耐阴极剥离和涂膜下锈蚀方面，特别是在交通工程设施的角落和边缘，以及有针孔或涂膜缺陷时区别明显。相同条件下，富锌底漆与其他涂料的对比，性能最好。富锌底漆可以有效地用于多种环境下，如海洋和工业环境，特别是在盐雾环境下，新建时能获得最长效的保护。

2. 红丹防锈涂料

红丹为橘红色，主要含有四氧化三铅，是一种沿用已久的防锈颜料。通常和油料、酚醛树脂、醇酸树脂等配制成红丹防锈涂料。其中油性红丹涂料防锈能力最强，尽管它干燥较慢。油料的渗透润湿作用好，即使低表面处理的钢材也基本不受影响，亚麻油红丹生成的铅皂具有缓蚀作用。红丹的防锈机理比较复杂，铅系颜料本身具有缓蚀作用，在红丹的晶格中，Pb^{2+}、$PbO_4{}^{4-}$呈有规律排列，当与钢铁接触时，外层的Pb^{2+}与起始阶段阳极腐蚀产物中的Fe^{2+}进行离子交换，形成更难溶的高价氧化物，使涂膜密实，减小涂膜的透气性和透水性。由晶格中置换出来的Pb^{2+}能够吸收腐蚀介质中的$SO_4{}^{2-}$，生成不溶的$PbSO_4$，这对于工业大气环境中的防锈很有意义，但对Cl^-作用不明显。红丹涂料的缺点是毒性大，目前应用受到限制，正逐步被无铅颜料防锈涂料代替。在轻金属上不适合使用红丹涂料，否则会加剧腐蚀。

3. 锌黄防锈涂料

锌黄的主要成分是铬酸锌，是铬酸盐类中应用最广泛的防锈颜料，呈淡黄或中黄色，除了在钢铁上应用外，主要用做铝、镁等轻金属的防锈涂料；锌黄微溶于水，形成铬酸铁覆盖在金属表面使之钝化而起到缓蚀作用。锌黄使用要适量，一般用量为 20%～50%，否则会产生锈蚀针孔。锌黄在潮湿环境中易起泡，所以常与低溶解度的铬酸盐或铁黄一起使用。锌黄对工业酸性大气抵抗力较弱，常加入氧化锌一起使用。四盐基锌黄在油性环境中能生成锌皂，并能中和涂料中的酸性分解物。四盐基锌黄的水溶性小，但溶解速度较均匀，防锈作用比较持久，在磷化底漆中作为主要防锈颜料，能与聚乙烯醇缩丁醛和磷酸相互作用，形成的络合物牢固地附着在金属表面上，提高了与上层涂料的结合力。由于锌黄具有致癌作用，其应用受到限制，已逐步被新的无毒颜料（磷酸盐防锈颜料）所取代。

4. 铁红防锈涂料

铁红防锈涂料又称“氧化铁红 Fe_2O_3”，性质稳定，遮盖力强，颗粒细微，能在涂膜中起到很好的封闭作用；耐热、耐光性好，在大气、碱类和稀酸环境中非常稳定，常和铝粉等片状颜料、磷酸锌等缓蚀型颜料一起使用，以增强防锈作用。铁红是非常重要的一种防锈颜料，绝大多数的涂料都开发有铁红防锈涂料，如醇酸铁红防锈涂料、氯化橡胶铁红防锈涂料和环氧铁红防锈涂料，甚至在某些环氧富锌底漆中，都以铁红作为重要辅助防锈颜料。

5. 铝粉防锈涂料

铝粉防锈涂料是呈鳞片状的铝粉或铝粉浆，因其色泽如银，又被称为“铝银粉”和“铝银浆”，分浮型和非浮型两类。其良好的延展性在涂膜中可形成连续不断的铝膜，掩盖针孔，减少渗透性。铝粉涂料可反射 60% 以上的紫外线，用在面漆中可提高耐候性。制成醇酸耐热涂料可耐200℃左右的高温，常在有机硅涂料中使用，耐高温达600℃。在20世纪60年代，用铝粉锌粉制成66号灰色铝锌面漆，应用于南京地区交通工程设施，片状的铝粉涂膜层层重叠，覆盖在钢材表明，大大延缓外界腐蚀因子的渗透。很多厚浆型环氧涂料中也添加铝粉防锈颜料，配制成重要的环氧铝粉防锈涂料。

6. 云铁防锈涂料

云母氧化铁由硫铁矿加工而成，有灰色和红褐色两种，因呈细小鳞片状，形似云母，又称为“云母氧化铁（Micaceous Iron Oxid）”，简称“云铁”。我国生产云铁颜料的矿区主要有安徽繁昌、江苏茅山和广东清远南岭。

云母氧化铁为片状颜料，在涂膜中和底材平行重叠排列，可有效阻止腐蚀介质渗透；对阳光反射能力强，减缓了涂膜老化；防锈性能好，也可应用在面漆中提高耐候性。

云铁可在很多种树脂中使用，因而开发出了多种防锈涂料。1976年，酚醛云铁底漆和醇酸云铁底漆开始在长江中下游地区应用，总膜厚度达到200μm以上；而钢材也开始使用喷射处理，法国巴黎的埃菲尔铁塔，多年来一直使用醇酸云铁防锈涂料作为维修保养涂料。氯化橡胶云铁防锈涂料一直是与氯化橡胶铁红防锈涂料相配合应用于港口机械。环氧云铁防锈涂料的面世，取代了前述醇酸、酚醛等防锈涂料，应用于现代重防腐交通工程设施，目前主要作为中间漆使用。

7. 磷酸锌防锈涂料

磷酸盐中最主要的防锈颜料是磷酸锌［$Zn_3(PO_4)\cdot 2H_2O$］，其能与涂料中的羟基、羧基等进行化学结合，也能在金属表面生成Fe［$Zn_3(PO_4)$］，形成高分子络合物，阻止锈蚀进程。对磷酸锌原料的颗粒度及其分布、化学组成进行改性后，性能可与铬酸锌相当。

三聚磷酸铝是近年新发展的新型防锈颜料，呈白色，微溶于水，在涂层下溶解时电离，在阳极部位与金属离子结合成不溶的钝化膜，该钝化膜硬度高，附着牢固。三聚离子如果水解成二聚或磷酸根离子，因仍含有反应性基团，还可形成类似的钝化膜。三聚磷酸铝可用于水性和溶剂型涂料体系中。

8. 玻璃鳞片涂料

玻璃鳞片涂料已经发展成为一种特殊的涂料，由美国的Owens Corning玻璃纤维公司在20世纪50年代成功开发应用于混凝土底材和钢管的内衬等。60年代美国很多公司开发了一系列玻璃鳞片涂料，包括环氧煤沥青涂料。60年代末日本也引入了这项玻璃鳞片涂料技术。欧洲市场上在1970年也开始应用玻璃鳞片涂料。玻璃鳞片的厚度在2～5μm，这样能保证在涂料中有数十层的鳞片排列，形成涂层内复杂曲折的渗透扩散路径，其原理与涂层中的铝粉、云铁相同。玻璃鳞片片径纵横比越大，涂层的抗渗透性能越强。

一般涂料在液相介质中和温度较高的环境下，很难抵挡住腐蚀介质的扩散渗透，而玻璃鳞片把涂层分割成许许多多的小空间，固化后收缩率小，大大降低了涂层的收缩应力及各接触面的残余应力，增加了附着力。加上良好的耐热耐寒性能，突出的耐磨性能和其他力学性能，配合性能优良的树脂，玻璃鳞片涂料具有优异的重防腐蚀性能。

和玻璃鳞片涂料配合使用的常见树脂有：氯化橡胶、氯磺化聚乙烯、环氧树脂、环氧煤沥青、酚醛环氧树脂（NOVLAC）、不饱和聚酯树脂和乙烯酸树脂等。作为最重要的一种重防腐蚀涂料，玻璃鳞片涂料干膜厚度通常在500～1500μm，主要应用于化工装置、海洋平台、储罐内壁、跨海大桥工程、港湾码头、电厂烟气脱硫等腐蚀环境中。

玻璃鳞片涂料固化时间短，能在几个小时内进行覆涂施工。如果要求很好的外观，可以用面漆进行覆涂。日本的很多道路交通工程设施，对那些不易进行涂层维修的地方，通常使用环氧玻璃鳞片涂料。英国使用环氧玻璃鳞片涂料也是有典型工程实例的，通常用于保护海洋平台，然后以装饰性强、保色保光性能优良的丙烯酸聚氨酯面漆罩面。

9. 醇酸面漆

醇酸树脂的光泽好，耐候性较强，20 世纪六七十年代被广泛用作道路交通工程设施用面漆。常用的采用干性油改性的长油度季戊四醇苯二甲酸酐醇酸树脂为涂料的醇酸面漆硬度稍差，光泽不强；中油度醇酸树脂面漆的涂膜光泽和机械强度比长油度醇酸面漆好，常见品种为我国传统的 C04-2 各色醇酸磁漆、C04-4 醇酸磁漆（以苍耳子油为原料）。

专门为道路交通工程设施设计的醇酸面漆有以下品种：

（1）C04-5 灰云铁醇酸磁漆　以长油度醇酸树脂、云母氧化铁、铝粉浆、催干剂和松节油制成，耐候性好，涂膜坚韧，附着力和防潮性较好，能抵抗污染。

（2）C04-6 钢灰醇酸磁漆　由季戊四醇酸树脂、铝粉浆及颜料制成，涂膜坚韧，耐候性好。

（3）C04-8 灰云铁醇酸磁漆　以季戊四醇酸树脂、云母氧化铁、铝粉浆、催干剂和 200 号溶剂汽油制成，该涂料耐候性好，可以延缓水汽透过，吸收、反射紫外线。

（4）SQC04-11 锌铝醇酸　交通设施专用磁漆，耐候性比一般的醇酸磁漆都好。

（5）C04-2 各色醇酸磁漆　其中专为道路交通工程设施制成的面漆有 C04-42 道路交通工程设施面漆和中灰钢梁面漆，采用金红型铁白粉，耐候性比 C04-2 要好，干燥时间稍长。

（6）C04-45 灰铝锌醇酸磁漆（66 金属浆）　为四罐包装，季戊四醇醇酸涂料、混合催干剂、混合稀释剂和铝锌混合颜料分别包装，耐候性在道路交通工程设施醇酸面漆中最强，它是我国铁路工程设施上使用最多的醇酸面漆，最早应用于长江中下游道路与铁道工程设施、成昆线和京山线等铁路工程设施。

10. 环氧面漆

环氧面漆与环氧底漆配套使用，涂膜坚韧耐磨，寿命较长，耐水、耐油、耐化学品等各项性能突出。但施工时受温度限制，不能低温施工；作为双组分涂料，使用较麻烦；环氧面漆户外耐候性差，会粉化失去光泽影响装饰性，但对保护性能影响不大。很多厚浆型环氧涂料，已在不需很好装饰的结构件内部或室内环境中使用，因为这些地方不会受到太阳紫外线的照射，所以不用担心涂膜会粉化。

11. 聚氨酯面漆

聚氨酯面漆与环氧面漆相比，涂膜同样坚硬耐磨，耐化学品和耐溶剂性能优良，而且可以低温施工。

S04-2 灰聚氨酯桥板面漆是我国铁路工程专用面漆，它和 S04-1 棕黄/锌黄聚氨酯底漆共同组成了铁路与道路工程设施用聚氨酯涂料配套。S04-2 灰色聚氨酯面漆分为四个组分：组分一（醇酸树脂色浆）、组分二（甲苯二异氰酸酯三羟甲基丙烷加成物）、组分三（铝粉浆）和组分四（金刚砂），使用时按组分一∶组分二∶组分三∶组分四 = 100∶80∶10∶50 随配随用，稀释剂为 X-10 聚氨酯涂料稀释剂。

丙烯酸聚氨酯面漆是目前道路交通工程设施常用的经济有效产品。体积固体分为 50%，高固体分产品的体积固体分达到了 63%，降低了 VOC 含量，可以高膜厚施工，喷涂一道可以达到 50～100μm 膜厚。

12. 氟碳面漆

氟碳面漆是可溶于溶剂、在常温下施工的含氟聚合物涂料，主要以 FEVE（聚氟乙烯/乙烯基醚）配制而成，作为高性能腐蚀系统中的面漆，可保护下层涂料并防止紫外线辐射。高键能的 C—F 键达到 485kJ/mol，比典型的有机聚合物的 C—C 键的键能 358kJ/mol 要强很多，这意味着要更强的活化能才能破坏含氟聚合物。

FEVE 能用氟乙烯和乙烯基醚溶液共聚而成，给予涂料良好的溶剂可溶性、透明度、光泽、硬度和柔韧性等。从有机溶剂可溶性的角度看，三氟氯乙烯（CTFE）由氟乙烯共聚而成，聚合物的羟基官能团能很容易地由羟基烷基乙烯基醚来制备，使其可以与异氰酸酯和三聚氰胺固化剂进行交联。通过多种加速测试评估，FEVE 涂料显示出了优良的耐候性能。FEVE 涂料比丙烯酸聚氨酯涂料具有好得多的耐候性能和保光性。

13. 工程硅氧烷涂料

聚硅氧烷进行有机改性后形成的无机－有机聚合物，是目前耐候性最佳的面漆。聚硅氧烷聚合物面漆固体分含量高，符合环保要求，而且没有最大涂装间隔。在道路交通工程设施涂层系统中，聚硅氧烷聚合物面漆可以取代中间漆和面漆，从而使三道涂层系统合并为两道涂层系统。通常的涂料系统已简化成“底漆＋中间漆＋面漆”的三道涂层系统，典型的涂料系统如：环氧富锌底漆 5μm—厚浆型环氧中间漆 10μm—脂肪族聚氨酯面漆 50μm。使用聚硅氧烷面漆时，由于涂膜可以厚膜施工，所以完全可以省去中间漆，变成两道涂层系统，大量节省施工时间，这两道涂层系统为：环氧富锌底漆 75μm—丙烯酸聚硅氧烷面漆 125～150μm。

环氧聚硅氧烷面漆为第一代产品，环氧聚硅氧烷涂料有着优异的物理和化学性能，在耐蚀性、保色保光性、长效性、成膜性能以及溶剂的挥发控制等方面都有突出表现。丙烯酸聚硅氧烷面漆为第二代产品，户外耐候性能高于脂肪族聚氨酯涂料，耐候性能为脂肪族聚氨酯涂料的 2～3 倍。

思 考 题

9-1 交通安全设施是由哪些部分构成的？

9-2 简述道路交通设施材料技术要求。

9-3 轮廓标应采用哪些逆反射材料？这些材料应具备哪些性能？

9-4 简述道路交通工程设施腐蚀防护材料的应用。

9-5 道路交通工程设施防腐涂料主要有哪些品种？

附录　道路建筑材料试验

试验 A　石料的强度和磨耗试验

道桥结构物所用的石料，除受到各种自然因素影响外，还要受到车辆荷载等复杂力系的作用。因此，石料除应具备一定的物理性质外，还必须具备各种力学性质，如抗压、抗拉、抗弯、抗磨耗、抗冲击、压碎性等。路用石料最基本的性质是抗压强度和磨耗试验，根据这两项试验的结果可以确定石料的技术等级和适用性。为了控制路面工程用集料的质量，也可采用压碎值指标来表征石料的强度。

一、单轴抗压强度

单轴抗压强度是石料标准试件吸水饱和后，在单向受压状态下破坏时的极限强度。

1. 目的与适用范围

单轴抗压强度试验是测定规则形状岩石试件单轴抗压的方法，主要用于岩石的强度等级和岩性描述。

2. 试验仪器

1）压力机：加载范围为 300 ~ 2000kN，检验合格且能按所要求的速率加载。

2）承压板：圆盘形钢板，压板直径应大于试件直径 2mm 或大于试件承压面对角线，压板厚度至少为 15mm，圆盘表面应磨光。

3）切石机或钻石机、磨平机。

4）游标卡尺（精度 0.1mm）及角尺。

5）石料吸水饱和使用的有关设备等。

3. 试验方法

1）用切石机或钻石机从岩芯中钻取标准试件，边长（50 ±2）mm 的正立方体或直径和高均为（50 ±2）mm 的圆柱体，每组试件 6 个。有显著层理的岩石，分别沿平行和垂直层理方向各取试件 6 个。试件上下端面应平行和磨平。试件端面的平面度公差应小于 0.05mm，端面对于试件轴线垂直度偏差不应超过 0.25°。

2）用游标卡尺量取试件尺寸（精确至 0.1mm），对立方体试件在顶面和底面上各量取其边长，以各个面上相互平行的两个边长的算术平均值计算其承压面积；对圆柱体试件在顶面和底面分别测量两个相互正交的直径，并以其各自的算术平均值分别计算底面和顶面的面积，取其顶面和底面面积的算术平均值作为计算抗压强度所用的截面积。

3）按吸水率试验方法对试件进行饱水处理，最后一次加水深度应使水面至少高出试件顶面 20mm。

4）试件自由浸水 48h 之后取出，擦干表面，将试件放在两承压板间。球面座应在试件上端面，并用矿物油稍加湿润，以致在滑块自重下仍能闭锁。试件、压板和球面座要精确地彼此对中，并与加载机设备对中，球座曲率中心与试件端面中心相重合。施加在试件上的荷载要始终保持一定的应力增长速率，即施加应力的速率为0.5~1.0MPa/s。

5）抗压试件试验的最大荷载记录以N（牛顿）为单位，精度1%。

4. 结果计算与精度要求

石料的单轴抗压强度按下式计算：

$$f_{sc}=\frac{F_{max}}{A} \tag{A-1}$$

式中 f_{sc}——石料的单轴抗压强度，MPa；

F_{max}——极限破坏荷载，N；

A——试件的载荷面积，mm^2。

石料的单轴抗压强度计算精确至0.1MPa。

5. 结果整理

取6个试件的算术平均值作为试验结果。如其中任意2个均值与其余4个的强度均值相差3倍以上时，则取试验结果相近的4个试件的算术平均值作为试验结果。

对具有显著层理的岩石，分别取垂直以及平行层理方向的试件强度的平均值作为试验结果。

二、石料的磨耗试验

石料抵抗摩擦、撞击和边缘剪切等联合作用的性能称为石料抗磨耗性。

1. 目的与适用范围

测定石料的磨耗率。

2. 主要仪器设备

1）小型碎石机或手锤。

2）洛杉矶磨耗机。洛杉矶式磨耗由一个内径为（710±5）mm、长为（510±5）mm的圆筒，通过中心轴支撑于支架上构成，圆筒可绕中心轴旋转，圆筒内壁装有高（89±2）mm的角钢构成的隔板，在试验时加入12个直径46.8mm的钢球，质量为390~445g。

3）标准筛一套，以及筛孔为1.7mm的方孔筛一个。

4）台秤：感量5g。

5）烘箱：能使温度控制在（105±5）℃范围内。

6）容器：搪瓷盘等。

3. 试验方法

1）将块石用轧石机轧碎（或人工敲碎）后用水洗净，置于温度为（105±5）℃的烘箱中烘干至恒重。按表A-1规定选取碎石试样，并准确称出试样总质量m_1，精确至5g。

2）开启磨耗机转筒的筒盖，清理转筒，将选好的碎石试样置于筒内，选择钢球，盖好筒盖，调整计数器至零。

3）开动磨耗机，使圆筒以30~33r/min的速度旋转，转动后停止，取出试样。

4）用1.7mm的方孔筛，筛去试样中的石屑，用清水洗净留在筛上的试样，烘至恒重，并准确称出其质量m_2，精确至5g。

表 A-1 洛杉矶磨耗试验试样级配表

粒度类别	粒级组成/mm	试样质量/g	试样总质量/g	钢球数量/个	钢球总质量/g	转动次数/转
A	26.5 ~ 37.5 19.0 ~ 26.5 16.0 ~ 19.0 9.5 ~ 16.0	1250 ± 25 1250 ± 25 1250 ± 10 1250 ± 10	5000 ± 10	12	5000 ± 25	500
B	19.0 ~ 26.5 16.0 ~ 19.0	2500 ± 10 2500 ± 10	5000 ± 10	11	4850 ± 25	500
C	9.5 ~ 16.0 4.75 ~ 9.5	2500 ± 10 2500 ± 10	5000 ± 10	8	3320 ± 20	500
D	2.36 ~ 4.75	5000 ± 10	5000 ± 10	6	2500 ± 15	500
E	63 ~ 75 53 ~ 63 37.5 ~ 53	2500 ± 50 2500 ± 50 5000 ± 50	10000 ± 100	12	5000 ± 25	1000
F	37.5 ~ 53 26.5 ~ 37.5	5000 ± 50 5000 ± 25	10000 ± 75	12	5000 ± 25	1000
G	265 ~ 37.5 19 ~ 26.5	5000 ± 25 5000 ± 25	10000 ± 50	12	5000 ± 25	1000

4. 结果计算及精度要求

石料磨耗率按下式计算，精确至0.1%。

$$Q = \frac{m_1 - m_2}{m_1} \times 100 \tag{A-2}$$

式中 Q——石料的磨耗率，%；

m_1——装入转筒中的烘干石料试样质量，g；

m_2——试验后在1.7mm筛上洗净烘干的石料试样质量，g。

石料的磨耗率取两次平行试验结果的算术平均值作为测定值，两次试验误差应不大于2%，否则要重做试验。

试验 B 集料的密度和级配试验

一、粗集料密度及吸水率试验（容量瓶法）

1. 目的与适用范围

本方法适用测定碎石、砾石等各种粗集料的表观相对密度、表干相对密度、毛体积相对密度、表观密度、表干密度、毛体积密度，以及粗集料的吸水率。

2. 试验仪器

1）天平或浸水天平：可悬挂吊篮测定集料的水中质量，称量应满足试样数量称量要求，感量不大于最大称量的0.05%。

2）容量瓶：1000mL，也可用磨口的广口玻璃瓶代替，并带玻璃片。

3）烘箱：能使温度控制在（105 ±5）℃范围内。

4）标准筛：4.75mm，2.36mm。

5）其他：刷子、毛巾等。

3. 试验准备

1）将取来的试样过筛。对水泥混凝土的集料采用4.75mm筛，沥青混合料的集料用2.36mm筛，分别筛去筛孔以下的颗粒，然后用四分法或分料器法缩分至表B-1要求的质量，分两份备用。

表B-1 测定密度所需要的试样最小质量

公称最大粒径/mm	4.75	9.5	16	19	26.5	31.5	37.5	63	75
每一份试样的最小质量/g	800	1000	1000	1000	1500	1500	2000	3000	3000

2）将每一份集料试样浸泡在水中，仔细洗去附在集料表面的尘土和石粉，经多次漂洗至水清澈为止，清洗过程中不得散失集料颗粒。

4. 试验步骤

1）取试样一份装入容量瓶（广口瓶）中，注入洁净的水（可滴入数滴洗涤灵），水面高出试样，轻轻摇动容量瓶，使附着在石料上的气泡逸出。盖上玻璃片，在室温下浸水24h（水温应为15~25℃，浸水最后2h内的水温相差不得超过2℃）。

2）向瓶中加水至水面凸出瓶口，然后盖上容量瓶塞，或用玻璃片沿广口瓶瓶口迅速滑行，使其紧贴瓶口水面，玻璃片与水面之间不得有空隙。

3）确认瓶中没有气泡，擦干瓶外的水分后，称取集料试样、水、瓶及玻璃片的总质量（m_2）。

4）将试样倒入浅搪瓷盘中，稍稍倾斜搪瓷盘，倒掉流动的水，再用毛巾吸干漏出的自由水，需要时可称取带表面水的试样质量（m_4）。

5）用拧干的湿毛巾轻轻擦干颗粒的表面水，至表面看不到发亮的水迹，即为饱和面干状态。当粗集料尺寸较大时，可逐颗擦干。注意拧湿毛巾时不要太用劲，防止拧得太干。擦颗粒的表面水时，既要将表面水擦掉，又不能将颗粒内部的水吸出。整个过程中不得有集料丢失。

6）立即称取饱和面干集料的表干质量（m_3）。

7）将集料置于浅盘中，放入（105±5）℃的烘箱中烘干至恒重。取出浅盘，放在带盖的容器中冷却至室温，称取集料的烘干质量（m_0）。

8）将瓶洗净，重新装入洁净水，盖上容量瓶塞，或用玻璃片紧贴广口瓶瓶口水面，玻璃片与水面之间不得有空隙。确认瓶中没有气泡，擦干瓶外水分后称取水、瓶及玻璃片的总质量（m_1）。

5. 结果计算及精度要求

1）表观相对密度γ_a、表干相对密度γ_s、毛体积相对密度γ_b按下列公式计算，计算结果保留至小数点后3位。

$$\gamma_a = \frac{m_0}{m_0 + m_1 - m_2} \tag{B-1}$$

$$\gamma_s = \frac{m_3}{m_3 + m_1 - m_2} \tag{B-2}$$

$$\gamma_b = \frac{m_0}{m_3 + m_1 - m_2} \tag{B-3}$$

式中　γ_a——集料的表观相对密度，无量纲；

γ_s——集料的表干相对密度，无量纲；

γ_b——集料的毛体积相对密度，无量纲；

m_0——集料的烘干质量，g；

m_1——水、瓶及玻璃片的总质量，g；

m_2——集料试样、水、瓶及玻璃片的总质量，g；

m_3——集料的表干质量，g。

2）集料的吸水率 w_x、含水率 w 以烘干试样为基准，按下列公式计算，精确至0.1%。

$$w_x = \frac{m_3 - m_0}{m_0} \times 100 \tag{B-4}$$

$$w = \frac{m_4 - m_0}{m_0} \times 100 \tag{B-5}$$

式中　m_4——集料饱和状态下含表面水的湿质量，g；

w_x——集料的吸水率，%；

w——集料的含水率，%。

3）粗集料表观密度 ρ_a、表干密度 ρ_s、毛体积密度 ρ_b 按下列公式计算，计算结果保留至小数点后3位。

$$\rho_a = \gamma_a \times \rho_T \quad 或 \quad \rho_a = (\gamma_a - \alpha_T) \times \rho_w \tag{B-6}$$

$$\rho_s = \gamma_s \times \rho_T \quad 或 \quad \rho_s = (\gamma_s - \alpha_T) \times \rho_w \tag{B-7}$$

$$\rho_b = \gamma_b \times \rho_T \quad 或 \quad \rho_b = (\gamma_b - \alpha_T) \times \rho_w \tag{B-8}$$

式中　ρ_a——集料的表观密度，g/cm^3；

ρ_s——集料的表干密度，g/cm^3；

ρ_b——集料的毛体积密度，g/cm^3；

ρ_T——试验温度 T 时水的密度 g/cm^3，按表B-2取用；

α_T——试验温度 T 时的水温修正系数，按表B-2取用；

ρ_w——水在4℃时的密度，1.000g/cm^3。

表B-2　不同水温时水的密度 ρ_T 及水温修正系数 α_T

水温 T/℃	水的密度 ρ_T/（g/cm^3）	水温修正系数 α_T
15	0.99913	0.002
16	0.99897	0.003
17	0.99880	0.003
18	0.99862	0.004
19	0.99843	0.004
20	0.99822	0.005
21	0.99802	0.005

（续）

水温 T/℃	水的密度 ρ_T/（g/cm³）	水温修正系数 α_T
22	0.99779	0.006
23	0.99756	0.006
24	0.99733	0.007
25	0.99702	0.007

6. 结果整理

重复试验的精度，两次结果之差对相对密度比不得超过 0.02，对吸水率不得超过0.2%。

二、粗集料堆积密度及空隙率试验

1. 目的与适用范围

测定粗集料的堆积密度，包括自然堆积状态、振实状态、捣实状态下的堆积密度，以及堆积状态下的间隙率。

2. 仪器与材料

1）天平或台秤：感量不大于称量的0.1%。

2）容量筒：10L，金属制。

3）平头铁锹。

4）烘箱：能控温在（105±5）℃。

5）振动台：频率为（3000±200）次/min，负荷下的振幅为0.35mm，空载时的振幅为0.5mm。

6）捣棒：直径16mm、长600mm、一端为圆头的钢棒。

3. 试验准备

按规定的方法取样、缩分，质量应满足试验要求，在（105±5）℃的烘箱中烘干，也可以摊在清洁的地面上风干，拌匀后分成两份备用。

4. 试验步骤

（1）自然堆积密度　取试样1份，置于平整干净的水泥地（或铁板）上，用平头铁锹铲起试样，使石子自由落入容量筒内。此时，从铁锹的齐口至容量筒上口的距离应保持为50mm左右，装满容量筒并除去凸出筒口表面的颗粒，并以合适的颗粒填入凹陷空隙，使表面凸起部分和凹陷部分的体积大致相等，称取试样和容量筒总质量（m_2）。

（2）振实密度　按堆积密度试验步骤，将装满试样的容量筒放在振动台上，振动3min，或者将试样分三层装入容量筒：装完一层后，在筒底垫放一根直径为25mm的圆钢筋，将筒按住，左右交替颠击地面各25下；然后装入第二层，用同样的方法颠实（但筒底所垫钢筋的方向应与第一层放置方向垂直）；然后再装入第三层，如法颠实。待三层试样装填完毕后，加料填到试样超出容量筒口，用钢筋沿筒口边缘滚转，刮下高出筒口的颗粒，用合适的颗粒填平凹处，使表面凸起部分和凹陷部分的体积大致相等，称取试样和容量筒总质量（m_2）。

（3）捣实密度　根据沥青混合料的类型和公称最大粒径，确定起骨架作用的关键性筛孔（通常 4.75mm 或 2.36mm 等）。将矿物混合料中此筛孔以上颗粒筛出，作为试样装入符合要求的容器中，使之达 1/3 的高度，由边缘至中心用捣棒均匀捣实 25 次。再向容器中装入 1/3 高度的试样，用捣棒均匀地捣实 25 次，捣实深度约至下层的表面。然后重复上一步骤，加最后一层，捣实 25 次，使集料与容器口齐平。用合适的集料填充表面的大空隙，用直尺大体刮平，目测估计表面凸起部分与凹陷部分的容积大致相等，称取容量筒与试样的总质量（m_2）。

（4）容量筒容积的标定　用水装满容量筒，测量水温，擦干筒外壁的水分，称取容量筒与水的总质量（m_w），并按水的密度对容量筒的容积做校正。

5. 结果计算及精度要求

1）容量筒的容积按下式计算：

$$V = \frac{m_w - m_1}{\rho_T} \tag{B-9}$$

式中　V——容量筒的容积，mL；

m_1——容量筒的质量，g；

m_w——容量筒与水的总质量，g；

ρ_T——试验温度 T 时水的密度，g/cm^3，按表 B-2 取用。

2）堆积密度（包括自然堆积状态、振实状态、捣实状态下的堆积密度）按下式计算，计算结果保留至小数点后 2 位：

$$\rho = \frac{m_2 - m_1}{V} \tag{B-10}$$

式中　ρ——与各种状态相对应的堆积密度，g/cm^3；

V——容量筒的容积，mL；

m_1——容量筒的质量，g；

m_2——容量筒与试样的总质量，g。

3）水泥混凝土用粗集料振实状态下的空隙率按下式计算：

$$V_c = \left(1 - \frac{\rho}{\rho_a}\right) \times 100 \tag{B-11}$$

式中　V_c——水泥混凝土用粗集料空隙率，%；

ρ_a——粗集料的表观密度，g/cm^3；

ρ——振实法测定的粗集料的堆积密度，g/cm^3。

4）沥青混合料用粗集料骨架捣实状态下的间隙率按下式计算：

$$VCA_{DRC} = \left(1 - \frac{\rho}{\rho_b}\right) \times 100 \tag{B-12}$$

式中　VCA_{DRC}——捣实状态下的间隙率，%；

ρ_b——粗集料的毛体积密度，g/cm^3；

ρ——捣实法测定的粗集料的堆积密度，g/cm^3。

6. 结果整理

以两次平行试验结果的平均值作为测定值。

三、细集料表观密度试验（容量瓶法）

1. 目的与适用范围

用容量瓶法测定细集料（天然砂、石屑、机制砂）在23℃时对水的表观相对密度和表观密度。本方法适用于含有少量粒径大于2.36mm的细集料。

2. 仪器与材料

1）天平：称量1kg，感量不大于1g。

2）容量瓶：500mL。

3）烘箱：能控温在（105±5）℃。

4）烧杯：500mL。

5）洁净水。

6）其他：干燥器、浅盘、铝制料勺、温度计等。

3. 试验准备

将缩分至650g左右的试样在温度为（105±5）℃的烘箱中烘干至恒重，并在干燥器内冷却至室温，分成两份备用。

4. 试验步骤

1）称取烘干的试样约300g（m_0）装入盛有半瓶洁净水的容量瓶中。

2）摇转容量瓶，使试样在已保温至（23±1.7）℃的水中充分搅动以排除气泡，塞紧瓶塞，在恒温条件下静置24h左右，然后用滴管添水，使水面与瓶颈刻度线平齐，再塞紧瓶塞，擦干瓶外水分，称其总质量（m_2）。

3）倒出瓶中的水和试样，将瓶的内外表面洗净，再向瓶内注入同样温度的洁净水（温差不超过2℃）至瓶颈刻度线，塞紧瓶塞，擦干瓶外水分，称其总质量（m_1）。

5. 结果计算及精度要求

1）细集料的表观相对密度按下式计算，计算结果保留至小数点后3位。

$$\gamma_a = \frac{m_0}{m_0 + m_1 - m_2} \tag{B-13}$$

式中 γ_a——集料的表观相对密度，无量纲；

m_0——集料的烘干质量，g；

m_1——水、瓶及玻璃片的总质量，g；

m_2——集料试样、水、瓶及玻璃片的总质量，g。

2）细集料的表观密度按下列公式计算，计算结果保留至小数点后3位。

$$\rho_a = \gamma_a \times \rho_T \quad 或 \quad \rho_a = (\gamma_a - \alpha_T) \times \rho_w \tag{B-14}$$

式中 ρ_a——集料的表观密度，g/cm^3；

ρ_T——试验温度T时水的密度，g/cm^3，按表B-2取用；

α_T——试验温度T时的水温修正系数，按表B-2取用；

ρ_w——水在4℃时的密度，1.000g/cm^3。

6. 结果整理

以两次平行试验结果的算术平均值作为测定值，当两次结果之差大于0.01g/cm^{3}时，应重新取样进行试验。

四、粗集料的筛分试验

1. 目的与适用范围

测定粗集料（碎石、砾石、矿渣等）的颗粒组成。对水泥混凝土用粗集料可采用干筛法筛分，对沥青混合料及基层用粗集料必须采用水洗法试验。

本方法也适用于同时含有粗集料、细集料、矿粉的集料混合料筛分试验，如未筛碎石、级配碎石、天然砂砾、级配砂砾、无机结合料稳定基层材料、沥青拌和楼的冷料混合料、热料仓材料、沥青混合料经溶剂抽提后的矿料等。

2. 仪器与材料

1）试验筛：根据需要选用规定的标准筛。

2）摇筛机。

3）天平或台秤：感量不大于试样质量的0.1%。

4）其他：盘子、铲子、毛刷等。

3. 试验准备

按规定将粗集料用分料器或四分法缩分至试验要求的试样所需量，见表B-3，风干后备用。根据需要可按要求的集料最大粒径的筛孔尺寸过筛。除去超粒径部分颗粒后，再进行筛分。

表B-3 筛分用的试样质量

公称最大粒径/mm	75	63	37.5	31.5	26.5	19	16	9.5	4.75
试样质量不少于/g	10000	8000	5000	4000	2500	2000	1000	1000	500

4. 水泥混凝土用粗集料干筛法试验步骤

1）取试样一份，置于（105±5）℃烘箱中烘干至恒重，称取干燥集料试样的总质量（m_0），准确至0.1%。

2）用搪瓷盘作筛分容器，按筛孔大小排列顺序逐个将集料过筛。人工筛分时，需使集料在筛面上同时有水平方向及上下方向的不停顿的运动，使小于筛孔的集料通过筛孔，直到1min内通过筛孔的质量小于筛上残余量的0.1%为止；当采用摇筛机筛分时，应在摇筛机筛分后再逐个由人工补筛。将筛出通过的颗粒并入下一号筛，和下一号筛中的试样一起过筛，顺序进行，直至各号筛全部筛完。应确认1min内通过筛孔的质量小于筛上残余量的0.1%。

3）如果某个筛上的集料过多，影响筛分作业时，可以分两次筛分。当筛余颗粒的粒径大于19mm时，筛分过程中允许用手指轻轻拨动颗粒，但不得逐颗塞过筛孔。

4）称取每个筛上的筛余量，准确至总质量的0.1%，各筛分计筛余量及筛底存量的总和与筛分前试样的干燥总质量m_0相差不得超过m_0的0.5%。

5. 沥青混合料及基层用粗集料水洗法试验步骤

1）取一份试样，将试样置于（105±5）℃烘箱中烘干至恒重，称取干燥集料试样的总质量（m_3），准确至0.1%。

2）将试样置一洁净容器中，加入足够量的洁净水，将集料全部淹没，但不得使用任何洗涤剂、分散剂或表面活性剂。

3）用搅棒充分搅动集料，使集料表面洗涤干净并使细粉悬浮在水中，但不得破碎集料或使集料从水中溅出。

4）根据集料粒径大小选择试验筛组成一组套筛，其底部为0.075mm标准筛，上部为2.36mm或4.75mm筛。仔细将容器中混有细粉的悬浮液倒出，经过套筛流入另一容器中，尽量不将粗集料倒出，以免损坏标准筛筛面。

5）重复步骤2）~4），直到倒出的水洁净为止，必要时可采用水流缓慢冲洗。

6）将套筛每个筛子上的集料及容器中的集料全部回收在一个搪瓷盘中，容器上不得有黏附的集料颗粒。

7）在确保细粉不散失的前提下，小心吸去搪瓷盘中的积水，将搪瓷盘连同集料一起置于（105±5）℃烘箱中烘干至恒重，称取干燥集料试样的总质量（m_4），准确至0.1%，以m_3与m_4之差作为0.075mm的筛下部分。

8）将回收的干燥集料按干筛方法筛分出0.075mm筛以上各筛的筛余量，此时0.075mm筛下部分应为0，如尚能筛出，则应将其并入水洗得到的0.075mm的筛下部分，且表示水洗得不干净。

6. 结果计算

（1）干筛法筛分结果的计算

1）计算各筛分计筛余量及筛底存量的总和与筛分前试样的干燥总质量m_0之差，作为筛分时的损耗，并计算损耗率，若损耗率大于0.3%，应重新进行试验。

$$m_5 = m_0 - (\Sigma m_i + m_d) \tag{B-15}$$

式中 m_5——由于筛分造成的损耗，g；

m_0——用于干筛的干燥集料总质量，g；

m_i——各号筛上的分计筛余，g；

i——依次为0.075mm、0.15mm……集料最大粒径的排序；

m_d——筛底（0.075mm以下部分）集料总质量，g。

2）干筛分计筛余百分率计算。干筛后各号筛上的分计筛余百分率按下式计算，精确至0.1%

$$p_i = \frac{m_i}{m_0 - m_5} \times 100 \tag{B-16}$$

式中 p_i——各号筛上的分计筛余百分率，%；

m_5——由于筛分造成的损耗，g；

m_0——用于干筛的干燥集料总质量，g；

m_i——各号筛上的分计筛余，g；

i——依次为0.075mm、0.15mm……集料最大粒径的排序。

3）干筛累计筛余百分率计算。各号筛的累计筛余百分率为该号筛以上各号筛的分计筛余百分率之和，精确至0.1%。

4）干筛各号筛的质量通过百分率计算。各号筛的质量通过百分率P_i等于100减去该号筛累计筛余百分率，精确至0.1%。

5）由筛底存量除以扣除损耗后的干燥集料总质量计算0.075mm筛的通过率。

6）试验结果以两次试验的平均值表示，精确至0.1%。当两次试验结果$P_{0.075}$的差值超过1%时，试验应重新进行。

（2）水筛法筛分结果的计算

1）按下式计算粗集料中0.075mm筛下部分质量$m_{0.075}$和含量$P_{0.075}$，精确至0.1%。当两次试验结果$P_{0.075}$的差值超过1%时，试验应重新进行。计算公式如下：

$$m_{0.075}=m_3-m_4 \tag{B-17}$$

$$P_{0.075}=\frac{m_{0.075}}{m_3}\times 100=\frac{m_3-m_4}{m_3}\times 100 \tag{B-18}$$

式中 $P_{0.075}$——粗集料中小于0.075mm的含量（通过率），%；

$m_{0.075}$——粗集料中水洗得到的小于0.075mm部分的质量，g；

m_3——用于水洗的干燥粗集料总质量，g；

m_4——水洗后的干燥粗集料总质量，g。

2）计算各筛分计筛余量及筛底存量的总和与筛分前试样的干燥总质量m_3之差，作为筛分时的损耗，若损耗率大于0.3%，应重新进行试验。

$$m_5=m_3-(\sum m_i+m_{0.075}) \tag{B-19}$$

式中 m_5——由于筛分造成的损耗，g；

m_3——用于水筛筛分的干燥集料总质量，g；

m_i——各号筛上的分计筛余，g；

i——依次为0.075mm、0.15mm……集料最大粒径的排序；

$m_{0.075}$——水洗后得到的0.075mm以下部分质量，g，即m_3-m_4。

3）计算其他各筛的分计筛余百分率、累计筛余百分率、质量通过百分率，计算方法与（1）项中干筛法相同；当干筛时筛分有损耗时，应按（1）项的方法从总质量中扣除损耗部分。

4）试验结果以两次试验的平均值表示。

7. 结果整理

筛分结果以各筛孔的质量通过百分率表示。对用于沥青混合料、基层材料配合比设计用的集料，宜绘制集料筛分曲线。

同一种集料至少取两个试样平行试验两次，取平均值作为每号筛上筛余量的试验结果，报告集料级配组成通过百分率及级配曲线。

五、细集料的筛分试验

1. 目的与适用范围

测定细集料（天然砂、人工砂、石屑）的颗粒级配及粗细程度。对水泥混凝土用细集料可采用干筛法筛分，如果需要，也可采用水洗法筛分；对沥青混合料及基层用细集料必须用水洗法筛分。

2. 仪器设备

1）标准筛。

2）天平，称量1000g，感量不大于0.5g。

3）摇筛机。

4）烘箱，能使温度控制在（105±5）℃。

5）其他：浅盘和硬、软毛刷等。

3. 试样制备

根据样品中最大粒径的大小，选用适宜的标准筛，通常为9.5mm筛（水泥混凝土用天然砂）或4.75mm筛（沥青路面及基层用天然砂、石屑、机制砂等），筛除其中的超粒径材料，然后将样品在潮湿状态下充分拌匀，用分料器法或四分法缩分至每份不少于550g的试样两份，分别倒入两个浅盘中，在（105±5）℃的温度下烘干到恒重，冷却至室温后备用。

4. 试验步骤

（1）干筛法试验步骤

1）准确称取烘干试样500g（m_1），置于按筛孔大小（大孔在上、小孔在下）顺序排列的套筛的最上一只筛（即4.75mm筛孔筛）上。

2）将套筛装入摇筛机内紧固，筛分时间为10min左右。

3）取出套筛，再按筛孔大小顺序，在清洁的浅盘上逐个进行手筛，直到每分钟的筛出量不超过筛上剩余量的0.1%时为止。将筛出通过的颗粒并入下一个筛，并和下一个筛中试样一起过筛。按这样顺序进行，直至每个筛全部筛完为此。

4）称取各筛筛余试样的质量（精确至0.5g），所有各筛的分计筛余量和底盘中剩余量的总和与筛分前的试样总量相比，其相差不得超过试样总量的1%。

（2）水洗法试验步骤

1）准确称取烘干试样约500g（m_1），准确至0.5g。

2）将试样置一洁净容器中，加入足够量的洁净水，将集料全部淹没。

3）用搅棒充分搅动集料，将集料表面洗涤干净，将细粉悬浮在水中，但不得有集料从水中溅出。

4）用1.18mm筛及0.075mm筛组成套筛。仔细将容器中混有细粉的悬浮液徐徐倒出，经过套筛流入另一容器，但不得将集料倒出。

5）重复2）~4）步骤，直至倒出的水洁净且将小于0.075mm的颗粒全部倒出。

6）将容器中的集料倒入搪瓷盘中，用少量水冲洗，使容器上黏附的集料颗粒全部进入搪瓷盘中。将筛子反扣过来，用少量的水将筛上的集料冲洗入搪瓷盘中。操作过程中不得有集料散失。

7）将搪瓷盘连同集料一起置于（105±5）℃的烘箱中烘干至恒重，称取干燥集料试样的总质量（m_2），准确至0.1%。m_1与m_2之差即为通过0.075mm筛部分。

8）将全部要求筛孔组成套筛（但不需0.075mm筛），将已经洗去小于0.075mm部分的干燥集料置于套筛上（通常为4.75mm筛），将套筛装入摇筛机，摇筛约10min，然后取出套筛，再按筛孔大小顺序，从最大的筛号开始，在清洁的浅盘上逐个进行手筛，直到每分钟的筛出量不超过筛上剩余量的0.1%时为止。将筛出通过的颗粒并下一号筛，和下一号筛中的试样一起过筛，这样顺序进行，直至各号筛全部筛完。

9）称量各筛筛余试样的质量，精确至0.5g。所有各筛的分计筛余量和底盘中剩余量的总质量与筛分前后试样总量m_2的差值不超过后者的1%。

5. 结果计算与精度要求

1）计算分计筛余百分率（各筛上的筛余量除以试样总量的百分率），精确至0.1%。

2）计算累计筛余百分率（该号筛及大于该号筛的各筛上的分计筛余百分率之总和），精确至0.1%。

3）计算质量通过百分率。各号筛的质量通过百分率等于100减去该号筛的累计筛余百分率，准确至0.1%。

4）根据各筛的累计筛余百分率或通过百分率绘制筛分曲线，评定该试样的颗粒级配分布情况。

5）按下式计算砂的细度模数（精确至0.01）：

$$M_f = \frac{A_{0.15} + A_{0.3} + A_{0.6} + A_{1.18} + A_{2.36} - 5A_{4.75}}{100 - A_{4.75}} \tag{B-20}$$

式中 M_f——细度模数；

$A_{0.15}$、$A_{0.03}$……$A_{4.75}$——分别为0.15mm、0.3mm……4.75mm各符上的累计筛余百分率，%。

6. 结果整理

筛分试验应采用两个试样平行试验。细度模数以两次试验结果的算术平均值为测定值（精确至0.1）。当两次试验所得的细度模数之差大于0.20时，应重新取试样进行试验。

试验C 集料磨光值试验

一、目的与适用范围

1）集料磨光值是利用加速磨光机磨光集料。用摆式摩擦系数测定仪测定的集料经磨光后的摩擦系数值，以*PSV*表示。

2）本方法适用于各种粗集料的磨光值测定。

二、仪器与材料

1）加速磨光试验机，其由下列部分组成：传动机构、道路轮、橡胶轮、磨料供给系统、供水系统、配重、试模、荷载调整机构、控制面板等。

2）摆式摩擦系数测定仪，简称摆式仪。

3）磨光试件测试平台：供固定试件及摆式摩擦系数测定仪用。

4）天平：感量不大于0.1g。

5）烘箱：装有温度控制器，能使温度控制在（105±5）℃。

6）黏结剂：能使集料与砂、试模牢固黏结，确保在试验过程中不致发生试件摇动或脱落。常用环氧树脂6101（E-44）及其相应的固化剂等。

7）丙酮。

8）砂：粒径小于0.3mm，洁净、干燥。

9）金刚砂：30号（棕刚玉粗砂），280号（绿碳化硅细砂），用作磨料，只允许一次性使用，不得重复使用。

10）橡胶石棉板：厚1mm。

11）标准集料试样：由指定的集料产地生产的符合规格要求的集料。每轮两块，只允许使用一次，不得重复使用。

12）其他：油灰刀、洗耳球、各种工具等

三、试验准备

1）试验前应按相关试验规程对摆式仪进行检查或标定。

2）将集料过筛，剔除针片状颗粒，取9.5～13.2mm的集料颗粒用水洗净后置于温度为（105±5）℃的烘箱中烘干。根据需要，也可采用4.75～9.5mm的粗集料进行磨光值试验。

3）将试模拼装并涂上脱模剂（或肥皂水）后烘干。安装试模端板时要注意使端板与模体齐平（使弧线平滑）。

4）用清水淘洗小于0.3mm的砂，置（105±5）℃的烘箱中烘干成为干砂。

5）预磨新橡胶轮。新橡胶轮正式使用前要在安装好试件的道路轮上进行顶磨，C轮用粗金刚砂预磨6h，X轮用细金刚砂预磨6h，然后方能投入正常试验。

四、试件制备

1）排料。每种集料宜制备6～10块试件，从中挑选4块试件供两次平行试验用。将9.5～13.2mm集料颗粒尽量紧密地排列于试模中（大面、平面向下）。排料时应除去高度大于试模的不合格颗粒。采用4.75～9.5mm的粗集料进行磨光试验时，各道工序需更加仔细。

2）吹砂。用小勺将干砂填入已排妥的集料间隙中，并用洗耳球轻轻吹动干砂，使之填充密实。然后再吹去多余的砂，使砂与试模台阶大致齐平，但台阶上不得有砂。用洗耳球吹动干砂时不得碰动集料，且不使集料试样表面附有砂粒。

3）配制环氧树脂砂浆。将固化剂与环氧树脂按一定比例（如使用6101环氧树脂时为1∶4）配料、拌匀制成黏结剂，再与干砂按1∶4～1∶5的质量比拌匀制成环氧树脂砂浆。

4）填充环氧树脂砂浆。用小油灰刀将拌好的环氧树脂砂浆填入试模中，并尽量填充密实，但不得碰动集料，然后用热油灰刀在试模上刮去多余的填料，并将表面反复抹平，使填充的环氧树脂砂浆与试模顶部齐平。

5）养护。通常在40℃烘箱中养护3h，再自然冷却9h拆模；如在室温下养护，时间应延长，使试件达到足够强度。当有集料颗粒松动脱落，或有环氧树脂砂浆渗出表面时，试件应予废弃。

五、磨光试验准备

1）试件分组。每轮1次磨14块试件，每种集料为2块试件，包括6种试验用集料和1种标准集料。

2）试件编号。在试件的环氧树脂砂浆衬背和弧形侧边上用记号笔对6种试验用集料编号1～12，同一种集料赋以相邻两个编号，标准试件为13、14号。

3）试件安装。按表C-1的序号将试件排列在道路轮上，其中1号位和8号位为标准试件。试件应将有标记的一侧统一朝外（靠活动盖板一侧），每两块试件间加垫一片或数片1mm厚的橡胶石棉板垫片，垫片与试件端部断面相仿，但略低于试件高度2～3mm。然后盖上道路轮外侧板，边拧螺钉边用橡胶锤敲打外侧板，确保试件与道路轮紧密配合，以避免磨光过程中试件断裂或松动。随后将道路轮安装到轮轴上。

表 C-1　序号表

位置号	1	2	3	4	5	6	7	8	9	10	11	12	13	14
试件号	13	9	3	7	5	1	11	14	10	4	8	6	2	12

六、磨光过程操作

试件的加速磨光应在室温（20±5）℃的房间内进行。

1. 粗砂磨光

1）把标记 C 的橡胶轮安装在调整臂上，盖上道路轮罩，下面置一积砂盘，给贮水支架上的贮水罐加满水，调节流量阀，使水流暂时中断。

2）准备好 30 号金刚砂粗砂，装入专用贮砂斗，将贮砂斗安装在橡胶轮侧上方的位置上并接上微型电机电源。转动荷载调整手轮，使凸轮转动放下橡胶轮，将橡胶轮的轮辐完全压在道路轮上的集料试件表面上。

3）调节溜砂量。用专用接料斗在出料口接住溜出的金刚砂，同时开始计时，1min 后移出料斗，用天平称出溜砂量，使流量为（27±7）g/min，如不满足要求，应用调速按钮或调节贮料斗控制闸板的方法调整。

4）在控制面板上设定转数为 57600 转，按下电源开关启动磨光机开始运转，同时按动粗砂调速按钮，打开贮砂斗控制闸板，使金刚砂溜砂量控制为（27±7）g/min。此时立即调节流量计，使水的流量达 60mL/min。

5）当试验进行到 1h 和 2h 时磨光机自动停机（注意不要按下面板上复零按钮和电源开关），用毛刷和小铲清除箱体上和沉在机器底部积砂盘中的金刚砂，检查并拧紧道路轮上有可能松动的螺母，再启动磨光机，当转数显示屏上显示 57600 转时磨光机自动停止，所需的磨光时间约为 3h。

6）转动荷载调整手轮使凸轮托起调整臂，清洗道路轮和试件，除去所有残留的金刚砂。

2. 细砂磨光

1）卸下 C 标记橡胶轮，更换为 X 标记橡胶轮按第 1 条中 1）项的方法安装。

2）准备好 280 号金刚砂细砂，按第 1 条中 2）项方法装入专用贮砂斗。

3）重复第 1 条中 3）项步骤，调节溜砂量使流量为（3±1）g/min。

4）按第 1 条中 4）项的步骤设定转数为 57600 转，开始磨光操作，控制金刚砂溜砂量为（3±1）g/min，水的流量 60mL/min。

5）将试件磨 2h 后停机作适当清洁，按第 1 条中方法检查并拧紧道路轮螺母，然后再启动磨光机至 57600 转时自动停机；

6）按第 1 条中 6）项方法清理试件及磨光机。

七、磨光值测定

1）在试验前 2h 和试验过程中应控制室温为（20±2）℃。

2）将试件从道路轮上卸下并清洗试件，用毛刷清洗集料颗粒的间隙，去除所有残留的金刚砂。

3）将试件表面向下放在18～20℃的水中2h，然后取出试件，按下列步骤用摆式摩擦系数测定仪测定磨光值。

① 调零。将摆式仪固定在测试平台，松开固定把手，转动升降把手使摆升高并能自由摆动，然后锁紧固定把手，转动调平旋钮，使水准泡居中，当摆从右边水平位置落下并拨动指针后，指针应指零。若指针不指零，应拧紧或放松指针调节螺母，直至空摆时指针指零。

② 固定试件。将试件放在测试平台的固定槽内，使摆可在其上面摆过，并使滑溜块居于试件轮迹中心。应使摆式仪摆头滑溜块在试件上的滑动方向与试件在磨光机上橡胶轮的运行方向一致，即测试时试件上作标记的弧形边背向测试者。

③ 测试。调节摆的高度，使滑溜块在试件上的滑动长度为76mm，用喷水壶喷洒清水润湿试件表面（注意，在试验中的任何时刻，试件都应保持湿润）。将摆向右提起挂在悬臂上，同时用左手拨动指针使之与摆杆轴线平行。按下释放开关使摆回落向左运动，当摆杆达到最高位置后下落时，用左手将摆杆接住，读取指针所指（小度盘）位置上的值，记录测试结果，准确到0.1。

④ 一块试件重复测试5次，5次读数的最大值和最小值之差不得大于3。取5次读数的平均值作为该试件的磨光值读数（PSV_r）标准试件的磨光值读数用PSV_{br}表示。

4）一种集料重复测试2次，每次都需同时对标准集料试件进行测试。

八、结果计算

1）按下式计算两次平行试验的4块试件（每轮2块）的算术平均值PSV_{ra}，精确到0.1。4块试件的磨光值读数的最大值与最小值之差不得大于4.7，否则试验作废，应重新试验。

$$PSV_{ra} = \sum PSV_{ri}/4 \tag{C-1}$$

式中 PSV_{ri}——4块试件的磨光值读数，$i=1\sim4$。

2）按下式计算两次平行试验的4块标准试件（每轮2块）的算术平均值PSV_{bra}，准确到0.1。4块标准试件的磨光值读数的平均值PSV_{bra}必须为46～52，否则试验作废，应重新试验。

$$PSV_{bra} = \sum PSV_{bri}/4 \tag{C-2}$$

式中 PSV_{bri}——4块标准试件的磨光值读数，$i=1\sim4$。

3）按下式计算集料的PSV值，取整数。

$$PSV = PSV_{ra} + 49 - PSV_{bra} \tag{C-3}$$

九、结果整理

试验报告应包括集料的磨光值PSV、两次平行试验的试样磨光值读数平均值PSV_{ra}和标准试件磨光值读数平均值PSV_{bra}。

试验D　水泥性能试验

一、试验目的和一般规定

1. 试验目的

学习水泥性质的检验方法，熟悉水泥的主要技术指标，检验水泥是否合格。

2. 一般规定

（1）取样单位　以同一水泥厂、同期到达、同品种、同强度等级的水泥不超过400t为一个取样单位，不足400t也作为一个取样单位。

（2）取样应有代表性

1）在袋装水泥堆场取样。用取样管随机选择20个以上不同的部位，将取样管插入水泥适当深度，用大拇指按住气孔，小心抽出取样管，将所取样品放入洁净、干燥、不易受污染的容器中。

2）散装水泥卸料处或输送水泥运输机具上取样。当所取水泥深度不超过2m时，采用散装水泥取样管：通过取样管内管控制开关，在适当位置插入水泥一定深度，关闭后小心抽出，将所取样品放入洁净、干燥、不易受污染的容器中。

（3）样品制备　样品缩分可采用二分器，一次或多次将样品缩分到标准要求的规定量。水泥样要通过0.9mm方孔筛，均分为试验样和封存样。样品应存放在密封的金属容器中，加封条。容器应洁净、干燥、防潮、密闭、不易破损、不与水泥发生反应。封存样应存放于干燥、通风的环境中。

（4）实验室条件

1）用水必须是洁净的淡水。

2）实验室温度为17～25℃，相对湿度应大于50%；养护箱温度为（20±2）℃，相对湿度应大于90%，水温（20±1）℃。

3）水泥试样、标准砂、拌合用水及试模等的温度均应与实验室温度相同。

二、水泥细度试验

1. 仪器设备

（1）试验筛　试验筛由圆形筛框和筛网组成，分负压筛和水筛两种，其结构尺寸如图D-1和图D-2所示。负压筛应附有透明筛盖，筛盖与筛上口应有良好的密封性。筛网应紧绷在筛框上，筛网和筛框接触处应用防水胶密封，防止水泥嵌入。筛孔尺寸的检验方法按有关标准规定进行。

（2）负压筛析仪

1）负压筛析仪由筛座、负压筛、负压源及收尘器组成，其中筛座由转速为（30±2）r/min的喷气嘴、负压表、控制板、微电机及壳体等构成。

2）筛析仪负压可调范围为4000～6000Pa。

3）喷气嘴上口平面与筛网之间距离为2～8mm，喷气嘴的开口尺寸如图D-3所示。

4）负压源和收尘器，由功率大于或等于600W的工业吸尘器和小型旋风收尘筒组成或采用其他具有相似功能的设备。

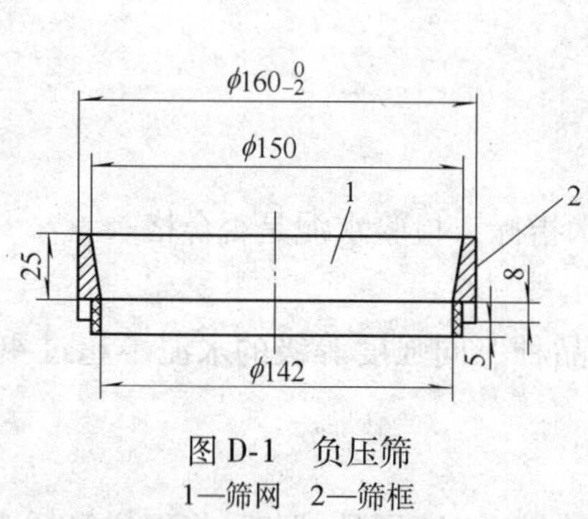

图 D-1　负压筛

1—筛网　2—筛框

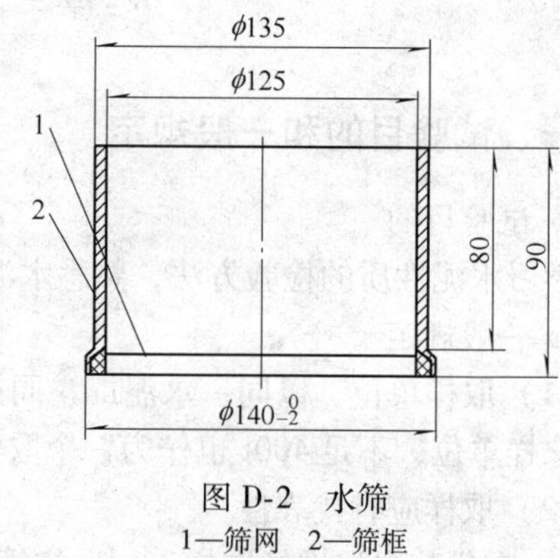

图 D-2　水筛

1—筛网　2—筛框

（3）水筛架和喷头　水筛架和喷头的结构尺寸应符合《水泥标准筛和筛析仪》（JC/T 728—2005）规定，但其中水筛架上筛座内径为 140 $_{-3}^{0}$mm。

（4）天平　量程应大于 100g，感量不大于 0.05g。

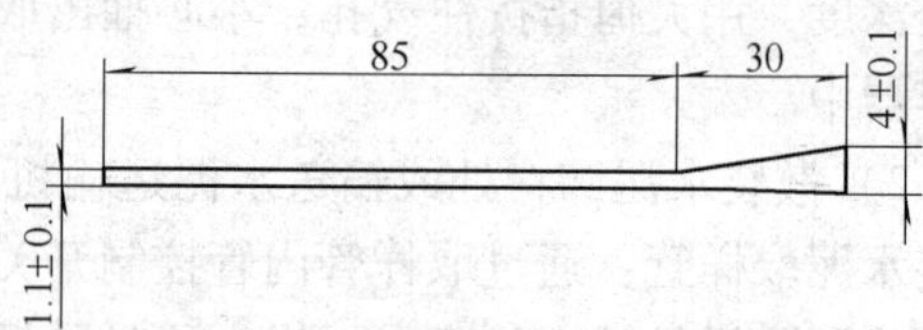

图 D-3　喷气嘴上开口尺寸示意图

2. 样品处理

水泥样品应充分拌匀，通过 0.9mm 方孔筛，记录筛余物情况，要防止过筛时混进其他水泥。

3. 试验步骤

（1）负压筛法

1）筛析试验前，应把负压筛放在筛座上，盖上筛盖，接通电源，检查控制系统，调节负压为 4000～6000Pa。

2）称取试样 25g，置于洁净的负压筛中，盖上筛盖，放在筛座上，开动筛析仪连续筛析 2min，在此期间如有试样附着在筛盖上，可轻轻地敲击，使试样落下。筛毕，用天平称量筛余物。

3）当工作负压小于 4000Pa 时，应清理吸尘器内水泥，使负压恢复正常。

（2）水筛法

1）筛析试验前，应检查水中无泥、砂，调整好水压及水筛架的位置，使其能正常运转。喷头底面和筛网之间距离为 35～75mm。

2）称取试样 50g，置于洁净的水筛中，立即用淡水冲洗至大部分细粉通过后，放在水筛架上，用水压为（0.05±0.02）MPa 的喷头连续冲洗 3min。筛毕，用少量水把筛余物冲至蒸发皿中，等水泥颗粒全部沉淀后，小心倒出清水，烘干并用天平称量筛余物。

（3）试验筛的清洗　试验筛必须保持洁净，筛孔通畅，使用 10 次后要进行清洗。金属筛框、铜丝网筛洗时应用专门的清洗剂，不可用弱酸浸泡。

4. 结果处理

（1）水泥试样筛余百分数计算

$$F = \frac{R_s}{W} \times 100 \tag{D-1}$$

式中 F——水泥试样的筛余百分数，%；

R_s——水泥筛余物的质量，g；

W——水泥试样的质量，g。

（2）筛余结果修正　为使试验结果可比，应采用试验筛修正系数方法修正上述的计算结果。修正系数的测定，按有关规定进行。

负压筛法与水筛法测定的结果发生争议时，以负压筛法为准。

三、水泥标准稠度用水量、凝结时间和安定性试验

1. 仪器设备

1）水泥净浆搅拌机：符合《水泥净浆搅拌机》（JC/T 729—2005）的要求。

2）净浆标准稠度与凝结时间测定仪：符合《水泥净浆标准稠度与凝结时间测定仪》（JC/T 727—2005）的要求，或技术参数符合该标准要求的凝结时间自动测定仪。

3）沸煮箱：有效容积约为410mm×240mm×310mm，篦板结构应不影响试验结果，篦板与加热器之间的距离大于50mm。箱的内层由不易锈蚀的金属材料制成，能在（30±5）min内将箱内的试验用水由室温升至沸腾并可保持沸腾状态3h以上，整个试验过程中不需补充水量。

4）雷氏夹：由铜质材料制成，结构尺寸如图D-4所示。当一根指针的根部先悬挂在一根金属丝或尼龙丝上，另一根指针的根部再挂上300g质量的砝码时，两根指针的针尖距离增加应为（17.5±2.5）mm（见图D-5），即$2x=$（17.5±2.5）mm当去掉砝码后，针尖的距离能恢复至挂码前的状态。

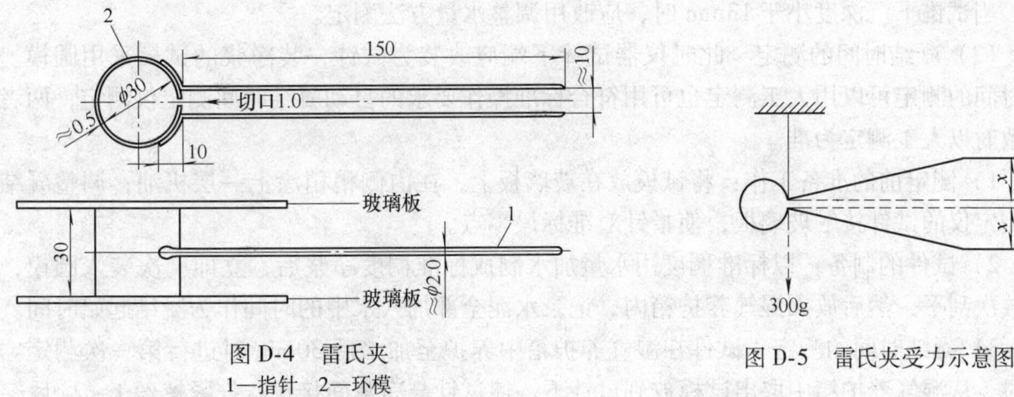

图D-4　雷氏夹
1—指针　2—环模

图D-5　雷氏夹受力示意图

5）量水器：最小刻度为0.1mL，精度1%。

6）天平：量程1000g，感量1g。

7）湿气养护箱：应能使温度控制在（20±1）℃，湿度大于90%。

8）雷氏夹膨胀值测定仪：标尺最小刻度为0.5mm。

2. 试样及用水

1）水泥试样应充分拌匀，通过0.9mm方孔筛并记录筛余物情况，但要防止过筛时混进其他水泥。

2）试验用水必须是洁净的淡水，如有争议时可用蒸馏水。

3. 试验步骤

（1）标准稠度用水量的测定（代用法）　标准稠度用水量可用调整水量和不变水量两种方法中的任意一种测定，两种方法不一致时以调整水量方法为准。

1）试验前须检查：仪器金属棒应能自由滑动；试锥降至模顶面位置时，指针应对准标尺零点；搅拌机运转正常等。

2）水泥净浆的拌制：用水泥净浆搅拌机搅拌。搅拌锅和搅拌叶片先用湿棉布擦过，将拌合水倒入搅拌锅中，然后5～10s内小心将称好的500g水泥加入水中，防止水和水泥溅出；拌和时，先将锅放到搅拌机锅座上，升至搅拌位置，开动机器，慢速搅拌120s，停拌15s，同时将叶片和锅壁上的水泥浆刮入锅中间，接着快速搅拌120s后停机。

采用调整水量方法时，拌和水量按经验找水；采用不变水量方法时，拌和水量为142.5mL，水量准确至0.5mL。

3）标准稠度的测定：拌和结束后，立即将拌好的净浆装入锥模内，用小刀插捣，振动数次，刮去多余净浆，抹平后迅速放到试锥下面固定位置上；将试锥降至净浆表面处，拧紧螺丝1～2s后，突然放松，让试锥垂直自由沉入净浆中，到试锥停止下沉或释放试锥30s时记录试锥下沉深度。整个操作应在搅拌后90s内完成。

用调整水量方法测定时，以试锥下沉深度（28±2）mm时的净浆为标准稠度净浆。其拌和水量为该水泥的标准稠度用水量P，按水泥质量的百分比计。如下沉深度超出范围，须另称试样，调整水量，重新试验，直至达到（28±2）mm时为止。

用不变量方法测定时，根据测得的试锥下沉深度S（mm）按下式（或仪器上对应标尺）计算得到标准稠度用水量P（%）：

$$P = 33.4 - 0.185S \tag{D-2}$$

当试锥下沉深度小于13mm时，应改用调整水量方法测定。

（2）凝结时间的测定　此时仪器试棒下端应改装为试针，装净浆的试模采用圆模。凝结时间的测定可以用人工测定也可用符合标准操作要求的自动凝结时间测定仪测定，两者不一致时以人工测定为准。

1）测定前的准备工作：将试模放在玻璃板上，在内侧稍稍涂上一层机油；调整凝结时间测定仪的试针接触玻璃板，使指针对准标尺零点。

2）试件的制备：以标准稠度用水量加水制成标准稠度净浆后，立即一次装入圆模，振动数次刮平，然后放入湿气养护箱内，记录水泥全部加入水中的时间作为凝结起始时间。

3）凝结时间的测定：试件在湿气养护箱中养护至加水后30min时进行第一次测定。测定时，从湿气养护箱中取出试模放到试针下，使试针与净浆面接触，拧紧螺丝1～2s后突然放松，使试针垂直自由沉入净浆，观察试针停止下沉或释放试针30s时指针的读数。当试针沉至距底板（4±1）mm时，为水泥达到初凝状态；当试针沉入试件0.5mm时，为水泥达到终凝状态。由水泥全部加入水中至初凝、终凝状态的时间分别为该水泥的初凝时间和终凝时间，用分（min）计量。测定时应注意，在最初测定的操作时应轻轻扶持金属棒，使其徐徐下降以防试针撞弯，但结果以自由下落为准；在整个测试过程中试针贯入的位置至少要距试模内壁10mm。临近初凝时，每隔5min测定一次，临近终凝时每隔15min测定一次，到达初凝或终凝状态时应立即重复测一次，当两次结论相同时才能定为到初凝或终凝状态。每次测定不得让试针落入原针孔，每次测试完毕须将试针擦净并将试模放回湿气养护箱内，整个测定过程中要防止试模受振。

（3）安定性的测定　安定性的测定方法可以用饼法也可用雷氏法，两种方法不一致时时以雷氏法为准。饼法是观察水泥净浆试饼沸煮后的外形变化来检验水泥的体积安定性，雷氏法是测定水泥在雷氏夹中沸煮后的膨胀值。

1）测定前准备工作：若采用雷氏法时，每个雷氏夹需配备质量约75～80g的玻璃板两块。若采用饼法时，一个样品需准备两块约100mm×100mm的玻璃板。每种方法、每个试样需成型两个试件。凡与水泥净浆接触的玻璃板和雷氏夹表面都要稍稍涂上一层油。

2）水泥标稠度净浆的制备：以标稠度用水量加水制成标准稠度净浆。

3）试饼的成型：将制好的净浆取出一部分分成两等份，使之呈球形，放在预先准备好的玻璃板上，轻轻振动玻璃板并用湿布擦过的小刀由边缘向中央抹动，做成直径70～80mm、中心厚约10mm、边缘渐薄、表面光滑的试饼，接着将试饼放入湿汽养护箱内养护（24±2）h。

4）雷氏夹试件的制备方法：将预先准备好的雷氏夹放在已稍擦油的玻璃板上，并立刻将已制好的标稠度净浆装满试模。装模时一只手轻轻扶持试模，另一只手用宽约10mm的小刀插捣数次左右然后抹平，盖上稍涂油的玻璃板，接着立刻将试模移至湿汽养护箱内养护（24±2）h。

5）沸煮：调整好沸煮箱内的水位，使之在整个沸煮过程中都没过试件，不需中途添补试验用水，同时保证在（30±5）min内水能沸腾。

当用饼法时，脱去玻璃板取下试件，先检查试饼是否完整（如已开裂、翘曲，要检查原因，确证无外因时，则该试饼已属不合格品，不必沸煮），在试饼无缺陷的情况下将试饼放在沸煮箱的水中箅板上，然后在（30±5）min内加热至水沸腾，并恒沸3h±5min。

当用雷氏法时，脱去玻璃板取下试件，先测量雷氏夹指针尖端间的距离A，精确到0.5mm，接着将试件放入水中箅板上，指针朝上，试件之间互不交叉，然后在（30±5）min内加热至水沸腾，并恒沸3h±5min。

6）结果判别。沸煮结束，即放掉箱中的热水，打开箱盖，待箱体冷却至室温，取出试件进行判别。

若为试饼，目测未发现裂缝，用直尺检查也没有弯曲的试饼为安定性合格，否则为不合格。当两个试饼判别结果有矛盾时，该水泥的安定性为不合格。

若为雷氏夹，测量试件指针尖端间的距离（C），记录至小数点后一位，当两个试件煮后增加距离（$C-A$）的平均值不大于5.0mm时，即认为该水泥安定性合格，当两个试件的（$C-A$）值相差超过4mm时，应用同一样品立即重做一次试验。

试验E　石灰有效氧化钙和氧化镁含量试验

一、有效氧化钙的测定（JTG E51 T 0811—1994）

1. 适用范围

本方法适用于测定各种石灰的有效氧化钙含量。

2. 仪器设备

1）方孔筛：0.15mm，1个。

2）烘箱：50～250℃，1台。

3）干燥器：ϕ25cm，1个。

4）称量瓶：ϕ30mm×50mm，10个。

5）瓷研钵：ϕ12～13cm，1个。

6）分析天平：量程不小于50g，感量0.0001g，1台。

7）天子天平：量程不小于500g，感量0.01g，1台。

8）电炉：1500W，1个。

9）石棉网：20cm×20cm，1块。

10）玻璃珠：ϕ3mm，1袋（0.25kg）。

11）具塞三角瓶：250mL，20个。

12）漏斗：短颈，3个。

13）塑料洗瓶：1个。

14）塑料桶：20L，1个。

15）下口蒸馏水瓶：5000mL，1个。

16）三角瓶：300mL，10个。

17）容量瓶：250mL、1000mL，各1个。

18）量筒：200mL、100mL、50mL、5mL，各1个。

19）试剂瓶：250mL、1000mL，各5个。

20）塑料试剂瓶：1L，1个。

21）烧杯：50mL，5个；250mL（或300mL），10个。

22）棕色广口瓶：60mL，4个；250mL，5个。

23）滴瓶：60mL，3个。

24）酸滴定管：50mL，2支。

25）滴定台及滴定管夹：各1套。

26）大肚移液管：25mL、50mL，各1支。

27）表面皿：7cm，10块。

28）玻璃棒：8mm×250mm及4mm×180mm，各10支。

29）试剂勺：5个。

30）吸水管：8mm×150mm，5支。

31）洗耳球：大、小各1个。

3. 试剂

1）蔗糖（分析纯）。

2）酚酞指示剂：称取0.5g酚酞溶于50mL95%乙醇中。

3）0.1%甲基橙水溶液：称取0.05g甲基橙溶于50mL蒸馏水（40～50℃）中。

4）盐酸标准溶液（相当于0.5mol/L）：将42mL浓盐酸（相对密度1.19）稀释至1L，按下述方法标定其摩尔浓度后备用。

称取0.8～1.0g（精确至0.0001g）已在180℃烘干2h的碳酸钠（优级纯或基准级）记

录为 m，置于 250mL 三角瓶中，加 100mL 水使其完全溶解；然后加入 2～3 滴 0.1% 甲基橙指示剂，记录滴定管中待标定盐酸标准溶液的体积 V_1，用待标定的盐酸标准溶液滴定至碳酸钠溶液由黄色变为橙红色；将溶液加热至微沸，并保持微沸 3min，然后放在冷水中冷却至室温，如此时橙红色变为黄色，再用盐酸标准溶液滴定，至溶液出现稳定橙红色时为止，记录滴定管中盐酸标准溶液的体积 V_2。V_1、V_2 的差值即为盐酸标准溶液的消耗量 V。

盐酸标准溶液的摩尔浓度按下式计算

$$M = m/(V \times 0.053) \tag{E-1}$$

式中 M——盐酸标准溶液的摩尔浓度（mol/L）；

m——称取碳酸钠的质量（g）；

V——滴定时盐酸标准溶液的消耗量（mL）；

0.053——与 1.00mL 盐酸标准溶液［c（HCl）=1.000mol/L］相当的以克表示的无水碳酸钠的质量。

注：该处盐酸标准溶液的浓度相当于 1mol/L 标准溶液浓度的一半左右。

4. 准备试样

1）生石灰试样。将生石灰样品打碎，使颗粒不大于 1.18mm。拌和均匀后用四分法缩减至 200g 左右，放入瓷研钵中研细。再经四分法缩减至 20g 左右。研磨所得石灰样品，通过 0.15mm（方孔筛）的筛。从此细样中均匀挑取 10 余克，置于称量瓶中在 105℃烘箱内烘至恒量，储于干燥器中，供试验用。

2）消石灰试样。将消石灰样品用四分法缩减至 10 余克。如有大颗粒存在，须在瓷研钵中磨细至无不均匀颗粒存在为止。置于称量瓶中在 105℃烘箱内烘至恒量，储于干燥器中，供试验用。

5. 试验步骤

1）称取约 0.5g（用减量法称量，精确至 0.0001g）试样，记录为 m_1，放入干燥的 250mL 具塞三角瓶中，取 5g 蔗糖覆盖在试样表面，投入干玻璃珠 15 粒，迅速加入新煮沸并已冷却的蒸馏水 50mL，立即加塞振荡 15min（如有试样结块或黏于瓶壁现象，则应重新取样）。

2）打开瓶塞，用水冲洗瓶塞及瓶壁，加入 2～3 滴酚酞指示剂，记录滴定管中盐酸标准溶液体积 V_3，用已标定的约 0.5mol/L 盐酸标准溶液滴定（滴定速度以 2～3 滴/s 为宜），至溶液的粉红色显著消失并在 30s 内不再复现即为终点，记录滴定管中盐酸标准溶液的体积 V_4。V_3、V_4 的差值即为盐酸标准溶液的消耗量 V_5。

6. 计算

按下式计算有效氧化钙的含量

$$X = \frac{V_5 \times M \times 0.028}{m_1} \times 100 \tag{E-2}$$

式中 X——有效氧化钙的含量（%）；

V_5——滴定时消耗盐酸标准溶液的体积（mL）；

0.028——氧化钙毫克当量；

m_1——试样质量（g）；

M——盐酸标准溶液的摩尔浓度（mol/L）。

7. 结果整理

对同一石灰样品至少应做两个试样和进行两次测定，并取两次结果的平均值代表最终结果。石灰中氧化钙和有效钙含量在30%以下的允许重复性误差为0.40，30%～50%的为0.50，大于50%的为0.60。

二、石灰氧化镁的测定（JTG E51 T 0812—1994）

1. 适用范围

本方法适用于测定各种石灰的总氧化镁含量。

2. 仪器设备

1）方孔筛：0.15mm，1个。

2）烘箱：50～250℃，1台。

3）干燥器：ϕ25cm，1个。

4）称量瓶：ϕ30mm×50mm，10个。

5）瓷研钵：ϕ12～13cm，1个。

6）分析天平：量程不小于50g，感量0.0001g，1台。

7）天子天平：量程不小于500g，感量0.01g，1台。

8）电炉：1500W，1个。

9）石棉网：20cm×20cm，1块。

10）玻璃珠：ϕ3mm，1袋（0.25kg）。

11）具塞三角瓶：250mL，20个。

12）漏斗：短颈，3个。

13）塑料洗瓶：1个。

14）塑料桶：20L，1个。

15）下口蒸馏水瓶：5000mL，1个。

16）三角瓶：300mL，10个。

17）容量瓶：250mL、1000mL，各1个。

18）量筒：200mL、100mL、50mL、5mL，各1个。

19）试剂瓶：250mL、1000mL，各5个。

20）塑料试剂瓶：1L，1个。

21）烧杯：50mL，5个；250mL（或300mL），10个。

22）棕色广口瓶：60mL，4个；250mL，5个。

23）滴瓶：60mL，3个。

24）酸滴定管：50mL，2支。

25）滴定台及滴定管夹：各1套。

26）大肚移液管：25mL、50mL，各1支。

27）表面皿：7cm，10块。

28）玻璃棒：8mm×250mm及4mm×180mm，各10支。

29）试剂勺：5个。

30）吸水管：8mm×150mm，5支。

31）洗耳球：大、小各1个。

3. 试剂

1）1∶10 盐酸：将 1 体积盐酸（相对密度 1.19）以 10 体积蒸馏水稀释。

2）氢氧化铵 - 氯化铵缓冲溶液：将 67.5g 氯化铵溶于 300mL 无二氧化碳蒸馏水中，加浓氢氧化铵（氨水）（相对密度为 0.90）570mL，然后用水稀释至 1000mL。

3）酸性铬兰 K - 萘酚绿 B（1∶2.5）混合指示剂：称取 0.3g 酸性铬兰 K 和 0.75g 萘酚绿 B 与 50g 已在 105℃烘干的硝酸钾混合研细，保存于棕色广口瓶中。

4）EDTA 二钠标准溶液：将 10gEDTA 二钠溶于 40～50℃蒸馏水中，待全部溶解并冷却至室温后，用水稀释至 1000mL。

5）氧化钙标准溶液：精确称取 1.7848g 在 105℃烘干（2h）的碳酸钙（优级纯），置于 250mL 烧杯中，盖上表面皿，从杯嘴缓慢滴加 1∶10 盐酸 100mL，加热溶解，待溶液冷却后，移入 1000mL 的容量瓶中，用新煮沸冷却后的蒸馏水稀释至刻度摇匀。此溶液每毫升的 Ca^{2+} 含量相当于 1mg 氧化钙的 Ca^{2+} 含量。

6）20% 的氢氧化钠溶液：将 20g 氢氧化钠溶于 80mL 蒸馏水中。

7）钙指示剂：将 0.2g 钙试剂羧酸钠和 20g 已在 105℃烘干的硫酸钾混合研细，保存于棕色广口瓶中。

8）10% 酒石酸钾钠溶液：将 10g 酒石酸钾钠溶于 90mL 蒸馏水中。

9）三乙醇胺（1∶2）溶液：将 1 体积三乙醇胺以 2 体积蒸馏水稀释摇匀。

4. EDTA 二钠标准溶液与氧化钙和氧化镁关系的标定

1）精确吸取 $V_1 = 50$mL 氧化钙标准溶液放于 300mL 三角瓶中，用水稀释至 100mL 左右，然后加入钙指示剂约 0.2g，以 20% 氢氧化钠溶液调整溶液碱度到出现酒红色，再过量加 3～4mL，然后以 EDTA 二钠标准溶液滴定，至溶液由酒红色变成纯蓝色时为止，记录 EDTA 二钠标准溶液体积 V_2。

2）EDTA 二钠标准溶液对氧化钙的滴定度按下式计算。

$$T_{CaO} = CV_1/V_2 \tag{E-3}$$

式中 T_{CaO}——EDTA 二钠标准溶液对氧化钙的滴定度，即 1mLEDTA 二钠标准溶液相当于氧化钙的毫克数；

C——1mL 氧化钙标准溶液含有氧化钙的毫克数，等于 1；

V_1——吸取氧化钙标准溶液的体积（mL）；

V_2——消耗 EDTA 二钠标准溶液的体积（mL）。

3）EDTA 二钠标准溶液对氧化镁的滴定度（T_{MgO}），即 1mLEDTA 二钠标准溶液相当于氧化镁的毫克数，按下式计算

$$T_{MgO} = T_{CaO} \times \frac{40.31}{56.08} = 0.72\,T_{CaO} \tag{E-4}$$

5. 准备试样

1）生石灰试样。将生石灰样品打碎，使颗粒不大于 1.18mm。拌和均匀后用四分法缩减至 200g 左右，放入瓷研钵中研细。再经四分法缩减至 20g 左右。研磨所得石灰样品，通过 0.15mm（方孔筛）的筛。从此细样中均匀挑取 10 余克，置于称量瓶中在 105℃烘箱内烘至衡量，储于干燥器中，供试验用。

2）消石灰试样：将消石灰样品用四分法缩减至 10 余克。如有大颗粒存在，须在瓷研钵

中磨细至无不均匀颗粒存在为止。置于称量瓶中在105℃烘箱内烘至衡量，储于干燥器中，供试验用。

6. 试验步骤

1）称取约0.5g（精确至0.0001g）石灰试样，并记录试样质量 m，放入250mL烧杯中，用水湿润，加1∶10盐酸30mL，用表面皿盖住烧杯，加热至微沸，并保持微沸8~10min。

2）用水把表面皿洗净，冷却后把烧杯内的沉淀及溶液移入250mL容量瓶中，加水至刻度摇匀。

3）待溶液沉淀后，用移液管吸取25mL溶液，放入250mL三角瓶中，加50mL水稀释后，加酒石酸钾钠溶液1mL、三乙醇胺溶液5mL，再加入铵－铵缓冲溶液10mL（此时待测溶液的pH＝10）、酸性铬兰K－萘酚绿B指示剂约0.1g。记录滴定管中初始EDTA二钠标准溶液体积 V_5，用EDTA二钠标准溶液滴定，至溶液由酒红色变为纯蓝色时即为终点，记录滴定管中EDTA二钠标准溶液的体积 V_6。V_5、V_6 的差值即为滴定钙镁合量的EDTA二钠标准溶液的消耗量 V_3。

4）再从步骤2）的容量瓶中，用移液管吸取25mL溶液，置于300mL三角瓶中，加水150mL稀释后，加三乙醇胺溶液5mL及20%氢氧化钠溶液5mL（此时待测溶液的pH≥12，放入约0.2g钙指示剂。记录滴定管中初始EDTA二钠标准溶液体积 V_7，用EDTA二钠标准溶液滴定，至溶液由酒红色变为蓝色即为终点，记录滴定管中EDTA二钠标准溶液的体积 V_8。V_7、V_8 的差值即为滴定钙离子的EDTA二钠标准溶液的消耗量 V_4。

7. 计算

氧化镁的含量按下式计算

$$X=\frac{T_{MgO}\ (V_3-V_4)\ \times 10}{m\times 1000}\times 100 \tag{E-5}$$

式中 X——氧化镁的含量（%）；

T_{MgO}——EDTA二钠标准溶液对氧化镁的滴定度；

V_3——滴定钙镁合量消耗EDTA二钠标准溶液的体积（mL）；

V_4——滴定钙消耗EDTA二钠标准溶液的体积（mL）；

10——总溶液对分取溶液的体积倍数；

m——试样质量（g）。

8. 结果整理

对同一石灰样品至少应做两个试样和进行两次测定，读数精确至0.1mL。取两次测定结果平均值代表最终结果。

试验F 混凝土拌合物试验

本试验根据《普通混凝土拌合物性能试验方法标准》（GB/T 50080—2002）进行。

一、试验目的

1）掌握人工拌和法与机械拌和法拌制混凝土。

2）通过测定拌合物流动性、观察其黏聚性和保水性，综合评定混凝土的和易性，作为调整混凝土配合比和控制混凝土质量的依据。

3）为后续的混凝土力学性能测试准备成型试样。

二、试验过程

1. 试验材料

某强度等级水泥，水，粗集料（最大粒径不大于40mm），砂，减水剂（备用）。材料用量以质量计。称量精度：集料为±1%，其余为±0.5%。

2. 主要仪器设备

1）天平、量筒、台秤。

2）铁铲、抹刀、水桶。

3）混凝土搅拌机。

4）坍落度筒及捣棒、漏斗。

5）振动台。

3. 试验步骤

（1）混凝土的拌和　以材料的干燥状态为基准，按预设计好的混凝土配合比方案称取各材料用量。

1）人工拌制混凝土。

① 将用于拌制混凝土的不吸水不锈钢拌板（实验室已配置嵌入地面）和铁铲用湿布润湿。

② 将砂倒在拌板上，然后加入水泥，用铁铲将其充分翻拌，混合均匀，再放入粗集料与之拌和，继续翻拌，直至混合均匀为止。

③ 将混凝土干拌混合物堆成锥形，在中间挖一凹坑，将称量好的水，倒入一半左右（勿让水流出），然后仔细翻拌，过程中徐徐加入剩余的水，继续翻拌，每翻拌一次用铁铲在混合料上铲切一次。

2）机械拌制混凝土。

① 先对混凝土搅拌机挂浆，即用少量的相同配合比下的水泥、水、砂子和石子在搅拌机中涮膛，然后倒去多余砂浆。这样可防止在正式拌和时，水泥浆在搅拌机壁及叶上的耗失影响混凝土的配合比。

② 将称量好的砂、水泥、石子依次倒入搅拌机内，充分干拌均匀，再将所需的水徐徐倒入机内一起搅拌均匀，继续搅拌2min。

拌好后，应立即做和易性试验和试件成型。从试样制备完毕到开始做各种性能试验不宜超过5min，同时从开始加水算起，全部操作须在30min内完成。

（2）和易性测试

1）坍落度试验。本试验方法适用于坍落度值不小于10mm的混凝土拌合物的坍落度测定，坍落度试验如图F-1所示。

① 测定前，用湿布把坍落度筒内壁和捣棒擦净、润湿，然后放置在拌板上，踩紧踏板，固定位置。

② 在坍落度筒上加漏斗，取拌好的混凝土分三层均匀装入筒内，使每层装入高度在捣实后约为筒高1/3，如图F-1所示。

③ 每层用捣棒插捣25次，呈螺旋形由外向中心均匀分布插捣点，要求使捣棒插透该

层，刚刚接触底下一层。插捣筒边的混凝土时，捣棒可以稍稍倾斜。

④ 插捣顶层时，随时添加拌合物，完毕后，刮去多余混凝土，用抹刀抹平。

⑤ 清除筒底周围的混凝土，用手垂直向下摁住坍落度筒，松开双脚，在10s内将坍落度筒垂直平稳提起。

⑥ 找到此时混凝土试体的最高点，立即测量与筒高的高度差，即为该混凝土拌合物的坍落度值（mm）。

⑦ 如混凝土拌合物发生崩塌或一边剪切破坏，则重新取样测定。如再次出现该现象，则判定该混凝土拌合物和易性不好，应记录备查。

图 F-1 坍落度试验

2）保水性和黏聚性评定。在测量坍落度后，目测观察并判定黏聚性和保水性。

① 保水性判定。坍落度筒提起后，观察：如有较多稀浆从底部析出，锥体也因失浆使集料外露，表示该混凝土拌合物保水性不好；若无稀浆或仅有少量稀浆自底部析出，锥体含浆饱满，表示保水性良好。

② 黏聚性判定。用捣棒在已坍落的混凝土锥体一侧轻轻敲打：锥体渐渐整体下沉，表示黏聚性良好；锥体突然倒塌，部分崩裂或出现石子离析现象，表示黏聚性不好。

（3）表观密度试验　若上述混凝土拌合物满足和易性要求，则接着做表观密度试验。

1）用湿布将容量筒（容积为 V_0）内外都擦净后称重（m_1）。

2）将混凝土拌合物一次性装入容量筒，稍加插捣后略高于缘口，移放至振动台上振实，振动至拌合物体积不再发生变化为止。

3）用金属直尺将缘口多余的拌合物刮去，将筒外壁清理干净，称重（m_2）。

4）测试结果计算。混凝土拌合物的表观密度 $\rho_{0,h}$ 按下式计算：

$$\rho_{0,h} = \frac{m_2 - m_1}{V_0} \times 1000 \tag{F-1}$$

式中　$\rho_{0,h}$——混凝土拌合物的表观密度，kg/m³；

m_1——容量筒质量，kg；

m_2——容量筒和试样总质量，kg；

V_0——容量筒容积，L。

（4）混凝土成型

1）测试完毕后，尽快将混凝土装入6个立方体试模中，稍加插捣，使拌料超出缘口。拌合物试模大小根据实验室已有设备情况进行选择。

2）将全部的试模移至振动台上振动密实，保证混凝土表面高于试模顶边。

3）当混凝土在试模中的体积不再缩小且表面呈现水泥浆时，停止振动，用抹刀刮去多余混凝土，并抹平。

4）立即用不透水的塑料薄膜覆盖，以防止水分蒸发，每个小组做好标记。

5）在室温（20±5)℃下静置24~48h内，进行拆模编号。

6）将试件放入标准养护箱中养护，从制备开始算起，总计28d。

试验 G 混凝土的力学性能试验

一、混凝土强度的非破损检测试验（回弹法）

1. 试验目的

掌握混凝土回弹仪的使用方法，这也是现场检测用得最广泛的混凝土抗压强度无损检测仪器，能快速、简单、经济地测试混凝土的抗压强度。

2. 主要仪器设备

1）混凝土回弹仪。

2）压力试验机。

3. 试验步骤

（1）回弹值测定

1）从养护箱中取出 3 个试件，擦干试件表面和压力机上、下承压板。

2）找出相对的两个非成型面，在每个表面上用粉笔事先画好 8 个回弹点的测点，两表面共计 16 个测点。测点宜在测区范围内均匀分布，必须避开粗集料，两个测点间距不小于 20mm，测点距离边缘不小于 30mm，如图 G-1 所示。

3）将试件放入压力机中心位置，让有标记的表面成为前后面，同时成型面不作为上下受力面，转动上部方向盘，使上压板轻轻均衡接触试件表面。

4）开动机器，给试件预先施加 5～10MPa 的荷载以固定试件，保证试件在回弹法测试中不会因弹击发生移动。

5）将回弹仪进行回零操作：将回弹仪弹击杆顶住地面，轻压尾盖，慢慢抬起仪器，此时指针滑块上红刻线与刻度尺零线重合。

6）将微微伸出的弹击杆垂直对准（即水平方向）混凝土表面的标记点，均匀缓慢地推压回弹仪，当回弹仪发生“突突”振动时，继续推压，瞬间弹击杆发生回跳，松开回弹仪，读取回弹仪上指针所对的刻度值（精确至 1），并记录下来，如图 G-2 所示。

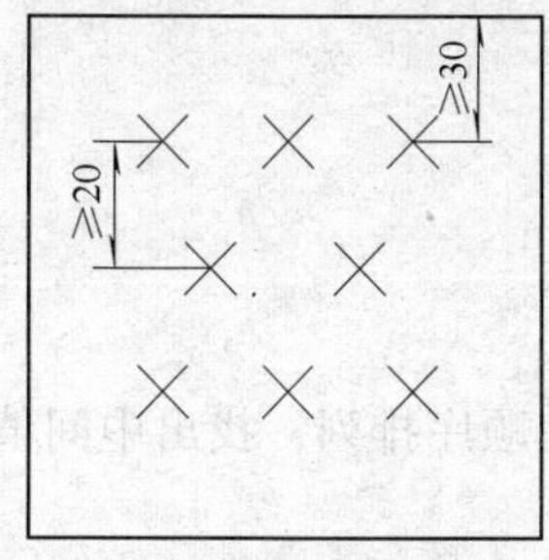

图 G-1 混凝土回弹面测点分布

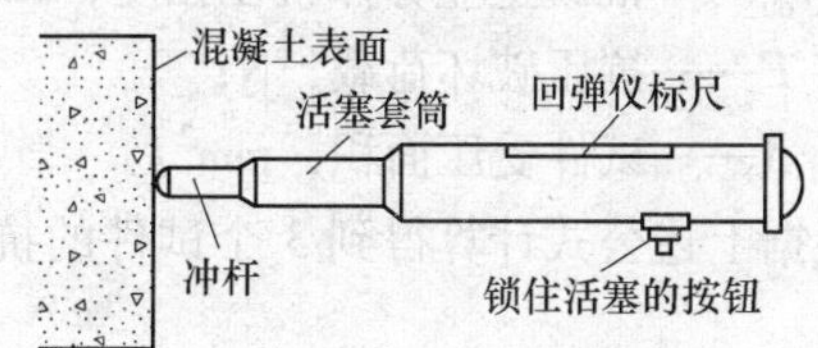

图 G-2 混凝土回弹仪

7）继续按上述方法测取每个试件上共计 16 个点的回弹值。

8）同一测点只能弹击一次。

（2）回弹值计算 得到 16 个回弹值之后，剔除最大的 3 个数值和最小的 3 个数值，取余下 10 个数值的算术平均值（精确至 0.1）作为回弹值的平均值。

（3）混凝土强度换算　由于混凝土制备及养护箱内养护 28d 中，与空气接触时间很短，故可认为其碳化程度很低，因此可设定其碳化深度值为“0”。

混凝土回弹值与抗压强度的对应换算关系见相关标准规范。

二、混凝土立方体抗压强度、劈裂抗拉强度试验

1. 试验目的

测定混凝土立方体抗压强度和劈裂抗拉强度，作为确定混凝土强度等级和调整配合比的依据。

2. 主要仪器设备

1）压力试验机。

2）劈裂夹具。

3）钢制垫条。

3. 试验步骤

（1）混凝土立方体抗压强度试验

1）抗压强度测定。

① 回弹法测试完 3 个混凝土试件后，接下来应进行抗压强度的测定，如图 G-3 所示。

② 开动机器，调整试验机油门，持续均匀加荷。加荷速度：混凝土强度等级小于 C30 时，取 0.3～0.5MPa/s；混凝土强度等级在 C30～C60 时，取 0.5～0.8MPa/s；混凝土强度等级大于或等于 C60 时，取 0.8～1.0MPa/s。

③ 当试件接近破坏开始急速变形时，停止调整试验机油门，直至试件破坏，记录破坏荷载 F。

图 G-3　混凝土的立方体抗压强度测试

2）抗压强度计算。

① 按下式计算立方体抗压强度 f_{cu}（精确至 0.1MPa）

$$f_{cu}=\frac{F}{A} \tag{G-1}$$

式中　f_{cu}——混凝土立方体抗压强度，MPa；

F——抗压破坏荷载，N；

A——试件受压面积，mm^2。

根据上述公式计算得到 3 个试件的抗压强度，按大小顺序排列，找出中间值，再分析数据：

a）当最小值和最大值与中间值的差值均未超过中间值的 ±15% 时，取这三个数值的平均值作为该组试件的抗压强度值。

b）当最小值或最大值中的一个与中间值的差值超过中间值的 ±15% 时，取中间值作为改组试件的抗压强度值。

c）当最小值和最大值与中间值的差值均超过中间值的 ±15% 时，则该组试件的试验结果无效。

② 混凝土抗压强度是以 150mm×150mm×150mm 的立方体试件作为抗压强度的标准试件，其他尺寸试件的测定强度均应换算成边长 150mm 立方体试件的标准抗压强度值，见表 G-1。

表 G-1　混凝土立方体试件尺寸换算系数

试件尺寸/mm	100×100×100	150×150×150	200×200×200
换算系数	0.95	1	1.05

（2）混凝土劈裂抗拉强度试验

1）劈裂抗拉强度测定。

① 养护箱中取出剩余 3 个试件，擦干试件表面和压力机上、下承压板。

② 保证成型面不作为受力面，在受力面及 2 个垂直面的中部画线确定劈面位置，即荷载作用线。

③ 将试件放在试验机下压板的中心位置（或放入专用的劈裂夹具中），降低上压板，分别在上、下压板与试件之间加垫条，使垫条的接触母线与试件上的荷载作用线准确对准，如图 G-4 所示。

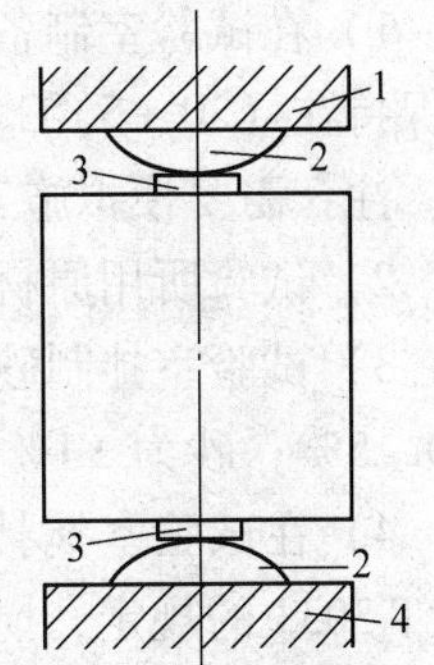

图 G-4　混凝土劈裂抗拉强度试验装置

1—上承压板　2—垫条

3—垫层　4—下承压板

④ 开动机器，连续均匀加荷。加荷速度为：混凝土强度等级小于 C30 时，取 0.02～0.05MPa/s；混凝土强度等级在 C30～C60 时，取 0.05～0.08MPa/s；当混凝土强度等级大于或等于 C60 时，取 0.08～0.1MPa/s。

⑤ 加荷至破坏，记录破坏荷载 F。

2）劈裂抗拉强度计算。

① 按下式计算劈裂抗拉强度 f_{ts}（精确至 0.01MPa）

$$f_{ts}=\frac{2F}{\pi A}=0.637\frac{F}{A} \tag{G-2}$$

式中　f_{ts}——混凝土劈裂抗拉强度，MPa；

F——劈裂抗拉破坏荷载，N；

A——试件劈裂面面积，mm^2。

② 以 3 个试件测值的算术平均值作为该组试件的劈裂抗拉强度值，其中异常数据的取舍与混凝土抗压强度相同。

③ 采用 100mm×100mm×100mm 的非标准试件测得的劈裂抗拉强度值，应乘以尺寸换算系数 0.85。当混凝土强度等级大于或等于 C60 时，宜采用标准试件；若用非标准试件，尺寸换算系数应通过试验确定。

试验 H　砂 浆 试 验

本试验根据《建筑砂浆基本性能试验方法标准》（JGJ/T 70—2009）进行。

一、取样及试样的制备

1. 取样

1）建筑砂浆试验用料应从同一盘砂浆或同一车砂浆中取样。取样量应不少于试验所需量的4倍。

2）施工中取样进行砂浆试验时，其取样方法和原则应按相应的施工验收规范执行。一般在使用地点的砂浆槽、砂浆运送车或搅拌机出料口，至少从三个不同部位取样。现场取来的试样，试验前应人工搅拌均匀。

3）从取样完毕到开始进行各项性能试验不宜超过15min。

2. 试样的制备

1）在试验室制备砂浆拌合物时，所用材料应提前24h运入室内。拌合时试验室的温度应保持在（20±5）℃。

注：需要模拟施工条件下所用的砂浆时，所用原材料的温度宜与施工现场保持一致。

2）试验所用原材料应与现场使用材料一致。砂应通过公称粒径5mm筛。

3）试验室拌制砂浆时，材料用量应以质量计。称量精度：水泥、外加剂、掺合料等为±0．5%；砂为±1%。

4）在试验室搅拌砂浆时应采用机械搅拌，搅拌机应符合现行《试验用砂浆搅拌机》JG/T 3033的规定，搅拌的用量宜为搅拌机容量的30%～70%，搅拌时间不应少于120s。掺有掺合料和外加剂的砂浆，其搅拌时间不应少于180s。

3. 试验记录

试验记录应包括下列内容：

1）取样日期和时间。

2）工程名称、部位。

3）砂浆品种、砂浆强度等级。

4）取样方法、试样编号、试样数量。

5）环境温度、试验室温度。

6）原材料品种、规格、产地及性能指标。

7）砂浆配合比和每盘砂浆的材料用量。

8）仪器设备名称、编号及有效期。

9）试验单位、地点。

10）取样人员、试验人员、复核人员。

11）其他。

二、砂浆稠度试验和分层度试验

1. 试验目的

测定达到设计稠度时所需的加水量，以便能良好的控制砂浆的工作性。

2. 试验设备

砂浆稠度仪（见图H-1），捣棒，台秤、拌锅，拦板，量筒，秒表等。

3. 试验步骤

1）用少量润滑油轻擦滑动杆，再将滑动杆上多余的油用吸油纸擦净，使滑动杆能自由滑动。

2）用湿布擦净盛浆容器和试锥表面，将砂浆拌合物一次装入容器，使砂浆表面低于容器口约10mm。用捣棒自容器中心向边缘均匀地插捣25次，然后轻轻地将容器摇动或敲击5~6下，使砂浆表面平整，然后将容器置于稠度测定仪的底座上。

3）拧松制动螺钉，向下移动滑动杆，当试锥尖端与砂浆表面刚接触时，拧紧制动螺钉，使齿条侧杆下端刚接触滑动杆上端，读出刻度盘上的读数（精确至1mm）。

4）拧松制动螺钉，同时计时间，10s时立即拧紧螺钉，将齿条测杆下端接触滑动杆上端，从刻度盘上读出下沉深度（精确至1mm），二次读数的差值即为砂浆的稠度值。

5）盛装容器内的砂浆，只允许测定一次稠度，重复测定时，应重新取样测定。

4．测试结果评定

取两次试验结果的算术平均值，精确至1mm；如两次试验值之差大于10mm，应重新取样测定。

三、砂浆分层度测定

1．试验目的

测定砂浆在运输、停放、使用过程中的稳定性，判断砂浆工作性的好坏。

2．试验仪器

砂浆分层度筒（图H-2），水泥胶砂振动台，其余同砂浆稠度试验。

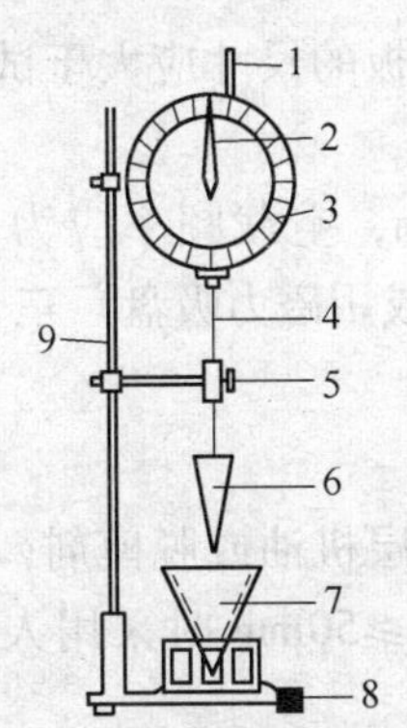

图H-1 砂浆稠度测定仪

1—测杆 2—指针 3—刻度盘 4—滑动杆 5—制动螺钉 6—椎体 7—锥筒 8—底座 9—支架

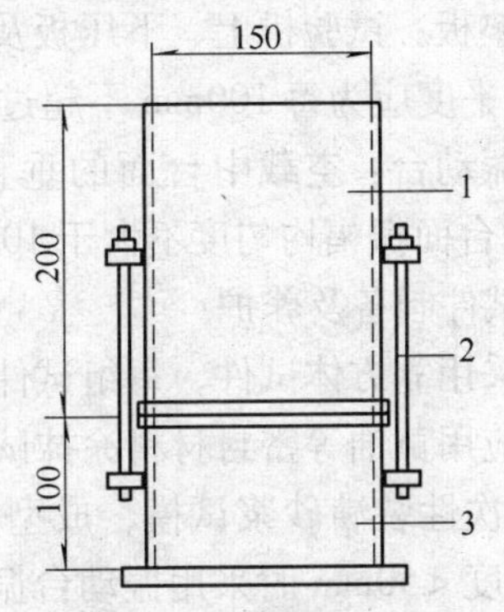

图H-2 砂浆分层度筒

1—无底圆筒 2—连接螺栓 3—有底圆筒

3．试验步骤

1）首先将砂浆拌合物按稠度试验方法测定稠度。

2）将砂浆拌合物一次装入分层度筒内，待装满后，用木槌在容器周围距离大致相等的四个不同部位轻轻敲击1~2下，如砂浆沉落到低于筒口，则应随时添加，然后刮去多余的砂浆并用抹刀抹平。

3）静置30min后，去掉上节200mm砂浆，剩余的100mm砂浆倒出放在拌合锅内拌2min，再按稠度试验方法测其稠度。前后测得的稠度之差即为该砂浆的分层度值（mm）。

注：也可采用快速法测定分层度，其步骤是：

1）按稠度试验方法测定稠度。

2）将分层度筒预先固定在振动台上，砂浆一次装入分层度筒内，振动20s。

3）然后去掉上节200mm砂浆，剩余100mm砂浆倒出放在拌合锅内拌2min，再按稠度试验方法测其稠度，前后测得的稠度之差即为是该砂浆的分层度值。但如有争议时，以标准法为准。

4. 测试结果评定

1）取两次试验结果的算术平均值作为该砂浆的分层度值。

2）两次分层度试验值之差如大于10mm，应重新取样测定。

四、砂浆抗压强度试验

1. 试验目的

检验砂浆的实际强度是否满足设计要求。

2. 试验设备

1）试模：尺寸为70.7mm×70.7mm×70.7mm的带底试模，应具有足够的刚度并拆装方便。试模的内表面应机械加工，其不平度应为每100mm不超过0.05mm，组装后各相邻面的不垂直度不应超过±0.5°。

2）钢制捣棒：直径为10mm，长为350mm，端部应磨圆。

3）压力试验机：精度为1%，试件破坏荷载应不小于压力机量程的20%，且不大于全量程的80%。

4）垫板：试验机上、下压板及试件之间可垫以钢垫板，垫板的尺寸应大于试件的承压面，其不平度应为每100mm不超过0.02mm。

5）振动台：空载中台面的垂直振幅应为（0.5±0.05）mm，空载频率应为（50±3）Hz，空载台面振幅均匀度不大于10%，一次试验至少能固定（或用磁力吸盘）三个试模。

3. 试件制备及养护

1）采用立方体试件，每组试件3个。

2）应用黄油等密封材料涂抹试模的外接缝，试模内涂刷薄层机油或脱模剂，将拌制好的砂浆一次性装满砂浆试模，成型方法根据稠度而定。当稠度≥50mm时采用人工振捣成型，当稠度<50mm时采用振动台振实成型。

① 人工振捣：用捣棒均匀地由边缘向中心按螺旋方式插捣25次，插捣过程中如砂浆沉落低于试模口，应随时添加砂浆，可用油灰刀插捣数次，并用手将试模一边抬高5~10mm各振动5次，使砂浆高出试模顶面6~8mm。

② 机械振动：将砂浆一次装满试模，放置到振动台上，振动时试模不得跳动，振动5~10s或持续到表面出浆为止；不得过振。

3）待表面水分稍干后，将高出试模部分的砂浆沿试模顶面刮去并抹平。

4）试件制作后应在室温为（20±5）℃的环境下静置（24±2）h，当气温较低时，可适当延长时间，但不应超过两昼夜，然后对试件进行编号、拆模。试件拆模后应立即放入温度为（20±2）℃、相对湿度为90%以上的标准养护室中养护。养护期间，试件彼此间隔不小于10mm，混合砂浆试件上面应覆盖以防有水滴在试件上。

4. 抗压强度测定

1）试件从养护地点取出后应及时进行试验。试验前将试件表面擦拭干净，测量尺寸，检查其外观，并据此计算试件的承压面积，如实测尺寸与公称尺寸之差不超过1mm，可按公称尺寸进行计算。

2）将试件安放在试验机的下压板（或下垫板）上，试件的承压面应与成型时的顶面垂直，试件中心应与试验机下压板（或下垫板）中心对准。开动试验机，当上压板与试件（或上垫板）接近时，调整球座，使接触面均衡受压。承压试验应连续而均匀地加荷，加荷速度应为0.25～1.5kN/s（砂浆强度不大于5MPa时，宜取下限，砂浆强度大于5MPa时，宜取上限）。当试件接近破坏而开始迅速变形时，停止调整试验机油门，直至试件破坏，然后记录破坏荷载。

5. 试验结果计算

砂浆立方体抗压强度按下式计算（精确至0.1MPa）

$$f_{m,cu}=\frac{N_u}{A}\times K \tag{H-1}$$

式中　$f_{m,cu}$——砂浆立方体试件抗压强度，MPa；

N_u——试件破坏荷载，MPa；

A——试件承压面积，mm；

K——换算系数，取1.35。

6. 测试结果评定

1）以三个试件测值的算术平均值作为该组试件的砂浆立方体试件抗压强度平均值（精确至0.1MPa）。

2）当三个测值的最大值或最小值中如有一个与中间值的差值超过中间值的15%时，则把最大值及最小值一并舍除，取中间值作为该组试件的抗压强度值。

3）如有两个测值与中间值的差值均超过中间值的15%时，则该组试件的试验结果无效。

试验I　石油沥青的针入度、延度和软化点试验

针入度、延度和软化点是黏稠沥青最主要的三大技术指标。我国现行道路石油沥青标号的划分，主要以此三大指标为依据。

一、石油沥青的针入度试验

1. 目的与适用范围

沥青针入度试验，适用于测定道路石油沥青、聚合物改性沥青针入度，以及液体石油沥青蒸馏后残留物或乳化沥青蒸发后残留物的针入度。

沥青的针入度是在规定的温度和时间内，在规定的荷载下，标准针垂直穿入试样的深度，以0.1mm为单位。非经注明，试验温度为25℃，荷载（包括标准针、针的连杆与附加砝码的质量）为（100±0.01）g，贯入时间为5s。

2. 试验仪器

1）针入度仪：凡能保证标准针的连杆无明显摩擦下的垂直运动，并能指示标准针贯入

沥青试样深度准确至 0.1mm 的仪器，均可使用。针和针入度连杆组合件总质量为（50 ± 0.05）g，另附（50 ± 0.05）g 砝码一只，以供试验时合适总质量为（100 ± 0.05）g 的需要。仪器设有放置平底玻璃保温皿的平台，并有调节水平的装置，针连杆应与平台相垂直。仪器设有针连杆制动按钮，使针连杆可自由下落。针连杆易于装卸，以便检查其质量。仪器还设有可自由转动与调节距离的悬臂，其端部有一面小镜或聚光灯泡，借以观察针尖与试样表面接触情况。当为自动针入度仪时，基本要求与此项相同，但应附有对计时装置的校正检验方法，以经常校验。

2）标准针：应由硬质淬火的不锈钢制成，洛氏硬度 HRC54 ~ 60。尺寸要求如图 I-1 所示。针的表面粗糙度 Ra0.2 ~ 0.3μm，针和柄的总质量应为（2.5 ± 0.05）g，每个针柄上有单独的标志号码。

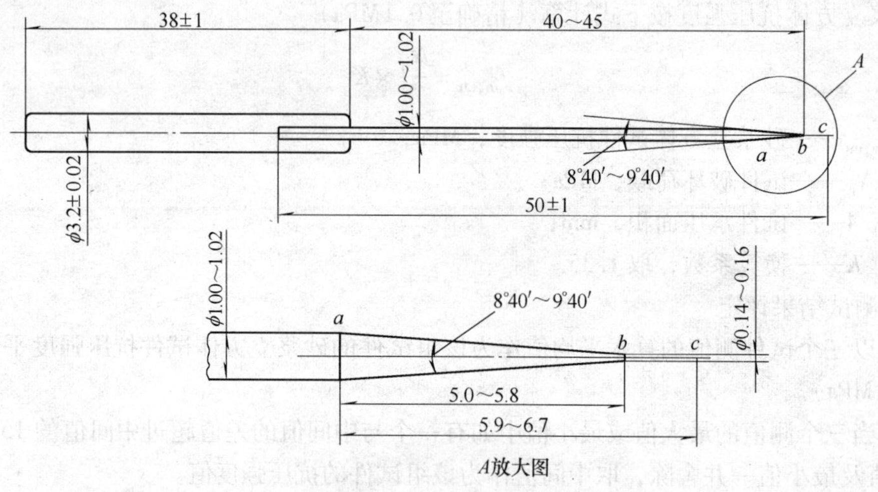

图 I-1 针入度标准针

3）盛样皿：金属制，圆柱形平底。小盛样皿的内径 55mm，深 35mm（适用于针入度小于 200 的试样）；大盛样皿的内径 70mm，深 45mm（适用于针入度 200 ~ 350 的试样）；对针入度大于 350 的试样需使用特殊试样皿，其深度不小于 60mm，试样体积不小于 125mL。

4）恒温水槽：容量不小于 10L，能控制温度在试验温度的 ±0.1℃ 范围内，水槽中应备有一个带孔的搁架，位于水面下不少于 100mm，距水槽底不少于 50mm 处。

5）平底玻璃皿：透明玻璃容器，容量不小于 1.0L，深度不少于 80mm。内设一个不锈钢三角支架，能使盛样皿稳定。

6）计时器：精度 0.1s。

7）温度计或温度传感器：精度 0.1℃。

8）位移计或位移传感器：精度 0.1mm。

9）金属皿或瓷柄皿：熔化试样用。

10）溶剂：三氯乙烯等。

11）加热设备：电炉或砂浴、石棉网、金属锅等（延度、软化点试验同此）。

3. 试验方法

（1）试样准备

1）将预先除去水分的沥青试样在砂浴或密闭电炉上小心加热，加热时间不得超过30min，加热过程中不断搅拌以防止局部过热，加热温度不得超过预估的软化点100℃（石油沥青）。加热搅拌过程中避免试样中混入空气泡。

2）用筛孔0.6mm的筛过滤除去沥青试样中的杂质。将试样注入预先选好的盛样皿中，试样深度应大于预计穿入深度10mm。并盖上盛样皿，以防落入灰尘。使沥青试样在15～30℃空气中冷却不少于1.5h（小盛样皿）、不少于2.0h（大盛样皿）或不少于3.0h（特殊盛样皿），然后将盛样皿移入维持在规定试验温度±0.1℃的恒温水槽中。小盛样皿恒温不少于1.5h；大试样皿恒温不少于2.0h；特殊试样皿恒温不少于2.5h。

（2）试样测试

1）调节针入度仪的水平，检查针连杆和导轨，以确认无水和其他外来物，无明显摩擦。用三氯乙烯和其他合适的溶剂清洗标准针，用干棉花将其擦干，把针插入针连杆中插紧。按试验条件放好砝码。

2）取出达到恒温时间的盛样皿，放入水温控制在试验温度为±0.1℃的平底玻璃皿中的三脚架上，试样表面以上的水层深度不少于10mm。

3）将盛有试样的平底玻璃皿置于针入度仪的平台上慢慢放下连杆，使针尖刚好与试样接触。必要时用放置在合适位置的光源反射来观察。拉下刻度盘的拉杆，使与针连杆顶端相接触。调节针入度仪刻度盘使指针指零。

4）开始试验，按下释放键，计时与标准针贯入试样同时进行，至5s时自动停止。

5）拉下刻度盘拉杆与针连杆顶端接触，此时刻度盘指针所指的读数（精确至0.1mm），即为试样的针入度。

（3）试验结果及要求

1）同一试样平行试验至少三次，各测定点之间及测定点与盛样皿边缘之间的距离不应小于10mm。每次测定前应将平底玻璃皿放入恒温水槽，每次测定换一根干净的针或取下针用三氯乙烯擦干净，再用干净的棉花擦干。

2）测定针入度大于200的沥青试样时，至少用三根针，每次测定后将针留在样品中，直至三次测定完成后，才能把针从试样中起出。

3）精密度或允许差要求。同一试样三次平行试验，当结果的最大值和最小值之差在表I-1的允许偏差范围内时，计算三次试验结果的平均值，取至整数作为试验结果，以0.1mm为单位。

表I-1　针入度试验允许误差表

针入度/（0.1mm）	0～49	50～149	150～249	250～500
允许误差值/（0.1mm）	2	4	12	20

若差值超过表I-1的数值，试验重做。重复性与再现性的要求如表I-2所示。

表I-2　针入度试验结果重复性与再现性要求

沥青试样	重复性	再现性
沥青在25℃时，针入度<50/（0.1mm）	≤2	≤4
沥青在25℃时，针入度≥50/（0.1mm）	≤平均值的4%	≤平均值的8%

二、石油沥青的延度试验

1. 目的与适用范围

延度试验适用于测定道路石油沥青、聚合物改性沥青、液体石油沥青蒸馏残留物和乳化沥青的蒸发残留物等材料的延度。

沥青的延度是规定形状的沥青试样，在规定的温度下，以一定的速度受拉伸至拉断时的长度，以 cm 表示。

非经特别说明，通常采用试验温度为25℃、15℃、10℃或5℃，拉伸速度为（5 ±0. 25）cm/min。当低温时采用（1 ±0. 05）cm/min 拉伸速度时，应在报告中说明。

2. 试验仪器

1）延度仪：凡能将试件浸没于水中，并能保持规定的试验温度，和按照规定的拉伸速度，使试件拉足，在试验的过程中，无明显振动的延度仪均可使用，其形状与组成如图 4-6 所示。

2）延度试模：黄铜制，由两个端模和两个侧模所组成，其形状尺寸如图 I-2 所示。

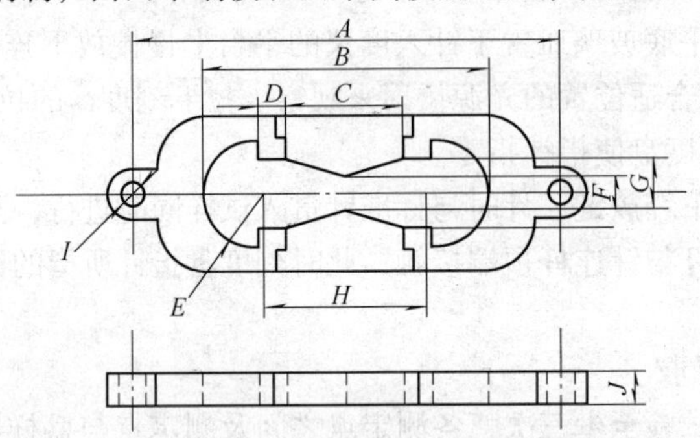

图 I-2 延度仪试模

A—两端模环中心点距离 111. 5 ~113. 5mm B—试件总长 74. 5 ~75. 5mm
C—端模间距 29. 7 ~30. 3mm D—肩长 6. 8 ~7. 2mm E—半径 15. 75 ~16. 25mm
F—最小横断面宽 9. 9 ~10. 1mm G—端模口宽 19. 8 ~20. 2mm H—两半圆心间距离 42. 9 ~43. 1mm
I—端模孔直径 6. 5 ~6. 7mm J—厚度 9. 9 ~10. 1mm

3）试模底板：玻璃板或磨光的铜板、不锈钢板（表面粗糙度 Ra 为 0. 2μm），并附有加紧试模的活动螺钉。

4）恒温水槽：容量不小于 10L，能保持试验温度变化不大于 ±0. 1℃的玻璃或金属器皿，试件浸入水中深度不得小于 100mm，水槽中设置带孔搁架，搁架距水浴底部不得小于 50mm。

5）瓷皿或金属皿：熔化沥青用。

6）砂浴或其他加热炉具。

7）温度计：量程 0 ~50℃，精度 0. 1℃。

8）甘油滑石粉隔离剂（甘油与滑石粉质量比 2 : 1）。

9）脱脂棉、平刮刀、工业酒精、食盐等。

3. 试验方法

（1）试样准备

1）将隔离剂拌和均匀，涂于干净的试模底板上和延度试模的两个侧模的内表面，将模具在金属板上组装好。

2）用与针入度试验相同的方法准备沥青试样，使试样呈细流状，自试模的一端至另一端往返数次注入模中，最后略高出试模。

3）试样在室温下冷却不少于1.5h，然后用热刮刀将高出模具的沥青刮去，使沥青面与试模面齐平。沥青的刮法应为自模的中间刮向两边，且表面应刮得平滑。将试件连同试模底板浸入规定试验温度的水槽中保温1.5h。

（2）试样测试

1）检查延度仪拉伸速度是否符合要求，然后移动滑板使其指针正对标尺的零点，保持水槽中水温为试验温度±0.1℃。

2）将试件移至延度仪的水槽中，然后将试件从玻璃板或不锈钢板中取下，将模具两端的孔也分别套在滑板及槽端的金属柱上，水面距试件表面应不小于25mm，然后去掉侧模。

3）确认延度仪水槽中水温为试验温度±0.1℃时，开动延度仪（仪器不得有振动，水面不得有晃动），观察沥青的延伸情况。在测定时，当发现沥青细丝浮于水面或沉入槽底时，则应事先在水中加入工业乙醇或食盐，调整水的密度至试样的密度相近后，再重新进行试验。

4）试件拉断时，读取指针所指标尺上的读数，即为试样的延度，以cm计。在正常情况下，试样拉伸时为锥尖状，在断裂时实际横断面接近于零。如不能得到上述结果，则应在报告中注明。

（3）试验结果及要求

1）同一试样，每次平行试验不少于3个，如3个测定值均大于100cm时，试验结果记作“>100cm”；特殊需要也可分别记录实测值。如3个测定结果中，有一个以上的测定值小于100cm时，若最大值或最小值与平均值之差满足重复性试验精度要求，则取3个测定结果的平均值的整数作为延度试验结果，若平均值大于100cm，记作“>100cm”；若最大值或最小值与平均值之差不符合重复性试验精度要求时，试验应重新进行。

2）当试验结果小于100cm时，重复性试验的允许误差为平均值的20%，再现性试验的允许误差为平均值的30%。

三、石油沥青的软化点试验（环球法）

1. 目的和适用范围

“环球法”软化点是沥青试样在规定尺寸的金属环内，上置一规定尺寸和质量的钢球，试样在水（或甘油）中以（5±0.5）℃/min的速度加热，当试样受热后，逐渐软化至钢球使试样下垂达规定距离（25.4mm）时的温度，以℃表示。

软化点试验适用于测定道路石油沥青、聚合物改性沥青的软化点，也适用于测定煤沥青、液体石油沥青蒸馏残留物和乳化沥青蒸发后残留物的软化点。

2. 试验仪器

1）环球法软化点仪。软化点试验仪多为双环结构形式（见图4-7）由下列几个部分组成。

① 钢球：钢制圆球，直径为9.53mm，质量为（3.50±0.05）g，表面应光滑，不许有

斑痕、锈迹。

② 试样环：用黄铜或不锈钢制成，其形状和尺寸如图 I-3所示。

③ 钢球定位环：黄铜或不锈钢制成，能使钢球定位于试样中央，通常采用的尺寸和形状如图 I-4 所示。

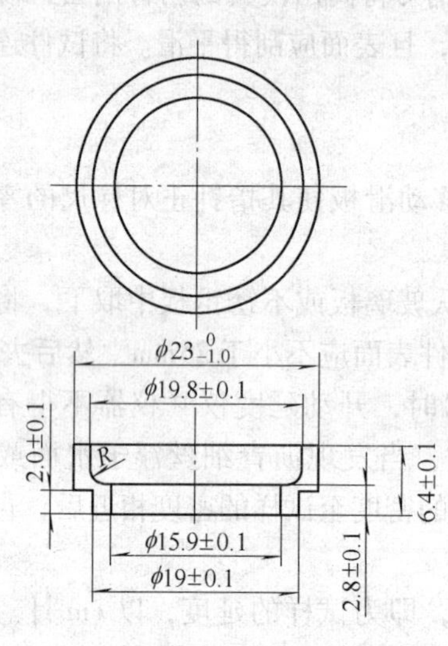

图 I-3 试样环

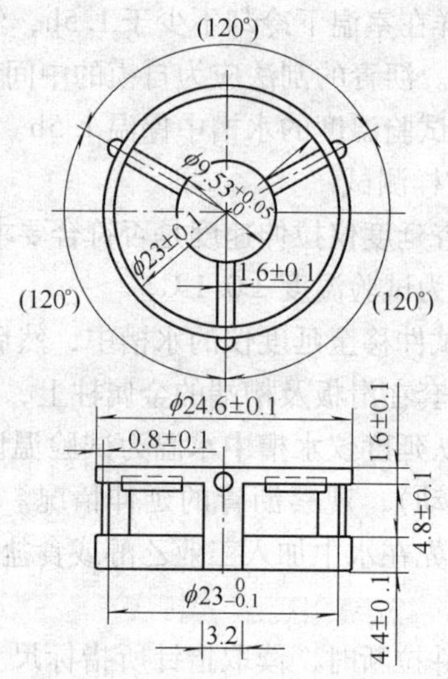

图 I-4 钢球定位环

④ 金属试验支架：由两个主杆和三层平行金属板组成。上层为一圆盘，直径略大于烧杯直径，中间有一圆孔，用以插放温度计。中间板尺寸和形状如图 I-5 所示，板上有两个圆孔，以供放置试样环。在连接杆离中层板顶面（51 ±0.2）mm 处，应刻一液面指示线。中层板和下层板之间的距离为 25.4mm，而下底板距烧杯底不小于 12.7mm，也不得大于 19mm。三层金属板和两个主杆由两螺母固定在一起。

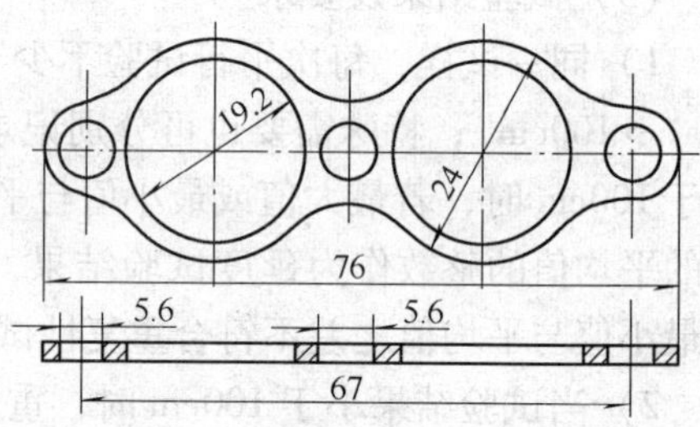

图 I-5 金属试验支架的中层板

⑤ 耐热玻璃烧杯：容量 800 ~ 1000mL，直径不小于 86mm，高度不小于 120mm。

2）温度计：全浸玻璃棒式，刻度 0 ~ 100℃，精度 0.5℃。

3）试样底板：金属板，表面粗糙度应达 Ra0.8μm 或玻璃板。

4）平直刮刀：切除多余沥青用。

5）装有温度调节器的电炉或其他加热炉具。

6）新煮沸过的蒸馏水。

7）甘油滑石粉隔离剂（甘油与滑石粉质量比为 2:1）。

8）恒温水槽：控温的准确度为 ±0.5℃。

9）其他：石棉网等。

3. 试验方法

（1）试样准备

1）将试样环置于涂有隔离剂的试样底板上。以与针入度试验相同的方法准备好沥青试样，将试样注入试样环内至略高出环面为止。如预估软化点在120℃以上时，应将试样环和试样底板均预热至80～100℃。

2）试样在室温下冷却30min后，用热刀刮去高出环面上的试样，使与环面齐平。

3）预估软化点不高于80℃的试样，将盛有试样的试样环及试样底板置于盛满水的保温槽内，水温保持在（5±0.5）℃，恒温不少于15min。预估软化点高出80℃的试样，将盛有试样的试样环及板置于盛满甘油的保温槽内，甘油温度保持（32±1）℃，恒温不少于15min。同时将金属支架、钢球、钢球定位环等也置于相同的恒温水槽中。

（2）试样检测

1）烧杯内注入新煮沸并冷却至约5℃的蒸馏水（估计软化点不高于80℃的试样），或注入预先加热至约32℃的甘油（估计软化点高于80℃的试样），使水面或甘油低于连杆上的深度标记。

2）从水（或甘油）保温槽中取出盛有试样的试样环放置在环架中层板的圆孔中，并套上钢球定位环，把整个环架放在烧杯内，调整水面或甘油面至连杆上的深度标记，环架上任何部分均不得有气泡。将温度计由上层板中心孔垂直插入，使水银底部与试样环下面齐平。

3）将烧杯移放至有石棉网的三脚架煤气灯或电炉上，然后将钢球放在试样上（须使各环的平面在全部加热时间内完全处于水平状态）立即加热，使烧杯内的水（或甘油）温度上升速度在3min内调节至（5±0.5）℃/min。在加热过程中，应记录每分钟上升的温度值，如温度的上升速度超出此范围时，则试验应重做。

4）试样受热软化下坠至与下层底板表面接触时的温度即为试样的软化点。

（3）试验结果与要求

1）同一试样平行试验两次，当两次测定值的差值符合重复性试验允许误差要求时，取平行测定两个结果的算术平均值作为测定结果，准确至0.5℃。

2）试验重复性与再现性结果允许误差如表I-3所示。

表I-3　试验重复性与再现性结果允许误差值

软化点/℃	重复性允许差/℃	再现性允许差/℃	软化点/℃	重复性允许差/℃	再现性允许差/℃
<80	1	4	≥80	2	8

试验J　沥青黏度试验

1．目的与范围

本方法适用于采用布洛克菲尔德黏度计（Brookfield，简称“布氏黏度计”）旋转法测定道路沥青在45℃以上温度范围内的表观黏度，以帕斯卡秒（Pa·s）计。

本方法测定的不同温度的黏度曲线，用于确定各种沥青混合料的拌和温度和压实温度。

2．试验仪器

1）布洛克菲尔德黏度计：具有直接显示黏度、扭矩、剪切应力、剪变率、转速和试验温度等项目的功能，如图 J-1 所示。

2）烘箱：有自动温度控制器，控温的准确度为 ±1℃。

3）标准温度计：精度值 0.1℃。

4）秒表。

3. 试验步骤

1）按《公路工程沥青及沥青混合料试验规程》（JTG E20—2011）中 T0602—2011 的方法准备沥青试样，分装在盛样容器中，在烘箱中加热至软化点以上 100℃左右，并保温 30～60min 备用（对改性沥青尤应注意去除气泡）。

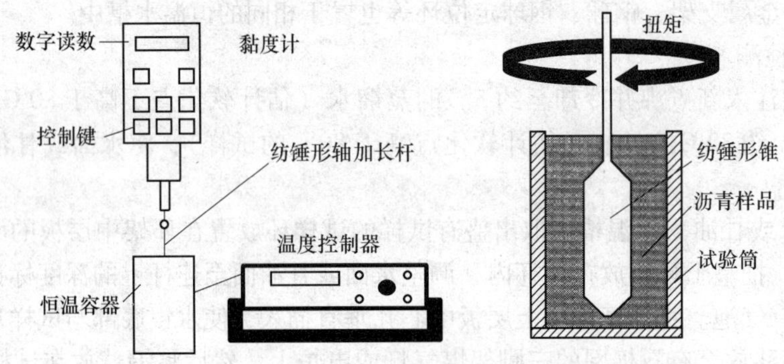

图 J-1 布洛克菲尔德黏度计

2）仪器在安装时必须调至水平，使用前应检查仪器的水准器气泡是否对中。开启黏度计温度控制器电源，设定温度控制系统至要求的试验温度。

3）根据预先估计的沥青黏度，按仪器说明书规定的不同型号的转子所使用的速率和黏度范围，选择适宜的转子。

4）取出沥青盛样容器，适当搅拌，按转子型号所要求的体积向黏度计的盛样筒中添加沥青试样，根据试样的密度换算成质量。加入沥青试样后的液面应符合不同型号转子的规定要求，试样体积应与系统标定时的标准体积一致。

5）将转子与盛样筒一起置于已控温至试验温度的烘箱中保温，维持 1.5h。试验过程中，若试验温度较低时，可将盛样筒试样适当放冷至稍低于试验温度后再放入烘箱中保温。

6）取出转子和盛样筒安装在黏度计上，降低黏度计，使转子插进盛样筒的沥青液面中，至规定的高度。

7）使沥青试样在恒温容器中保温，得到试验所需的平衡温度（不少于 15min）。

8）按照仪器说明书确定仪器测定前是否需要归零，同时依说明书要求选择转子速率。开动布洛克菲尔德黏度计，观察读数，扭矩读数应在 10%～98% 范围内（若不在，则必须更换转子或降低转子转速后重新测试）。在整个测量黏度过程中，不得改变设定的转速。

9）观测黏度变化，当小数点最后两位读数稳定后，在每个试验温度下，每隔 1min 读数一次，连续读数三次，以三次读数的平均值作为测定值。

10）对每个要求的试验温度，重复以上过程进行试验。试验温度宜从低到高进行，盛样筒和转子的恒温时间不少于 1.5h。

11）利用布洛克菲尔德黏度计测定不同温度的表观黏度，绘制黏温曲线。一般可采用 13℃和 175℃的表观黏度，根据需要也可以采用其他温度。

4. 结果处理

1）同一种试样至少平行试验两次，两次测定结果符合重复性试验允许误差要求时，以平均值作为测定值。

2）将在不同温度条件下测定的黏度，确定沥青混合料的施工温度。

3）报告试验温度、转子的型号和转速。

4）绘制黏温曲线，给出推荐的拌和及压实施工温度范围。

5. 允许误差

重复性试验的允许误差为平均值的3.5%，再现性试验的允许误差为平均值的14.5%。

试验K 沥青混合料的制备和物理指标

一、沥青混合料的制备和试件成型

1. 目的和适用范围

本方法适用于采用标准击实法或大型击实法在实验室内用小型拌和机，按规定的拌制温度制备沥青混合料试件，以供实验室测定其物理常数和力学性质使用。

试件制作的条件及数量规定：

1）当集料公称最大粒径小于或等于26.5mm时，采用标准击实法。一组试件的数量不少于4个。

2）当集料公称最大粒径大于26.5mm时，宜采用大型击实法。一组试件数量不少于6个。

2. 试验仪器

1）自动击实仪。

① 标准击实仪：由击实锤、直径（98.5±0.5）mm平圆形压实头及带手柄的导向棒组成。用人工或机械将压实锤提升，从（457.2±1.5）mm高度沿导向棒自由落下击实，标准击实锤质量为（4536±9）g。

② 大型击实仪：由击实锤、直径（149.4±0.1）mm平圆形压实头及带手柄的导向棒组成。用人工或机械将压实锤提升，从（457.2±2.5）mm高度沿导向棒自由落下击实，大型击实锤质量为（10210±10）g。

2）实验室用沥青混合料拌和机：能保证拌和温度并充分拌和均匀，可控制拌和时间，容量不少于10L，如图K-1。搅拌叶自转速度为70~80r/min，公转速度为40~50r/min。

3）脱模器：电动或手动，可无破损地推出圆柱体试件，备有要求尺寸的退出环。

4）试模：由高碳钢或工具钢制成，几何尺寸如下：

① 标准击实仪试模的内径为（101.6±0.2）mm，圆柱形金属筒高87mm，底座直径约120.6mm，套筒内径104.8mm，高70mm。

② 大型击实仪的套筒外径165.1mm，内径（155.6±0.3）mm，总高83mm；试模内径（152.4±0.2）mm，总高115mm；底座板厚12.7mm，直径172mm。

5）烘箱：大、中型各一台，装有温度调节器。

6）天平或电子秤：用于称量矿料的感量不大于0.5g，用于称量沥青的感量不大于0.1g。

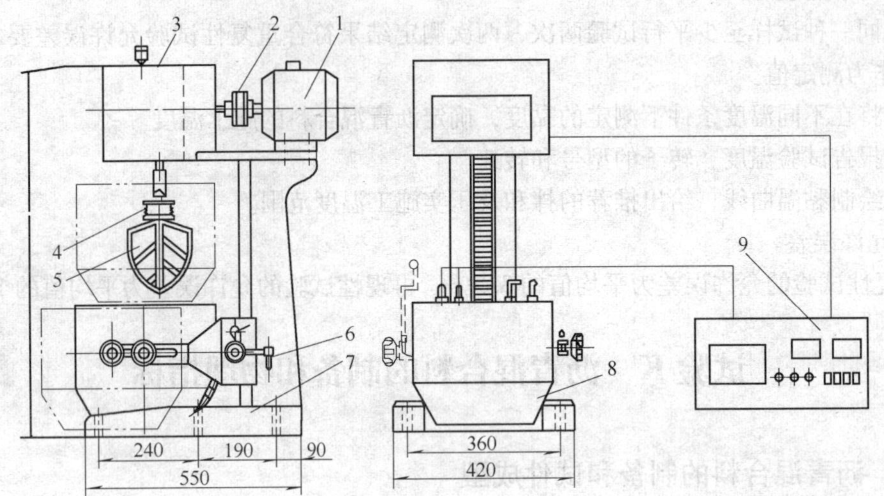

图 K-1　实验室用沥青混合料拌和机

1—电机　2—联轴器　3—变速箱　4—弹簧　5—拌和叶片　6—升降手柄　7—底座
8—加热拌和锅　9—温度时间控制仪

7）沥青黏度测定设备：布洛克菲尔德黏度计。

8）插刀或改锥。

9）温度计：分度值1℃。宜采用有金属插杆的插入式数显温度计，金属插杆的长度不小于150mm。量程0～300℃。

10）其他：电炉或煤气炉、沥青熔化锅、拌和铲、试验筛、滤纸（或普通纸）、胶布、卡尺、秒表、粉笔、棉纱等。

3. 试验步骤

（1）准备工作

1）确定制作沥青混合料试件的拌和与压实温度。

① 按《公路工程沥青及沥青混合料试验规程》（JTG E20—2011）测定沥青的黏度，绘制黏－温曲线。按表K-1要求确定适宜于沥青混合料拌和及压实的等黏温度。

表 K-1　沥青混合料拌和及压实的沥青等黏温度

沥青结合料种类	黏度与测定方法	适宜于拌和的沥青结合料黏度	适宜于压实的沥青结合料黏度
石油沥青	表观黏度，本书附录试验J	（0.17±0.02）Pa·s	（0.28±0.03）Pa·s

注：液体沥青混合料的压实成型温度按石油沥青要求执行。

② 当缺乏沥青黏度测定条件时，试件的拌和与压实温度可按表K-2选用，并根据沥青品种和标号作适当调整。针入度小、稠度大的沥青取高限；针入度大、稠度小的沥青取低限；一般取中值。

表 K-2　沥青混合料拌和及压实温度参考表

沥青结合料种类	拌和温度/℃	压实温度/℃
石油沥青	140～160	120～150
改性沥青	160～175	140～170

③ 对改性沥青，应根据实践经验、改性剂的品种和用量，适当提高混合料的拌和和压

实湿度；对大部分聚合物改性沥青，通常在普通沥青的基础上提高 10～20℃；掺加纤维时，尚需再提高 10℃左右。

④ 常温沥青混合料的拌和及压实在常温下进行。

2）将各种规格的矿料置于（105±5）℃的烘箱中烘干至恒重（一般不少于 4～6h）。根据需要，可将粗细集料过筛后，用水冲洗再烘干备用。

3）将烘干分级的粗、细集料，按每个试件设计级配比例要求称取质量，在一金属盘中混合均匀，矿粉单独放入小盆里；然后置烘箱中预热至沥青拌和温度以上约 15℃（采用石油沥青时通常为 163℃，采用改性沥青时通常为 180℃）备用。一般按一组试件（每组 4～6 个）备料，但进行配合比设计时宜每个试件分别单独备料。常温沥青混合料的矿料不应加热。

4）将沥青试样，用电热套或恒温烘箱熔化加热至规定的沥青混合料拌和温度备用。

5）用蘸有少许黄油的棉纱擦净试模、套筒及击实座等，然后将它们置于约 100℃烘箱中加热 1h 备用。常温沥青混合料用试模不加热。

（2）沥青混合料拌制

1）将沥青混合料拌和机预热至拌和温度以上 10℃左右备用。

2）将预热的粗、细集料置于拌和机中，用小铲适当混合；然后根据要求加入已加热至拌和温度的沥青，开动拌和机一边搅拌，一边将拌和叶片插入混合料中拌和 1～1.5min；然后暂停拌和，加入单独加热的矿粉，继续拌和至均匀为止，并使沥青混合料保持在要求的拌和温度范围内。标准的总拌和时间为 3min。

3）液体石油沥青混合料：将每组（或每个）试件的矿料置于已加热至 55～100℃的沥青混合料拌和机中，注入要求数量的液体沥青，并将混合料边加热加拌和，使液体沥青中的溶剂挥发至 50% 以下。拌和时间应事先试拌决定。

4）乳化沥青混合料：将每个试件的粗细集料，置于沥青混合料拌和机中（不加热，也可用人工炒拌）；注入计算的用水量（阴离子乳化沥青不加水）后，拌和均匀并使矿料表面完全湿润；再注入设计的沥青乳液用量，在 1min 内使混合料拌匀；然后加入矿粉并迅速拌和，直至混合料被拌成褐色。

（3）试件成型

1）将拌好的沥青混合料，用小铲适当拌和均匀，称取一个试件所需的用量（标准马歇尔试件约 1200g，大型马歇尔试件约 4050g）。当一次拌和几个试件时，宜将其倒入经预热的金属盘中，用小铲拌和均匀分成几份，分别取用。

2）从烘箱中取出预热的试模及套筒，用蘸有少许黄油的棉纱擦拭套筒、底座及击实锤底面。将试模装在底座上，按四分法从四个方向用小铲将混合料铲入试模中，用插刀沿周边插捣 15 次，中间 10 次。插捣后将沥青混合料表面整平成凸圆弧面。

3）插入温度计至混合料中心附近，检查混合料温度。

4）待混合料温度符合要求的压实温度后，将试模连同底座一起放在击实台上固定（也可在装好的混合料上面垫一张吸油性小的圆纸），再将装有击实锤及导向棒的压实头插入试模中，然后开启电动机（或人工）将击实锤从 457mm 的高度自由落下击实规定的次数（75 或 50 次）。对大型试件，击实次数为 75 次或 112 次。

5）试件击实一面后，取下套筒，将试模掉头，装上套筒，然后以同样的方式和次数击实另一面。乳化沥青混合料试件在两面击实后，将一组试件在室温下横向放置 24h；另一组试件置温度为（105±5）℃的烘箱中养生24h。对养生试件取出后再立即两面锤击各25次。

6）试件击实结束后，如上下面垫有圆纸应立即用镊子取掉，用卡尺量取试件离试模上口的高度并由此计算试件高度，如高度不符合要求时，试件应作废，并按式（K-1）调整试件的混合料质量，使高度符合（63.5±1.3）mm（标准试件）或（95.3±2.5）mm（大型试件）的要求。

$$m = m_0 \times \frac{h_1}{h_0} \tag{K-1}$$

式中 m——调整后沥青混合料用量，g；

m_0——制备试件的沥青混合料实际用量，g；

h_1——要求的试件高度，mm；

h_0——制备试件的实际高度，mm。

7）卸去套筒和底座，将装有试件的试模横向放置冷却至室温后（不少于12h），置于脱模式机上脱出试件。将试件仔细置于干燥洁净的平面上，供试验用。

二、沥青混合料物理指标确定

1. 目的和适用范围

按击实法制成的沥青混合料圆柱体，经12h以后，用表干法测定其毛体积相对密度和毛体积密度，并按组成材料原始数据计算其空隙率、沥青体积百分数、矿料间隙率和沥青饱和度等物理指标。

2. 试验仪器

1）浸水天平或电子秤：当最大称量在3kg以下时，感量不大于0.1g；最大称量3kg以上时，感量不大于0.5g；最大称量10kg以上时，感量不大于5g。应备有测量水中质量的挂钩。

2）网篮。

3）溢流水箱：如图K-2，使用纯净水，有水位溢流装置，保持试件和网篮浸入水中后的水位一定。能调整水温至（25±0.5）℃。

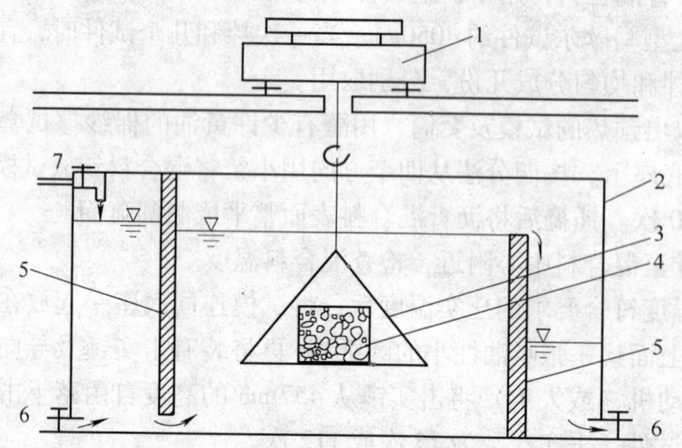

图K-2 溢流水箱及下挂法水中重称量方法示意图

1—浸水天平或电子天平 2—溢流水箱 3—网篮 4—试件 5—水位隔板 6—放水阀门 7—注入口

4）试件悬吊装置：天平下方悬吊网篮及试件的装置，吊线应采用不吸水的细尼龙线绳，并有足够的长度。对轮碾成型机成型的板块状试件可用钢丝悬挂。

5）秒表、电扇或烘箱。

3. 试验步骤

1）选择适宜的浸水天平（或电子秤），最大称量应不小于试件质量的 1.25 倍，且不大于试件质量的 5 倍。

2）除去试件表面的浮粒，称取干燥试件在空气中的质量 m_a。根据选择的天平的感量读数，准确至 0.1g 或 0.5g。

3）将溢流水箱水温保持在（25±0.5）℃。挂上网篮，使网篮浸入溢流水箱的水中，调节水位，将天平调平或复零，把试件置于网篮中（注意不要使水晃动），浸水 3～5min，称取水中质量 m_w。

4）从水中取出试件，用洁净柔软的拧干湿毛巾轻轻擦去试件的表现水（注意不得吸走空隙内的水），称取试件的表干质量 m_f。从试件拿出水面到擦拭结束不宜超过 5s，称量过程中流出的水不得再擦拭。

4. 物理常数计算

（1）毛体积相对密度和表观密度　试件的毛体积相对密度和表观密度分别按式（K-2）和（K-3）计算。

$$\gamma_f = \frac{m_a}{m_f - m_w} \tag{K-2}$$

$$\rho_f = \frac{m_a}{m_f - m_w} \times \rho_w \tag{K-3}$$

式中　m_a——干燥试件的空中质量，g；

m_w——试件的水中质量，g；

m_f——试件的表干质量，g；

γ_f——试件毛体积相对密度，无量纲；

ρ_f——试件毛体积密度，g/cm^3；

ρ_w——25℃时水的密度，取 0.9971g/cm^3。

（2）空隙率　试件的空隙率按式（K-4）计算，保留一位小数：

$$VV = \left(1 - \frac{\gamma_f}{\gamma_t}\right) \times 100 \tag{K-4}$$

式中　VV——试件的空隙率，%；

γ_f——试件毛体积相对密度，无量纲；

γ_t——沥青混合料理论最大相对密度，按《公路工程沥青及沥青混合料试验规程》（JTG E20—2011）中规定的计算或实测得到，无量纲；

（3）矿料的合成毛体积相对密度　矿料合成毛体积相对密度按式（K-5）计算，取 3 位小数：

$$\gamma_{sb} = \frac{100}{\frac{P_1}{\gamma_1} + \frac{P_2}{\gamma_2} + \cdots + \frac{P_n}{\gamma_n}} \tag{K-5}$$

式中 γ_{sb}——矿料的合成毛体积相对密度，无量纲；

P_1、P_2、…、P_n——各种矿料占矿料总质量的百分率（%），其和为100；

γ_1、γ_2、…、γ_n——各种矿料的相对密度，无量纲。

（4）矿料合成表观相对密度　矿料的合成表观相对密度按式（K-6）计算，取3位小数：

$$\gamma_{sa}=\frac{100}{\frac{P_1}{\gamma_1'}+\frac{P_2}{\gamma_2'}+\cdots+\frac{P_n}{\gamma_n'}} \tag{K-6}$$

式中 γ_{sa}——矿料的合成表观相对密度，无量纲；

γ_1'、γ_2'、…、γ_n'——各种矿料的表观相对密度，无量纲。

（5）矿料间隙率 *VMA* 和有效沥青饱和度 *VFA*

试件的矿料间隙率 *VMA* 和有效沥青饱和度 *VFA* 按式（K-7）和式（K-8）计算，保留1位小数：

$$VMA=\left(1-\frac{\gamma_f}{\gamma_{sb}}\times\frac{P_s}{100}\right)\times 100 \tag{K-7}$$

$$VFA=\frac{VMA-VV}{VMA}\times 100 \tag{K-8}$$

式中 *VMA*——试件的矿料间隙率，%；

VFA——试件的有效沥青饱和度，%；

P_s——各种矿料占沥青混合料总质量的百分率之和，%，$P_s=100-P_b$（P_b为沥青用量，即沥青质量占沥青混合料总质量的百分比，%）；

其他符号意义同前。

试验L　沥青混合料马歇尔稳定度试验

1. 目的与适用范围

沥青混合料马歇尔稳定度试验是将沥青混合料按照试验K的成型法制作标准马歇尔试件圆柱体或大型马歇尔试件圆柱体，然后在马歇尔稳定度仪上测定其稳定度和流值，以这两项指标来表征其高温时的稳定性和抗变形能力。

2. 试验仪器

1）沥青混合料马歇尔试验仪：分为自动式和手动式。自动马歇尔试验仪应具备控制装置、记录荷载－位移曲线、自动测定荷载与试件的垂直变形、自动显示各存储或打印试验结果等功能。手动式由人工操作，试验数据通过操作者目测后读取数据。对用于高速公路和一级公路的沥青混合料宜采用自动马歇尔试验仪。

① 当集料公称最大粒径小于或等于26.5mm时，宜采用 ϕ101.6mm×63.5mm的标准马歇尔试件，试验仪的最大荷载不得小于25kN，读数准确至0.1kN，加载速率应能保持(50±5)mm/min。钢球直径为（16±0.05）mm，上下压头曲率半径为（50.8±0.08）mm。

② 当集料公称最大粒径大于26.5mm时，宜采用 ϕ152.4mm×95.3mm的大型马歇尔试件，试验仪的最大荷载不得小于50kN，读数准确至0.1kN。上下压头曲率内径为（152.4±

0.2）mm，上下压头间距为（19.5 ±0.1）mm。

2）恒温水槽：能保持水温于测定温度 ±1℃的水槽，深度不少于150mm。

3）真空饱水容器：由真空泵和真空干燥器组成。

4）烘箱。

5）天平：感量不大于0.1g。

6）温度计：分度值1℃。

7）游标卡尺或试件高度测定器。

8）其他：棉纱、黄油。

3. 试验步骤与试验结果

（1）标准马歇尔试验方法

1）采用游标卡尺（或试件高度测定器）测量试件直径和高度。如试件高度不符合（63.5 ±1.3）mm 或（95.3 ±2.5）mm 要求或两侧高度差大于2mm，则此试件应作废。按试验 K 的方法测定试件的物理指标。

2）将恒温水槽（或烘箱）调节至要求的试验温度，对黏稠石油沥青混合料为（60 ±1)℃。将试件置于已达规定温度的恒温水槽（或烘箱）中保温30~40min。试件应垫起，离容器底部不小于50mm。

3）将马歇尔试验仪的上下压头放入水槽（或烘箱）中达到同样温度。将上下压头从水槽（或烘箱）中取出擦净内面。为使上下压头滑动自如，可在下压头的导棒上涂少量黄油。再将试件取出置于下压头上，盖上上压头，然后装在加载设备上。

4）当采用压力环和流值计时，将流值测定装置安装在导棒上，使导向套管轻轻地压住上压头，同时将流值计读数调零。在上压头的球座上放妥钢球，并对准荷载测定装置（应力环或传感器）的压头，然后调整应力环中百分表使之对准零或将荷载传感器的读数复位为零。

5）启动加载设备，使试件承受荷载，加载速度为（50 ±5）mm/min。计算机或 X-Y 记录仪自动记录传感器压力和试件变形曲线并将数据自动存入计算机。当试验荷载达到最大值的瞬间，取下流值计，同时读取应力环中百分表（或荷载传感器）读数和流值计的流值读数（从恒温水槽中取出试件至测出最大荷载值的时间，不应超过30s)。

6）试验结果和计算。

① 稳定度。由荷载测定装置读取的最大值即为试件的稳定度。当用应力环百分表测定时，根据应力环标定曲线，将应力环中百分表的读数换算为荷载值，即试件的稳定度 *MS*，以 kN 计，精确至0.01kN。

② 流值。由流值计和位移传感器测定装置读取的试件垂直变形，即为试件的流值 *FL*，以 mm 计，精确至0.1mm。

③ 马歇尔模数。试件的马歇尔模数按式（L-1）计算：

$$T = \frac{MS}{FL} \tag{L-1}$$

式中 T——试件的马歇尔模数，kN/mm；

MS——试件的稳定度，kN；

FL——试件的流值，mm。

7）试验结果报告。

① 当一组测定值中某个数据与平均值大于标准差的 k 倍时，该测定值应予舍弃，并以其余测定值的平均值作为试验结果。当试验数目 n 为 3、4、5、6 个时，k 值分别为 1.15、1.46、1.67、1.82。

② 试验报告马歇尔稳定度、流值、马歇尔模数，以及试件尺寸、试件的密度、空隙率、沥青用量、沥青体积百分率、沥青饱和度、矿料间隙率等各项物理指标。

（2）浸水马歇尔试验方法

浸水马歇尔试验方法是将沥青混合料试件，在规定温度［黏稠沥青混合料为（60±1）℃］的恒温水槽中保温 48h，然后测定其稳定度。其余方法与标准马歇尔试验方法相同。

根据试件的浸水马歇尔稳定度和标准马歇尔稳定度，可按式（L-2）求得试件浸水残留稳定度：

$$MS_0 = \frac{MS_1}{MS} \times 100 \tag{L-2}$$

式中 MS_0——试件的浸水残留稳定度，%；

MS_1——试件的浸水 48h 后的稳定度，kN；

MS——试件按标准试验方法的稳定度，kN。

（3）真空饱和马歇尔试验方法

真空饱和马歇尔试验方法，是将试件先放入真空干燥器中，关闭进水胶管，开动真空泵，使干燥器的真空度达到 97.3kPa（730mmHg）以上，维持 15min，然后打开进水胶管，靠负压进入冷水流使试件全部浸入水中，浸水 15min 后恢复常压，取出试件再放入规定稳定度［黏稠沥青混合料为（60±1）℃］的恒温水槽中保温 48h，进行马歇尔试验，其余与标准马歇尔试验方法相同。

根据试件的真空饱水稳定度和标准稳定度，可按式（L-3）求得试件真空饱水残留稳定度：

$$MS_0' = \frac{MS_2}{MS} \times 100 \tag{L-3}$$

式中 MS_0'——试件的真空饱水残留稳定度，%；

MS_2——试件真空饱水后浸水 48h 后的稳定度，kN；

MS——试件按标准试验方法的稳定度，kN。

试验 M　沥青混合料车辙试验

一、试件制作

车辙试验用试件采用轮碾法制成的长 300mm、宽 300、厚 50～100mm 的板块状试件。

1. 试验仪器

1）轮碾成型机：轮碾成型机具有圆弧形碾压轮，轮宽 300mm，压实线荷载为300N/cm，碾压行程等于试件长度，碾压后试件可达到马歇尔试验标准击实密度的 100%±1%，见图 M-1。

2）实验室用沥青混合料拌和机：能保证拌和温度并充分拌和均匀，可控制拌和时间。宜采用容量大于30L的大型沥青混合料拌和机，也可采用容量大于10L的小型拌和机。

3）试模：由高碳钢或工具钢制成，内部平面尺寸为长300mm、宽300mm、厚50～100mm。根据需要，试模深度及平面尺寸可以调节，以制备不同尺寸的板块状试件。实验室制作车辙试验板块状试件的标准试模如图M-2所示。

图M-1　轮碾成型机

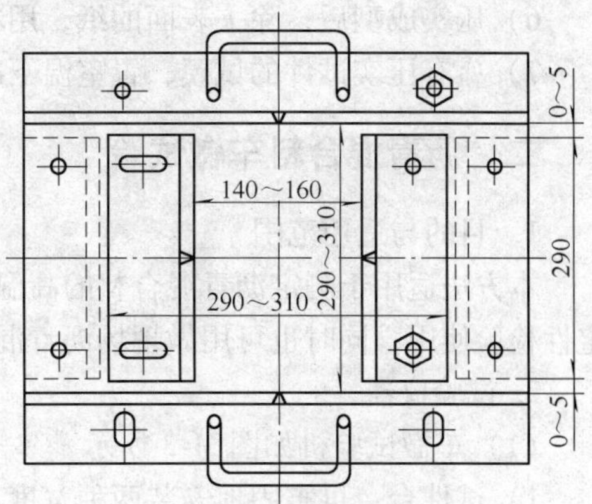

图M-2　车辙试验试模

4）烘箱：大、中型各1台，装有温度调节器。

5）台秤、天平或电子秤：称量5kg以上的，感量不大于1g；称量5kg以下的，用于称量矿料的感量不大于0.5g，用于称量沥青的感量不大于0.1g。

6）小型击实锤：钢制端部断面80mm×80mm，厚10mm，带手柄，总质量0.5kg左右。

7）温度计：分度值不大于1℃。宜采用有金属插杆的插入式数显温度计，金属插杆的长度不小于150mm，量程0～300℃。

8）其他：电炉或煤气炉、沥青熔化锅、拌和铲、试验筛、滤纸（或普通纸）、胶布、卡尺、秒表、粉笔、垫木、棉纱等。

2. 试样制作

(1) 按马歇尔标准击实法确定沥青混合料的拌和温度和压实温度。

(2) 将金属试模及小型击实锤等放置于100℃左右的烘箱中加热1h备用。

(3) 称量制作一块试件所需要的沥青混合料质量。混合料质量由试件体积V乘以马歇尔稳定度击实密度ρ_0，再乘以系数1.03得到。再按混合料配合比计算出各种材料用量。分别将各种材料放入烘箱中预热备用。

(4) 轮碾成型。

1）将预热的试模从烘箱中取出，装上试模框架；在试模中铺一张裁好的普通纸（可用报纸），使底面及侧面均被纸隔离；将拌和好的全部沥青混合料，用小铲稍加拌和后均匀地沿试模由边至中按顺序装入试模，中部要略高于四周。

2）取下试模框架，用预热的小型击实锤由边至中转圈夯实一遍，整平成凸圆弧形。

3）插入温度计，待混合料冷却至规定的压实温度时，在表面铺一张裁好尺寸的普通纸（或报纸）。

4）成型前将碾压轮预热至100℃左右（如不加热，应铺牛皮纸）。然后，将盛有沥青混合料的试模置于轮碾机的平台上，轻轻放下碾压轮，调整加荷载为9kN（线荷载300N/cm）。

5）启动轮碾机，先在一个方向碾压两个往返；卸荷；再抬起碾压轮，将试件掉转方向；再加相同荷载碾压至马歇尔标准密实度达到100% ±1%。试件正式压实前，应经试压，决定碾压次数，一般12个往返（24次）左右可达要求（试件厚度50mm）。如试件厚度大于100mm，必须分层碾压。

6）压实成型后，除去表面的纸，用粉笔在试件表面上标明碾压方向。

7）盛有压实试件的试模，置室温下冷却，至少12h后方可脱模。

二、沥青混合料车辙试验

1. 目的与适用范围

本方法适用于测定沥青混合料的高温抗车辙性能，供沥青混合料配合比设计时的高温稳定性检验使用，同时也可用做现场沥青混合料的高温稳定性检验方法。

2. 试验仪器

（1）车辙试验机如图M-3所示。

1）试件台：可牢固地安装两种宽度（300mm和150mm）的规定尺寸试件的试模。

2）试验轮：橡胶制的实心轮胎，外径200mm，轮宽50mm，橡胶层厚15mm。橡胶厚度（国家标准硬度）20℃时为（84 ±4）mm；60℃时为（78 ±2）mm。试验轮行走距离为（230 ±10）mm，往返碾压速度为（42 ±1）次/min（21次往返/min）。采用曲柄连杆驱动加载轮往返运行方式。轮胎橡胶硬度应注意检验，不符合要求者应及时更换。

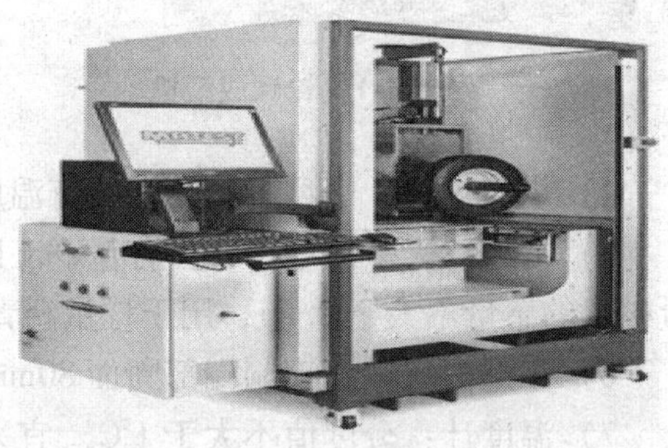

图M-3 车辙试验机

3）加载装置：使试验轮与试件的接触压强在60℃时为（0.7 ±0.05）MPa，施加的总荷载为780N左右，根据需要可以调整。

4）试模：钢板制成，由底座及侧板组成，试模内侧尺寸长为300mm，宽为300mm，厚为50～100mm，也可根据需要对厚度进行调整。

5）试件变形测量装置：自动检测车辙变形并记录曲线的装置，通常用位移传感器LVDT或非接触位移计。位移测量范围0～130mm，精度±0.01mm。

6）温度检测装置：自动检测并记录试件表面及恒温室内温度的温度传感器，精度±0.5℃。温度应能自动连续记录。

（2）恒温室　车辙试验机安放在恒温室内，装有加热器、气流循环装置及装有自动温度控制设备，能保持恒温室温度为（60 ±1）℃，根据需要也可为其他需要的温度。用于保温试件并进行检验。

（3）台秤　称量15kg，感量不大于5g。

3. 试验步骤

1）试验轮接地压强测定。测定试验轮压强应符合（0.7 ±0.05）MPa，将试件装于原试模中。

2）将试件连同试模一起，置于达到试验温度（60 ±1）℃的恒温室中，保温不少于5h，也不得超过12h。在试件的试验轮不行走的部位上，粘贴一个热电偶温度计，控制试件温度稳定在（60 ±0.5）℃。

3）将试件连同试模置于车辙试验机的试件台上，试验轮在试件的中央部位，其行走方向须与试件碾压方向一致。开动车辙变形自动记录仪，然后起动试验机，使试验轮往返行走，时间约1h，或至最大变形达到25mm。试验时，记录仪自动记录变形曲线及试件温度。

4. 试验结果

1）从图 M-4 上读取 45min（t_1）及 60min（t_2）时的车辙变形 d_1 及 d_2，精确至0.01mm。如变形过大，在未到60min变形已达25mm时，则以达到25mm（d_2）时的时间为 t_2，将其前15min为 t_1，此时的变形量为 d_1。

2）沥青混合料试件的动稳定度按式（M-1）计算：

$$DS = \frac{N\ (t_2 - t_1)}{d_2 - d_1} C_1 C_2 \qquad \text{(M-1)}$$

式中 DS——沥青混合料的动稳定度，次/mm；

d_1——时间 t_1（一般为45min）的变形量，mm；

d_2——时间 t_2（一般为60min）的变形量，mm；

N——试验轮每分钟行走次数，通常为42次/min；

C_1——试验机类型修正系数，曲柄连杆驱动试件的变速行走方式为1.0，链驱动试验轮的等速方式为1.5；

C_2——试件系数，实验室制备的宽300mm的试件为1.0；从路面切割的宽150mm的试件为0.8。

5. 试验报告

1）同一沥青混合料或同一路段的路面，至少平行试验3个试件，当3个试件动稳定度变异系数小于20%时，取其平均值作为试验结果。变异系数大于20%时应分析原因，并重新试验。如计算动稳定值大于6000次/mm，记作“>6000次/mm”。

2）试验报告应注明试验温度、试验轮接地压强、试件密度、空隙率及试件制作方法等。

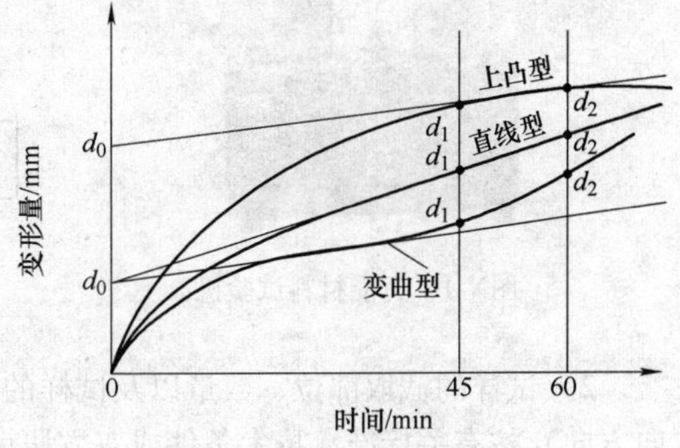

图 M-4 车辙试验变形曲线

6. 允许误差

重复性试验动稳定度变异系数不大于20%。

试验 N 建筑钢材性能试验

一、金属材料温室拉伸试验（GB/T 228.1—2010）

1. 试验目的

测定金属材料的屈服强度、抗拉强度与伸长率，注意观察拉力与变形之间的变化，确定应力与应变之间的关系曲线，评定金属材料的强度等级；检定承受规定弯曲程度的弯曲变形性能，并显示其缺陷。

2. 仪器设备

1）万能材料试验机：为保证机器安全和试验准确，其吨位选择最好是使试件达到最大荷载时，指针位于第三象限内（180°~270°）。试验机的测力示值误差不大于1%。试验机应按照相应的标准进行检验，并应为1级或优于1级准确度。万能材料试验机如图N-1所示。

2）游标卡尺和引伸计。引伸计应使用不劣于1级准确度的引伸计。

3. 试验方法

（1）准备试样

1）试样分为比例试样和非比例试样两种。原始标距与原始横截面积有 $L_0=k\sqrt{S_0}$ 关系的试样称为"比例试样"。国际上的比例系数的值 k 为5.65。原始标距应不小于15mm。当试样横截面积太小时，比例系数可优先采用11.3的值，或采用非比例试样。非比例试样的原始标距与其原始横截面积无关。

比例试样如图N-2所示，试样横截面可以为圆形、矩形、多边形、环形、特殊情况下可以为其他形状。

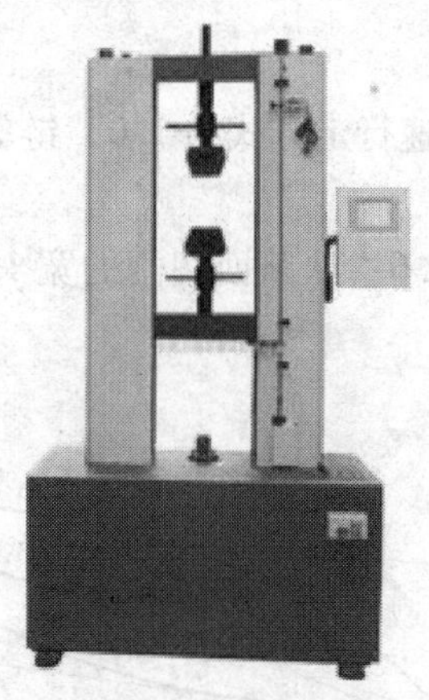

图N-1 万能材料试验机

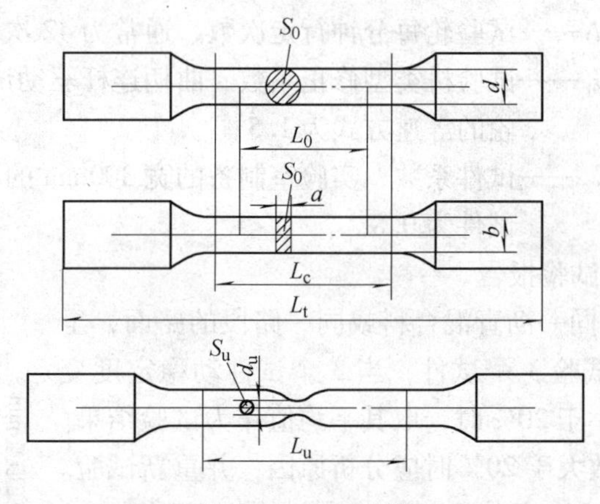

图N-2 比例试样

2）试样的截取部位、数量以及试样的纵轴方向（沿材料的纵向、横向、放射方向或切向方向）按有关标准、技术条件或双方协议的规定执行。由金属材料和制品中截取样品时，一般应在切削机床上进行，必要时运行用烧割、冷剪或其他方法截取，但在操作中必须保证不显著影响金属的性能。

（2）原始横截面积 S_0 的测定　宜在试样平行长度中心区域以足够的点数测量试样的相关尺寸。原始横截面积（S_0）是平均横截面面积，应根据测量的尺寸计算。

原始横截面面积 S_0 的计算准确程度依赖于试样本身特性和类型。下面给出了不同类型试样原始横截面积的评估方法，并提供了测量准确度的详细说明。

1）厚度0.1~3mm薄板和薄带使用的试样类型。

试样的形状、尺寸应符合《金属材料　拉伸试验　第1部分：室温试验方法》（GB/T 228.1—2010）附录B的要求，原始截面面积应根据试样的尺寸测量值计算得到。

原始截面面积的测量准确到 ±2%，当误差的主要部分是由于试样的厚度的测量所引起时，宽度的测量误差不应超过 0.2%。为了减小试验结果的测量不确定度，建议原始截面面积应准确至或优于 ±1%。对于薄片材料，需要采用特殊的测量技术。

2）直径或者厚度小于 4mm 线材、棒材和型材使用的试样类型。

试样的形状、尺寸应符合 GB/T 228.1—2010 附录 C 的要求，原始截面面积应根据试样的尺寸测量值计算得到，测定准确到 ±1%。

对于圆形横截面的产品，应在两个相互垂直的方向测量试样的直径，取其算术平均值计算横截面面积。对于未经车削的试样，其横截面面积可按下式计算：

$$S_0 = \frac{m}{\rho L_t} \times 1000 \tag{N-1}$$

式中　S_0——原始横截面面积，m^2；

m——试样质量，g；

ρ——试样材料密度，g/cm^3；

L_t——试样的总长度，mm。

3）厚度等于或大于 3mm 的板材和扁材以及直径或者厚度等于或大于 4mm 线材、棒材和型材使用的试样类型。

试样的形状、尺寸应符合 GB/T 228.1—2010 附录 D 的要求。对于圆形横截面和四面机加工的矩形横截面试样，如果试样的尺寸公差和形状公差均满足要求，可以用名义尺寸计算原始横截面面积，对于其他类型的试样，应根据测量的原始试样尺寸计算原始横截面面积 S_0，测量每个尺寸应准确到 ±0.5%。

4）管材使用的试样类型。

试样的形状、尺寸应符合 GB/T 228.1—2010 附录 E 的要求。试样原始截面面积的测定应准确到 ±1%。管段试样、不带头的纵向和横向试样的原始横截面面积可根据测量的试样长度、试样的质量和材料的密度，按式（N-1）计算。

（3）原始标距 L_0 的标记　应用小标记、细滑线或墨线标记原始标距，但不得用引起过早断裂的缺口作标记。对于比例试样，如果原始标距的计算值与其标记值之差小于 $10\% L_0$，可将原始标距的计算值修约至最接近 5mm 的倍数，中间数值向较大一方修约。原始标距的标记应准确到 ±1%。如平行长度 L_c 比原始标距长许多，例如不经机加工的试样，可以标记一系列套叠的原始标距。有时，可以在试样表面画一条平行于试样纵轴的线，并在此线上标记原始标距。

4. 试验步骤

（1）上屈服强度（R_{eH}）和下屈服强度（R_{eL}）的测定

1）上屈服强度是试样发生屈服而应力首次下降前的最高应力；下屈服强度是在屈服期间，不计初始瞬时效应时的最低应力。呈现明显屈服（不连续屈服）现象的金属材料，相关产品标准应规定测定上屈服强度或下屈服强度或两者都测定。

对于上、下屈服强度位置判定的基本原则如下：

① 屈服前的第一个峰值应力（第一个极大值应力）判为上屈服强度，不管后面的峰值应力比它大还是比它小。

② 屈服阶段中如呈现两个或两个以上的谷值应力，应舍去第一个谷值应力（第一个极

值应力）不计，取其余谷值应力中的最小者判为下屈服强度。如只呈现一个下降谷，此谷值应力判定为下屈服强度。

③ 屈服阶段中呈现屈服平台，平台应力判为下屈服强度；如呈现多个而且后者高于前者的屈服平台的，判定第一个平台应力为下屈服强度。

④ 正确的判定结果应是下屈服强度一定低于上屈服强度。

为了提高试验效率，可以报告在上屈服强度之后延伸率为 0.25% 范围内的最低应力为下屈服强度，不考虑任何初始瞬时效应。注：此规定仅仅用于呈现明显屈服的材料和不测定屈服点延伸率情况。

2）图解法：图解法是在进行试验时记录力 – 位移曲线图，从曲线图上读取力首次下降前的最大力和不计初始瞬时效应时屈服阶段中的最小力或屈服平台的恒定力。将其分别除以试样原始横断面面积，得到上屈服强度和下屈服强度。试验过程中会出现不同类型的曲线，如图 N-3 所示。

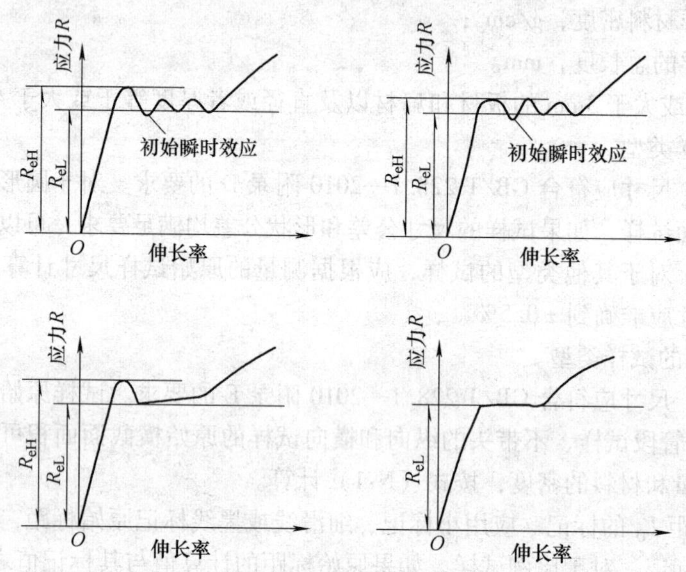

图 N-3　不同类型曲线的上屈服强度和下屈服强度

3）指针法：指针法是在进行试验时，读取测力度盘指针首次回转前指示的最大力和不计初始瞬时效应时屈服阶段中指示的最小力或首次停止转动指示的恒定力。将其分别除以试样原始横断面面积，得到上屈服强度和下屈服强度。

4）可以使用自动装置（如微处理机）或自动测试系统测定上、下屈服强度，可以不绘制拉伸曲线图。

（2）抗拉强度 R_m 的测定

1）抗拉强度是相应最大力 F_m 的应力。按照定义可采用图解法或指针法确定。

2）对于呈现明显屈服（不连续屈服）现象的金属材料，从记录的力 – 延伸或力 – 位移曲线图，或从测力度盘，读取过了屈服阶段之后的最大力（见图 N-4）；对

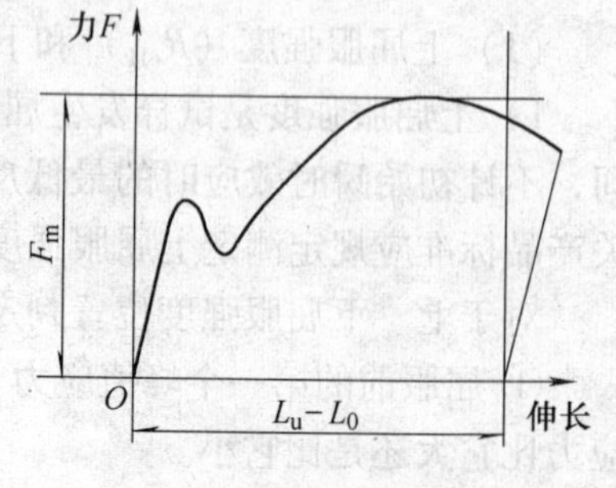

图 N-4　最大力试验

于无呈现明显屈服（连续屈服）现象的金属材料，从记录的力 - 延伸或力 - 位移曲线图，或从测力度盘，读取试验过程中的最大力。最大力除以试样原始横截面面积得到抗拉强度。

3）可以使用自动装置（如微处理机）或自动测试系统测定抗拉强度，可以不绘制拉伸曲线图。

（3）断后伸长率的测定

1）断后伸长率是指断后标距的残余伸长（L_u-L_0）与原始标距 L_0 之比的百分率。按照定义测定断后伸长率。为了测定断后伸长率，应将试样断裂的部分仔细地配接在一起，使其轴线处于同一直线上，并采取特别措施确保试样断裂部分适当接触后测量试样断后标距。这对小横截面试样和低伸长率试样尤为重要。

应使用分辨力足够的量具或测量装置测定断后标距 L_u，准确到 ±0.25mm。如规定的最小断后伸长率小于 5%，建议采用特殊方法进行测定。

原则上只有断裂处与最接近的标距标记的距离不小于原始标距的 1/3 情况方为有效。但断后伸长率大于或等于规定值，不管断裂位置处于何处，测量均有效。

2）能用引伸计测定断裂延伸的试验机，引伸计标距 L_e 应等于试样原始标距 L_0，无需标出试样原始标距的标记。以断裂时的总延伸作为延长测量时，为了得到断后伸长率，应从总延伸中扣除弹性延伸部分。原则上断裂发生在引伸计标距以内为有效，但断后伸长率等于或大于规定值，不管断裂位置处于何处，测量均有效。

注：如产品标准规定用一固定标距测定断后伸长率，引伸计标距应等于这一标距。

（4）断面收缩率 Z 的测定

1）断面收缩率是断裂后试样横截面面积的最大缩减量（S_0-S_u）与原始横截面面积 S_0 之比的百分率。按照定义测定断面收缩率。断裂后最小横截面面积的测定应准确到 ±2%。

2）测量时，将试样断裂部分仔细地配接在一起，使其轴线处于同一直线。对于圆形横截面试样，在缩颈最小处相互垂直方向测量直径，取其算术平均值计算最小横截面面积；对于矩形横截面试样，测量缩颈处的最大宽度和最小厚度，两种之乘积为断后最小横截面面积（见图 N-5）。原始横断面面积 S_0 与断后最小横截面面积 S_u 之差除以原始横截面面积的百分率得到断面收缩率。

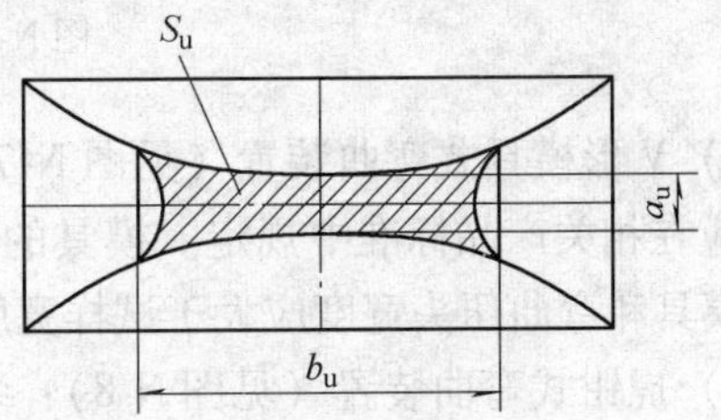

图 N-5　矩形横截面试样收缩处最大宽度与最小厚度

3）薄板和薄带试样、管材全断面试样、圆管纵向弧形试样和其他复杂横截面试样及直径小于 3mm 试样，一般不测定断面收缩率。如要求，应双方商定测定方法，断后最小横截面面积的测定应准确到 ±2%。

5. 结果整理

试验测定的性能结果数值应按照相关产品标准的要求进行修约。如未规定具体要求，应按照如下要求进行修约：

1）强度性能值修约至 1MPa。

2）屈服强度伸长率修约至 0.1%，其他伸长率和断后伸长率修约至 0.5%。

3）断面收缩率修约至 1%。

二、金属材料弯曲试验（GB/T 232—2010）

1. 试验目的

本方法适用于金属材料相关产品标准规定试样的弯曲试验，测定其弯曲塑性变形能力，但不适用于金属管材和金属焊接接头的弯曲试验。

2. 仪器设备

应在配备下列弯曲装置之一的试验机或压力机上完成试验。

1）支辊式弯曲装置（见图 N-6）：支辊长度和弯曲压头的宽度应大于试样宽度或直径。弯曲压头的直径 D 由产品标准规定。支辊和弯曲压头应具有足够的硬度。除非另有规定，支辊间距离 l 应按下式确定：

$$l = (D + 3a) \pm \frac{a}{2}$$

此距离在试验期间应保持不变。

注：此距离在试验前期保持不变，对于180°弯曲试样，此距离会发生变化。

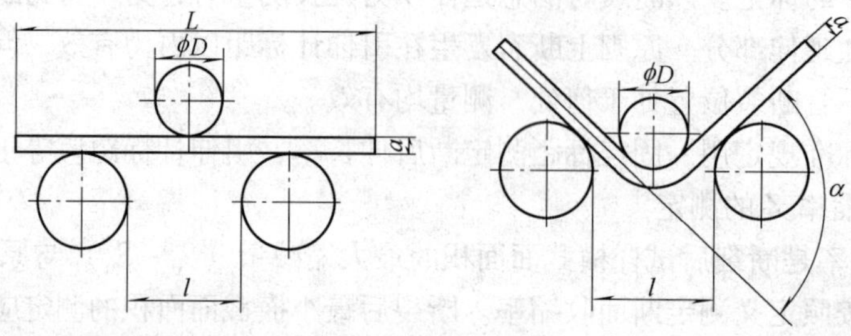

图 N-6　支辊式弯曲装置

2）V 形模具式弯曲装置（见图 N-7）：模具的 V 形槽其角度应为（180° − α），弯曲角度 α 应在相关产品标准中规定。模具的支承棱边应倒圆，其倒圆半径应为 1 ~ 10 倍试样厚度。模具和弯曲压头宽度应大于试样宽度或直径，并应具有足够的硬度。

3）虎钳式弯曲装置（见图 N-8）：装置由虎钳及有足够硬度的弯曲压头组成，可以配置加力杠杆。弯曲压头直径应按照相关产品标准要求，弯曲压头宽度应大于试样宽度或直径。由于虎钳左端面的位置会影响测试结果，因此虎钳的左端面不能达到或者超过弯曲压头中心垂线。

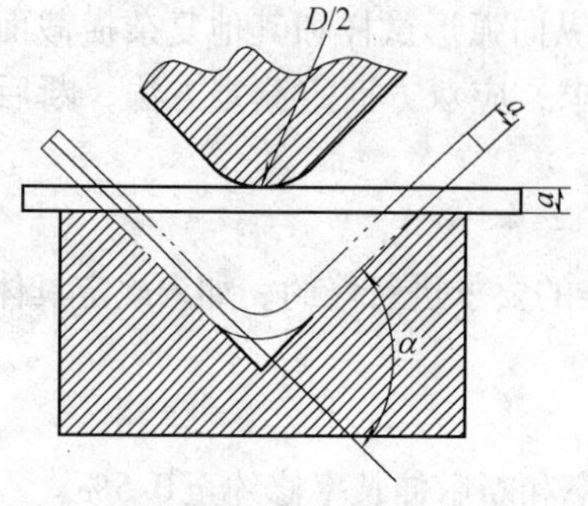

图 N-7　V 形模具式弯曲装置

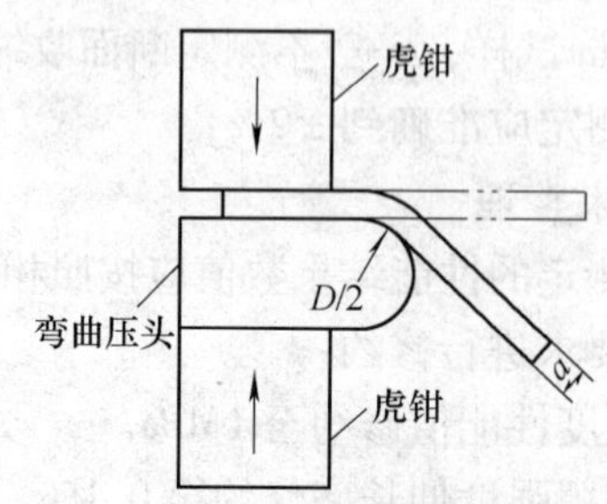

图 N-8　虎钳式弯曲装置

4）符合弯曲试验原理的其他弯曲装置（如翻板式弯曲装置）也可使用。

3. 试验准备

1）一般要求。试验使用的圆形、方形、矩形或多边形横截面的试样。样坯的切取位置和方向应按照相关产品标准的要求，如未具体规定，对于钢产品应按照《钢及钢产品 力学性能试验取样位置及试样准备》（GB/T 2975—1998）的要求。试样应去除由于剪切或火焰切割或类似的操作而影响了材料性能的部分。如果试验结果不受影响，允许不去除试样受影响的部分。

2）矩形试样的棱边。试样表面不得有划痕和损伤。方形、矩形和多边形横截面试样的棱边应倒圆，倒圆半径不能超过以下数值：

① 1mm，当试样厚度小于10mm。

② 1.5mm，当试样厚度大于或者等于10mm且小于50mm。

③ 3mm，当试样厚度大于50mm。

棱边倒圆时不应形成影响试验结果的横向毛刺、伤痕或刻痕。如果试验结果不受影响，允许试样的棱边不倒圆。

3）试样的宽度。试样的宽度应按照相关产品标准的要求，如未具体规定，应按照下列要求：

① 当产品宽度不大于20mm时，试样宽度为原产品宽度。

② 当产品宽度大于20mm时，如产品厚度小于3mm，试样宽度为（20±5）mm；如产品厚度不小于3mm，试样宽度为20~50mm。

4）试样的厚度。试样的厚度或直径应按照相关产品标准的要求，如未具体规定，应按照下列要求：

① 对于板材、带材和型材，试样厚度应为原产品厚度。如果产品厚度大于25mm，试样厚度可以机加工减薄至不小于25mm，并保留一侧原表面。弯曲试验时，试样保留的原表面应位于受拉变形一侧。

② 直径（圆形横截面）或内切圆直径（多边形横截面）不大于30mm的产品，其试样横截面为原产品的横截面。对于直径或内切圆直径超过30mm但不大于50mm的产品，可以将其机加工成横截面内切圆直径不小于25mm的试样。直径或内切圆直径大于50mm的产品，应将其机加工成横截面内切圆直径不小于25mm的试样（见图N-9）。试验时，试样未经机加工的原表面应位于受拉变形一侧。

5）锻材、铸材和半成品的试样。对于锻材、铸材和半成品，其试样尺寸和形状应在供货要求或协议中规定。

6）大厚度和大宽度试样。经协议，可以使用大于第3）条规定宽度和第4）条规定厚度的试样进行试验。

7）试样的长度。试样的长度应根据试样厚度（或直径）和所使用的试验设备规定。

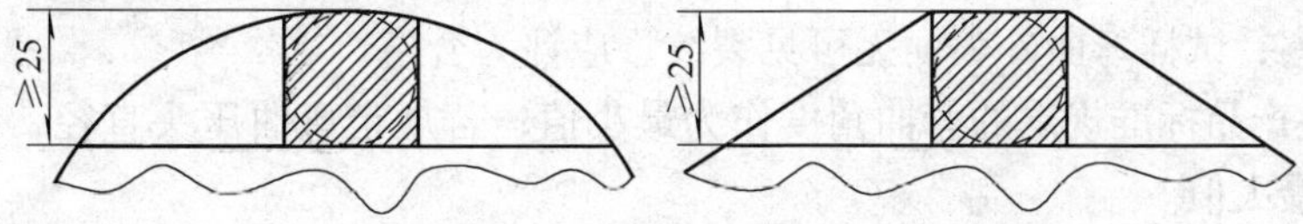

图N-9 试样厚度

4. 试验步骤

特别提示：试验过程中应采取足够的安全措施和防护装置。

1）试验一般在10～35℃的室温范围内进行。对温度要求严格的试验，试验温度应为(23±5)℃。

2）按照相关产品标准规定，采用下列方法之一完成试验：

① 试样在给定的条件和力作用下弯曲至规定的弯曲角度（见图N-6、图N-7、图N-8）。

② 试样在力作用下弯曲至两臂相距规定距离且相互平行（见图N-10、图N-11）。

③ 试样在力作用下弯曲至两臂直接接触（见图N-10、图N-12）。

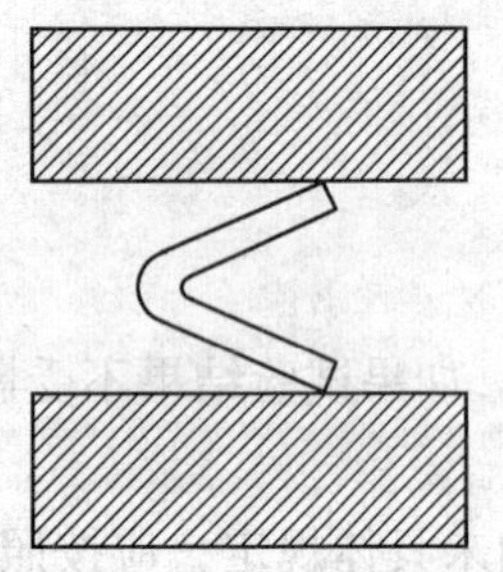

图N-10 试样于压板间

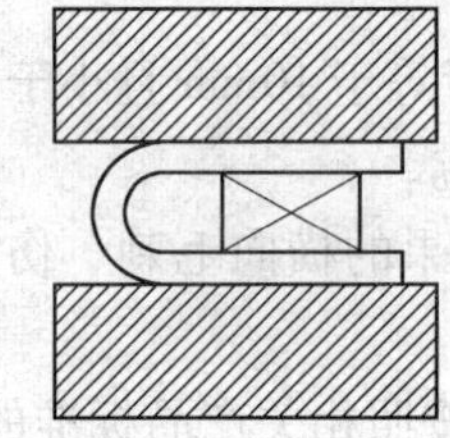

图N-11 试样弯曲至两臂平行

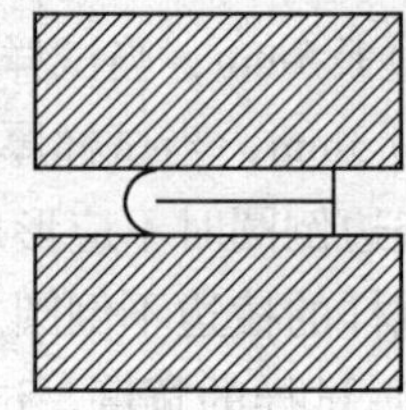

图N-12 试样弯曲至直接接触

3）试样弯曲至规定弯曲角度的试验，应将试样放于两支辊或V形模具上，试样轴线应与弯曲压头轴线垂直，弯曲压头在两支座之间的中点处对试样连续施加压力，使其弯曲，直到达到规定的弯曲角度。弯曲角度α可以通过测量弯曲压头的位移计算得出。

① 可以采用图N-8所示的方法进行弯曲试验。试样一端固定，绕弯曲压头进行弯曲，可以绕过弯曲压头直至到达规定的弯曲角度。

② 弯曲试验时，应当缓慢地施加弯曲力，以使材料能够自由地进行塑形变形。

③ 当出现争议时，试验速率应为（1±0.2）mm/s。

④ 使用上述方法如不能直接达到规定的弯曲角度，可将试样置于两平行压板之间（见图N-10），连续施加力压其两端，使其两端进一步弯曲，直至到达规定的弯曲角度。

4）试样弯曲至两臂相互平行的试验，首先对试样进行初步弯曲，然后将试样置于两平行压板之间（见图N-10）连续施加力压其两端，使其两端进一步弯曲，直至两臂平行（见图N-11）。试验时可以加也可以不加内置垫块。垫块厚度等于规定的弯曲压头直径，除非产品标准中另有规定。

5）试样弯曲至两臂直接接触的试验，首先对试样进行初步弯曲，然后将试样置于两平行压板之间（见图N-10），连续施加力压其两端，使其两端进一步弯曲，直至两臂直接接触（图N-12）。

5. 结果整理

1）应按照相关产品标准的要求评定弯曲试验结果。如未规定具体要求，弯曲试验后不使用放大镜观察，试样弯曲外表面无可见裂纹，应评为合格。

2）以相关产品标准规定的弯曲角度作为最小值；若规定弯曲压头直径，以规定的弯曲压头直径作为最大值。

参考文献

[1] 郑德明，钱红萍. 土木工程材料［M］. 北京：机械工业出版社，2005.

[2] 彭小芹. 土木工程材料［M］. 2 版，重庆：重庆大学出版社，2010.

[3] 苏达根. 土木工程材料［M］. 2 版. 北京：高等教育出版社，2008.

[4] 柯国军. 土木工程材料［M］. 北京：北京大学出版社，2006.

[5] 中华人民共和国质量监督检验检疫总局，中国国家标准化管理委员会. GB 175—2007 通用硅酸盐水泥［S］. 北京：中国标准出版社，2007.

[6] 中华人民共和国质量监督检验检疫总局，中国国家标准化管理委员会. GB 13693—2005 道路硅酸盐水泥［S］. 北京：中国标准出版社，2005.

[7] 国家质量技术监督局. GB 201—2000 铝酸盐水泥［S］. 北京：中国标准出版社，2004.

[8] 中华人民共和国质量监督检验检疫总局，中国国家标准化管理委员会. GB/T 14684—2011 建设用砂［S］. 北京：中国标准出版社，2011.

[9] 中华人民共和国质量监督检验检疫总局，中国国家标准化管理委员会. GB/T 14685—2011 建筑用卵石、碎石［S］. 北京：中国标准出版社，2011.

[10] 中华人民共和国质量监督检验检疫总局，中国国家标准化管理委员会. GB/T 1596—2005 用于水泥和混凝土中的粉煤灰［S］. 北京：中国标准出版社，2005.

[11] 中华人民共和国交通运输部. 公路水泥混凝土路面设计规范：JTG D40—2011［S］. 北京：人民交通出版社，2011.

[12] 中华人民共和国住房和城乡建设部. 普通混凝土配合比设计规程：JGJ 55—2011［S］. 北京：中国建筑工业出版社，2011.

[13] 中华人民共和国交通部. 水运工程混凝土试验规程：JTJ 270—1998［S］. 北京：人民交通出版社，1999.

[14] 中华人民共和国建设部. 国家质量监督检验检疫总局. 普通混凝土拌合物性能试验方法标准：GB/T 50080—2002［S］. 北京：中国建筑工业出版社，2003.

[15] 中华人民共和国建设部. 国家质量监督检验检疫总局. 普通混凝土力学性能试验方法标准：GB/T 50081—2002［S］. 北京：中国建筑工业出版社，2003.

[16] 中华人民共和国住房和城乡建设部. 普通混凝土长期性能和耐久性能试验方法标准：GB/T 50082—2009［S］. 北京：中国建筑工业出版社，2010.

[17] 中华人民共和国住房和城乡建设部. 混凝土外加剂应用技术规范：GB 50119—2013［S］. 北京：中国建筑工业出版社，2014.

[18] 中华人民共和国住房和城乡建设部. 混凝土结构工程施工质量验收规范：GB 50204—2015［S］. 北京：中国建筑工业出版社，2011.

[19] 中华人民共和国住房和城乡建设部. 砌筑砂浆配合比设计规程：JGJ/T 98—2010［S］. 北京：中国建筑工业出版社，2011.

[20] 中华人民共和国住房和城乡建设部. 建筑砂浆基本性能试验方法：JGJ/T 70—2009［S］. 北京：中国建筑工业出版社，2009.

[21] 中华人民共和国交通运输部. 公路工程无机结合料稳定材料试验规程：JTG E51—2009［S］. 北京：人民交通出版社，2009.

[22] 中华人民共和国交通运输部. 公路工程沥青及沥青混合料试验规程：JTG E20—2011［S］. 北京：人民交通出版社，2011.

[23] 中华人民共和国交通运输部. 公路沥青路面再生技术规范：JTG F41—2008 [S]. 北京：人民交通出版社，2008.
[24] 中华人民共和国交通部. 公路沥青路面设计规范：JTG D50—2006 [S]. 北京：人民交通出版社，2006.
[25] 中华人民共和国交通部. 公路沥青路面施工设计规范：JTG F40—2004 [S]. 北京：人民交通出版社，2004.
[26] 国家质量技术监督局. 中华人民共和国建设部. 沥青路面施工与验收规范：GB 50092—96 [S]. 北京：中国计划出版社，1996.
[27] 本书编委会. 公路工程常用材料试验手册 [M]. 北京：人民交通出版社，2009.
[28] 郝培文. 沥青与沥青混合料 [M]. 北京：人民交通出版社，2009.
[29] 沈金安. 沥青与沥青混合料路用性能 [M]. 北京：人民交通出版社，2001.
[30] 肖庆一. 沥青混合料油石界面研究 [D]. 南京：东南大学，2004.
[31] 黄晓明，吴少鹏，赵永利. 沥青与沥青混合料 [M]. 南京：东南大学出版社，2002.
[32] 张德勤. 石油沥青的生产与应用 [M]. 北京：中国石化出版社，2001.
[33] 虎增幅. 乳化沥青及稀浆封层技术 [M]. 北京：人民交通出版社，2001.
[34] 吕伟民. 沥青混合料设计原理与方法 [M]. 上海：同济大学出版社，2001.
[35] 顾书英. 任杰. 聚合物基复合材料 [M]. 2 版. 北京：化学工业出版社，2013.
[36] 樊新民. 车剑飞. 工程塑料及其应用 [M]. 北京：机械工业出版社，2006.
[37] 丁仁亮. 金属材料及热处理 [M]. 北京：机械工业出版社，2009.
[38] 李立寒，张南鹭. 道路建筑材料 [M]. 4 版，北京：人民交通出版社，2010.